中公文庫

国富論 I

アダム・スミス
大河内一男 監訳

中央公論新社

訳者序

ここにようやく公刊のはこびになったアダム・スミス『国富論』邦訳の経緯は、そのはじめ中央公論社の「世界の名著」のなかの一冊として出版された『国富論』（昭和四十三年）にまでさかのぼらなければならない。「世界の名著」中の『国富論』は、その一部分のみが完訳され、他の部分はただ要約のみを掲げるにとどまっていた。ところが、訳業に関係したもの（私のほか、玉野井芳郎、田添京二、大河内暁男）の間では、早晩この要約の部分も完訳し、『国富論』を全訳することが、スミスを正しく理解する上で必要なことでもあり、また要約部分は、これまで比較的一般に読まれることの少なかった箇所であるが、スミスの経済学、というよりも「ポリティカル・エコノミー」を具体的な現実の問題に即して把握するためには、かえって要約部分こそ重要度が高いのではないか、などの意見が出されていた。

こうして、スミス『国富論』の全訳の計画はすでに早くから関係者の間ですすめられていたが、なにぶんにも「古典」の翻訳という精神的な重さに耐えかねて、訳業は停滞気味であった。また、スミスの文章のなかには、当時の著作家に共通の点かもしれないが、何気なく書いている文句に重大な意味があったり、スミスがほんのさらりと触れている著作家とスミスの思想との間に内的な深い結びつきがあったり、そうした関係を辿《たど》らなければならず、十八世紀の経済史上の問題、それもイングランドとスコットランドとの対比のうちに露出されている問題を心得た上で『国富論』も訳出されなければならないし、スミスの経済思想や社会思想に深い影響を与えている先蹤者《せんしょうしゃ》とのつながりも、見きわめておかなくてはならない。十八世紀のイギリスの読者なら、当然常識として知っていたはずの事実も、今日の日本人にはまったく手がかりのないものが少なくない。それを考えると、『国富論』の訳出ははなはだ気分が重かったが、『国富論』刊行二百年というせまり来る事実が、われわれを鞭《むち》うった。われわれのこの訳業も、やはりそれを記念する意味をもたせることが至当だと考え、渋りがちな筆をふるって作業がすすめられた。

『国富論』の新訳をはじめた当初からわれわれの間で問題にされていた点であるが、今日広く日本で用いられているキャナン版に拠ることの可否が決定されなければならなかった。キャナン版は、もともとスミス生前の『国富論』最後の版である第五版(一七八九年刊行)を底本としており、その点は正しいとしても、キャナンがつけた頭注＝「小見出し」は、ほとんど各パラグラフごとにつけられており、それのみを辿れば一つの文章をなすような体裁のものであるが、そのためにかえって『国富論』の文意をつかむことが阻まれてしまっているうらみがある。そこでいくつかのパラグラフを一括して、スミスの叙述の狙いとしているところを盛り込んだ「小見出し」をキャナンとは別途に作成することが必要だと判断し、われわれの訳本ではその方針をとった。また、キャナン版の数多くの「脚注」は、『国富論』各版本の差異、文字、表現、その他技術的な考証にわたることが多く、また文献穿鑿《せんさく》的なものもあり、『国富論』を通読しようとする読者にとって、もっと基本的に重要な問題、例えば社会経済史的な事項について、また経済思想史的な問題について、スミス以後における経済学発展の成果をふまえながら、キャナンとはまったく異なった、訳者固有の注を大項目的に必要な箇所に挿入することがいっそう重要なことだと考えた。その結果、スミス自身が第三版以後巻末に附したスミスの「索引」――これは、スミス自身が作成したものとは思われないのであるが――も、膨大な量にのぼるキャナンの「脚注」、「頭注」もすべて割愛し、別途に訳者たちの判断によって、『国富論』を理解していくのに役立つと思われる「小見出し」、「訳注」、「索引」を作り、それを該当箇所に挿入した。もちろん、キャナンの「脚注」は入念をきわめたものであり、この新版の「訳注」においても多大の便宜をうけたことを附記しておきたい。なお「訳注」とならんで、この新訳では、訳文中に多数の「割注」を挿入し、原文の訳文だけでは不明と思われる点を補足することにつとめた。

ところで『国富論』第五版を底本とするキャナン編注のいわゆるキャナン版（第一、二巻）は一九〇四年にその初版が出され、一九二〇、二二、二五、三〇、五〇年と刊行され、ひさしく『国富論』の完璧《かんぺき》な定本たるの地位を占めてきたが、今日ではキャナン版そのものが入手困難と思われると同時に、他の邦訳書の該当箇所を参照する便宜を考慮して、キャナン版のページをも記載することにした。またこの新訳書は、スミスの原版第五版を底本としたので、第五版と同様三巻（Ⅰ、Ⅱ、Ⅲ）に区分したが、第五版の区分と異なり、本訳書第Ⅰ巻は、『国富論』第一篇と第二篇を、第Ⅱ巻は第三篇と第四篇とを、そして第Ⅲ巻へは第五篇をわりあてることにした。原版第五版のごとく、第一巻は第一篇および第二篇の第一、第二章を、第二巻は第二篇の第三、第四、第五章、第三篇および第四篇の第一〜第八章を、そして第三巻は第四篇の最後の第九章と第五篇全部をあてているのと食違いが生じているが、読むものの便宜を考えると、本訳書の区分の方が合理的である。

なお第五版には、冒頭に第三版ならびに第四版にたいするスミスの短い序文が附せられているが、本訳書第Ⅲ巻巻末に附せられた「『国富論』各版の異同について」および本訳書第Ⅱ巻第四篇第三章の「訳注（1）」を参照すれば足りるので、本訳書ではこの二つの短い「はしがき」は、本来第五版の内容の一部をなすものであるが、あえてこれを訳文の圏外におくことにした。初版、第二版には序文はなく、また第五版のための序文もない。そこで第五版の第一巻巻頭に附せられた二つの序文（第三版、第四版への序文）は多少奇異な感じを与えなくもない。いずれにしても第五版に附せられた「第三版へのはしがき」、および「第四版へのはしがき」の経緯は、各版異同の問題として取り扱うのが適当であると考える。

また本訳書の書名は『国富論』とした。正しくは『諸国民の富の性質ならびに原因にかんする研究』（*An Inquiry into the Nature and Causes of the Wealth of Nations*）であり、この原題名は初版から第五版まで変ることがなかった。邦訳名としては『富国論』あり、『国富論』あり、『諸国民の富』などがあるが、この新訳では『国富論』をとった。わが国では明治初期以来、スミスの主著の訳出はまことに数え切れないほどであるが、初期には『富国論』が、その後『国富論』が一般に用いられ、第二次大戦後『諸国民の富』が用いられはじめた（この点については、本訳書第Ⅲ巻巻末に附した「『国富論』邦訳小史」を参照）。この新訳がこれまでの各種の邦訳の恩恵を受けていることは言うまでもなく、とりわけ、竹内謙二訳『国富論』、大内兵衛・松川七郎訳『諸国民の富』からは限りない示唆を受けたことをここに記しておきたい。これら先人の労苦の結果に依拠しながらこの新訳もまたはじめて可能になったのだと言わなければならない。とりわけ、右両訳とも第五版の校訂本たるキャナン版を用いて訳出した関係から言っても、この新訳がこれら先行の訳書に負うところはきわめて大きかった。ただ本訳書は、同じく『国富論』第五版を底本とはしながらも、キャナンの頭注＝「小見出し」、「脚注」、「索引」によることなく、われわれ独自のものに置き換えた点が異なっている。

さてここでわれわれ四人の共同の翻訳作業の分担とその手順について述べておかなければ

ばならない。『国富論』第一篇、第二篇（本訳書第Ⅰ巻）の訳出には玉野井芳郎があたり、第三篇および第四篇（第Ⅱ巻）の一～六章、九章は大河内暁男が、第四篇第七～八章は大河内一男が分担し、第五篇（第Ⅲ巻）は田添京二があたった。各自分担箇所の訳出については、訳語の統一、地名・人名等の読み方、表示の統一を図りつつ、頭注の「小見出し」については、各自原案を提示しながら全員で討議し、何回も作り直した。『国富論』の該当箇所でスミスが何を言おうとしているのかについての合意を訳者自身がまず自分のものにしていないかぎり、訳出の仕事は一歩もすすまない、と考えたからである。スミスをほんとうに読みこなしていないかぎり、「小見出し」ひとつ作れないということを改めて思い知ったのである。またどこへどのような「訳注」を附す必要があるかについても、さらに本文中に「割注」を挿入する作業にしても、一覧表を作り、重複と脱漏の有無を検討した上で、訳にかかった。とくに「訳注」はわれわれが最も重要視したもので、全員が互いに他の訳者の分担箇所についても「訳注」の執筆をそれぞれの専門に応じて行なうように努めた。これは一つにはよりよい「訳注」を作るためであり、また一つには、訳者間の調整を図るためでもあった。校正刷が出はじめてからは、全員に各段階の校正刷全部が送られ、各自は、自分の分担箇所はもちろん、他者の分担箇所についても具体的に意見を述べ、訳者もそれを考慮検討し、最終的には大河内一男の調整にまかせることにした。年号や数字等の表示についても統一が必要だったが、これらは技術上の観点や現行用語例や表示法も考慮しなければならないので、仮名遣いの統一とあわせて編集部の手をかりる点が多かった。また数葉の地図についても、全員で合議し選択決定した。また本訳書第Ⅲ巻巻末には、われわれの判断に従った「索引」を作成して附加したほか、「『国富論』各版の異同について」、「『国富論』邦訳小史」、「アダム・スミス年譜」および「『国富論』小見出し一覧」を附加することとした。

ところでこれら訳出作業全体の責任は監訳者が負うべきものであったから、当然私は、自分の分担した箇所の翻訳の仕事ばかりでなく、他の訳者の訳稿をその原稿段階から眼を通さなければならなかった。訳文の適不適以外に、それぞれの訳者に固有な用語、仮名遣い、文体その他、文章という生きものの個性を出来るだけ全巻にわたって調整することが私の役目になった。それは私の健康の限界をはるかに超える重労働であり精神的労苦であったが、それでもまだ、この新訳にはさまざまな欠陥や私の気付かなかった誤りがあることと思う。大方の批判をお願いしてやまない。

一九七六年九月、『国富論』刊行二百年を記念して

大河内一男

目次

第二篇　資本《ストック》の性質、蓄積、用途について

Ⅱ 目次

付録

『国富論』各版の異同について（田添京二）

『国富論』邦訳小史（大河内一男）

アダム・スミス年譜（田添京二）

『国富論』小見出し一覧

索引

巻末対談　アダム・スミスを誤解の海から解き放とう　大竹文雄×出口治明

訳者　大河内一男
大河内暁男
田添　京二
玉野井芳郎

凡例

一　本訳書は *An Inquiry into the Nature and Causes of the Wealth of Nations*, by Adam Smith, in three volumes, the fifth edition, London : printed for A. Strahan ; and T. Cadell, in the Strand, MDCCLXXXIX（アダム・スミス『国富論』第五版、一七八九年）を底本とした。本文中の（1）（2）印はスミスの「原注」、本文中の〔1〕〔2〕印は「訳注」で、「原注」はスミス原版のまま、必要な限度で訳者注記を〔　〕で附した。

一　本文中に〔　〕でかこんで挿入した「割注」は、訳者の判断によって配列したもので、「訳注」、「割注」はできるだけ相互参照するように指示した。例えば「第一篇第一章「〇〇〇〇……」の小見出し参照」。

一　訳文上段の1、2、3等の算用数字はキャナン版第一巻、第二巻（一九〇四、一九二〇、一九二二、一九二五、一九三〇、一九五〇年版）のページを参考までに附したもの。キャナン版を底本とした他の邦訳書の該当箇所を参照する便宜のためでもある。

一　地名・人名は原地原音主義と日本における慣用的呼称との折衷になったが、全巻を通じて統一を図った。

一　本文中に掲げた地図は巻頭のもの、本文中のもの、いずれも訳者が作成したが、あくまで通読のための便宜を考えて作られたものである。

一　本文の段落の適当な箇所に「小見出し」を附したが、これはスミスの原典にはなく、また、キャナン版にキャナンが多数附した頭注＝「小見出し」ではなく、各訳者が原典の内容に即して、いくつかのパラグラフを通じての内容の要点ならびに問題点を簡潔に表示しようとしたものである。読者はこの「小見出し」を手がかりにして、その箇所でスミスが何を語ろうとしていたのかを理解することができよう。なお読者の便宜のために、全巻の「小見出し」を一括し第Ⅲ巻巻末に収めた。

一　『国富論』の各版本の異同は、重要度の高いものについてだけは、それぞれ該当箇所の「訳注」に記したが、全体を通じての各版本（初版〜第五版）の異同、とりわけ初版・第二版と第三版以降の差異については、第Ⅲ巻巻末に附した「『国富論』各版の異同について」を参照されたい。

一　本文中、（　）でかこんだ部分はスミスの原文のまま。〔　〕でかこんだ部分は、訳者の判断で補訳または説明句として挿入したものである。本文中の〈　〉印はスミスの原文にはないが、原文が特殊な文字であったり、特別の意味をもつ用語または成語の場合には、訳者の判断でこれを用いた。また原文がイタリックで書かれている部分は邦訳に傍点、、を附した。

一　「原注」（（1）（2）印）における人名・書名は原書のままとしたが、「訳注」のなかの書名はイタリックで、邦訳書名は『　』でかこんだ。

一　スミスの用語のうち、多様の意味に用いられているもの――例えば stock などのごとく――、またスミス自身の叙述に混乱があるような場合などは、訳語に原語を表示するルビを附した。さらに地名のうち、特殊な意味に用いられているものの表示についてはとくに注意をはらった。例えば、イングランド・大ブリテン、ホラント・オランダ、インド・インドスタン・東インドなど、それぞれの該当箇所で「訳注」を附した。

国富論

諸国民の富の本質と原因にかんする研究

シェットランド諸島
オークニー諸島
ヘブリディーズ列島
北
海
インヴァネス
ハイランズ
スコットランド
大ブリテン王国
カコーディ
リース
グラスゴウ
エディンバラ
ロウランズ
エア
ダムフリース
ベルファースト
カーライル
ニューカースル
アイルランド
ランカシャー
ヨークシャー
ハリファックス
リーズ
アイルランド海
リヴァプール
マンチェスター
ダブリン
シェフィールド
ウェイルズ
イングランド
ノーリッジ
バーミンガム
オックスフォード
イートン
ブリストル
ロンドン
ドーバー
サセックス
コーンウォール
ドーバー海峡
0
200km
フランス

18世紀大ブリテン王国

1

序論および本書の構想

国民の富は年々の労働の生産物からなり、その大きさは労働の熟練の程度と、有用な労働者とそうでない者との割合如何による

国民の年々の労働は、その国民が年々消費する生活の必需品と便益品〔1〕のすべてを本来的に供給する源であって、この必需品と便益品は、つねに、労働の直接の生産物であるか、またはその生産物によって他の国民から購入したものである。

したがって、この生産物またはそれで購入されるものの、これを消費するはずの人々の数にたいして占める割合が大きいか小さいかにおうじて、国民が必要とするすべての必需品と便益品が十分に供給されるかどうかが決まるであろう。

だがこの割合は、どの国民の場合も、次の二つの事情によって左右されるにちがいない。すなわち第一は、国民の労働がふつう行なわれるさいの熟練、技能、判断力の程度如何《いかん》であり、また第二は、有用な労働に従事する人々の数と、そのような労働に従事しない人々
2 の数との割合である。どの国でも、地味、気候、国土の大きさがどうであれ、国民にたいい

する年々の供給が豊かであるか乏しいかは、その特定の状況のもとで、右の二つの事情に依存するにちがいない。

またこの供給が豊かであるか乏しいかは、右の二つの事情のうち、後者より前者のほうにいっそう多く依存しているように思われる。狩猟民や漁撈《ぎょろう》民からなる野蛮民族のあいだでは、労働に耐えることのできるものはだれでも、多かれ少なかれ有用労働に従事して、自分自身のために、また自分の家族や種族のなかで齢をとりすぎていたり、あまりにも若かったり、ひどく虚弱であったりして、狩や漁に出かけることのできないような人たちのために、できるだけ生活の必需品と便益品を供給しようと努力する。けれども、そのような民族はみじめなほどに貧しいので、窮乏のあまり、たとえば幼児や老人や長患いに悩む病人を、ときにはじかに打ち殺し、ときには遺棄して、餓死または野獣の餌食《えじき》にまかせざるをえなくなるほどである。あるいはまた、少なくともそういう必要にせまられている、と思いこむほどである。これに反して、文明が進み繁栄している国民のあいだでは、多数の人々はぜんぜん労働しないのに、このうちの多くの者は、働いている人々の大部分にくらべて一〇倍もの、しばしば一〇〇倍もの、労働生産物を消費する。それでもなお、その社会の全労働の生産物はたいへん豊富なので、すべての人々にたいする供給は豊かな場合が多く、最も低く最も貧しい階層の職人ですら、もしかれが倹約家で勤勉であるなら、どんな野蛮人が獲得できるよりも多くの生活の必需品と便益品の分け前を享受できるほどなのである。

第一篇は、労働生産力の増進の原因と生産物が社会に分配される秩序について論じる

労働の生産力のこうした改善の原因と、労働の生産物が社会のさまざまな階級や境遇の人々のあいだに自然に分配される秩序とが、この研究の第一篇の主題である。

第二篇は、有用労働者の割合を定める資本の性質、蓄積およびその使用方法について論じる

どんな国民の場合も、労働が行なわれるさいの熟練、技能、判断力が実際にどのようであろうと、同じ状態がつづくあいだは、有用な労働に年々従事する人々の数と、そういう労働に従事しない人々の数との割合によって、年々の供給が豊かであるか乏しいかが左右されるにちがいない。有用で生産的な労働者の数は、のちに明らかになるように、どこにおいても、かれらを就業させるために用いられる資本ストック[2]の量に比例し、また資本ストックが用いられる場合の特定の方法に比例する。そこで第二篇は、資本ストックの性質
3 と、それがどんなふうに蓄積されていくのか、またその用途の違いにおうじて動員される労働の量がどう違うか、を取り扱う。

第三篇は、農業を阻害してまで都市の産業を奨励する政策が採られた背景を論じる

労働が行なわれるさいの熟練、技能、判断力の点でかなりよく進歩した国民は、労働の一般的な管理や指導にあたって、まことにさまざまなやり方をしてきた。だが、そういうやり方がすべて、その生産物を増大させるうえにひとしく有利にはたらいたわけではない。ある国民の政策は農村の産業を、他の国民の政策は都市の産業を、それぞれ特別に奨励してきた。あらゆる種類の産業を平等に、そして公平に取り扱った国民は、ほとんどなかった。ローマ帝国の没落以来、ヨーロッパ諸国の政策は、地方の産業である農業にとってよりも、都市の産業である工芸、製造業、商業にとって、いっそう有利であった。こうした政策を採用し確立させたと思われる事情は、第三篇で説明されている。

第四篇は、ある特定階級の利害と偏見にもとづいて行なわれてきた政策と理論の特質を解明し、その社会的影響を論じる

そうしたさまざまな方策は、おそらく初めは、社会の一般的福祉に及ぼす効果について、なんの顧慮も見通しもなしに、特定の階級の人々の私的な利害関係と偏見からもちこまれたものであろう。にもかかわらずこの方策は、政治経済学[3]のさまざまな学説を生みだす根拠となったのである。このうちのある学説は、都市で営まれる産業の重要性を誇張し、他の学説は農村で営まれる産業の重要性を誇張している。これらの学説は、学識ある人々の

見解にたいしてばかりか、君主や国家の行政にたいしても、いちじるしい影響を与えてきた。私は第四篇で、そうしたさまざまな学説と、それらがさまざまな時代と国民に与えた主要な結果とを、できるだけくわしく明瞭《めいりょう》に説明しようとつとめた。

第五篇は、主権者または国家の経費、収入および公債について論じる

国民大衆の収入とはどんなものであったか、いいかえると、さまざまな時代、さまざまな国民において、かれらの年々の消費を充足してきた源泉はどんな性質のものであったかを説明することが、以上最初の四つの篇の目的である。最後の第五篇は、第一に、主権者国家の収入を取り扱う。私がこの篇で明らかにしようとつとめたことは、第一に、主権者または国家の必要経費とはどんなものであるか、そうした経費のうちのどれが、全社会の一般の醵出《きょしゅつ》によってまかなわれるべきであるか、またそうした経費のうちのどれが、社会のある特定部分だけの、あるいは社会のある特定の成員の、醵出によってまかなわれるべきであるかということ、第二に、全社会が負担すべき諸経費をまかなうために、社会全体に醵出が課されるさまざまな方法にはどんなものがあるか、またそうした方法がそれぞれもっているおもな利点と難点はどんなものであるかということ、そして最後に、第三として、ほとんどすべての近代的政府が、この収入のある部分を抵当にいれるようになった理由と原因、つまり債務契約をとりむすぶようになった理由と原因とはどんなものである

か、そしてまた、これらの債務が社会の真実の富である土地と労働の年々の生産物にたいしてどんな影響を与えてきたかということ、である。

〔1〕『国富論』が出現するまでは、富は、もっぱら、金銀や「財宝」のかたちで、とらえられていた。スミスは、このような古い富の理解の仕方を大きく転換させ、人間の日常生活にとっての必需品と便益品こそが国民の富であること、そしてそれらは年々生産され年々消費されるものであるから、富こそは、国民の「年々の労働」によってつくられなければならないものであることをはじめて明らかにした。ここに「国民の富」という近代的概念が確立したのである。

〔2〕『国富論』では、資本にあたる概念をあらわす語として、capital と stock と capital stock の三つが使われている。とくに前の二つは、同じ文中で、まったくの同義語として用いられているほどに混用されている。しかし、第二篇などの一部においては、capital は、貨幣のかたちをとる資本、stock は、原料、食料品、機械設備など現物のかたちをとる資本、すなわち資本的資財として、やや意識的に区別されている場合もある。同時に capital は revenue と対比される語でもあり、その場合には、賃銀以外の revenue が収入として「不生産的労働」を養う傾向が強いのにたいし、capital は生産的労働を働かせて利潤を生むものという意味に使われている。capital stock は、生産的労働を働かせる資本的資財という語感がとくに強い。本書では、capital に「資

本」、stock には「資本」「資財」などの訳語を用いた。ただし stock を「資本」とした場合には原則としてストックとルビを付した。capital stock は、「資本ストック」と訳出した。

〔3〕経済学の歴史のうえで、「政治経済学」（Political Economy）という言葉はかなり早くから用いられているが、それを「政治経済学の原理《プリンシプルズ》」として最初に用いたのは、スコットランドの経済学者ジェイムズ・ステュアート（一七一二～八〇）である（James Steuart, *An Inquiry into the Principles of Political Economy*, 2 vols., 1767.『政治経済学原理にかんする研究』）。それ以来この言葉は、当時の新興科学であった経済学の古典的名称として、広く用いられるようになった。ここでスミスが「政治経済学のさまざまな学説」といっているのは、都市で営まれる産業を重視する「重商主義」と、農村で営まれる産業を重視するフランスの「重農主義」である。スミス自身は、第四篇の冒頭で、「政治経済学」を政治家または立法者の学問の一部門とみなし、それは「国民と主権者の双方を富ませることをめざす」ものだと説明している。そして右のような諸学説を、産業革命前夜の経済的自由主義の立場から批判的に検討して、本書の全五篇が示すように、人間の生活と福祉にとっての経済のあり方を理論、歴史、制度の諸側面から統一的に解明している。ここにはじめて経済学がスミスの手で統一的・自律的な理論体系として確立されたのであり、十九世紀の前半まで約一世紀のあいだ、イギリスのみならず世界の思想界に支配的な影響を与えることになった。それゆえ、『国

富論』の体系から出発した当時のイギリスの経済学は「古典経済学」（Classical Political Economy）とよばれ、またこれに続く後代の諸学派はどれもこの古典学派の権威を容認したうえで新たな批判と展開を成し遂げることになった。また、スミスが「ポリティカル・エコノミー」と言う場合、たんに経済にかんする学問体系を意味しただけでなく、経済政策にかんする国の施策ないし政策をも意味していた。

第一篇　労働の生産力における改善の原因と、その生産物が国民のさまざまな階級のあいだに自然に分配される秩序について

5

第一章　分業[1]について

分業には作業の分割と職業の分化とがあり、それらは労働の生産力を増進させる最大の原因である

労働の生産力における最大の改善と、どの方向にであれ労働をふりむけたり用いたりす
る場合の熟練、技能、判断力の大部分は、分業の結果であったように思われる。
　社会全般の仕事にたいする分業の効果を比較的容易に理解するには、どれか特定の
製造業《マニュファクチャー》をとって、そこで分業がどんなふうに行なわれているかを考察してみるのがよ
いだろう。世間では、分業がいちばん進んでいるのは、いくつかの、まったくとるにたり
6 ない小さい製造業だということになっている。これはおそらく、こういった製造業のほう
が、もっと重要度の高い他の製造業にくらべて、実際に分業の度合がより進んでいるから
ではなく、これらのとるにたりない小さい製造業は、ごく少数の人々のわずかな欲求を満
たすためのものであって、従業員の総数もとうぜん少なく、さまざまな部門の仕事に従事
している人々を同一の作業場に集めているので、見る者の一望のもとにおくことが可能だ

からであろう。これに反して、大規模の製造業は、大多数の人々の巨大な欲望を満たすためにある。そこでは、さまざまな部門の仕事にどれも多数の従業員が働いているので、これらの人々を同一の作業場に集めることは不可能である。単一の部門で働いている従業員は見えても、その部門以外の人々をも同時に見ることは滅多にないというわけである。それゆえ、この種の製造業では、それよりも小規模な製造業にくらべて、たとえ作業は実際上はるかに多数の部分に分割されていても、その分割は、それほど目立つことがないので、したがってまた、観察されることもずっと少なかったのである。

そこで、ここに一例[2]として、とるにたりない小さい製造業ではあるけれど、その分業がしばしば世人の注目を集めたピン作りの仕事をとってみよう。この仕事（分業によってそれはひとつの独立の職業となった）のための教育を受けておらず、またそこで使用される機械類（その発明をひきおこしたのも、同じくこの分業であろう）の使用法にも通じていない職人は、せいいっぱい働いても、おそらく一日に一本のピンを作ることもできなかろうし、二〇本を作ることなど、まずありえないであろう。ところが、現在、この仕事が行なわれている仕方をみると、作業全体が一つの特殊な職業であるばかりでなく、多くの部門に分割されていて、その大部分も同じように特殊な職業なのである。ある者は針金を引き伸ばし、次の者はそれをまっすぐにし、三人目がこれを切り、四人目がそれをとがらせ、五人目は頭部をつけるためにその先端をみがく。頭部を作るのにも、二つか三つの別々の作業が必要で、それをとりつけるのも特別の仕事であるし、ピンを白く光らせるのも、また別の仕事である。ピンを紙に包むのさえ、それだけで一つの職業なのである。このようにして、ピン作りという重要な仕事は、約一八の別々の作業に分割されていて、ある仕事場では、そうした作業がすべて別々の人手によって行なわれる。もっとも、他の仕事場ではそれらの二つか三つを、同一人が行なうこともある。私はこの種の小さい仕事場を見た[7]ことがあるが、そこではわずか一〇人が仕事に従事しているだけで、したがって、そのうちの幾人かは、二つか三つの別の作業をかねていた。かれらはたいへん貧しくて、必要な機械類も不十分にしか用意されていなかった。それでも精出して働けば、一日に約一二ポンドのピンを全員で作ることができた。一ポンドのピンといえば、中型のもので四〇〇〇本以上になる。してみると、これらの一〇人は、一日に四万八〇〇〇本以上のピンを自分たちで製造できたわけである。つまり各人は、四万八〇〇〇本のピンの一〇分の一を作るとして、一人あたり一日四八〇〇本のピンを作るものとみてさしつかえない。だが、もしかれら全員がそれぞれ別々に働き、まただれも、この特別の仕事のための訓練を受けていなかったならば、かれらは一人あたり一日に二〇本のピンどころか、一本のピンさえも作ることはできなかったであろう。いいかえるとかれらは、さまざまな作業の適切な分割と結合によって現在達成できる量の二四〇〇分の一はおろか、その四八〇〇分の一さえも、まず作りえなかったであろう。

すべての工芸や製造業において、分業の効果は、こうした零細な製造業の場合と同様である。もっともそれらの多くは、労働をこれほど多く細分することも、作業をこれほど極端に単純化することもできない。しかしながら分業は、それが採り入れられるだけで、どんな技術の場合でも、労働の生産力をそれにおうじて増進させる。この利益の結果として、さまざまな職業や仕事がたがいに分化したように思われる。この分化はまた、最高度の産業と進歩を享受している国々で最も進んでいるのが普通である。すなわち、社会の未開段階で行なわれる一人の人間の作業は、改善された段階では数人の作業になるのが普通である。すべての文明社会では、農業者は[3]一般に農業者以外の何者でもなく、製造業者は製造業者以外の何者でもない。なにか一つの完成品を生産するのに必要な労働もまた、多数の人手に分割されているのが普通である。亜麻や羊毛の生産者から、亜麻布の漂白工や伸《の》し工、あるいは服地の染色工や仕上工にいたるまで、亜麻布と毛織物の製造業の各部門に、なんと多くのさまざまな職業が営まれていることだろう！　たしかに農業の場合は、その
8 性質上、製造業ほどに労働をこまかく分割する余地はないし、たがいに仕事を完全に分離してしまう余地もない。大工の仕事は、鍛冶屋《かじや》の仕事からふつう分離しているが、牧畜に従事する人たちの仕事を、穀物を作る人たちの仕事からそれほど完全に分離するのは不可能なことである。紡績工はたいていの場合、織布工とは別の人であるが、犂《すき》で耕す者、馬《ま》鍬《ぐわ》で耕す者、種をまく者、刈入れをする者は同一人である場合が多い。そうしたさまざま

な種類の労働を行なう機会は、一年のさまざまな季節とともにめぐってくるものであるから、一人の人間が、このどれかひとつの労働に年中従事するということは不可能である。このように、農業に用いられる労働のさまざまな部門をすべて完全に分離することは不可能であるが、これはおそらく、農業技術における労働生産力の改善がかならずしも製造業のそれと歩調を合せられないということの理由を説明するものであろう。なるほど、最も富裕な国民は、一般に製造業はもちろんのこと、農業でも、すべての近隣の国民に勝っているが、しかしかれらは、農業よりも製造業においていっそう抜きんでているのが普通である。かれらの土地は一般によりよく耕作され、またより多くの労働と費用がそれに投じられているから、土地の広さとその自然の豊度のわりには、より多くのものを生産する。だが、こうした生産上の優越が労働と費用の優越にくらべて、ずっと大きいということは滅多にない。農業においては富んだ国の労働が、貧しい国の労働よりもはるかに生産的であるとはかぎらない。いや、少なくとも、製造業においてふつう生産的であるほどに、大いに生産的であるということはけっしてない。だから、富んだ国の穀物は、同程度の品質の場合に、貧しい国の穀物よりも安価に市場に出回るとはかぎらないのである。フランスのほうが富裕と改善の点でポーランドにはるかに勝っているにもかかわらず、ポーランド産の穀物は、同程度の品質の場合、フランス産の穀物と同じように安価である。フランス産の穀物はイングランドにくらべて、富裕と改善の点でおそらく劣るであろうが、フランス産の穀物は、穀産諸州においては、イングランド産の穀物とまったく同じように品質がよく、また価格もたいていの年にはほぼ同一である。けれども、イングランドの穀産地は、フランスのそれよりもよく耕作されており、フランスの穀産地は、ポーランドのそれよりもはるかによく耕作されているそうである。ところで貧しい国は、耕作の点では劣っていても、穀物の安価さと品質の点で、富んだ国にある程度まで対抗できるが、そのような競争を製造業の場合に望むことはとうていできない。少なくとも、それらの製造業が、富んだ国の地味、気候、位置などに適している場合にはそうなのである。フランスの絹はイングランドの絹よりも品質がよく、また安価であるが、これは絹織物の製造にとって、イングランド[9]の気候がフランスの気候ほど十分には適さないからである。ただし、これは、少なくとも原料絹糸の輸入に高い税が課されている現状での話である。ところが、イングランドの金物や粗製毛織物は、フランスのそれらとはくらべものにならないほどすぐれていて、同程度の品質の場合にははるかに安価である。ポーランドでは、一国の存立に不可欠の粗末な家内製造業が少数あるだけで、ほかにどのような種類の製造業もない、という話である。

―分業による生産力の増進は三つの事情にもとづくものである―

分業の結果、同じ人数のものがつくり出すことのできる仕事の量がこのように大きく増加するのは、三つの異なる事情にもとづいている。第一は、個々の職人すべての技能の増進、第二は、ある種の仕事から他の仕事へと移る場合にふつう失われる時間の節約、そして最後に、労働を促進し、短縮し、しかも一人で多くの人の仕事がやれるようなさまざまな機械の発明、にもとづくのである。

第一に、職人の技能の改善により、かれが果すことのできる仕事の量は必然的に増大する。そして分業により、あらゆる人の仕事は単純な作業に還元され、またこの作業がその人の生涯のただひとつの仕事になってしまうので、必然的に職人の技能は大いに増進する。普通の鍛冶屋で、ハンマーは使いなれているけれども、釘《くぎ》作りにはぜんぜんなれていないという場合、もしかれがなにか特別の機会に釘作りをやってみなければならなくなったとすると、たしかにかれが一日に二、三〇〇本以上の釘が作れることは滅多にないだろうし、その釘も非常に粗悪なものであろう。ある鍛冶屋が釘を作ることに習熟してはいるが、釘作りを唯一または主要な仕事にしたことのない場合には、勤勉のかぎりをつくしても、一日に八〇〇本ないし一〇〇〇本の釘を作ることは滅多にありえない。ところが、釘を作ることよりほかの仕事はなにもやったことのない二〇歳未満の数人の少年が精出して働くと、各自が一日に二三〇〇本以上の釘を作ることができたのを、私はかつて見たことがある。しかしながら、釘作りという作業はけっしていちばん単純な作業というわけではない。同じ人がふいごを吹いたり、必要におうじて火をかきたてたり、薪《まき》をたしたり、鉄を熱したり、釘のすべての部分をきたえたりする。釘の頭部をきたえるのにも、道具類をとりかえなければならない。釘にくらべると、ピンや金属ボタンを作る場合に細分されるさまざまな作業は、どの作業もすべてずっと簡単で、そういう作業を行なうことを生涯のただひとつの仕事としている人の技能は、なおさらすぐれているのが普通である。そういう製造業で、いくつかの作業がいかにすばやく行なわれるかは、それを見たこともない人々には、人間の手で習得できるものとはとても想像できないほどである。

第二に、ある種の仕事から別な仕事へと移る場合にふつう時間の無駄が生ずるが、この時間を節約することから生じる利益は、われわれが一見想像するところよりもずっと大きい。ある種の仕事から別な仕事へと迅速に移るのは、その仕事が、異なった場所でまったく異なった道具で行なわれている場合は不可能である。小さい農場を耕作している農村の織布工は、自分の織機から畑へ、また畑から織機へと移るにさいして、かなり多くの時間を失うにちがいない。この二つの職業が同じ仕事場で行なえるならば、時間の損失は疑いもなくはるかに少ない。けれども、この場合でもやはり時間の損失は相当なものである。人間というものは、ある種の仕事から別の仕事へと移る場合には、多少ともたどたどしく働くものである。人間は新しい仕事を始めた当座は、ひどく熱中して打ちこむ気持にはなかなかなれない。よくいわれるように、気がのってこないので、しばらくのあいだは、かれは十分な能率をあげるというよりも、むしろ時間を空費するといったほうがいい。農村の職人はすべて、半時間ごとに仕事と道具をとりかえ、生涯をつうじてほとんど毎日、二〇もの異なった作業にその腕を使わなければならない。そこで自然に、というよりも必然的に、たどたどしくなったり、だらしなく不注意に働いたりする習癖を身につけるのである。このために、かれはほとんどいつも怠惰でものぐさになり、最も緊急の場合にも活発に働くことができなくなるのである。それゆえ技能の点でのかれの欠点はおくとして、この原因だけからでも、かれのやれる仕事の量はかなり減少せざるをえない。

第三に、そして最後に、適切な機械設備を用いるとどんなに労働が容易となり、また短
[11] 縮されるかは、だれにでもよくわかることであって、なにも例をあげるまでもない。そこで私は、労働をこれほど容易にし短縮させるすべてのこうした機械類の発明が、じつは分業の結果生じているように思われるということを、ここで述べておくだけにしよう。人は、その精神の全注意を単一の目的に向けているときのほうが、さまざまな事物に分散させておくときよりも、目的達成上、いっそう容易で手っ取りばやい方法を発見する見込みがずっと大きい。ところで、分業の結果、各人の全注意力は、自然に、ある一つのごく単純な目標に向けられるようになる。そこで、とうぜん期待されることであるが、仕事の性質上改善の余地のあるところでは、労働の個々の部門に従事する人々のうちのだれかが、自分たちの個々の仕事をいっそう容易に手っ取りばやく行なう方法をまもなく見つけだすであろう。労働がごく細分されている製造業で使用される機械の大部分は、もとはといえば、普通の職人が発明したものだったのである。これらの職人たちは、各自が非常に単純な作業に従事していたために、その作業がいっそう容易で手っ取りばやく行なえる方法を発見

することに、自然に思いをめぐらすようになる。このような製造場を何度も訪れたことのある人たちは、たいへんよくできた機械類をしばしば見せられたことがあるにちがいないが、そうした機械類は、このような職人たちが、自分たちの仕事の特定部分を容易にしたりすばやく行なったりするために発明したものなのである。最初の蒸気機関の場合には、ピストンが上下するのにおうじて、ボイラーとシリンダーとのあいだの通路を交互にあけたりしめたりするために、少年が一人いつも使用されていた。この少年たちのなかに、仲間と遊ぶのが好きな一人の少年がいた。かれは、この通路を開くバルブのハンドルから機械の他の部分へ一本のひもを結びつけておくと、バルブはかれの助けがなくても開閉して、自分は仲間たちと自由に遊んでいられる、ということに気づいた。蒸気機関が最初に発明されて以来、これまでに加えられてきた最大の改善の一つは、このように自分自身の労働を短くしたいと望んだ、一少年の発見だったのである。[4]

12　しかしながら、機械類における改善のすべてが、そうした機械の使用を必要とした人たちの発明であったわけではけっしてない。多くの改善は、機械の製作が一つの特別な職業の仕事となったときに、機械製作者たちの創意によってなしとげられた。またいくつかの改善は、学者または思索家とよばれる人たちによってなしとげられたのであって、かれらは、何事もせずにあらゆる事物を観察することを職業とし、したがってまた最も離れた、しかも異質のものの力をしばしば結合することができる人たちなのである。社会の進歩につれて、学問や思索は他のすべての仕事と同じように、市民の一特定階級の、主要なまたは唯一の職業となり生業となる。そのうえ、他のすべての仕事と同じように、この職業も多数の異なった分野に細分され、そのおのおのは、学者たちの特別の仲間や階級に生業を提供する。そして学問におけるこうした細分は、すべての他の仕事の場合と同じように、技能を増進し時間を節約するものである。それによって各自は、自分たちの独自の分野においてますます専門家となるが、全体としてみるといっそう多くの仕事が達成され、科学的知識の量はいちじるしく増大するのである。

文明社会では民衆の最下層にまで富裕がゆきわたるが、これは分業＝結合労働の結果である

よく統治された社会では、人民の最下層にまで広く富裕がゆきわたるが、そうした富裕をひきおこすのは、分業の結果として生じる、さまざまな技術による生産物の巨大な増加にほかならないのである。職人はだれもみな、自分の必要とする以上の処分できる製品を多量にもっており、また他のすべての職人もこれと同じ状態にあるのだから、かれは自分自身の多量の財貨を他人の多量の財貨と、あるいは同じことであるが他人の多量の財貨の[13]価格と、交換することができる。この職人は、他の職人たちにたいしてかれらが必要とするものを豊かに供給し、逆にかれらはこの職人にたいして、その必要とするものを同じように十分にととのえてやり、こうして、豊かさが一般に社会の種々の階級のすべてにゆき

わたるのである。

ここで、文明が進み繁栄している国の最も普通の手工業者、または農村の日雇労働者の衣食住がどのようにととのえられているかを観察してみよう。そうすれば、このような生活物資の調達のために、たとえわずかその一小部分にすぎなくても、自分たちの勤労の一部を用いた人たちの数がはかりしれないほど多い、ということがわかるであろう。たとえば、農村の日雇労働者が着ている毛織物の上衣は、見た目には粗末であっても、非常に多数の職人の結合労働の生産物なのである。この質素な生産物でさえ、それを完成するためには、牧羊者、羊毛の選別工、梳毛工《そもうこう》または擦毛工《さつもうこう》、染色工、あら梳《す》き工、紡績工、織布工、縮絨工《しゅくじゅうこう》、仕上工、その他多くの人たちがすべて、そのさまざまな技術を結合しなければならない。そればかりか、これらの職人のうちのある者から、しばしばその国の非常に遠隔な地方に住んでいる他の職人たちのところへ原料を輸送するのに、いったいどれほど多くの商人と運送人が従事しなければならなかったことであろうか！　染色工が使ったさまざまな薬剤――それは、しばしば世界の果ての地方からやってくるが――を寄せ集めるために、どれだけ多くの商業と航海業が、またどれほど多くの造船工、水夫、製帆工、ロープ製造人がその仕事に従事しなければならなかったことであろうか！　また、そうした職人のなかの最も下層の者が使う道具を生産するためにも、なんとさまざまな労働が必要なことであろうか！　水夫の乗る船、縮絨工の使う水車、さては織布工の織機のような複雑な機械はいうまでもないとして、ごく単純な機械、たとえば、牧羊者が羊毛を刈りとる鋏《はさみ》を作りあげるために、いかにさまざまな労働が必要とされるかということだけでも、考えてみるがいい。そうした鋏を生産するためには、鉱夫、鉱石をとかす溶鉱炉の建設工、木材の伐採者、溶鉱炉で使用される木炭の炭焼き工、煉瓦《れんが》製造工、煉瓦積み工、炉前工、機械据付工、鍛鉄工、鍛冶工のすべてが〔5〕、そのさまざまな技術を結合しなければならない。同じように、われわれが牧羊者の衣服や家具のさまざまな部分のすべて、すなわち、かれがその皮膚にじかに着るあらい麻布のシャツ、かれの足につける靴、かれが横たわるベッド、またそのベッドを組み立てているさまざまな部分のすべて、またかれが食物の調理に使う金網、それに使うために、地底から掘り出されて、おそらく長途の海路と陸路の輸送によってかれのもとにもたらされた石炭、そのほかいっさいの台所用具、いっさいの食卓
14 用具、ナイフとフォーク、かれが食物を盛り分ける陶製または白鑞《はくろう》製の皿、かれのパンやビールの調製にたずさわったさまざまな人手、熱と光をとりいれ、風と雨を防ぐガラス窓、加えて、世界のこの北方の地に快適な住いを提供するのに不可欠な、このみごとですばらしい発明品を作りだすのに必要とされるいっさいの知識と技術、さらに加えて、このようなさまざまな便益品の生産に従事するさまざまな職人たちのすべての道具類を調べてみるならば、つまり、以上すべてのものをわれわれが調べて、そしてそれらのおのおのについて、どんなにさまざまな人手が用いられているかを考察するならば、文明国の最も下層の

者にたいしてさえ、何千人という多数の助力と協同がなければ、手軽で単純な様式だとわれわれが誤って想像しているような普通の暮しぶりすらととのえてやることができない、ということがわかるだろう。たしかに、身分や地位の高い人たちの法外な贅沢《ぜいたく》にくらべると、労働者たちの暮しぶりは、疑いもなく大いに単純で手軽に見えるにちがいないが、それでも、おそらく次のことは真実であろう。すなわち、ヨーロッパの君主の暮しぶりが勤勉で倹約な農夫のそれをどれほど凌《しの》いでいようと、その程度は、この農夫の暮しぶりが、一万人もの裸の野蛮人の生命と自由の絶対的支配者であるアフリカの多数の王侯の暮しぶりを凌ぐほど大きいとはかぎらない、ということである。

〔1〕この「分業」という言葉は、マンドゥヴィル（Bernard Mandeville, 1670-1733）の『蜂の寓話』（*The Fable of the Bees*, 一七一四年、第二篇）の「問答」のなかで言及される時計製造の話に由来するものではないか、とE・キャナンは指摘しており、用語としてもマンドゥヴィルが早い。これよりさきウィリアム・ペティ（一六二三〜八七）も、分業を時計製造業によって例解している（*The Economic Writings of Sir William Petty*, ed. by C. H. Hull, 2 vols., 1899.『ペティ著作集』第二巻、四七三ページ）。このようにスミス以前にも「分業」について論じた著述家は少なくないが、スミスほどに「分業」の効果や意味をさまざまに考えた学者は少ない。そして『国富論』では、作業の分割

による能率の増進と量産の可能性が強調されている。ところがスミスは、このような技術的分業の必要とならんで、各種の職業や職種の分化と自立を意味する社会的職業文化の意味での分業の必要を説いている。同じ「分業」という言葉でこの二つのものを代表させるやり方はスミス以前からの慣用といってよいが、さらにスミスにおいては、分業を市場との相関的関係において全体制的に捉えようとしている点に特徴がある。スミスは「分業」を近代社会における進歩の原動力としてとらえた思想家ということで知られているが、スミス自身は他方で、農耕作業に従事する農夫を単純作業のくり返しに追われる機械工と対比して、前者の理解力は後者にくらべて一般にすぐれているといい（第一篇第十章第二節「都市の住民は団結……」の小見出し参照）、また分業の進歩と作業の単純化は一般に人間の能力を片寄らせてしまう傾向があると警告する（第五篇第一章第三節第二項「未開社会と違って……」の小見出し参照）など、けっして単純な分業礼讃論に終始したのではなかったことに注意する必要がある。

〔2〕スミスの郷里カコーディには、一、二の釘製造所があって、少年スミスはここを訪ねることを好んだという。キャンベル著『エディンバラからの北ブリテン周遊記』(Campbell, *Journey from Edinburgh through North Britain*, 1802) によると、分業の利益にかんするスミスの考えのもとは、この少年時代の郷里での経験と記憶に始まるものといわれる。スミスはその後、もっと細かな分業例を示すピン作りをとりあげるようになった。スミスの『グラスゴウ大学講義』(*Lectures on justice, police, revenue and arms*……, ed. by Edwin Cannan, Oxford, 1896) では、この分業論の箇所と同様に一八の作業に分割されたピンの製造が説明されている。キャナンによると、この数は *Encyclopédie*, tom. v., 1755 の Epingle（ピン）と題する項目からとられたもので、この項の執筆者は、ピン作りの実際例を記述したドゥレール（M. Delaire）だという。当時いくつかの工場では分業の技術はもっと進んでいて、E. Chambers, *Cyclopaedia*, vol. ii, 2nd ed., 1738 の Pin（ピン）と題する項目では、作業の数は二五となっている。

〔3〕farmer　スミスは第三篇第二章では、「自分の資本で土地を耕作し、地主には、ある一定の地代を支払う、まさしく農業者とよびうる人々」（「借地権が保証されるにつれ……」の小見出し以下参照）とよんでいる。つまり地主から土地を借りて農業を経営する農業企業家のことであるが、スミスはこれに自作農などの小農民をふくめて広義に用いている。とくにイギリス近代史上に有名な「ヨウマン」を、スミスは「農業者」のなかにふくめていて、「富裕にして独立の農業者」の隆盛を「文明の進歩」と見立てている。本章では、こうした「農業者」の農作業が紡績工や織布工などの「製造業者」の労働といかに相違するかに力点がおかれている。この点については、第一篇第十章第二節「都市の住民は団結……」の小見出し以下を参照。

〔4〕このくだりの物語にかんしキャナンは以下のような注記をしているが、スミスの説得的話術の一例と考えられるだろう。――「従来は、シリンダー内のパイプに包まれたブイがはたらく仕組になっていた。すなわちそのブイは蒸気が強くなると上り、注

水口を開いて一撃を加えるようになっていた。その結果、一分間にわずか六、八または一〇回の打撃しかできなかった。ところが、この機関の番をしていたハムフリ・ポッターという少年が、ついにビームがいつも開く一個の引手を取り付けたので、一分間に一五、六回の打撃ができるようになった。だがこれは引手類やひも類があって複雑だったので、ヘンリー・ベイトン氏は、一七一八年にニューカースル・オン・タインで建造した機関ではこれらのものを全部とりのぞいてしまって、ビームだけで簡単に万事がやれるようにした」（J. T. Desaguliers, *Course of Experimental Philosophy*, vol. ii, 1744, p. 533. デサグリエ『実験哲学入門』）というのである。

〔5〕各種類の労働者をあらわす用語は、労働それ自体の複雑さを反映して、もともとその数が多いばかりでなく、各級労働者の流動と歴史的変化を背景に、相互に重なり合ったり、混用されたりしている。『国富論』の書かれた時代は、産業革命の胎動が始まった大きな転換期であり、またスミス自身、かならずしも各語を明確かつ一義的に使いわけているわけでもないので、いっそう理解がむずかしい。

やや時代を溯《さかのぼ》るが、『ロビンソン・クルーソー』で有名なダニエル・デフォー（Daniel Defoe, 1661?–1731）は、すぐれた旅行家・観察者としての経験を生かした経済書をも著わしているが、このうち『イングランド経済の構図』（*A Plan of the English Commerce*,1728）のなかで、かれは各級労働者の区別を行なっている。おそらく十八世紀における最も代表的で普通の用語法と思われるので、ここに紹介しておこう。

「どちらかというと卑しい、第一次的な仕事にたずさわっている人々は、通例、働く人々（working men）とか、労働者（labourers）、また労働貧民（labouring poor）とよばれる（第一篇第八章訳注〔4〕参照）。たとえば、ただの農夫、坑夫、土方、漁夫などのように、要するに天然あるいは人工のさまざまな産物のために苦役する人たち全部のことである。

かれらに次いでは、おそらく右の連中と同じように労働しはするが、その勤勉になにがしかの技術を混ぜ合せて、その作業を遂行する仕方は個々に指示され、教えてもらわなくてはならない、という人々がいる。この人々は、職人（workmen）あるいは手職人（handicrafts）とよばれる。

この人たちの上には、そうした作業や職業における指揮者、つまり親方（masters）がおり、かれらは、技工（artists）、工匠（mechanicks）あるいは親方職人（craftsmen）とよばれ、一般には以上すべてが工匠（mechanicks）という一つの言葉で通っている。たとえば織元、織職など、また金物、真鍮、鉄、鋼、銅などにおける手職人（handicrafts）がそれである」（第二版、四～五ページ）

15

第二章　分業をひきおこす原理について

—分業は、人間の本性にのみ見出される交換という性向から生じる—

こんなにも多くの利益を生むこの分業は、もともと、それによって生じる社会全般の富裕を予見し意図した人間の知恵の所産ではない。分業というものは、こうした広い範囲にわたる有用性には無頓着《むとんじゃく》な、人間の本性上のある性向、すなわち、ある物を他の物と取引し、交易し、交換しようとする性向の、緩慢で漸進的ではあるが、必然的な帰結なのである。

いったいこの性向は、これ以上は説明のできないような、人間性にそなわる本能の一つなのか、それとも、このほうがいっそうたしからしく思われるが、理性と言葉という人間能力の必然的な帰結なのか、この問題はわれわれ当面の研究主題には入らない。この性向はすべての人間に共通なもので、他のどんな動物にも見出されないものである。動物たちは、この性向も知らなければ、他のどんな種類の契約をも知らないようにみえる。同じ兎《うさぎ》を追う二匹のグレイハウンド犬〔猟犬〕は、一種の協同動作をしているようなかたちをとることがある。どちらの犬も自分の仲間のほうへと兎を追いやる。あるいは、仲間が兎を自分のほうへ追いやってくると、待伏せしてとらえようと努力する。けれどもこれは、いかなる契約の結果でもなくて、その特定の時点に、同一の目的物をめぐって、かれらの感情の高まりが偶然に競い合った結果なのである。犬同士が、一本の骨を別の骨と、公正に、しかも熟慮のうえで交換するのを見た人はだれもいない。ある動物が別の動物にむかって、その身振りと生れつきの叫び声で、これは自分のもので、それはお前のものだ、それと引換えにこれをあげよう、といったようなことを表示しているのを見た人はだれもいない。動物は、人間または他の動物からなにかを得たいと思うときには、それをしてくれる相手の好意に訴えるよりほかには説得の手段をもたない。子犬は母犬にじゃれついて甘え、ス[16]パニエル犬〔愛玩犬〕は、主人からの御馳走《ごちそう》にありつこうとするとき、ありとあらゆる芸をして、食事中の主人の注意をひこうとつとめる。人間も、自分の仲間に同じ技巧を用いることがある。そして、自分の思い通りにかれらを動かす方法がほかに見つからないときは、あらゆる卑屈な媚《こび》へつらいの動作で、かれらの好意をかちえようとつとめる。けれども人間には、いちいちこういったことをする時間のゆとりがない。文明社会では、人間はいつも多くの人たちの協力と援助を必要としているのに、全生涯をつうじてわずか数人の友情をかちえるのがやっとなのである。ほかのたいていの動物はどれも、ひとたび成熟すると、完全に独立してしまい、他の生き物の助けを必要としなくなる。ところが人間は、仲間の助けをほとんどいつも必要としている。だが、その助けを仲間の博愛心にのみ期待してみても無駄である。むしろそれよりも、もしかれが、自分に有利となるように仲間の自愛心を刺激することができ、そしてかれが仲間に求めていることを仲間がかれのためにすることが、仲間自身の利益にもなるのだということを、仲間に示すことができるなら、そのほうがずっと目的を達しやすい。他人にある種の取引を申し出るものはだれでも、右のように提案するのである。私の欲しいものを下さい、そうすればあなたの望むこれをあげましょう、というのが、すべてのこういう申し出の意味なのであり、こういうふうにしてわれわれは、自分たちの必要としている他人の好意の大部分をたがいに受け取りあうのである。われわれが自分たちの食事をとるのは、肉屋や酒屋やパン屋の博愛心によるのではなくて、かれら自身の利害にたいするかれらの関心による。われわれが呼びかけるのは、かれらの博愛的な感情にたいしてではなく、かれらの自愛心《セルフ・ラヴ》にたいしてであり、われわれがかれらに語るのは、われわれ自身の必要についてではなく、かれらの利益についてである。[1] 同胞市民の博愛心に主としてたよろうとするのは、乞食《こじき》をおいてほかにはいない。乞食ですら、それにすっかりたよることはしない。なるほど、好意ある人たちの慈善によって、この乞食が生きてゆくのに必要なもののすべてが用意されるかもしれない。だが、たとえこうしたやり方で、かれの必要とする生活必需品のすべてが結局ととのえられるとしても、かれの望みどおりに必需品がととのえられるわけでもないし、またそうできるものでもない。

かれがそのつど必要とするものの大部分は、他の人たちの場合と同じく、合意により、交易により、購買によって、充足されるのである。かれは、ある人がくれる貨幣で食物を買う。かれは、別の人が恵んでくれる古着を、もっとよく自分にあう古着と交換したり、一夜の宿や食物と交換したり、または必要におうじて衣食住のどれかを買うことのできる貨幣と交換したりするのである。

交換という性向は人間の利己心によって刺激され、おのずから分業を生みだす

17　われわれが、自分たちの必要としている相互の助力の大部分をたがいに受け取りあうのは、合意、交易、購買によってであるが、もともと分業を発生させるのも、取引しようという、この同じ性向である。たとえば、狩猟や牧畜を営む種族のなかで、ある特定の人物が、弓矢をほかのだれよりもすばやく巧妙に作るとしよう。かれは弓矢を、しばしば仲間たちの牛や羊や鹿の肉と交換し、そしてついには、このようにするほうが、自分で草原に出てそれらを捕えるよりも、いっそう多くの牛や羊や鹿の肉を手に入れることができる、ということをさとるようになる。こうして自分自身の利益にたいする関心から、弓矢作りがかれのおもな生業になり、かれは一種の武器作りとなるのである。別の人は、自分たちの小さい小屋や移動家屋の骨組と屋根を作ることに秀でているとしよう。かれはこの手腕で隣人たちに役立つようになり、そのさい隣人たちは、同じように、かれに家畜や鹿の肉

を報酬として与え、ついにかれは、この仕事にうちこみ、そして一種の大工になるのが自分の利益だとさとるようになる。同じようにして第三の人は、鍛冶屋《かじや》や真鍮工《しんちゅうこう》となる。第四の人は、野蛮人たちの衣類の大きい部分をしめる獣皮のなめし工や仕上工になる。こういうわけで、人はだれでも、自分自身の労働の生産物のうち自分の消費を超える余剰部分を、他人の労働の生産物のうちかれが必要とする部分と交換することができるという確実性によって、特定の職業に専念するように促される。またその特定の業務にたいしてもっている才能や天分がなんであれ、それを育成し完成させるように力づけられるのである。

人それぞれの生れつきの才能の違いは、われわれが気づいているよりも、実際はずっと小さい。さまざまの職業にたずさわる人たちが、成熟の域に達したときに、一見他人と違うようにみえる天分の差異は、多くの場合、分業の原因だというよりもむしろその結果なのである。最も似かよっていない人物間の違いは、たとえば学者と街のありふれた荷かつぎ人足とのあいだのように、生れつきのものというよりもむしろ、習癖、習慣および教育によるように思われる。かれらがこの世に生れてきたとき、そしてそれから六歳か八歳までのあいだは、おそらくたいへん似かよっていて、両親も遊び仲間も、二人のあいだにべつだん目立った違いを見つけだすことはできなかったろう。その年頃か、またはまもなく、
18 かれらは非常に異なった職業に従事するようになる。この頃になると、才能の違いが目立つようになり、それは次第に広がって、ついには学者のほうは虚栄心から、どんな類似点

もまったく認めたがらないようにまでなるのである。ところで、取引し、交易し、そして交換するという性向が人間になかったなら、だれでも、自分の求める生活の必需品と便益品をことごとく自分で調達しなければならなかったにちがいない。すべての人が、同一の業務を果し、同一の仕事をしなければならなかったにちがいない。そして、才能の大きい違いをもっぱらひきおこすような仕事についての違いは、生じ得なかったであろう。

この性向こそが、さまざまな職業に従事する人たちのあいだにこんなにはっきりした才能の違いをつくりあげるのであるが、この同じ性向がまた、その才能の違いを有用なものにするのである。すべて同一種と認められる多くの動物種族は、生れつきの能力の差異を自然からさずかっているが、その差異は、習慣や教育の影響が加わるまえに人間に生じると思われる天分の差異にくらべると、はるかに顕著である。学者が生れつき天分や性向の点で街の荷かつぎ人足とちがうところは、マスチフ犬〔番犬〕とグレイハウンド犬との違い、グレイハウンド犬とスパニエル犬との違い、あるいはこのスパニエル犬とシェパード犬〔牧羊犬〕との違いの、半分ほどにも及ばない。ところが、これらさまざまな種族の動物は、すべてが同一種であっても、たがいにほとんどなんの役にも立たない。マスチフ犬の力の強さは、グレイハウンド犬のすばやさからも、スパニエル犬の利巧さからも、シェパード犬の従順さからも、助けを借りることはぜんぜんない。交易し、交換しようという力や性向が欠けているために、そうしたさまざまな天分と才能の効果は、ひとつの共同の資本《ストック》にすることができず、かれら種族の生活の条件と便宜を向上させるうえに少しも貢献しない。どの動物も依然として個々独立に自給し自衛しなければならないし、また自然が仲間たちを区別したあの才能の多様性からどんな種類の利益をも享受していないのである。これに反して人間のあいだでは、はっきり違った天分がたがいに役に立つのである。すなわち、取引し、交易し、交換するという一般的性向のおかげで、人間のそれぞれの才能が生みだすさまざまな生産物は、いわばひとつの共同の資本《ストック》となり、だれでもそこから、他の人々の才能の生産物のうち自分の必要とするどんな部分でも購入することができるのである。

〔1〕スミスはその植民論（第四篇第七章第三節）のなかで、東インド会社における統治の乱脈にふれ、私的企業が植民地の統治をゆだねられるようになると、必然的に国家全体の利益に反するように行動するものだ、と述べている。東インド会社の使用人はその職権を濫用して私腹をこやし、それによって、植民地としてのインドの衰退と耕作の荒廃と貧困とをもたらす原因をつくり出した。しかも、現地行政府をも担う東インド会社の職員全体を通じて、「一日もはやくその植民地国から逃れ出ようとしており、したがってまた、一日もはやく政務から解放されたがっている。そのうえ、この行政府の関係者にとっては、自分たちがそこで儲《もう》けた全財産をかかえてそこを立ち去ったら、たとえその翌日、この植民地が残らず大地震で陥没破壊されてしまったとしても

知ったことではない」(「また東インド会社……」の小見出し参照)というのである。ここでは、私人の「利己心」が東インド会社という独占会社の職員の性格として説明されているが、スミスはむしろ人間一般の利己的本性の抜きがたく深いものであることを『国富論』全体を通じて繰り返し述べており、またそれがかえっておのずから一定の経済秩序を生み出し、無意識のうちに、社会の富裕の増大と適正な分配の秩序をつくり出すものであることを強調した。分業も、交換も、節約も、蓄積も、みなこの利己心=自愛心に発するものであり、この人間本性は、われわれが母親の胎内から生れ出、墓場に入るまでの生涯にわたって、われわれの行動を左右するものだと、スミスは考えている。利他的本性や憐愍《れんびん》の情ではなく、人間のこの利己的本性、自分の境遇を改善しようとする、人間に本来ひそんでいる常住不断の性向こそが、経済進歩の起動力であり、またひろく社会生活における人間関係を規律していくものである、とスミスは述べるのである。この点は『国富論』に先立つスミスの著作『道徳情操論』(*The Theory of Moral Sentiments*, 1759)においてすでに明瞭《めいりょう》に描き出されている。スミスのこの二つの著作を通じての人間本性の理解の仕方の異同にたいする争いが、いわゆる「アダム・スミス=問題」の主内容である。

19

第三章　分業は市場の大きさによって制限される

市場の広さが分業の大きさを定め、とりわけ水上輸送によって市場は種々の産業に開放される

分業をひきおこすのは交換しようとする力であるから、分業の大きさも、この力の大きさによって、いいかえると市場の大きさによって、制限されるにちがいない。市場がごく小さい場合には、どんな人も、一つの仕事にだけ専念する気持にはとてもなれない。というのは、自分自身の労働の生産物のうち自分の消費を上回る余剰部分のすべてを、他の人々の労働の生産物のうち自分が必要とする部分と交換することができないからである。

産業のなかにはその最低の種類に属するものでさえ、大都市でしか営まれないようなものがある。たとえば荷かつぎ人足は、都市以外のところでは雇用と生計の道を見つけだすことはできない。村は、かれにとってはあまりにも狭すぎるし、普通の市場町〔地域の商品取引市が毎週曜日をきめて開かれる地方小都市〕でも、かれに日々の生業を与えるほどに大きい場合は、滅多にない。スコットランドのハイランド〔スコットランド中部以北の高地地方のこと。遅れた農業を特徴とした〕のような人里離れた地方に点在す

る孤立した家々や小さい村々では、農業者はだれも自分自身の家族のために、肉屋にもなり、パン屋にもなり、また酒屋にもならなければならない。そうした状態のもとでは、同一の職業に従事する他の鍛冶屋、他の大工、他の石工を二〇マイル以内に見つけだそうとしても、それすら滅多に期待できない。散在している家族は、最も近い家族からでも八マイルも一〇マイルも離れているために、もっと人口の多い地方では、右のような職人たちの援助を求めるのが普通であるような数多くのこまごまとした仕事を、自分でやってのけることを習得しなければならない。農村の職人たちは、たいていどこでも、さまざまな種類の勤労のどれにも従事しなければならないのであって、それらは同種の材料が用いられるほどに相互に親近性があるのである。農村の大工は、木でできるあらゆる種類の仕事を一人で行ない、農村の鍛冶屋は、鉄でできるあらゆる種類の仕事を一人で行なう。前者は、大工であるばかりでなく、指物師《さしものし》であり家具師であり、木彫師でさえあり、そればかりか車輪工であり、犂《すき》製造人であり、荷馬車や大型馬車の製造人でもある。後者の仕事はもっとさまざまである。スコットランドのハイランド地方の僻遠《へきえん》の内陸部では、釘《くぎ》作りのような職業ですら、一個の職業となりえない。一日に一〇〇〇本の割で釘を作る職人は、一年に三〇〇日働くとして、年に三〇万本の釘を作ることになる。しかし、このようなところでは、一年かかって一〇〇〇本、つまり一日分の製品を売りさばくことも不可能であろう。

水上輸送[1]によって、陸上輸送だけで提供されるよりももっと広汎《こうはん》な市場が、あらゆる種類の産業に開放されるから、海岸で、また航行可能な河川に沿って、あらゆる種類の産業が自然に分化し、発達しはじめる。そしてそのような発達が、その国の内陸地方へと広がってゆくのは、ずっとのちになってからのことである場合が多い。二人の御者が乗り、八頭の馬が引く広輪の大型馬車は、ロンドンとエディンバラのあいだを約六週間で、四トン近い貨物を積んで往復する。これにたいし六人ないし八人の水夫が乗ってロンドンとリース港〔エディンバラの外港〕のあいだを航行する船は、これとほぼ同じ時間でしばしば二〇〇トンの貨物を積んで往復する。それゆえ、六人ないし八人では、水上輸送の助けを借りると、同一時間に、ロンドンとエディンバラのあいだを、一〇〇人の御者が乗り、四〇〇頭の馬が引く五〇台の広輪の大型馬車で運べるのと同じ量の貨物を往復させることができる。そこで、ロンドンからエディンバラへ、最も安価な陸上輸送で運ぶにしても、二〇〇トンの貨物には、一〇〇人の三週間分の生活維持費のほかに、四〇〇頭の馬と五〇台の大型馬車との維持費およびこの維持費とほぼ同額の消耗費がかかるにちがいない。ところが水上輸送の場合には、同一量の貨物にたいし、六人ないし八人の生活維持費と二〇〇トン積みの船の消耗費に、危険率が高くなる分の価値、すなわち陸上輸送と水上輸送との保険料の差額を加えたものがかかるだけにすぎない。したがって、これらの両地域間に陸上輸送以外の交通の便がもしもなかったとするなら、価格が重量にくらべていちじるしく高いものを除いて、どんな貨物も両地のあいだに輸送されることはありえなかったであろう。だから、これらの両地域は、現在その間で営まれている商取引のほんの小さい部分しか行なうことができず、またその結果、現在これらの両地域が相互の産業に与えている刺激のほんの小[21]部分しか与えあうことができなかったであろう。まして、世界の遠隔の地方のあいだでは、もしも水上輸送がなかったなら、どんな種類の商業も、ほとんどまったく見られなかったことであろう。いったいどんな貨物が、ロンドンとカルカッタとのあいだの陸上輸送の経費を負担することができたろうか。あるいはまた、この経費を負担することのできるほど高価な物がたとえあったとしても、あのように多数の野蛮民族の領土内をとおって、それを安全に輸送するなどということができたであろうか。ところが現在では、この二つの都市は、相互に非常に大きい商業を営んでいて、市場を提供しあって、たがいの産業に多くの刺激を与えているのである。

　水上輸送は右のように大きい利点があるので、この便益によってあらゆる種類の労働生産物にとっての市場が全世界に開かれているようなところから、技術と産業の最初の改善がはじまるのは自然であり、またそうした改善が、その後久しくたってからその国の内陸地帯へと広がってゆくことも自然のことである。国の内陸地帯では、長いあいだ、その周辺の地方以外にはその財貨の大部分にとっての市場がなくて、海岸や航行可能な大きい河川から隔絶されていた。したがって内陸地帯の市場の大きさは、長いあいだ、その周辺の地方の富と人口密度に比例せざるをえなかったし、またしたがって、内陸地帯の改善は、その周辺の地方の改善よりいつも遅れざるをえなかった。わが北アメリカ植民地では、各開拓地《プランテーションズ》〔第四篇第七章第一節、訳注〔1〕参照〕はいつも、海岸かまたは航行可能な河川の岸に沿ってつくられていて、そこからかなりの距離の奥地にまで広がったことはほとんどなかったのである。

エジプト、東インドのベンガル諸州、シナの東部諸省でも、大河から分れる水路が内陸交通の便を提供してきた

最も信頼できる史書によると、最初に文明を開いたと思われるのは、地中海の沿岸に住んでいた諸国民であった。この海は、世界に知れわたった最大の内海で、潮の流れがなく、したがって風がひきおこすほかには波一つ立たないので、その海面がおだやかであるばかりか、その島の数が多いこと、また隣接する海岸が近いことのために、幼年期の世界の海運にとって、すこぶる好都合であった。その当時は、人々は羅針盤《らしんばん》を知らなかったために、海岸線を見失うことを恐れ、そのうえ造船技術が未熟だったために、大洋の荒れ狂う波に身を挺することを恐れていた。ヘラクレスの円柱〔ギリシャ神話の英雄ヘラクレスは古代地中海世界の西の果てまでやってきたしるしに、ジブラルタルの岩礁とアフリカ側のジェーベル・ムサの岩礁とをうち建てたという〕の向うに進むこと、つまり、ジブラルタル海峡から外洋へと出航することは、古代世界では、最も驚異的な、危険に満ちた航海上の偉業だと、長いあいだ
22 考えられていた。こうした古い時代の最も熟練した航海者であり造船者であったフェニキア人やカルタゴ人でさえ、ジブラルタル海峡の突破を敢行したのはずっとのちのことであ

り、しかも長いあいだかれらは、それを敢行した唯一の国民だったのである。

地中海沿岸のすべての国のうち、農業においても製造業においても、エジプトがいちばん早くから長足の進歩をとげていた国であったらしい。上部エジプトはナイル河から数マイル以上に広がっているところはどこにもないが、下部エジプトでは、この大河が多くの異なった水路に分れていて、それらは多少の人工的改良をほどこされて、すべての大都市のあいだばかりか、すべての主要な村々のあいだ、さては農村の多数の農家のあいだにまで、水上輸送による交通の便を提供していたように思われる。これは、現在ホラントで〔第一篇第九章訳注〔1〕参照〕ライン河やマース河が果しているのとほぼ同じである。この内陸航路が広くて航行が容易だったことこそ、エジプトが早くから発達したことのおそらくおもな原因の一つであったろう。

農業と製造業における改善は、東インドのベンガル諸州やシナの東部諸省のいくつかでも、同じように、たいへん大昔から行なわれていたらしい。もっとも、こういう大昔のことになると、わがヨーロッパにおいて十分に信頼できる権威ある歴史的典拠のどれによっても確証されるものではないが。ベンガルでは、ガンジス河をはじめいくつかの大きな河川が、エジプトでナイル河が行なっているのと同じように、多数の航行可能な水路を形成している。またシナの東部諸省でも、いくつかの大きな河川が、さまざまな支流によって多くの水路をかたちづくり、またそれがたがいに連結しあって、ナイル河やガンジス河のどれよりも、たぶん両者をいっしょにしたよりもはるかに広大な内陸航行を可能にしている。古代エジプト人も、インド人も、またシナ人も、外国との通商を奨励したことはなく、その偉大な富裕をむしろこうした内陸航行によって得たらしいということは、注目に値する。

アフリカのすべての内陸地帯、黒海とカスピ海のはるか北方にあるアジアの内陸地帯、
つまり古代のスキタイ、近代のタタールおよびシベリアは、すべての時代を通じて現在わ
れわれが見るとおりの、野蛮で未開な状態にあったらしい。タタールの海は、航行もでき
ないような氷結した大洋であり、そして世界最大の河川のいくつかがこの地方を流れては
いるが、それらは相互に遠くへだたっているので、この一大地帯を通じる通商と交通を営
23 むことができない。アフリカには、ヨーロッパにおけるバルト海やアドリア海、ヨーロッ
パとアジアにわたる地中海と黒海、アジアにおけるアラビア、ペルシャ、インド、ベンガ
ル、シャムの諸湾のように、その巨大な大陸の奥地にまで海上輸送をもちこめるような大
きな内海はひとつもない。また、アフリカの大河川同士は、かなりの内陸航行をうながす
のには、相互にあまりに離れすぎている。それに、多数の支流や水路に分れていない河川
によっては、また海に達するまでに他国民の領土を流れるような河川によっては、一国民
が営むことができる商業というものは、けっして大きくなれるものではない。というのは、
上流地方にある国と海とのあいだの交通を阻害するのは、そうした他の領土を領有する国

民の自由だからである。たとえばドナウ河の航運の、バヴァリア、オーストリア、ハンガリー諸国にとっての利用価値は、もしそれらの国のどれかが、ドナウ河が黒海にそそぐまでの全水路を領有する場合にくらべると、たいへん小さいものである。

〔1〕ヨーロッパ文明の特色の一つは、アルプス以北では河川が最大の交通ネットワーク機能をもっていることである。それらは四季を通じてほぼ同じ水量をたたえ、運河と同じ機能をもっているといっていい。それゆえ西ヨーロッパに発生した市場経済は、主としてこのような河川交易を媒介に発展し、したがってまず河川の沿岸にそって技術と産業がつくりだされ、それがのちに内陸地方へと広がってゆく。スミスはこの傾向を指摘しているが、このほか本章では、古代文明における地中海、東インドのベンガル諸州およびシナの東部諸省における水系の果した役割にもふれているのが注目される。

第四章　貨幣の起源と使用について

分業が確立するとだれもが交換によって生活するようになるので、商業的社会が成立し、貨幣が発生する

分業がひとたび完全に確立すると、人が自分自身の労働の生産物によって満たすことのできるのは、かれの欲望のうちのごく小さい部分にすぎなくなる。かれは、自分自身の労働の生産物のうち自分自身の消費を上回る余剰部分を、他人の労働の生産物のうち自分が必要とする部分と交換することによって、自分の欲望の大部分を満たす。このようにして、だれでも、交換することによって生活し、いいかえると、ある程度商人となり、そして社会そのものも、まさしく商業的社会〔1〕とよべるようなものに成長するのである。

しかし、分業が発生しはじめた当初は、こうした交換の力はしばしばその作用を大いに妨害され阻止されたにちがいない。ある人がある商品を自分で必要とする以上にもっているのに、他の人はそれをもっていない、と仮定しよう。すると前者は、この余剰物の一部をよろこんで手放すだろうし、後者もそれをよろこんで購買するだろう。ところがもしこ

の後者が、前者が必要とするものをたまたまなにももっていないなら、かれらのあいだにはどんな交換も行なわれるはずはない。肉屋はその店に自分が消費する以上に多くの肉をもっており、酒屋とパン屋はその肉の一部をそれぞれ購買したいと思っている。ところが、かれらはそれぞれの職業の生産物のほかには、交換に提供するものをもっていないし、また肉屋にはすでに、かれがさしあたり必要とするパンとビールはすべて手持ちがあるとしよう。この場合には、かれらのあいだにはどんな交換も行なわれない。肉屋は、かれらの商人になることができないし、またかれらも肉屋の顧客となることができない。こういうわけで、この人たちは、すべておたがいに相互の役に立つことが少ないのである。このような事態の不便を避けるために、社会のあらゆる時代の世事にたけた人たちは、分業がはじめて確立されたあと、おのずから事態を次のようなやり方で処理しようとつとめたにちがいない。すなわち、世事にたけた人は、自分自身の勤労の特定の生産物のほかに、ほとんどの人がかれらの勤労の生産物と交換するのを拒否しないだろうと考えられるような、なんらか特定の商品の一定量を、いつも手元にもっているというやり方である。

　おそらくこの目的のために、さまざまな商品がつぎつぎと考えられ、また使用されてきたようだ。社会の未開時代には、家畜〔牛や羊〕が交易の共通の用具であったといわれている。家畜はそのような用具としてはたいへん不便なものだったにちがいないが、それでも昔は、物の価値が、それと交換される家畜の頭数にしたがって示された場合が多い。ディオメデス〔ホメロスの『イリアス』のなかの英雄の一人〕の鎧《よろい》は牡牛《おうし》九頭にしか値しないが、グラウクスのそれは、牡牛一〇〇頭に値する、とホメロスはいっている。アビシニアでは、塩が商業と交換の共通の用具であったといわれる。インドの海岸のある地方ではある種の貝殻が、ニューファウンドランドでは干鱈《ひだら》が、ヴァージニアでは煙草《タバコ》が、わが西インド植民地のあるところでは砂糖が、また他の国々では生皮またはなめし皮が、共通の用具だといわれている。そして私の聞くところでは、今日スコットランドのある村では、職人が貨幣の代りに釘をもってパン屋や居酒屋にでかけることもめずらしくないという話である。

最初は耐久性、可分性のある金属が選ばれ、延べ棒のまま貨幣として使用され、のちにそれに刻印が押された

しかしながら、どこの国においても人々は、反対しようのない理由から、貨幣として用いるために、他のあらゆる商品に勝るものとして最終的に金属類を選ぶことにきめたように思われる。金属類ほどもちのよいものは他にないのであって、金属は他のどんな商品にくらべても保存による損耗が少ないばかりか、なんの損失もなしに任意の数の部分に分割できるし、またこの分割部分は、損耗なしに鎔解《ようかい》によってふたたび容易にひとつにすることもできる。この性質こそ、同じように耐久性のある他のどんな商品にもないものであり、そしてこの性質が、他のどんな性質にも勝って、金属類を商業と流通の用具に適するものにしているのである。たとえば、塩を買いたいと思うのに、それと交換に与えるものを家

26 畜しかもっていない人は、牡牛まる一頭分、または羊まる一頭分の価値で、塩をいちどきに、やむなく買ってしまわなければならないにちがいない。かれが塩と引換えに与えるはずのものは、損耗なしに分割されることはまずありえないから、かれがこれよりも少量を買うことは滅多にできないことだろう。また、もしかれがもっと多量に買おうという気になったとすれば、同じ理由で、かれは二、三倍の量、すなわち二、三頭の牛、または二、三頭の羊の価値分の塩をやむなく買ってしまわなければならないにちがいない。これに反して、もしかれが羊または牡牛の代りに、塩と引換えに与えるべき金属類をもっていたなら、かれはこの金属の量を、さしあたり必要としている商品の正確な量に、容易に釣り合わせることができたであろう。

さまざまな金属類が、こうした目的のためにさまざまな国民によって使用されてきた。鉄は、古代のスパルタ人のあいだで、商業にとっての共通の用具であった。銅は古代ローマ人のあいだで、また金銀はすべての富裕で商業的な国民のあいだで、共通の用具であった。

そのような金属は、もともとは刻印も鋳造もされないで粗製の延べ棒のままで、この目的のために使用されていたらしい。たとえば、プリニー[1]〔二三～七九。ローマの博物学者〕が古代の歴史家ティメウスを典拠にして[2]語るところによると、セルウィウス・トゥリウス〔前五七八～前五三五。ローマ第六代の王〕の時代まで、ローマ人は鋳造貨幣をもたないで、刻印のない銅の延べ棒を、かれらの必要とするどんなものの購買にも使用していた。それゆえ、この当時には、こうした粗製の延べ棒が貨幣の機能を果していたのである。

　こうした粗製の状態のままで金属を使用することには、二つのたいへん大きい不便がともなった。第一は、それらの重さをはかるうえの煩雑さであり、第二は、それらの純度をはかるうえの煩雑さである。貴金属の場合は、量が少しちがっても、価値に大きい差異が生じるから、重さをはかるという仕事でも正確を期するのには、少なくとも精密な錘《おもり》と秤《はかり》とを必要とする。とくに金の重さをはかるのは、微妙な識別力のいる操作である。もっと粗悪な金属類の場合は、実のところ、わずかな誤差もたいしたことにならないだろうから、金の場合ほど正確である必要はもちろんないだろう。それにしても、もし貧しい人が、一ファージング〔四分の一ペニーにあたるイングランドで最小単位の銅貨。もとは銀貨、一八六〇年以降は青銅貨も鋳造された〕の価値の財貨を売買する必要のあるたびに、この一ファージングの重さをはからなければならないとすれば、われわれは、それがおそろしく煩雑であることに気づくであろう。純度をはかる操作となると、なおいっそうむずかしく、なおいっそう手間がかかる。しかも金属の一部が、適切な溶剤といっしょに、坩堝《るつぼ》のなかでうまいぐあいに溶けあわないかぎり、そこからひきだされるどんな結果もいちじるしく不確かである。けれども鋳造貨幣が制度化されるまえは、人々はこの手間のかかるむずかしい操作をやりとおすのでなければ、とんでもない詐欺やごま
27 かしにいつも出あうおそれがあったにちがいない。そしてかれらの財貨と引換えに、一

封度《ポンド》の重量の純銀や純銅ではなく、外見上はそうした金属に似せて作られてはいるが、実は最も粗悪で最も安価な材料を混ぜあわせてできた合成物を受け取るかもしれない。そのような弊害を防いで、交換を容易にするために、またそれによってあらゆる種類の産業と商業を促進するために、改善にむかってかなりの前進をとげたすべての国では、その国で共通に財貨の購買に使用されていた特定の金属の一定量に、公的な刻印を押すことが必要だとわかってきた。これが、鋳造貨幣の起源であり、造幣局とよばれる役所の起源である。これらはちょうど、毛織物や亜麻布についての毛織物検査官や亜麻布検査官と同じ性質の制度である。それらはすべて、公的な刻印によって、そうしたさまざまな商品が市場にもたらされるときに、その分量と、品質が一様であることをたしかめることをめざしているのである。

純度を表示する刻印がまず用いられ、次いで重量をも表示する鋳貨制度が導入された

流通する金属類に押されたこの種の刻印の最初のものは、多くの場合、最も困難でありかつ重要でもあった金属の品位または純度を確認することを意図していたように思われる。またそれは、現在の板銀や棒銀に押されている政府の制定した純度記号、または金塊にときとして押されているスペイン式記号に似ていたように思われる。このスペイン式記号は、金属片の一つの面にきざまれるだけで全面にはわたっておらず、その金属の純度はたしか

められるが、重量はたしかめられない。アブラハムはエフロンから買ったマクペラの草原の代金として支払を約束した銀四〇〇シケルを、目方ではかって与えた〔『旧約聖書』「創世記」第二十三章第十六節による〕。この銀は、商人の通貨であったといわれている。それなのに、今日の金塊や棒銀の場合と同じように、重量にしたがって受け取られたのであって、個数によってではなかった。イングランドの古代サクソンの国王たちの収入は、貨幣ではなしに現物で、すなわちあらゆる種類の食物や食料品で支払われていたという話である。征服王ウィリアム〔在位一〇六六〜八七〕は、それを貨幣で支払うという慣習を導入した。けれどもこの貨幣は、長いあいだ、重量にしたがって国庫に受領されたのであって、個数によってではなかったのである。[28]

　これらの金属類の重さを正確にはかるうえの不便さとむずかしさとが、鋳貨制度をもたらしたのである。この鋳造貨幣の刻印は、金属片の両面すべてをおおい、ときにはそのふちをもおおっていて、その金属の純度ばかりか重さをも証明するものと考えられた。したがってそのような鋳貨は、重さをはかる煩雑さなしに、現在のように個数で受領されたのであった。

　これらの鋳貨の名称は、もともと、それにふくまれる金属の重さ、つまり分量を表示していたように思われる。はじめてローマで貨幣を鋳造したセルウィウス・トゥリウスの時代には、ローマのアスまたはポンドー〔Pondo〕は良質の銅の一ローマ封度《ポンド》をふくんでいた。この一アスまたは一封度は、わがトロイ衡〔英国で貴金属、宝石類に用いられる衡量、一トロイポンドは三七三・二四グラム〕の一封度と同じように、一二オンスに分れ、各一オンスは良質の銅の正味一オンスをふくんでいた。イングランド正貨の一ポンドは、[3]エドワード一世〔在位一二七二～一三〇七〕の時代には、一定純度の銀をタワー衡〔英国で一五二六年のトロイポンド導入前に用いられた衡量、一タワーポンドは三四九・九一グラム〕で一封度ふくんでいた。タワー封度は、ローマ封度よりも幾分か重く、またトロイ封度よりは幾分か軽かったらしい。このトロイ封度は、ヘンリー八世〔在位一五〇九～四七〕の治世第十八年にいたるまで、イングランドの造幣局では採用されなかった。フランスの一リーヴルは、シャルルマーニュ〔フランク王カルル一世。在位七六八～八一四〕の時代には、一定純度の銀のトロイ衡で一封度をふくんでいた。当時シャンパーニュのトロイの定期市には、ヨーロッパのすべての国民がいつも集まっていて、こういう有名な市場での重量と尺度は一般に知られ、尊重されていたのである。スコットランドの貨幣一ポンドは、アレクサンダー一世〔在位一一〇七～二四〕の時代から、ロバート・ブルース〔スコットランド王ロバート一世の別称。在位一三〇六～二九〕の時代まで、イングランド正貨の一ポンドと同じ重量と純度の、銀一封度をふくんでいた。イングランド、フランス、スコットランドのペニーも、もとはすべて重量正味一ペニーの銀、つまり一オンスの二〇分の一、一封度の二四〇分の一の銀をふくんでいた。シリングも、もとはある重量の名称であったらしい。ヘンリー三世〔在位一二一六～七二〕の古い一条例を見ると、「小麦が一クォーター〔穀量の単位。八ブッシェル〕あたり一二シリングのときは、一ファージングの極上パンは、一一シリング四ペンスの目方がなければならない」と記されている。けれども、鋳貨であるシリングとペニー、もしくはシリングとポンドとの割合は、ペニーとポンドとの割合ほどには恒常不変ではなかったようである。フ[29]ランスの最初の王統期間中は、フランスのスー、つまりシリングは、時代によって、ときには、ペニー貨五枚、一二枚、二〇枚、四〇枚にあたっていたらしい。古代サクソン人のあいだでは、一シリングが、あるときはペニー貨五枚にしかあたっていなかったようにみえる。またその一シリングが、かれらのあいだでは、隣国人たる古代フランク人のあいだの場合と同じように変動しやすかったということも、ありえないことではない。ポンド、シリング、ペニーは、フランス人のあいだではシャルルマーニュの時代以後、イングランド人のあいだでは征服王ウィリアムの時代以後、それら相互の比率は一様に現在と同じであったらしいが、それぞれの価値は現在とはたいへんちがっていた。というのは、たしかに世界のあらゆる国で、君主や独立国家の貪欲と不正がその臣民の信頼を濫用して、かれらの鋳貨のなかにもともとふくまれていた金属の正味の分量を、だんだんと減らしていったからである。ローマのアスは、共和制の末期には、その本来の価値の二四分の一に引き下げられた。そして銅一封度の重さどころか、わずか半オンスの重さしかないようになった。イングランドのポンド貨とペニー貨は、現在では、そのもとの価値の約三分の一のものしかふくんでいない。スコットランドのポンド貨とペニー貨は、もとの価値の約三六分の一、フランスのポンドとペニーは、約六六分の一のものしかふくんでいない。こういう操作のおかげで、それを行なった君主や独立国家は、そうでない場合に必要とされた量よりも少ない銀で、債務を支払ったり、契約を実行したようにみえる。もっとも、それは実際そうみえただけのことであった。というのは、かれらの債権者たちは、とうぜん自分たちに支払われるべきものの一部を、じつは詐取されていたからである。この国の他のすべての債務者も同じ特権を認められていて、旧鋳貨で借りたものがなんであろうと、改悪された新鋳貨の同一の名目額で支払ってよかったのである。したがってそのような操作は、債務者にとってはいつも好都合であるが、債権者にとっては破滅的な影響を与えることが明らかであり、そしてときにはそれが、大きい社会的災難によってひきおこされるよりもいっそう大きな、いっそう普遍的な変革を、私人の財産のうえにもたらしたのである。

貨幣がすべての文明国民において商業の普遍的用具となったのは、このようにしてであ
30 って、この用具の媒介によって、すべての種類の財貨は売買され、相互に交換されるようになったのである。

―次の研究は交換価値を決定するルールを明らかにすることである―

人々が、財貨を貨幣と交換するか、または財貨を相互に交換するにあたって自然にまもるルールとはどんなものであるかを、これから私はすすんで検討することにしよう。こうしたルールは、財貨の相対価値または交換価値とよぶべきものを決定するのである。

注意しなければならないのは、価値[4]という言葉に、二通りの異なる意味があって、あるときはある特定の対象物の効用をあらわし、あるときはその所有から生じる他の財貨にた

いする購買力をあらわす、ということである。前者は「使用価値」、後者は「交換価値」とよぶことができよう。最大の使用価値をもつ物が、しばしば交換価値をほとんどまったくもたないことがあり、これとは反対に、最大の交換価値をもつ物が、しばしば使用価値をほとんどまったくもたないことがある。水ほど有用なものはないが、水ではほとんどなにも購買できないし、それと交換にほとんどなにも入手できない。反対にダイヤモンドは、ほとんどなんの使用価値ももっていないが、それと交換に非常に大量の他の財貨をしばしば入手することができる。

諸商品の交換価値を規制する原理を究明するために、私はつとめて次の諸点を明らかにしようと思う。

第一に、この交換価値の真の尺度はなんであるか、すなわち、すべての商品の真の価格はいったいなにに存するか。〔5〕

第二に、この真の価格を構成し、あるいはつくりあげているさまざまな部分とはどんなものであるか。

そして最後に、価格のこうしたさまざまな部分のいくつか、またはすべてを、ときにはその自然率ないし通常率以上に引き上げ、またときにはそれ以下に引き下げるさまざまな事情とはどんなものであるか。あるいは、諸商品の市場価格すなわち現実の価格がそれらの自然価格とよべるものと正確に一致するのをときとして妨げる諸原因は、いったいどんなものであるか。

私は以上三つの主題を、次の三つの章で、できるだけ詳細、明瞭《めいりょう》に説明しようと思う。それにたいして読者の忍耐と注意とを心からお願いしておかなければならない。すなわち、いくつかの箇所ではたぶん不必要に冗漫と思われるかもしれない細目を検討するための忍耐であり、また私が可能なかぎり行なった説明のあともなおいくらかはあいまいにみえる部分を理解するための注意である。私は、明確を期するためにはある程度冗漫に流れることも覚悟するつもりである。だが、明確を期そうとしてできるだけ苦心をしても、その性質上極度に抽象的な主題については、やはり多少のあいまいさが残るように思われる。[31]

（1） Plin. Hist. Nat. lib. 33. cap. 3.

〔1〕 commercial society『国富論』のなかでは、「文明社会」という言葉が広く用いられている。これにたいし、「商業的社会」は本章の冒頭で、いわば孤立的に現われているにすぎない。ここは貨幣を取り扱ったところであるから、「商業的社会」というのは、各人が自分の消費を超えるものをたがいに交換しあう社会、その意味で各人が「商人」になる社会、いいかえると交換社会というほどの意味で用いられている。つまりここでは、とりわけ貨幣の問題を引き出すための社会の枠組みとして用いられているといっていい。なお『国富論草稿』（W. R. Scott, *Adam Smith as Student and Professor,*

1937. スコット『学生および教授としてのアダム・スミス』のなかに収録、同書三一七ページ以下）のなかには「富裕で商業的な社会」（opulent and commercial society）という言葉がある。また本書第五篇第一章第三節第二項には「文明の進んだ商業的社会」（「国は、とりわけ……」の小見出し参照）という言葉があって、その社会での庶民の教育についてスミスは語っている。

本書第三篇は、「およそ文明社会における大規模な商業といえば」という言葉ではじまっている。ここでは都市と農村とがたがいに市場をとおして社会的分業を形成しあう関係が説明され、これが商品生産社会の基盤にほかならないことが強調されている。「文明社会」は資本主義とよばれる近代市民社会としてとらえられているわけである。なお「文明社会」という言葉は『グラスゴウ大学講義』のなかでは、「自由の合理的体系」（rational system of liberty）として成立する「市民社会」（civil society）という表現で説明されている。

〔2〕初版では、「古代の著述家レメウスを典拠にして」となっている。

〔3〕貨幣名のポンドは、ここでスミスが明らかにしているように、銀の重量一封度（ポンド）に由来するものであった。すなわちイギリスでは、重量名の封度（ポンド）を意味する Libra を lb と略す一方、貨幣名のポンドには Libra を £ と略してあて、たがいに区別した。こうして銀一封度（1 lb）＝一ポンド（£1）から出発し、一ポンドの二〇分の一をシリングとよび、一シリングの一二分の一をペニーとよんだ。つまり、

一ポンド＝二〇シリング＝二四〇ペンス、というわけである。

だがイギリスは、約一〇年間の準備期間を置いて一九七一年二月十五日から、それまで頑固に守ってきたポンド、シリング、ペンス（ペニー）という伝統的な貨幣の単位を改めて、各国ほぼ共通の十進法を導入し、一ポンド＝一〇〇ペンスとした。その結果、スミスの時代以前から存在していたシリングという名称と単位は、今日では姿を消すにいたった。

〔4〕スミスの経済学体系の基礎に「価値（value）」が据えられていることの意義を考えるとき、マーシャル（Alfred Marshall, 1842-1924）の次の言葉は一つの指針となるように思われる。――「スミスの主要な仕事は、価値にかんするフランスおよびイギリスの同時代人や先行者たちの思索を総合し発展させることにあった。かれが思想史上に一つのエポックを画したと主張できる最大の根拠は、価値が、人間の動機を測定する仕方について、すなわち、一方では富を得ようとする購買者の欲求、他方ではその生産者の払った努力と犠牲（あるいは「真の生産費」）を測定する仕方について、注意ぶかく科学的な研究を企てた最初の人であったという点である」（マーシャル『経済学原理』*The Principles of Economics*, 1890. 第一篇、付録B「経済学の発達」）。

たしかにスミス以降のすべての経済学は、「価値」のうちに経済理論に統一をもたらす共通の核心を見出そうとした。これはいいかえると、経済学という学問がスミス以降、市場と交換と価値のメカニズムとを通して経済秩序を発見し、経済秩序の変化と方向を確定する学問として発展したことを意味する。それゆえ、すべての経済学は価値、交換価値または価格を体系の中心概念として設定しているが、ここでスミスの述べているように、この価値概念にふくまれる「使用価値」と「交換価値」のうち、主として後者をとりあげて「真の生産費」または「真の価値」の性質および尺度を探究していったのはスミス以降のイギリス古典経済学であり、マルクス（Karl Marx, 1818-83）の経済学もこの伝統を継承している。これにたいし前者すなわち対象の効用に注意をはらって、効用概念、さらに限界概念から価値の説明を進めたのはマーシャル以後の新古典派の経済学である。

なお、ここで「交換価値」の大きさが「使用価値」の大きさと一致しないことを例証するために、水とダイヤモンドとの対比があげられていて、スミス以降のほとんどすべての経済学者はこのスミスの例証を説明に用いている。だが水とダイヤモンドの例は、スミスの先人であるロー（John Law, 1671-1729, 第二篇第二章訳注〔5〕参照）やハリス（Joseph Harris, 1702-64）によってとりあげられたものであり、また水が安価であるという指摘はプラトンによって最初になされている。なお、この語は原著で大文字表記されている。

〔5〕ここでは価値（value）と価格（price）とはほとんど同義語として用いられている。

第五章　商品の真の価格と名目上の価格について、すなわち、その労働価格と貨幣価格について

一　労働は交換価値の真の尺度である

人が富んだり貧しかったりするのは、人間生活の必需品、便益品および娯楽品をどの程度享受できるかによる。だが、分業がひとたび徹底的に行き渡るようになったあとは、一人の人間が自分の労働で充足できるのは、このうちのごく小さい部分にすぎない。かれは、その圧倒的大部分を他の人々の労働に仰がなければならない。つまりかれは、自分が支配できる労働の量、または他人から購買できる労働の量におうじて、富んだり貧しかったりするにちがいない。したがって、およそ商品の価値は、それを所有していても自分では使用または消費しようとせず他の商品と交換しようと思っている人にとっては、その商品でかれが購買または支配できる他人の労働の量に等しい。それゆえ、労働はすべての商品の交換価値の真の尺度である。

あらゆる物の真の価格、すなわち、どんな物でも人がそれを獲得しようとするにあたっ

て本当に費やすものは、それを獲得するための労苦と骨折り〔1〕である。あらゆる物が、それを獲得した人にとって、またそれを売りさばいたり他のなにかと交換したりしようと思う人にとって、真にどれほどの価値があるかといえば、それによってかれ自身がはぶくことのできる労苦と骨折りであり、換言すれば、それによって他の人々に課することができる労苦と骨折りである。貨幣または財貨で買われる物は、われわれが自分の肉体の労苦によって獲得するものとまったく同じように、労働によって購買されるのである。その貨幣、またはそれらの財貨は、事実、この労苦をわれわれからはぶいてくれる。それらはある一定量の労働の価値をふくんでおり、その一定量の労働の価値をわれわれは、その場合、それと等しい労働量の価値をふくんでいるとみなされるものと交換するのである。労働こそ
33 は、すべての物にたいして支払われた最初の代価、本来の購買代金であった。世界のすべての富が最初に購買されたのは、金や銀によってではなく、労働によってである。そしてその富の価値は、この富を所有し、それをある新しい生産物と交換しようと思う人たちにとっては、そうした人たちがそれで購買または支配できる労働の量に正確に等しいのである。

ホッブズ氏〔2〕〔一五八八～一六七九。イギリスの哲学者〕がいっているように、「富は力である」〔『リヴァイアサン』第一章第十節〕。だが、巨大な財産を獲得したり相続したりする人が、かならずしも市民または軍人としての政治的権力を獲得したり相続したりするとはかぎらない。おそらくかれの財産はこの両

者を獲得する手段をかれに与えるだろうが、しかし、その財産をただ所有しているだけでは、このどちらをもかれにもたらすとはかぎらない。この所有がただちに、しかも直接にかれにもたらす力は、購買力である。すなわち、そのときその市場にあるすべての労働、またはすべての労働の生産物にたいする一定の支配力である。かれの財産の大きさは、この力の大きさに正確に比例する。すなわちその財産でかれが購買または支配しうる他の人々の労働の量、または同じことであるが、他の人々の労働生産物の量、に正確に比例する。あらゆる物の交換価値はその所有者にもたらされるこうした力の大きさにつねに正確に等しいにちがいない。

ただし、異種労働の評価には困難が伴うが、通例その交換は、市場のかけひきによって調整され、貨幣ではかられる

しかし、たとえ労働はすべての商品の交換価値の真の尺度ではあっても、それら商品の価値がふつうはかられるのは、労働によってではない。二種の異なった労働の量のあいだの割合をたしかめるのは困難な場合が多い。二つの異なった種類の作業に費やされた時間だけでは、この割合をかならずしも決定することはできない。そのために耐えしのんだ辛《つら》さや、そのために用いられた創意のさまざまな度合も、同じく計算にいれなければならない。一時間の辛い作業のほうが、二時間のやさしい仕事にくらべて、いっそう多くの労働がいるかもしれない。また、習得するのに一〇年の労働がかかる職業に一時間はげむほう

が、通常のわかりきった業務で一ヶ月働くよりもいっそう多くの労働がいるかもしれない。だが、辛さにせよ、創意にせよ、それの正確な尺度を見つけだすのは容易なことではない。実際のところ、異なった種類の労働のさまざまな生産物を相互に交換するにあたっては、両方について、いくらかの斟酌《しんしゃく》が加えられるのが普通である。といっても、それはある正確な尺度によってではなく、正確ではなくても日常生活の業務を処理してゆくには十分なおおよその同等性を目安にして、市場のかけひきや交渉によって調整されるのである。

34
　そのうえ、すべての商品は、労働とよりも、他の諸商品と交換され、それらと比較される場合のほうがいっそう多い。したがって、商品の交換価値をはかるには、その商品で購買しうる労働の量によるよりも、それで購買しうる他のある商品の量によるほうが自然である。大多数の人々も、特定商品の量というほうが、労働の量というよりも、その意味をよく理解できる。前者は目に見え、手でさわれる物体であるが、後者は抽象的な観念であって、十分にわかりやすいものにすることができるとしても、前者ほどにごく自然でかつ明白なものではないのである。

　しかし、物々交換がやんで、貨幣が商業の共通用具になってくると、すべての商品は、どれか他の商品と交換されるよりも、貨幣と交換される場合がいっそう多くなる。肉屋は、パンやビールと交換するために、自分の牛肉や羊肉をパン屋や酒屋にもってゆくことは滅多になく、かれはそれらを市場にもっていって、そこで貨幣と交換し、そのあとで、この貨幣をパンやビールと交換する。牛肉や羊肉と引換えにかれが手にする貨幣の量は、かれがそのあとで購買できるパンとビールの量をも規制するのである。それゆえ、かれにとっては、牛肉や羊肉の価値を、貨幣の量によって、つまりかれが直接にそれらと交換する一商品である貨幣の量によってはかるほうが、パンまたはビールの量によって、つまり、別の一商品の介在によってはじめて交換できる諸商品の量によってはかるよりも、いっそう自然で明白である。そしてかれの食肉は、三封度《ポンド》または四封度のパンに値するとか、三クォートまたは四クォートの弱い《スモール》ビールに値するとか、というよりもむしろ、肉一封度につき三ペンスまたは四ペンスに値する、というほうが、いっそう自然で明白である。こういうわけで、あらゆる商品の交換価値は、それと交換に入手できる労働の量か、または他のある商品の量によってはかられるよりも、貨幣の量によってはかられる場合がいっそう多い、ということになるのである。

——金銀はその価値が変動するので不変の価値尺度とはなりえない——

けれども金銀は、すべての他の商品と同じようにその価値が変動し、安価なこともあれば高価なこともあり、購買が容易なこともあれば困難なこともある。ある特定量の金銀で購買または支配できる労働の量、あるいはそれと交換される他の財貨の量は、そうした交換が行なわれるときにたまたま知られている諸鉱山の豊度の程度につねに依存する。アメリカの豊富な鉱山が発見された結果、十六世紀に、ヨーロッパにおける金銀の価値は以前

の約三分の一に下った。それらの金属類を鉱山から市場へもたらすのに費やす労働がいっ
そう少なくなったので、それらの金属類が市場へもたらされたときに、購買しまたは支配
できた労働もいっそう少なくなった。こうした金銀の価値の変動は、おそらく史上最大の
35 ものであろうが、これが歴史の物語る唯一の事例ではけっしてない。ところで、人間の足
の大きさとか、一尋《ひろ》の長さとか、一握りの量とか、というようなそれ自身の量がたえず変
動する量の尺度は、けっして他の物の量の正確な尺度とはなりえない。それと同じように、
それ自身の価値がたえず変動するような商品も、他の諸商品の価値の正確な尺度とは、け
っしてなりえない。等量の労働は、時と場所のいかんを問わず、労働者にとっては等しい
価値である、ということができよう。健康、体力、精神が普通の状態で、また熟練と技能
が通常の程度であれば、かれは、等量の労働にたいしてはつねに、自分の安楽、自由、幸
福の同一量を犠牲にしなければならない。かれが支払う価格は、それと引換えに受け取る
財貨の量がどうであろうと、つねに同一でなければならない。なるほど、その労働が購買
するのは、これらの財貨のうちのより大きい分量のこともあれば、より小さい分量のこと
もあろう。だが、変動するのは、それらの財貨の価値であって、それらを購買する労働の
価値ではないのである。時と場所の如何《いかん》を問わず、得がたいもの、すなわち獲得するのに
多くの労働が費やされるものは、高価であり、また容易に入手できるもの、すなわちわず
かの労働で入手できるものは、安価である。それゆえ労働だけが、それ自身の価値がけっ

して変動することのないために、すべての商品の価値を、時と場所の如何を問わず、評価し比較することのできる究極で真の基準である。労働は、すべての商品の真の価格であり、貨幣はその名目上の価格であるにすぎない。

しかしながら、等量の労働は、労働者にとってはつねに等しい価値をもつにしても、労働者を雇用する者にとっては、比較的大きい価値をもつようにみえることもあれば、比較的小さい価値をもつようにみえることもある。雇主は等量の労働を、あるときは比較的多量の、またあるときは比較的少量の財貨で買うのであって、雇主にとっては、労働の価格は、他のすべての物の価格と同じように変動するように思われる。それは、前者の場合にはかれにとって高価にみえ、後者の場合には安価にみえる。けれどもじつは、前者の場合に安価であり、後者の場合に高価であるのは、財貨のほうなのである。

それゆえ、こうした平易な意味で、労働も諸商品と同じように、真の価格と名目上の価格をもっているといえよう。労働の真の価格は、労働と交換に与えられる生活の必需品と便益品の量で示され、その名目上の価格は、労働と交換に与えられる貨幣の量で示されるといってよい。労働者が富んでいるか貧しいか、その報酬がよいかわるいかは、かれの労働の真の価格に比例しているのであって、その名目上の価格に比例しているのではない。

諸商品と労働について、その真の価格と名目上の価格とを区別するのは、たんに理論の問題ではなくて、ときには実際上かなり有用な問題かもしれない。同一の真の価格はつね

36 に同じ価値をもつが、しかし金銀の価値が変動するために、同じ名目上の価格は非常に違った価値をもつことがある。したがって、ある土地財産を永代地代を留保して売却する場合、もしその地代をつねに同じ価値にしておきたいと思うならば、その地代を留保しておく家族にとって、それが貨幣の一定の額でないようにしておくことが肝要である。そうしないと、その地代の価値は、二つの異なる種類の変動をこうむることになるだろう。第一は、同一名称の鋳貨にふくまれる金銀の量が、時代が異なれば異なるということから生じる変動であり、第二は、等量の金銀の価値が、時代が異なれば異なるということから生じる変動である。

君主や独立国家は、かれらの鋳貨にふくまれる純金属の量を減らすのが自分たちの一時的利益となる、としばしば空想したが、その量をふやすほうが利益だとは滅多に考えなかった。それゆえ、どの国民でもそうだと私は信じているが、鋳貨にふくまれている金属の量はたえず減少をつづけたのであって、かつて増大したためしはほとんどなかった。だから、そうした量目の変更は、貨幣地代の価値をつねに減少させる傾向があった。

アメリカの諸鉱山の発見によってヨーロッパの金銀の価値は減少した。一般に考えられているところでは、この価値の減少は、たしかな証拠があるわけではないのだが、いまなお徐々に進行し、今後も長いあいだつづく模様である。そこで、この想定にしたがうなら、たとえ貨幣地代が、これこれの名称の鋳貨のこれこれの量（たとえば、イングランド正貨何ポンド）で支払われずに、純銀または一定標準の銀の何オンスかで支払われるという約《やく》定《じょう》になっていたとしても、このような金銀の価値の変動は、貨幣地代の価値を増加させるよりも、減少させるおそれがいっそう多いのである。

穀物で納めることになっている地代は、貨幣で納めることになっている地代にくらべて、鋳貨の名称が変更されなかった場合でも、その価値をはるかによく保持してきた。エリザ
37 ベス〔一世。在位一五五八～一六〇三〕の治世第十八年の条例によって、すべてのカレッジの賃貸地の地代の三分の一は穀物で納めること、その支払は現物かまたはもよりの公共市場での時価でなされるべきだと定められた。この穀物地代からあがる貨幣収入は、もとは全地代の三分の一にすぎなかったが、ブラックストーン博士〔一七二三～八〇。イギリスの法律家〕によると、今日では、残りの三分の二の収入のほぼ二倍に達する、という話である。この計算によれば、カレッジの旧来の貨幣地代は、往時の価値のほぼ四分の一に下っているにちがいない。いいかえると、旧来の貨幣地代は、穀物の値にしてみれば、当初の地代の四分の一にしかあたらないのである。しかし、フィリップとメアリ〔一世。在位一五五三～五八〕の治世以来、イングランドの同じ名称の鋳貨の金属含有量にはほとんどまったく変更がなくて、ポンド、シリング、ペンスの同一数はほぼ同一量の純銀をふくんでいた。それゆえ、カレッジの貨幣地代の価値がこのように低落したのは、まったく銀の価値の低落から生じたものである。

銀の価値の低落が、同一名称の鋳貨にふくまれている銀の量の減少と同時に起るときは、

損失はなおいっそう大きくなる場合が多い。同一名称の鋳貨の金属含有量にイングランドよりもはるかに大きい変更をきたしたスコットランド、またスコットランド以上に大きい変更をきたしたフランスでは、もとはかなりの価値があった昔の地代のあるものも、このようにしてほとんど無に帰してしまった。

穀物の価値は、年々の変動は大きいが、数世紀にわたっては金銀よりも変動が小さいので、長期の異時点間の価値の測定には穀物のほうが適切である

遠くへだたった時点で等量の労働を購買するのには、等量の金銀、または他のどんな商品の量をもってするよりも、労働者の生活資料である穀物の等量をもってするほうが、いっそう労働の量に近いものが購買できるだろう。それゆえ、遠くへだたった時点では、等量の穀物のほうが、同一の真の価値に近いものをもっている。すなわち、等量の穀物によってその所有者は、他の人々の労働の同一量に近いものを購買または支配することができるだろう。ここでことわっておくが、穀物の等量のほうが、他のどんな商品の等量よりもいっそうこの任務を果しやすいというだけのことである。穀物の等量ですらも、この任務を正確に果すものではないからである。労働者の生活資料、すなわち労働の真の価格は、あとで明らかにしようと思うが、場合によって非常に異なることがある。たとえば、富裕にむかって発展している社会のほうが、停滞している社会よりも、生活資料はいっそう豊かであり、また、停滞している社会のほうが、衰退している社会よりもいっそう豊かである。しかしながら、他のどんな商品も、ある一定の時点では、それがそのときに購買しうる生活資料の量に比例して、より大きい量の労働、またはより小さい量の労働を購買するだろう。それゆえ、穀物で納めることになっている地代は、一定量の穀物が購買しうる労働の量の変動から影響をこうむるだけである。ところが、他のある商品で納めることになっている地代は、ある特定量の穀物が購買しうる労働の量の変動からだけではなく、ある特定量のその商品で購買しうる穀物の量の変動からも、影響をこうむるのである。

38
けれども注意しておかなければならないのは、穀物地代の真の価値は、世紀から世紀にかけての変動では貨幣地代のそれにくらべてはるかに少ないが、年々の変動となるとずっと大きい、ということである。のちに明らかにしようと思うが、労働の貨幣価格は、穀物の貨幣価格とともに、年々動揺するというようなものではなくて、どんなところでも、生活必需品の平均価格または通常価格――それの一時的または偶然的価格ではなしに――に対応しているように思われる。さらに穀物のこの平均価格または通常価格は、これも後段で明らかにしようと思うが、銀の価値によって、その金属を市場に供給する諸鉱山の豊度の程度によって、いいかえると、ある特定量の銀を鉱山から市場にもたらすために使用されねばならぬ労働の量、したがってまた、消費されねばならぬ穀物の量によって、規制される。ところが銀の価値は、世紀から世紀にかけては大きく変動することがあるが、年々大きく変動することは滅多になくて、半世紀またはまる一世紀のあいだ、ずっと同一、または同一に近いことが多い。それゆえ、穀物の通常の貨幣価格または平均的な貨幣価格は、こうした長い期間中、ずっと同一または同一に近いことがありうる。そして、少なくともその社会が、他の点においてひきつづき同一またはほぼ同一の状態にあるかぎりは、労働の貨幣価格も、穀物のこうした貨幣価格とならんで同一である場合がありうる。その期間中に、穀物の一時的な時々の価格は、ある年には前年の二倍、たとえば一クォーターあたり二五シリングから五〇シリングに動揺することも、しばしばありうる。しかし穀物地代は、穀物がこの後者の価格の場合には、その名目上の価値ばかりか真の価値においても、前者の価格のときにくらべて二倍になるであろう。いいかえると、それは二倍の労働量または他の多くの商品の二倍量を支配するであろう。というのは、労働の貨幣価格、それとならんで他のたいていの物の貨幣価格は、このような変動のあいだひきつづき同一だからである。

労働は唯一の普遍的な価値尺度であるが、日常の取引には貨幣で十分である

それゆえ、労働が唯一の正確な価値尺度であることはもちろん、唯一の普遍的な価値尺度でもあること、いいかえると労働が、いついかなるところでも、さまざまな商品の価値を比較することのできる唯一の標準であることは明白であると思われる。われわれが、世

紀から世紀にかけてさまざまな商品の真の価値を、それらと引換えに与えられる銀の量で評価しえないことは、広く認められている。われわれは、この真の価値を、年々について[39]も穀物の量で評価することはできない。労働の量をもってすれば、世紀から世紀にわたる長期の場合も、年々の場合も、真の価値を最も正確に評価することができるのである。世紀から世紀にわたる場合は、銀よりも穀物のほうがすぐれた尺度である。というのは、世紀から世紀にかけては、等量の穀物のほうが等量の銀よりも同一量に近い労働を支配するだろうからである。これに反して、年々の場合であれば、穀物よりも銀のほうがすぐれた尺度である。というのは、等量の銀のほうが同一量に近い労働を支配するだろうからである。

だが、永代地代を設定するにあたっては、また非常に長期の借地契約をむすぶにあたっても、真の価格と名目上の価格を区別することは有用であろうが、売ったり買ったりの場合には、すなわち人間生活のごくありふれた普通の取引にあたっては、そうした区別をすることはまったく無用なことである。

同一の時と所では、すべての商品の真の価格と名目上の価格とは相互に正確に比例している。たとえば、われわれがロンドンの市場で、なにかある商品と引換えに入手する貨幣の多いか少ないかによって、その同じ時と所でわれわれがその貨幣で購買したり支配したりすることのできる労働は多かったり少なかったりする。それゆえ、同一の時と所では、貨幣は、すべての商品の真の交換価値の正確な尺度である。しかしながら、それは同一の時と所でのみ、そうであるにすぎない。

離れた場所の場合には、諸商品の真の価格と貨幣価格とのあいだに規則的な比率はない。それでも、ある場所から他の場所へと財貨を運ぶ商人にとっては、財貨の貨幣価格以外にはなにも考慮することがらはない。いいかえると、商人が財貨を買う場合の銀の量と、財貨を売って得られる見込みの銀の量との差額のほかには、商人はなにも考慮しない。シナの広東《カントン》における銀半オンスは、ロンドンでの銀一オンスよりも、より多くの労働、より多くの生活の必需品と便益品を支配するかもしれない。それゆえ広東で銀半オンスで売れる一商品を所有する人は、ロンドンで銀一オンスで売れる一商品を所有する人よりも、本当
40 はより高価で、いっそう重要なものをもっているのかもしれない。しかしながら、もしロンドンの一商人が、広東で銀半オンスで一商品を買い、そのあとでそれをロンドンで一オンスで売ることができるとすれば、かれはこの取引によって一〇〇パーセントの儲《もう》けをあげたことになる。この関係はちょうど、ロンドンでの一オンスの銀が広東における価値と正確に同一の価値をもっていたことを示している。広東での半オンスの銀によるほうが、ロンドンでの一オンスの銀によるよりもいっそう多くの労働と、いっそう多量の生活の必需品と便益品にたいする支配が得られるということは、かれにとってはぜんぜん重要ではない。ロンドンでの銀一オンスは、そこでの銀半オンスにくらべて、これらの物の二倍の

量の支配を、つねにかれに与えるであろう。そしてこれこそ、まさに商人が望んでいることなのである。

そういうわけで、すべての売買が慎重な配慮にもとづいているかいないかを最終的に定め、それによって価格にかかわりのあるすべての日常的な業務を規制するものは、財貨の名目上の価格または貨幣価格にほかならない。だから、これのほうが、真の価格よりもはるかに多くの注意をはらわれてきたということは、別に不思議なことではない。

しかしながら、本書のような著作で、ある特定の商品の、さまざまな時と所におけるさまざまな真の価値を比較すること、いいかえると、ある特定の商品が、さまざまな場合にそれを所有する人たちに与える、他の人々の労働を支配する力のさまざまな程度の違いを比較することは、ときには有用なことであろう。この場合にはわれわれは、ふつうその商品を売ってそれと引換えに得た銀の量の違いを比較するよりも、むしろ、それらのさまざまな量の銀が購買しえた労働量の違いを比較しなければなるまい。ところが、離れた時と所では、労働の時価が多少とも正確にわかるということはほとんどありえない。一方、穀物の時価は、規則正しく記録されている場合はわずかしかないが、一般には労働の時価よりもよく知られていて、歴史家その他の著述家たちによって大いに注目されてきたものである。それゆえわれわれは、一般的には穀物の時価で満足しなければならないのであって、そうするのは、穀物の時価が労働の時価とつねに正確に同一割合にあるからというのではなく、ふつうに入手できるもののなかでは、その割合にいちばん近似的なものだからである。私はあとで、この種の比較をいくつか試みることにしたい。

産業の進歩につれて、数種の金属が各用途に応じて貨幣に鋳造され、そのうちの一つだけが価値の標準として使用された

産業の進歩につれて、商業国民は、いくつかの異なった金属を貨幣に鋳造するのが便利だということを知るようになった。すなわち、金は大口の支払のために、銀は中くらいの価値の購買のために、銅その他の卑金属はもっと少額のものの支払のために鋳造された。けれどもかれらは、これらの金属のうちの一つを、他の二つのどれよりも価値の尺度として特別に取り扱ってきた。この場合、たまたま最初に商業の用具として使用した金属が一
41 般に選ばれたものと思われる。ひとたびそれが価値の標準として用いられはじめてからは——他に貨幣のなかった時代には、かれらはそのような金属を標準とせざるをえなかったのであるが——、その必要がなくなったあとも、ひきつづきそれを標準として用いてきたのである。

ローマ人は、第一次ポエニ戦争〔前二六四～前二四一年、地中海の覇権をかけたローマとカルタゴとの戦い〕の五年くらいまえまでは、銅貨以外にはなんの貨幣ももっておらず[1]、このときはじめて銀貨の鋳造を開始したといわれる。だから銅が、ローマ共和国ではひきつづきつねに価値の尺度であったらしい。ローマでは、アスかセステルティウスかのどちらかで、すべての勘定の記録と、すべての財産

の価値の計算とが行なわれていたらしい。アスというのはつねに銅貨の名称であった。セステルティウスという言葉は、二アス半のことである。だから、セステルティウスは本来は銀貨ではあったが、その価値は銅貨で評価されたのである。ローマでは、多額の借金をかかえた人は多額の他人の銅を持っている、といわれた。

　ローマ帝国の廃墟《はいきょ》のうえに国を築いた北方諸国民は、定住の当初から銀貨を用いていたらしい。そして、その後の数世代、金貨も銅貨も知らないでいたように思われる。イングランドでは、サクソンの時代〔五世紀〜十一世紀〕には銀貨があったが、エドワード三世〔在位一三二七〜七七〕の時代までは金貨はほとんど鋳造されなかったし、大ブリテン[3]のジェイムズ一世〔在位一六〇三〜二五〕の時代までは、銅貨もほとんど鋳造されなかった。それゆえイングランドにおいても、また同じ理由からヨーロッパのすべての他の近代国民においてもそうだと私は信じているが、すべての勘定は銀貨で記録され、すべての財貨、すべての資産の評価は一般に銀貨で計算されている。そこで、われわれがある人の財産の多寡をいいあらわす場合には、その財産と引換えに与えられると考えられるポンドの数をあげるのであって、ギニー金貨の数をあげることは滅多にないのである。

　たしかにすべての国で、もともと支払上の法貨となることができたのは、とくに価値の標準または尺度とみなされた金属からつくられた鋳貨だけであった。イングランドでは、金は、貨幣に鋳造されたあとも、長いあいだ法貨とはみなされなかった。金貨と銀貨との価値の割合は、どんな公的な法律や布告によっても定められずに、市場における取決めにまかされていた。もし債務者が金で支払うことを申し出たとすると、債権者は、そのような支払をまったく拒否しても、あるいは拒否しないで、かれとその債務者とが同意できるような金の評価でそれを承諾しても、どちらでもよかったのである。銅貨は現在でも、小額銀貨に両替する場合のほかは法貨とはみなされない。こうした事態のもとでは、本位貨幣をつくった金属とそうでなかった金属とのあいだの区別は、名目上の区別だけにとどまらなかったのである。

42　その後、定められた法定割合による鋳貨が法貨として公示されたが、イングランドでは金・銀貨の二つが法貨とされたため、改鋳をめぐって各種の問題が生じた

時の経過につれ、人々が、鋳貨のかたちでのさまざまな金属の使用にだんだんと慣れてくるにつれて、したがってまた、それぞれの金属の価値の割合によくなじんでくるにつれて、たいていの国でそうだと私は信じるが、この比率を確定し、公的な法律で次のように布告するのが便利だということがわかってきた。たとえば、これこれの重量と純分の一ギニー金貨は二一シリングの銀貨と交換されるべきだとか、一ギニー金貨は銀貨二一シリングの額の債務にたいする法貨たるべきだとか、という布告である。こうした事態のもとでは、またこの種の法律で定まった割合が存続するあいだは、法定標準である金属と標準で

ない金属との区別は、ほとんど名目上の区別でしかないものになる。

ところが、こうした法定の割合になにか変化が生じると、この区別は、名目上の区別以上のものとなる。少なくともそうなるように思われる。たとえば、一ギニー金貨の法定の価値が、もしも銀貨で二〇シリングに引き下げられるか、二二シリングに引き上げられるかすると、すべての勘定は銀貨で記録されており、ほとんどすべての債務は銀貨であらわされているから、どちらの場合も、支払の大部分はいままでどおり同一量の銀貨でなされるはずであるが、金貨であれば、それに必要な金貨の量は大いにちがってくるだろう。すなわち前の場合にはより多くの金貨を必要とし、後の場合にはより少ない金貨で足りるだろう。銀は、金にくらべて価値がいっそう不変にみえるだろう。銀は金の価値をはかるようにみえ、金が銀の価値をはかるようにはみえないであろう。金の価値は、それと交換される銀の量に依存するように思われ、銀の価値は、それと交換される金の量には依存しないように思われるだろう。けれども、この差異は、ひとえに、金貨よりもむしろ銀貨で勘定を記録し大小すべての金額の大きさをいいあらわすという習慣に由来するものであろう。ドラモンド氏〔一六八七～一七六六。エディンバラ市長。同市王立取引所の創設者〕の振り出す手形のひとつで、額面二五ギニーまたは五〇ギニーのものは、この種の変更の後も、やはり前と同様に、二五または五〇ギニ
43 ー貨で支払われるだろう。すなわち、そのような変更があっても、手形はいままでと同じ量の金で支払われるだろうが、銀だと非常にちがった量で支払われるだろう。そのような

手形の支払の場合は、金のほうが銀よりも価値がいっそう不変であるようにみえるだろう。金は銀の価値をはかるようにみえ、銀は金の価値をはかるようにはみえないだろう。このような仕方で、金で勘定を記録する習慣や、約束手形その他の貨幣債務を金で表示する習慣が一般に行なわれるようになると、銀ではなくて金が、とくに価値の標準または尺度になる金属だと考えられるようになる。

実際には、鋳貨にふくまれる各種金属のそれぞれの価値のあいだにひとつの法定割合が存続しているあいだは、いちばん貴重な金属の価値が鋳貨全体の価値を規制する。一二ペンスの銅貨は、常衡〔貴金属や宝石以外に用いる衡量。一六オンスを一封度とする〕で半封度の銅をふくんでいるが、それは最良質のものではなく、鋳造される以前は、銀七ペンスの値打ちのあることは滅多になかった。しかし、法規のうえで、そのような一二ペンスの銅貨は一シリング銀貨と交換されるべきだと命じられているので、それは市場では一シリングに値するものとみなされて、いつでも一シリングの銀貨が一二ペンス銅貨と引換えに入手できるのである。大ブリテンにおける最近の金貨改鋳〔一七七四年〕以前でも、金貨は、少なくともロンドンとその近隣で流通していた一部の金貨は、一般に銀貨の大部分よりもその標準量目以下に品位が下っていることは少なかった。けれども、磨滅損耗した銀貨二一シリングは一ギニー金貨の値に等しいとみなされたのであって、このギニー貨も、おそらく実際は磨滅損耗していたであろうが、銀貨ほどにははなはだしくはなかった。最近の立法により、金貨は、どんな国の流通鋳貨であろうと、ぎりぎりの重さまでその標準量目に近づいた。しかも官公署では、量目による以外は金を受領してはならないという命令が出ているので、その命令が有効なあいだは、標準量目は維持されそうである。銀貨のほうは依然として、金貨の改鋳以前と同じような磨滅、低品位の状態をつづけている。けれども市場では、この低品位の銀貨の二一シリングが依然としてこの優良な金貨一ギニーに値するものとみなされているのである。

金貨の改鋳は、それと交換されうる銀貨の価値を明らかに引き上げたのであった。

イングランドの造幣局では、重さ一封度の金は四四ギニー半に鋳造されるから、一ギニーにつきシリング銀貨二一個の割で、それは四六ポンド一四シリング六ペンスに等しい。それゆえ、このような金貨の一オンスは、銀では三ポンド一七シリング一〇ペンス半に値
44 する。イングランドでは、鋳造のためには税金も造幣手数料も必要ではなく、一封度の重さまたは一オンスの重さの標準金地金を造幣局にもってゆけば、なんの控除もなしに、一封度の重さまたは一オンスの重さの金を鋳貨のかたちで受け取ることができる。それゆえ、一オンスにつき三ポンド一七シリング一〇ペンス半というのが、イングランドにおける金の造幣価格、すなわち、造幣局が標準金地金と引換えにわたす金貨の量だといわれるのである。

金貨の改鋳以前には、市場での標準金地金の価格は、長年のあいだ一オンスにつき三ポンド一八シリング以上であり、ときには三ポンド一九シリング、また往々にして四ポンド

であったが、おそらくこれは、標準金一オンス以上をふくむことの滅多にない、磨滅して品位の低下した金貨での金額であろう。金貨の改鋳以来、標準金地金の市場価格は、一オンスにつき三ポンド一七シリング七ペンスを滅多に超えていない。金貨の改鋳以前には、市場価格はいつも造幣価格を多少とも上回っていた。この改鋳以来、市場価格は造幣価格をたえず下回っている。だが、その市場価格は、金貨で支払われようと銀貨で支払われようと同じである。それゆえ、最近の金貨の改鋳は、金貨の価値を引き上げただけでなく、銀貨の価値をも、同じように金地金に比して、またおそらく他のすべての商品に比して、引き上げたのである。もっとも、他の大部分の商品の価格は、多くの別の諸原因に影響されるから、金貨または銀貨の価値がこれら諸商品に比して上昇するのは、それほど明白でもなく、感知できるというようなものでもない。

イングランドの造幣局では、重さ一封度の標準銀地金は、金貨の場合と同じようなやり方で、一封度の重さの標準銀をふくむ銀貨六二シリングに鋳造される。したがって、銀一オンスにつき五シリング二ペンスというのが、イングランドにおける銀の造幣価額、すなわち、造幣局が標準銀地金と引換えにわたす銀貨の量だといわれる。金貨の改鋳以前には、標準銀地金の市場価格は、ときによって、一オンスにつき五シリング四ペンス、五シリング五ペンス、五シリング六ペンス、五シリング七ペンスであり、またしばしば五シリング八ペンスにもなった。ただし、五シリング七ペンスがいちばん普通の価格であったように思われる。金貨の改鋳以来、標準銀地金の市場価格は、時として、一オンスにつき五シリング三ペンス、五シリング四ペンス、五シリング五ペンスに下落したが、これが最後で、これ以上下落することは滅多になかった。銀地金の市場価格は、金貨の改鋳以来、かなり下落はしたけれど、造幣価格ほどの低さにまでは下落しなかったのである。

45 イングランドの鋳貨に用いられるさまざまな金属のあいだの割合においては、銅がその真の価値以上に評価されているように、銀は真の価値よりいくらか低く評価されている。ヨーロッパの市場では、フランスの鋳貨もオランダの鋳貨も、一オンスの純金は約一四オンスの純銀と交換される。イングランドの鋳貨だと、それは約一五オンスと交換される。すなわち、ヨーロッパの普通の評価による値よりも多くの銀と交換されるのである。しかしながら、イングランドにおいてさえ、イングランドの鋳貨である銅が高価だという理由で棒銅の価格が引き上げられることがないのと同じように、イングランドの鋳貨である銀が低く評価されているからといって、銀地金の価格が下ることはない。銀地金は依然として金にたいしてしかるべき割合を保っているのであって、それは、棒銅が銀にたいしてしかるべき割合を保っているのと同じ理由による。

ウィリアム三世〔在位一六八九～一七〇二〕の治世中に銀貨の改鋳が行なわれたが、銀地金の価格はその後もひきつづき造幣価格をいくらか上回っていた。ロック氏〔一六三二～一七〇四。イギリスの哲学者、社会政治思想家。経済学関係の著書としては『利子引下げおよび貨幣価値引上げについて』（一六九二年）と『貨幣価値再引上げについて』とが代表作〕は、この高価格の理由を、銀地金の輸出が許可され、銀貨の輸出が禁止されていることに帰した。この銀地金の輸出の許可により、銀貨にたいする需要よりも銀地金にたいする需要が大きくなるのだ、というのである。しかし、国内での普通の取引のために銀貨を必要とする人々の数は、輸出や、その他の用途のために銀地金を必要とする人たちの数よりも、はるかに多いことはたしかである。さらにまた現在、金地金の輸出が許可され、金貨の輸出が禁止されている事情は銀の場合と同じであるが、それにもかかわらず、金地金の価格はかえって造幣価格以下に下落している。ただ、その当時は、イングランドの銀貨は、現在と同じように、金にたいする比においては低く評価されていた。そして金貨（その当時でも改鋳が必要だとはまったく考えられていなかった）は、現在と同じように、当時、鋳貨全体の実質価値を規制していた。その当時でさえ、銀貨の改鋳が銀地金の相場を造幣価格にまで引き下げることはなかったのであるから、同じような改鋳をいま行なっても、それを引き下げることはまずありそうもないことである。

　もしも銀貨を改鋳して、金貨の場合と同じくらいにその標準量目に接近させるなら、おそらく一ギニー金貨は、現行の割合からすると、それで銀地金を購買するよりもいっそう
[46] 多くの鋳貨としての銀と交換されるであろう。この場合、銀貨は十分な標準量目をふくんでいるから、それを鎔解《ようかい》すると利益が得られる。そのためにはまず、銀地金を売って金貨にかえ、そのあとでこの金貨を銀貨と交換し、それを右のように鎔解するわけである。そ

こで現行の割合をいくらか変更するのが、こうした不都合を防止するための唯一の方法であるように思われる。

銀は鋳貨として、現在、金にたいする正しい割合以下に評価されているが、その正しい割合以上に評価することにすれば、右の不都合はおそらく減ることだろう。ただしこれには、銅貨が一シリング銀貨と両替されるだけでそれ以上は法貨となりえないのと同じように、銀貨は一ギニーの両替以上は法貨となることはゆるされない、という規定が同時に法制化される必要がある。こうすれば、どんな債権者も、鋳貨としての銀が高く評価されているためにあざむかれるということはありえない。それはちょうど、どんな債権者も、現在、銅が高く評価されているためにあざむかれることがないのと同じである。銀行家たちだけがこの規制で苦しむことだろう。取付けに出会うと、かれらは六ペンス銀貨で支払をして時をかせごうとつとめることがあるが、この規制ができあがると、かれらは、即時払を回避するというこうした恥ずべき方法からしめだされることになる。その結果かれらは、やむなく現在よりも多量の現金をいつも金庫内に保有せざるをえなくなるだろう。これは、まちがいなくかれらにとってかなりの不便となるだろうが、その債権者たちにとってはかなりの保護となることだろう。

現在のわが優良な金貨でさえ、三ポンド一七シリング一〇ペンス半（金の造幣価格）には一オンス以上の標準金がふくまれていないことはたしかである。だから、この価格では一オンス以上の標準地金を購買することはできない、と考えられるだろう。だが、鋳貨としての金は地金としての金よりも便利であり、またイングランドでは、たとえ貨幣の鋳造は無料ではあっても、地金のままで造幣局にもちこまれる金が鋳貨のかたちでその所有者の手にもどってくるまでに、数週間かかる場合が少なくない。造幣局が現在のように繁忙をきわめているあいだは、もどってくるまでにたいてい数ヶ月を必要とするだろう。このように手間がかかることは少額の造幣手数料をかけられるのと同じことで、そのため、鋳貨としての金は地金としての等量の金よりもいくらか高価となる。したがって、もしも、イングランドの鋳貨の場合に、銀が金にたいする正しい割合にしたがって評価されるならば、銀地金の価格は、銀貨の改鋳が行なわれなくても、おそらく造幣価格以下に下ることだろう。なぜなら、現在の磨滅損耗した銀貨でさえ、その価値は、これと交換することのできる優良な金貨の価値によって規制されているからである。

47
金および銀を貨幣に鋳造するさいに少額の造幣手数料すなわち貨幣鋳造税を課すならば、おそらく鋳貨としての金銀は、地金としての金銀の等量にたいしてなおいちだんと優越することであろう。この場合、貨幣鋳造は、鋳造される金属の価値を、この少額の税の大きさに比例して増加するであろう。それは、鈑金《ばんきん》に細工をほどこすと、その細工の値段に比例して鈑金の価値が増加するのと同じ理由によるものである。地金よりも鋳貨が優越しているために、鋳貨の鎔解は防止され、また鋳貨の輸出は阻止されるだろう。もしも社会公共の危機のさいに鋳貨を輸出する必要が起っても、その大部分はやがて自動的に復帰するであろう。なぜなら海外では、鋳貨はその地金としての重さでしか売れないのに、国内でなら、鋳貨はその重さ以上のものが買えるのだから、それをふたたび国内にもちこめば、利益があがるからである。フランスでは、貨幣鋳造に約八パーセントの造幣手数料が課されている。そしてフランスの鋳貨は、輸出されてもふたたび自動的に本国にもどるとのことである。

金銀の市場価格は通常の商業的原因によって変動するが、それの造幣価格からの長期にわたる乖離は鋳貨の状態に由来する

地金としての金銀の市場価格がときおり変動するのは、他のすべての商品の市場価格が変動するのと同じ諸原因にもとづく。それらの金属は海路や陸路のさまざまな事故によってたびたび消失したり、また鍍金《ときん》、被金、モール、刺繡《ししゅう》などに用いられてたえず浪費されたり、さらにまた鋳貨や鈑金として損耗したりするので、自国に鉱山をもっていないすべての国では、こうした損失や浪費を補塡《ほてん》するために、たえず輸入が必要となる。金属の輸入商人たちは、他のすべての商人と同様に、自分たちの判断で見込んだ当面の需要にそのときどきの輸入をできるだけ適合させようとつとめるものだ、とわれわれは信じてよかろう。だが、どんなに注意しても、かれらは需要以上に輸入しすぎることもあれば、輸入が需要に足りないこともある。需要以上にその地金を輸入した場合には、かれらは、それを再輸出する危険と手段を引き受けるよりも、むしろその一部分を、ときとして通常価格または平均価格よりもいくらか低めに売ろうとする。他方、もし輸入が需要に達しない場合には、かれらは通常価格または平均価格以上で売って儲けることができる。だが、地金としての金または銀の市場価格は、そのようにときおり変動するにもかかわらず、数年にわたって安定不変のまま造幣価格を多少上回るか、あるいはまた多少下回るかすることがある。その場合には、この価格以上または以下の安定不変の幅は、鋳貨の状態におけるなんらかの事情の結果にほかならない、と確信してよい。すなわちこの事情が、ときに一定量の鋳貨を、それが含有すべき地金の正確な一定量にたいして、より大きい価値のものと
48
したり、あるいはまたより小さい価値のものとするのである。それというのも、結果の安定不変には、それに照応する原因の安定不変が想定されるからである。

　ある特定の国の貨幣が、ある特定の時と所でどの程度正確な価値の尺度となるかは、流通鋳貨がその品位量目の標準にどの程度正確に一致するか、いいかえると、それが含有すべき純金または純銀の正確な量をどの程度正しくふくんでいるかによる。たとえば、もしイングランドでギニー金貨四四個半が法定品位の標準金一封度《ポンド》の量目、すなわち一一オンスの純金と一オンスの合成雑分を正確にふくんでいたなら、イングランドの金貨は、ある特定の時と所における財貨の現実の価値について、ことの性質がゆるすかぎり正確な尺度となるであろう。ところが、もしも磨滅や損耗によって、ギニー金貨四四個半が一般に標

準金一封度以下をふくむことになれば、たとえ、この減損の程度は金貨片によって大小はあっても、価値の尺度は、一般に他の度量衡がこうむるのと同じような不確実さをこうむることになる。これらの度量衡がその標準のものと正確に一致することは滅多にないから、商人は、自分の財貨の価格をそのような度量衡が本来あるはずのものに合せるのではなしに、概して、それらが実際にこうであると平均して経験上わかるようなものにできるだけ合せるのである。鋳貨の場合もこれと同様な混乱があるので、財貨の価格は、鋳貨がとうぜんにふくむべき純金や純銀の量にではなく、概して、それが実際にふくんでいると経験上わかるような量に合せて加減されるのである。

ここで注意しておきたいことは、財貨の貨幣価格というときに、それは鋳貨の名称にはなんの関係もなしに、それらの財貨の販売と引換えに得られる純金または純銀の量のことをつねに意味している、ということである。たとえば、エドワード一世の時代の六シリング八ペンスは、現在のイングランド正貨一ポンドと同一の貨幣価格のことである、と私は考えている。なぜなら、それは、われわれが判断するかぎり、ほぼ同一量の純銀をふくんでいるからである。

（1）Pliny, lib. xxxiii. c. 3.
〔1〕スミスの価値論とともに有名な「労苦と骨折り」（toil and trouble）という表現は、

イギリス古典経済学の特色の一つである労働価値の思想を表わすものである。この思想の源泉は、スミスの先行者ウィリアム・ペティにもステュアートにもあるが、スミスはこれらの先人の思想を継承しながら、「労働こそは最初の価格」であり、「物の真の価格」はそれを獲得するための「労苦と骨折り」にほかならないという労働価値の思想を生みだしたのであった。「労苦と骨折り」は、一面では十八世紀的な「インダストリー」をいい表わし、それによって「富」がつくられるのだという主張にむすびつくとともに、他面では、「労苦と骨折り」としての「労働」は、人間にとって「苦痛」を意味し、とりわけそれが雇用労働の場合には、その度合はとくにはなはだしい、賃銀の大きさも「労苦と骨折り」の大きさによっておのずから定められる、と考える。「労働」を一面で生き甲斐的な人間行為、他面で避けるべき苦痛として判断すること、この二つの面がこの「労苦と骨折り」という言葉のなかにふくまれているようにみえる。

〔2〕この一パラグラフは『増補と訂正』ならびに第三版にはじめて出てくる。

〔3〕Great Britain　大ブリテンとは地理的に大ブリテン島を指すとともに、大ブリテン島と周辺諸島を支配する大ブリテン王国をも意味し、スミスは一般に後者の意味で用いている。大ブリテン島はイングランド、スコットランド、ウェイルズの三地方からなるが、この三地方は、住民も風土も文化も経済もそれぞれ独自のものをもち、十字軍の時代にはそれぞれ独立の王国であった。ところが、ウェイルズは一二八四年にイ

ングランド王国に併合され、その後一七〇七年には、イングランド王国とスコットランド王国とが合邦して大ブリテン王国を形成し、ここに大ブリテン島全域が単一の王国となった。大ブリテン島に隣接するアイルランド島は、この間、くり返してイングランド王国の侵略や支配をうけ、一五四二年に独立して王国をなしてから後も、一八〇一年に大ブリテン王国と合邦するまで、実質的にはイングランドの植民地的な属領として密接な関係をもっていた。しかし大ブリテンという場合には、地理的な意味にせよ王国を指すにせよ、アイルランドは含まれない。なお、十七、八世紀当時には、大ブリテンのなかでイングランドは政治的、経済的、軍事的に最強の地位を占めていたが、イングランドあるいはイングリッシュという言葉が用いられる場合、それは大ブリテン島や大ブリテン王国全体を意味するものではなく、むしろ他の地方から区別して、固有のイングランド地域またはイングランド王国を指す。この点については本巻巻頭の地図を参照。

ただし、本文中のこの訳注を付した箇所のごとく、一六〇三年のジェイムズ一世即位から一七〇七年の大ブリテン王国成立までの期間について、大ブリテンという場合には、島名として用いるほか、いわゆる同君連合を指すことがあり、本文もこの意味で用いている。すなわち、一六〇三年にイングランド女王エリザベス一世の死去に伴い、スコットランド国王ジェイムズ六世が、血筋から、イングランドのテューダー王朝第一王位継承権者として、イングランド国王を兼ねることとなり、イングランド国王としてはジェイムズ一世を名乗った。この時以降、両王国は、一七〇七年に合邦するまで、それぞれ独立の王国でありながら同一の君主を戴いて、連合国家を形成していたのである。

49

第六章　商品の価格の構成部分について

初期未開の社会では、労働の全生産物は生産者に属し、物の獲得に要した労働量の大小が交換のための唯一の基準であった

資本《ストック》の蓄積と土地の占有にさきだつ初期未開の社会状態〔1〕のもとにおいては、種々の物の獲得に必要な労働量の比率が、これらの物を相互に交換するためのルールを可能とする唯一の事情であったと思われる。たとえば狩猟民族のあいだで、一匹の海狸《ビーヴァー》を仕留めるのに、一頭の鹿を仕留める労働の二倍がふつう費やされているとすると、海狸《ビーヴァー》一匹はとうぜん、鹿二頭と交換されるべきである。すなわち、鹿二頭に値すべきものである。ふつう二日分または二時間分の労働の生産物が、一日分または一時間分の労働の生産物の二倍に値するというのは、当然である。

もしある種の労働が他の労働よりもきびしい場合には、この特別の労苦にたいして、いくらかの斟酌《しんしゃく》がとうぜんなされるであろう。そして、一方の一時間分の労働生産物は、他方の二時間分の労働生産物と交換されることもしばしばあるだろう。

あるいはまた、ある種の労働がなみなみならぬ技能と創意を必要とするなら、人々はそのような才能を高く評価して、そうした労働の生産物にたいして、それに用いられた時間に相当する価値以上のものをとうぜん与えるであろう。そのような才能は、長期にわたる勤勉の結果でなければ獲得できないものであって、この才能の産物がもつ高い価値は、それを獲得するのに費やされるにちがいない時間と労働とにたいする妥当な報償にほかならない場合が多い。社会の進歩した状態においては、普通以上の辛《つら》さや、すぐれた熟練にたいするこの種の斟酌が、労働の賃銀についてなされるのが通例であって、おそらくごく初期未開の時代にも、これと同種のなにかが行なわれていたにちがいない〔2〕のである。

こうした事態にあっては、労働の全生産物は労働者に属する。そしてある商品の獲得ま
50 たは生産にふつう用いられる労働の量は、その商品がふつう購買し、支配し、またはこれと交換されるべき労働の量を左右できる唯一の事情である。

ところが資本が蓄積されると、価値は賃銀と利潤に分れる。利潤は企業者の監督や指揮の賃銀ではない

資本《ストック》が特定の人々の手に蓄積されるようになるやいなや、かれらのうちのある者は、とうぜんそれを用いて、勤勉な人々を仕事に就かせるであろう。そしてかれらは、その人々に原料と生活資料を供給して、その製品を販売することにより、いいかえると、その人々の労働が原料の価値に付加するものによって、利潤を得ようとする。完成品を、貨幣なり

労働なり他の財貨なりと交換する場合には、こうした冒険に自分の資本《ストック》を思いきって投じるこの企業家にたいして、その利潤として、原料の価格と職人の賃銀とを支払うのに足りる以上になにかが与えられなければならない。それゆえ、職人たちが原料に付加する価値は、この場合、二つの部分に分れるのであって、その一つは、かれらの賃銀を支払い、他の一つは、かれらの雇主が前払した原料と賃銀との全資本《ストック》にたいする雇主の利潤を支払う。雇主が職人たちの製品の販売によって自分の資本《ストック》を回収するに足りる以上のものを期待するのでなければ、かれらを雇用するのになんの関心ももちえないであろう。またかれの利潤が、かれの資本《ストック》の大きさに比例するのでなければ、かれは小さい資本《ストック》よりもむしろ大きい資本《ストック》を使用することになんの関心ももちえないであろう。

資本《ストック》の利潤とは、ある特定の種類の労働、すなわち監督し指揮する労働の賃銀にたいする別名にすぎない、と考える人があるかもしれない。けれども利潤は、賃銀とはぜんぜんちがったものであり、まったく異なった原理によって規定されるものであって、監督し指揮するというこの想像上の労働の量や辛さや創意とは、少しも比例するものではない。利潤は、用いられる資本《ストック》の価値によってまったく規制され、この資本《ストック》の大きさに比例して、大きくもなれば小さくもなるのである。たとえば、製造業に用いられる資本《ストック》の普通の年利潤が一〇パーセントであるような場所に二つの異なる製造業があって、そのおのおのに二〇人の職人がそれぞれ年額一五ポンドの賃銀率で雇用されている、つまり各製造所で年

に三〇〇ポンドを費やして職人が雇用されている、と仮定しよう。そして、一方の製造所
で年々加工される粗悪な原料がわずか七〇〇ポンドしかかからないのに、他方の製造工場
では良質の原料が七〇〇〇ポンドもかかる、と仮定しよう。この場合、年々用いられる資
本は、前者ではわずか一〇〇〇ポンドにのぼるだけであるのに、後者で年々用いられる資
本は七三〇〇ポンドにのぼるであろう。それゆえ、一〇パーセントの利潤とすれば、前者
51 の企業家は約一〇〇ポンドの年利潤しか期待しないのに、後者の企業家は約七三〇ポンド
の年利潤を期待するだろう。だが、かれらの利潤はこんなに大きくちがっていても、監督
し指揮するというかれらの労働は、まったく同一か、またはほとんど同一といってよいの
である。多くの大作業場では、この種の労働のほとんど全部が主任事務員のだれかの手に
ゆだねられている。この主任事務員の賃銀は、監督し指揮するというこの労働の価値を適
切にあらわしている。この賃銀を定めるのには、かれの労働と熟練にたいしてばかりでな
く、かれに寄せられている信頼にたいしても、なにほどかの考慮がふつう払われているの
であるが、しかしかれがその経営を監督する資本にたいしては、かれの賃銀はけっして一
定の比例をたもつものではない。この資本の所有者は、このようにしてほとんどすべての
労働をまぬがれているにしても、なお自分の利潤は自分の資本にたいして規則的な比例を
たもつはずだということを期待しているのである。それゆえ、諸商品の価格において、
資本《ストック》の利潤は、労働の賃銀とはぜんぜん異なる構成部分をなし、まったく異なる原理によ

って決定されているのである。

こうした事態のもとでは、労働の全生産物はつねに労働者に属するとはかぎらない。かれは、多くの場合、かれを雇用する資本《ストック》の所有者とそれを分けあわなければならない。ある商品の獲得または生産にふつう用いられる労働の量は、その商品がふつう購買し、支配し、またはこれと交換されるはずの労働の量を規制できる唯一の事情ではなくなる。その労働の賃銀を前払し、その原料を提供した資本《ストック》の利潤のために、ある追加量がとうぜんに与えられなければならないことは明白である。

さらに土地が私有化されると、地代は価格の第三の部分となる。三つの部分の価値はすべて労働ではかられる

どんな国でも、その土地がすべて私有財産になってしまうと、地主たちは、他のすべての人々と同じように、自分たちが種子をまきもしなかった場所で収益を得たがり、土地の自然の生産物にたいしてさえ地代を要求する。森の木や野の草や、大地のすべての自然の果実は、土地が共有であった時代には、労働者には採取の手数しかかからなかったのであるが、いまではその労働者にとってさえ、ひとつの追加的価格がそれらのうえに付加されるようになっている。そこでかれは、それらを採取するための許可にたいして一定の支払をしなければならなくなる。すなわちかれは、自分の労働で集めるなり生産するなりしたものの一部を、地主に引き渡さなければならない。この部分が、またはこれと同じことに

なるが、この部分の価格が、土地の地代を構成し、そしてそれは、大部分の商品の価格のなかで第三の構成部分となるのである。

52 ここで注意しなければならないのは、価格のすべての異なる構成部分の真の価値は、そのおのおのが購買または支配しうる労働の量によってはかられる、ということである。労働は、価格のなかの労働〔3〕に分れる部分の価値だけでなく、地代に分れる部分の価値、および利潤に分れる部分の価値をもはかるのである。

あらゆる社会において、すべての商品の価格は、究極的にはこれら三つの部分のどれか一つに、またはそのすべてに分れるのであって、あらゆる進歩した社会では、この三つのすべてが、大多数の商品の価格のなかに、多かれ少なかれその構成部分としてはいりこんでいるのである。

たとえば穀物の価格をとると、その一部は地主の地代を支払い、他の一部はその生産に用いられた労働者および役畜の賃銀または維持費を支払い、そして第三の部分は農業者の利潤を支払う。これらの三つの部分は、直接にかまたは究極的にか、穀物の価格全体を構成するように思われる。第四の部分が農業者の資本《ストック》を更新するために、またかれの役畜その他の農耕用具の損耗を補償するために必要だと考える人がおそらくいるかもしれない。しかし、たとえば役馬のような農耕用具の価格も、それ自体おなじく三つの部分から、すなわち、その馬が飼育されている土地の地代、それを世話し飼育する労働、およびこの土地の地代とこの労働の賃銀との双方を前払する農業者の利潤から構成されている、ということが考慮されなければならない。それゆえ、穀物の価格は、馬の価格とともにその維持費を支払うであろうが、しかもその全価格はやはり、直接にかまたは究極的に、地代、労働および利潤という同じ三部分へと分れるのである。

53　小麦粉またはひきわり麦の価格の場合には、穀物の価格に粉屋の利潤とかれの使用人の賃銀とを付加しなければならないし、パンの価格には、パン屋の利潤とかれの使用人の賃銀とを付加しなければならない。またこの両方の価格に、穀物を農業者の家から粉屋の家へ、粉屋の家からパン屋の家へと輸送する労働を、その労働の賃銀を前払する人たちの利潤といっしょに、付加しなければなるまい。

亜麻の価格も、穀物の価格と同じくこの三つの部分に分れる。また亜麻布の価格には、われわれは、亜麻の仕上工、紡績工、織布工、漂白工などの賃銀を、それぞれの雇主の利潤とともに、付加しなければならない。

どんな特定の商品も、精製工程が拡大するにつれて、賃銀と利潤に分れる価格部分は、地代に分れる部分にくらべて、いっそう大きくなる。製造業が進歩するにつれて、利潤の額がふえるばかりでなく、後の段階の利潤はどれもその前の段階の利潤よりも大きくなる。というのは、利潤を引き出す資本そのものが後の段階ではつねにより大きいにちがいないからである。たとえば、織布工を雇用する資本は、紡績工を雇用する資本にくらべて大きいにちがいない。なぜなら、それは後者の資本を利潤とともに回収するばかりでなく、織布工の賃銀をも支払うからであり、そして利潤はつねに資本に比例するにちがいないからである。

少数の例外を除いて、年生産物の価値は賃銀、利潤、地代に分れ、この三つが収入の基本的源泉となる

しかしながら、最も進歩した社会においても、その価格が二つの部分、すなわち労働の賃銀と資本《ストック》の利潤にしか分れないような少数の商品がつねにあるし、さらに少数の商品にいたっては、価格がもっぱら労働の賃銀だけからなるようなものもある。たとえば、海の魚の場合には、その価格の一部は漁夫たちの労働を支払い、他の一部は、漁業に用いられた資本の利潤を支払う。地代が価格の一部をなすことはごくまれである。もっとも、のちに明らかにするように、ときには地代がその一部をなす場合もあるが、河川漁業では、少なくともヨーロッパの大部分をつうじてそうではない。だが鮭《さけ》漁業は一種の地代を支払うのであり、そしてこの地代は、土地の地代とよぶのは適当でないかもしれないが、賃銀や利潤と同じように、鮭の価格の一部分を構成するのである。スコットランドのある地方では、少数の貧しい人々が、スコットランド産瑪瑙《めのう》の名でふつう知られている、あの斑《ふ》いりの小石を海岸に沿って採取するのを職業としている。石細工人がかれらに支払う価格は、すべてかれらの労働の賃銀であって、地代や利潤は、価格のどの部分も構成していない。

54

だが、どんな商品の価格も、やはり究極的には、これら三つの部分のうちのどれか一つ、またはすべてに分れるにちがいない。というのは、そのうち土地の地代を支払い、また商品を産出し製造し、市場にもたらすのに用いられた全労働の価格を支払ったあとになにほどか残る部分があるなら、それは、必然的にだれかの利潤であるにちがいないからである。

すべての特定商品の価格または交換価値は、個々別々にとってみると、これら三部分のどれか一つ、またはすべてに分れる。それと同じように、あらゆる国の労働の年々の全生産物を構成しているすべての商品の価格も、ひっくるめてみると、同じ三部分に分れて、その国のさまざまな住民たちの労働の賃銀、資本《ストック》の利潤、または土地の地代として、かれらのあいだに分配されなければならない。あらゆる社会の労働によって年々採集または生産されるものの総体、または同じことになるが、この総体の全価格は、このようにして、社会のさまざまな成員のうちのあるもののあいだにまず最初に分配される。賃銀と利潤と地代は、すべての交換価値の三つの基本的な源泉であり、同時にすべての収入の三つの基本的な源泉でもある。そして他のすべての収入は、けっきょく、これらのうちのどれかから派生するものである。

人はだれでも、自分自身の持っている元本《ファンド》から収入を引き出す場合には、それを自分の労働からか、自分の資本《ストック》からか、自分の土地からか、このどれかから引き出さなければならない。労働から引き出される収入は、賃銀とよばれる。資本《ストック》から、それを管理または使

用する人によって引き出される収入は、利潤とよばれる。自分では資本《ストック》を使用しないで、
それを他人に貸し付ける人がその資本《ストック》から引き出す収入は、利子または貨幣の使用料とよ
ばれる。これは、借手が貸手に支払うものであり、借手がその貨幣の使用によって儲《もう》ける
ことのできる利潤にたいする報償である。その利潤の一部は、危険をおかし面倒をいとわ
ないで貨幣を使用する借手にとうぜん帰属する。また他の一部は、借手にたいしてこうし
た利潤を儲ける機会をあたえる貸手に帰属する。貨幣の利子はつねに派生的な収入であっ
て、それは、もしも貨幣の使用によってあげられる利潤のなかから支払われなければ、か
ならず他のある収入源泉から支払われなければならない。ただしこれは、借手が第一の債
務の利子を支払うために第二の債務の契約をむすぶような浪費者でないかぎりのことであ
る。すべて土地から生じる収入は地代とよばれ、地主に帰属する。農業者の収入は、一部
はかれの労働から引き出され、一部はかれの資本《ストック》から引き出される。農業者にとって土地
は、かれがこの労働の賃銀を稼ぎ、この資本《ストック》の利潤をあげることを可能にする用具にすぎ
55 ない。すべての租税、それにもとづくすべての国家収入、すべての俸給、恩給、各種の年
金などは、結局、収入のこの三つの基本的な源泉のどれかから引き出される。すなわち、
労働の賃銀か資本《ストック》の利潤か土地の地代かから、直接または間接に支払われるのである。

　これらの三つの異なる種類の収入は、異なる人たちに帰属するときは容易に区別される
が、同一人に帰属するときは、少なくとも日常の用語では、相互に混同されることがある。

自分自身の所有地の一部で農業経営を行なう大地主《ジェントルマン》〔4〕は、耕作の経費を支払ったあとに、地主の地代と農業者の利潤との両方を手にするであろう。けれどもかれは、自分の利得の全体を利潤とよび、こうして地代を、少なくとも日常用語では、利潤と混同してしまう。わが北アメリカや西インド諸島の農園《プランテーション》経営者たちの大部分は、こういう立場にある。かれらの大部分は、自分自身の所有地で農業経営を行なうのであって、したがってわれわれは、農園の地代などということを耳にすることは滅多になく、それの利潤について聞くことのほうが多い。

普通の農業者たちがその農場の一般的作業を指揮するために監督者を雇うということは、滅多にない。多くはかれらもまた、犂《すき》で耕したり、馬鍬《まぐわ》で耕したりして、自分の手を使って大いに働くのである。したがって、地代を支払ったあとに残る収穫物は、耕作に使用した資本《ストック》をその通常の利潤をともなってかれらの手に回収させるばかりでなく、労働者と監督者という両方の資格をもったかれらにとうぜん支払われるべき賃銀も、この農業者に支払われなければならない。それなのに、地代を支払い、資本《ストック》を維持したあとに残るものは、すべて利潤とよばれている。だが、賃銀がその一部をなしていることは明らかである。この農業者は、自分で耕作と監督の労をとってこうした賃銀を節約したのであるから、とうぜんそれを取得すべきものである。それゆえ、この場合には賃銀は利潤と混同されているのである。

原料の購入と、製品を市場へ運ぶまでの生活維持とをまかなうのに十分な資本《ストック》をもっている自前の製造業者は、親方のもとで働く職人《ジャーニーマン》〔5〕の賃銀と、その親方が職人《ジャーニーマン》の製品を販売してあげる利潤との双方を利得するはずである。それなのに、かれの利得の全体は、ふつうは利潤とよばれているのであるから、この場合にも賃銀は利潤と混同されているのである。

自分の菜園を使って自分の手で栽培する園芸家は、地主、農業者、労働者という三つの異なった性格を、その一身にかねそなえている。したがって、かれの生産物は、第一の者の地代と、第二の者の利潤と、第三の者の賃銀とを支払わなければならない。それなのにかれの利得の全体は、ふつうには、かれの労働の稼ぎ出したものだと考えられている。地代と利潤の双方が、この場合には賃銀と混同されているのである。

56 文明国では、その交換価値が労働だけから生じるような商品はほんの少数であって、圧倒的大部分の交換価値には、主として地代と利潤が寄与している。だから、その国の労働の年々の生産物は、つねに、その生産物を産出し、調製し、市場に運ぶのに用いられた労働よりもはるかに多量の労働を、購買または支配するに足りるであろう。もしこの社会が年々に購買できるはずの労働のすべてを年々用いるとすれば、労働の量は年ごとに大きく増大するだろうから、すべてあとの年の生産物は前の年のそれにくらべて、非常に大きい価値をもつことになるだろう。だが、年々の生産物の全体が勤勉な人々を扶養するために用いられる国などというものはどこにもない。怠け者がどこでもその一大部分を消費するものである。この全生産物がそうした二つの異なる階級の人々のあいだに年々分割される割合が異なるのにおうじて、その通常価値または平均価値は、年々増加するか減少するか、それとも年から年へとひきつづき同じであるか、そのいずれかになるにちがいない。

〔1〕『国富論』における「初期未開の社会状態」というのは、土地の私有と資本の蓄積に先立つ狩猟・採取民族の社会のことである。スミスによれば、そこにはほとんど分業が行なわれず、社会の規模も小さく、各人は自由独立で、搾取を知らず、財産とよぶべきほどのものもないから、貧富の差も階級も生ぜず、したがって主権者も国家権力も成立しない、とされている。

こうして歴史の出発点におかれた未開社会は、スミスの体系では同時に市民社会の特質を対比的にきわだたせるための理論装置でもあるわけで、その意味ではひとつのフィクションである。けれどもスミスが未開社会の具体的なイメージを得たのは、第五篇第一章冒頭で指摘しているように、北アメリカ植民地の原住民たちの社会からであった。イングランドとの合邦以後、北アメリカ植民地との貿易を許されたスコットランドには、当時の博物学（自然史研究）と歴史学（自然史の一環としての社会史研究）の流行も手伝って、原住民たちの社会にかんする多くの観察と記録がもたらされていたのであって、これが当時の未開社会像の形成の素材になっていたことはまちがいない。

ただし、未開社会との対比で市民社会を把えるという方法は（および、動物の世界との対比で人間社会を把えるという、これまたスミスの好んで駆使した方法も）けっして、スミスだけのものではなかった。それは思想史の上で、スミスをも含め、スコットランド歴史学派とよばれる一群の思想家にほぼ共通した基本的な社会の見方であり、分析の手法であった。『国富論』は、その最も実り豊かな成果といえるのである。

〔2〕「労働の全生産物は労働者に属する。そして」という言葉は、初版のこの場所にはない。しかし初版をはじめどの版でも、第八章の冒頭にはこの言葉があらわれている。以下七パラグラフにわたって第二版でかなりの訂正が加えられた。

〔3〕この「労働」はほんらい「賃銀」とすべきものである。スミス自身はしばしば「労働」を「賃銀」と同義語として用いている。たとえば、本章でも「地代、労働および利潤」という表現（「さらに土地が私有化……」の小見出し参照）が用いられ、第七章では、この「地代、労働および利潤」という表現と「地代、賃銀および利潤」という表現との双方が並記されている（「商品の市場価格は……」の小見出し参照）。

〔4〕gentleman　十五世紀から十六世紀にかけて封建領主の支配体制が崩れてゆく過程で、農業や商工業で蓄財していた富裕な社会層が、経済的に困窮に陥った領主から所領の一部を買い取って堂々たる地主になり、その富と家系を誇りだすという現象が広

く見受けられた。ここにいうジェントルマンもこうして発生した地主層の場合が多い。かれらは旧来からの貴族とは区別されるが、社会的地位や評価は貴族に準じた身分をなした。もっともジェントルマンという言葉自身は、周知のとおりイギリスでは日常語として広義に用いられていて、たとえば十九世紀になると、それは貴族のほかに上級官吏や陸軍士官などをふくめた一定の社会階層を意味し、ノン・ジェントルマンの階層と区別して用いられた。なお、第五篇第二章訳注〔1〕参照。

〔5〕journeyman　元来はギルド制度における一つの身分である。中世のギルドには、親方、職人、徒弟という三つの身分があり、商工業者として独立に営業できるのは親方に限られていた。一人前の親方となるには、まず最初に、しかるべき資格を持ち店を構えた親方のもとに、ヨーロッパ大陸では通例五年間、イングランドでは七年間、徒弟として無給で住み込み、親方たちの指導のもとで仕事を見習い、基礎技術を習得する。徒弟期間を務めあげて上納金をギルドに納めると、はじめて職人として認められ、親方のもとで日給をもらって仕事をする資格を与えられる。だが職人は、独立の店を開くためにはさらに高度な技能を身につけるよう要求され、親方のもとでそのために何年か働くことになる。大陸では職人は、この間同一の親方のもとにとどまることなく、評判の良い親方をたずねて文字通り巡歴し、腕を磨いたが、イングランドではこの慣行は大陸ほどはっきりしたものではなかった。職人はこの修業の末、自分の伎倆《ぎりょう》を示す作品をギルドに提出して、技術、資力等の審査に合格すると、そこではじめて

親方の資格が与えられ、店を構えて徒弟や職人を使う独立の営業を許される。職人は、こうして、元来は親方になるための訓練期間中の身分だったが、ギルドが競争を排除するために親方への登用を厳しくするにつれて、親方になれない職人が大量に滞留するにいたった。万年職人とよばれるのがそれで、かれらは事実上は親方のもとでの熟練労働者たる地位を占め、親方対職人というかたちの労働紛争さえ生ずるにいたった。このようなギルド制度そのものは市民革命の過程で解体されてしまったが、技能養成制度としての徒弟制とともに、徒弟および職人という身分はその後十九世紀にいたるまで残存し、職人はマニュファクチャー経営における中核的熟練労働力となった。なお本書では、journeyman の訳語の「職人」の場合には「ジャーニーマン」のルビをふって workman の訳語の「職人」と区別した。

57

第七章　商品の自然価格と市場価格について

一つの社会、一つの地域には賃銀・利潤・地代の自然率があり、
これらの自然率で構成されるのがその商品の自然価格である

およそ一つの社会、一つの地域には、労働と資本《ストック》の異なる用途ごとに、賃銀ならびに利潤についての通常率または平均率というものがある。のちに明らかにするように、この率は、一つにはその社会の一般的事情によって、すなわちその貧富によって、その進歩、停滞または衰退の状態によって、また一つには労働と資本の各用途の特定の性質によって、おのずから規制されているのである。

同じように、およそ一つの社会、一つの地域には、地代の通常率または平均率というべきものがあって、のちに明らかにするように、この率も、一つにはその土地が位置している社会や地域の一般的事情によって、また一つには土地本来の豊度や改良された豊度によって規制されている。

これらの通常率または平均率は、ふつうそれが相場になっている時と所での、賃銀、利

潤、地代の自然率とよぶことができる。

ある商品の価格が、それを産出し調製し市場に運ぶのに用いられた土地の地代、労働の賃銀、資本《ストック》の利潤を、それらの自然率にしたがって支払うのにちょうど過不足のない場合には、その商品は、自然価格ともいうべき価格で売られているのである。

この場合には商品は、まさしくそれに値する額、すなわち、その商品を市場にもたらす人が実際に費やした額で売られる。日常の用語でいわれる商品の原価には、それを再販売するはずの人の利潤はふくまれていないけれど、かりにその人が、自分の地域の通常利潤率が期待できないような価格でそれを売るとすれば、この取引で損をすることは明白である。というのは、かれがその資本《ストック》をなにか他の方法で使用すれば、それだけの利潤をあげ[58]たかもしれないからである。そのうえ、かれの利潤はかれの収入であり、かれの生計の当然の基金《ファンド》である。かれは、その財貨を調製し、市場にもたらすあいだ、職人たちにその賃銀、すなわち生計費を前払するのと同様に、自分にたいしても、同じように自分自身の生計費を前払するのである。そしてこの生計費は、かれがその財貨を販売することからとうぜんに期待できる利潤に相当するのが普通である。したがって、この財貨がかれにこうした利潤をもたらさないならば、その財貨はかれにたいして、まさにかれが実際に費やしたといえるものを払いもどしていないことになる。

そういうわけで、こうした利潤をかれのもとに残してくれるような価格は、かならずしもつねに商人がときとしてその財貨を売ることもある最低のものとはいえないが、かれが相当の期間にわたってひきつづき売ってゆける最低の価格である。少なくとも完全な自由があるところ、いいかえると、かれがその職業を何度でも好きなだけ変えられるようなところでは、そうなのである。

商品の市場価格は、市場にもたらされるその数量とそれにたいする有効需要とによって定まり、自然価格を中心に上下する

どんな商品でも、それがふつうに売られる現実の価格は、その市場価格とよばれる。市場価格は、自然価格を上回るか、下回るか、ちょうどそれと一致するか、のいずれかである。

すべての商品の市場価格は、それが現実に市場にもたらされる数量と、その商品の自然価格、すなわちそれをそこへもたらすのに支払われなければならない地代と労働と利潤との全価値を支払う意思のある人たちの需要との割合によって規制される。このような人々は有効需要者とよんでよいし、かれらの需要は有効需要とよんでよい。というのは、このような人々の需要は、この商品を市場にもたらすことを十分可能にするからである。だがこれは絶対需要とは異なる。たいへん貧しい人も、ある意味では六頭立ての馬車にたいする需要をもっているともいえるし、かれはそれを持ちたいと思うかもしれないが、かれの需要を満足させるためにこの商品が市場にもたらされることはけっしてありえないから、

かれの需要は有効需要とはいえないのである。

およそ市場にもたらされる商品の数量が有効需要に足りない場合には、その数量をそこへもたらすために支払われなければならない地代と賃銀と利潤との全価値を支払う意思のある人々すべてに、かれらの欲するだけの数量が供給できない。そこでかれらのあるものは、それがぜんぜん得られないくらいなら、もっと多くを支払ってもよいという気になるだろう。たちまち競争がかれらのあいだに始まるだろう。そして市場価格は、たまたま不足の度合か、または競争者たちの富や気まぐれな贅沢《ぜいたく》かが競争熱をかき立てる程度におうじて、自然価格を多かれ少なかれ上回ることになるだろう。富や贅沢の程度が同等な競争
59 者たちのあいだでは、商品不足は同じでも、それがひきおこす競争熱は、たまたま競争者たちにとって商品の獲得がもつ重要性のいかんによって、大きかったり小さかったりするのが普通である。都市の封鎖や飢饉《ききん》の場合、生活必需品の価格が法外なものになるのはこのためである。

もしも市場にもたらされる数量が有効需要を超過する場合には、その数量をそこへもたらすために支払われなければならない地代、賃銀、利潤の全価値を支払う意思のある人々に、その全部が売りさばかれることにはならない。つまり一部分は、それ以下でなら支払う意思のある人々に売られるにちがいない。そして、その人たちがそれに与える価格は低いから、そのために全体の価格は引き下げられるにちがいない。超過の度合が売手の競争

を増減させるのにおうじて、あるいはまたその商品を即刻処分することが売手にとってどの程度さしせまっているかにおうじて、市場価格は多かれ少なかれ自然価格以下に下落するだろう。腐敗しやすい商品の輸入の場合には、同じ超過の度合でも、耐久性のある商品の輸入の場合にくらべて、ずっとはげしい競争をひきおこすだろう。たとえば、古鉄の輸入とくらべてのオレンジの輸入の場合がそうである。

市場にもたらされる商品量が有効需要に等しい場合には、市場価格と自然価格とは一致する。自然価格は一種の中心価格だと言える

市場にもたらされる数量がちょうどうまく有効需要を満たしている場合は、市場価格はとうぜん、自然価格と同一になるか、そうでなくても、ぎりぎりまでそれに近くなる。手持ちの全量は、この価格で売りさばくことができるが、それ以上の価格では売りさばけない。さまざまな商人のあいだの競争によって、かれらはみないやおうなしにこの価格を承認せざるをえなくなるが、しかしそれ以下の価格で承認するという必要もない。

市場にもたらされるすべての商品の数量は、自然に、その有効需要に適合するものである。その数量が有効需要をけっして超過しないということは、およそ商品を市場にもたらすために土地、労働または資本《ストック》を用いるすべての人々にとっての利益であり、また数量がその需要を満たすに足りるということは、他のすべての人々にとっての利益なのである。

もし数量が有効需要を超過するというような場合は、その価格の構成部分のあるものは、自然率以下で支払われざるをえない。もしそれが地代であるなら、地主たちの利益への関心がただちにかれらをうながして、土地の一部をこの事業から引き上げさせるであろうし、もしそれが賃銀か利潤であるなら、前者の場合には労働者たちの利益への関心が、後者の場合にはその雇主たちの利益への関心が、かれらをうながして労働または資本《ストック》の一部をこの事業から引き上げさせるであろう。こうして市場にもたらされる数量は、やがて有効需要を満たすのにちょうど足りるだけになるだろう。その価格の種々な部分はいっせいに、その自然率まで上昇し、また価格全体はその自然価格まで上昇するであろう。

60

もし反対に、市場にもたらされる数量が有効需要に足りないような場合には、価格の構成部分のあるものは、その自然率以上に上昇するにちがいない。もしそれが地代であるなら、他の地主たちの利益への関心が自然にかれらをうながして、こうした商品をつくるためにいっそう多くの土地を提供させるであろう。もしそれが賃銀や利潤であるなら、他のすべての労働者や商人の利益への関心が、まもなくかれらをうながして、それを調製し市場にもたらすためにいっそう多くの労働と資本《ストック》を用いさせるであろう。市場へもたらされる数量は、まもなく有効需要を満たすのに十分となるだろう。その価格のそれぞれの部分はすべて、まもなくその自然率へと下り、価格全体としてはその自然価格まで下るであろう。

それゆえ、自然価格というのは、いわば中心価格《セントラル・プライス》であって、そこに向けてすべての商品の価格がたえずひきつけられるものなのである。さまざまな偶然の事情が、ときにはこれらの商品価格を中心価格以上に高く釣り上げておくこともあるし、またときにはいくらかその下に押し下げることもあるだろうが、このような静止と持続の中心におちつくのを妨げる障害がなんであろうと、これらの価格はたえずこの中心に向って動くのである。

どんな商品でも、それを市場にもたらすために年々用いられる勤労《インダストリー》の全量は、このようにして、自然に有効需要に適合するものである。それは、この需要を十分に満たして過不足のないような、つねに正確な数量を市場へもたらすということをおのずとめざしている。

しかしある種の職業では、同一量の勤労でも、年によってその生産する商品の量にははなはだしい相違がある。これにたいして他の職業では、同一量の勤労は、つねに同一量またはほぼ同一量の商品を生産する。農業では、同数の労働者でも、作りだす穀物、葡萄《ぶどう》酒、油、ホップの実などの量は年によってさまざまであろう。ところが、同数の紡績工と織布工は、毎年同一量またはほぼ同一量の亜麻布や毛織物を生産するだろう。前の種類の勤労の場合には、ともかくも、有効需要に適合しうるのは、その平均生産高だけである。その実際生産高は、その平均生産高を超える場合も多く、またこれに及ばない場合も多いから、市場にもたらされる商品の数量は、有効需要を大いに超過することもあり、またそれにはるかに足りないこともある。だから、たとえその需要がひきつづき同じであっても、その市場価格は大いに変動しやすく、自然価格をひどく下回って下落することもあり、またそれをはるかに上回って急騰することもあるだろう。これに反し、後の種類の勤労の場合は、
61 等量の労働の生産物はつねに同一またはほぼ同一であるから、それは有効需要にいっそう正確に適合することができる。したがって、その需要がひきつづき同一であるあいだは、その商品の市場価格もひきつづき同一であろうし、それは自然価格とまったく同一であるか、またはほとんど同一に近いものであろう。だれでも経験で知っているとおり、亜麻布や毛織物の価格は穀物の価格ほどに頻繁《ひんぱん》に変動することもないし、またそれほど大きく変動することもない。亜麻布や毛織物の価格はもっぱら需要の変動とともに変動するが、穀物の価格は需要の変動とともに変動するばかりか、その需要を満たすために市場にもたらされる数量が変動するのにつれて、いっそう大きく、いっそう頻繁に変動するのである。

　どんな商品でも、市場価格のおりおりの一時的変動は、その価格のうち賃銀と利潤に分れる部分に主として影響する。地代に分れる部分は、そうした変動から影響を受けることが前者より少ない。貨幣で確定されている地代は、その率においても価値においても、そうした変動から少しも影響を受けない。原生産物の一定割合または一定量からなる地代は、原生産物の市場価格の、その時々の一時的変動によって年々の価値に影響を受けることは明らかだが、その年々の率にそれほどの影響を受けることは滅多にない。地主と農業者は、

借地契約の条件を取り決めるにあたっては、かれらの最善の判断にしたがって、この年率を生産物のおりおりの一時的な価格にではなく、その平均的な通常の価格に適合させようとつとめるのである。

　そのような変動が賃銀または利潤の、価値と率との双方にどの程度の影響を及ぼすかは、商品や労働——つまり、すでに行なわれた作業や、これから行なわれる作業——がたまたま市場で供給《ストック》過剰となっているか、供給《ストック》不足となっているかにかかっているのである。たとえば、公けの喪《も》が行なわれるときは、黒い布（市場ではこのような場合たいてい供給《ストック》不足が生じる）の価格が高まり、そして、黒い布を大量にもっている商人たちの利潤がふえる。けれども、公けの喪は織布工の賃銀にはぜんぜん影響を及ぼさない。この場合、市場で供給《ストック》不足なのは商品であって、労働ではない。すなわち供給《ストック》不足なのは、すでに行なわれた労働であって、これから行なわれる労働ではないのである。だが、公けの喪は仕立職人《ジャーニーマン・テイラー》の賃銀を高める。ここでは市場で供給《ストック》不足なのは労働である。すなわち、より多くの労働にたいして、より多くの作業にたいして有効需要があるのに、それが入手できないのである。公けの喪は、色ものの絹地と毛織地の価格を引き下げ、それらを大量に手元にかかえている商人たちの利潤を減少させる。さらにまた、そのような諸商品を調製するのに用いられる職人たちの賃銀をも引き下げる。その種の商品にたいし、六ヶ月、おそらくは十二ヶ月にわたって、全需要が停止してしまうからである。ここでは商品と労働との両方が市場で供給《ストック》過剰なのである。

62

市場価格が自然価格を長期間上回ることはありうるが、それを下回ったままでいることはない

各種の商品の市場価格は、右のように、自然価格にむけてたえず引き寄せられつつあるといえるが、しかしときには個々の偶然の出来事、ときには自然的原因、またときには個々の行政上の法規によって、多くの商品の市場価格が長期にわたって自然価格を大きく上回ることがある。

有効需要が増加して、ある特定商品の市場価格がたまたま自然価格を大きく上回って上昇するような場合は、その市場を満たすために自分の資本《ストック》を用いている人たちは、一般にこうした変化をかくすのに気を配るものである。もしそれが知れわたると、かれらの大きい利潤は新しい多くの競争者たちを誘いよせて、同じ用途にかれらの資本《ストック》を使用させることになるからである。その結果、有効需要は十分に満たされるので、市場価格はまもなく自然価格にまで引き下げられ、しばらくのあいだはたぶんそれ以下にさえなるであろう。もし市場が、この商品を供給する人たちの住居から遠く離れているなら、かれらはこの秘密を数年にわたってずっと保っていることが可能かもしれないし、またそのあいだ、なにも新しい競争者なしに、自分たちの特別の利潤を享受するかもしれない。しかしながら、こういう種類の秘密は滅多に長く保たれるはずのものでないことは確かであって、秘密が

保ちきれなくなると、この法外な利潤はたちまち消滅するのである。

製造業での秘密は、商業における秘密にくらべると、いっそう長く保持することができる。ある染色業者が特定の色を出すために、ふつう使用されている原料価格のわずか半値の原料を用いる方法を発明したとすると、かれは、経営をうまくやりさえすれば、自分の発明の利益を一生をつうじて享受できるかもしれないし、それを遺産として子孫に残すことさえ可能である。かれの特別の利得は、かくされた労働にたいして支払われる高い価格から生じるものである。この利得は、ほんとうは、この労働の高い賃銀にほかならない。けれどもそれは、かれの資本《ストック》の全部から生じるものであり、そのために、利得の総額も資本《ストック》にたいして規則的に比例するものであるから、通例それは、資本《ストック》の特別の利潤とみなされるのである。

市場価格がこのように高まるのは、明らかに特殊な偶然の出来事の結果であるが、それにしても、この作用がときには数年間にわたってつづくこともある。

ある種の自然の生産物は、非常に特殊な土壌と位置を必要とするので、ある大国において、その生産に適しているすべての土地をもってしても、有効需要を満たすのに足りない
63 ことがあるかもしれない。その場合には、市場にもたらされるその全量が売りさばかれるのは、次のような人々にたいしてであろう。すなわち、それを生産した土地の地代を、それを調製し市場にもたらすのに用いられた労働の賃銀や資本《ストック》の利潤とともに、それらの自

然率にしたがって支払うに足りる以上のものを与えようという人々である。このような商品は、数世紀ものあいだずっとこの高い価格でひきつづき売られることであろう。そしてこの場合、その価格のなかで土地の地代になる部分が、一般にその自然率以上に支払われる価格部分である。このように、特異で珍重される生産物を産出する土地の地代は、たとえばフランスの地味と位置が特別恵まれているいくつかの葡萄園の地代のように、その近隣にある同じように肥沃《ひよく》で同じようによく耕作されている他の土地の地代と、なにも規則正しく比例するものではない。これに反して、このような商品を市場にもたらすのに用いられる労働の賃銀と資本《ストック》の利潤は、その近隣で他に用いられている労働の賃銀と資本《ストック》の利潤にたいして、その自然の比率を超えることは滅多にない。

市場価格がこのように高まるのは明らかに自然的原因の結果であって、この結果は、有効需要がつねに十分な供給を受けるのを妨げ、したがってその影響がいつまでも長く作用しつづけることもあるのである。

個人なり商事会社なりに与えられる独占は、商業や製造業の秘密と同じ効果をもつものである。独占者たちは、市場をいつも資本《ストック》不足にしておくことによって、すなわち有効需要を十分に満たさないことによって、自分たちの商品を自然価格よりずっと高く売り、かれらの利得を、それが賃銀であれ利潤であれ、その自然率以上に大きく引き上げようとするのである。

独占価格は、どんな場合にも、獲得できる最高の価格である。これと反対に、自然価格、すなわち自由競争価格は、なるほどどんな場合でもとはいえないが、かなりの期間にわたって得ることのできる最低価格である。前者は、どんな場合にも買手からしぼりとることのできる最高価格、すなわち買手がそれを与えることに同意すると思われる最高の価格である。後者は、売手がふつうに得ることができ、同時にかれらの事業を継続することのできる最低価格である。

同業組合《コーポレーション》〔1〕の排他的な特権や徒弟条例、〔2〕その他特定の職業において、競争を少数の者に
64 制限し、そうでなければそこに参加できる者を締めだすようなすべての法律は、程度は劣るが、右と同じ傾向をもっている。それらは一種の拡大された独占であって、しばしば数世代にわたって、いくつかの職業の全部門をつうじて、特定の商品の市場価格を自然価格以上に維持し、それらに用いられる労働の賃銀と資本《ストック》の利潤との双方を、自然率よりいくらか高く維持するものなのである。

市場価格のこのような高値維持は、それをひきおこす行政上の諸法規があるかぎりつづくことであろう。

どんな特定の商品でも、市場価格がその自然価格を長くいつまでも上回っているということはあっても、それをいつまでも長く下回るということはありえない。そのどの部分が自然率以下に支払われようと、それによって利害に影響を受ける人たちは、すぐさま損失

を感じて、土地、労働、または資本のどれかをすぐさまいまの用途から引き上げるであろう。その結果、市場にもたらされる数量は、有効需要をやっと満たすだけのものになるだろう。そこで、市場価格はまもなくその自然価格にまで上昇するだろう。これは少なくとも、完全な自由のあるところでは事実である。

右の徒弟条例やその他同業組合の諸規約があるために、なるほど職人は製造業が繁栄している場合には、その賃銀を自然率より大きく引き上げることができるが、製造業が衰退している場合には、賃銀を自然率以下に大きく引き下げざるをえない。これらの条例や規約などは、前者の場合には、その職人の従事する職業から多くの人を排除する。同様に後者の場合には、この職人が他の多くの職業につくことを排除する。けれども、そのような法規の効果としては、職人の賃銀を自然率以上に引き上げておくほうは持続性があるが、その率以下に引き下げておくほうは、それほどには持続性がない。これらの法規の作用は、前者の場合では、数世紀ものあいだ持続することもあろうが、後者の場合には、その製造業の繁栄期にそこで育成された幾人かの職人たちが生きているあいだしか持続しえないのである。かれらが死んでしまうと、そのあとでこの職業のために育成される人々の数は、自然に有効需要に適合することになるであろう。ある特定の職業で数世代にわたって労働の賃銀または資本《ストック》の利潤を自然率以下に引き下げておけるような行政は、たとえばインドや古代エジプトの行政のように、狂暴にならざるをえないのである（これらの国々では、各人は宗教上の教義によって父祖の職業を継がねばならず、もしかれがほかの職業に転じると、最もおそろしい瀆神《とくしん》の罪をおかすものと思われたのである）。

以上が、諸々の商品の市場価格が自然価格から、ときおり、または永続的に離れることにかんして、さしあたり述べておかなければならないと考えることがらである。

賃銀・利潤・地代の変動は社会の貧富と、社会の発展・停滞・衰退の状態如何にかかっている

65 自然価格そのものは、賃銀、利潤、地代というその構成部分のおのおのの自然率とともに変動する。そしてこの率が変動するのは、どんな社会においても社会の諸事情、すなわち社会の貧富、その進歩、停滞、衰退の状態に依存する。私は次の四つの章で、できるだけ詳細、明瞭《めいりょう》に、そうしたさまざまな変動の原因を明らかにすることにしよう。

第一に私は、賃銀率を自然に決定する事情とはいったいどんなものであるか、またそうした事情は、社会の貧富、その進歩、停滞、衰退の状態からどういうふうに影響を受けるか、ということを明らかにしよう。

第二に私は、利潤率を自然に決定する事情とはどんなものであるか、またそうした事情は、社会状態における右のような変動からどういうふうに影響を受けるか、ということも努めて明らかにしよう。

金銭的な賃銀と利潤は、労働と資本《ストック》の用途が違うと非常に異なるものであるけれども、

労働の種々な用途のすべてをつうじて金銭的賃銀のあいだには、また資本《ストック》のさまざまな用途をつうじて金銭的利潤のあいだには、ともに通例一定の比率が成り立っているように思われる。この比率は、のちに明らかになるように、ひとつにはさまざまな職業の性質によって左右され、またひとつには、それらが行なわれる社会の法律と政策の違いによっても左右される。しかし、この比率は、多くの点で法律と政策によって左右されるにしても、その社会の貧富、その進歩、停滞、衰退の状態からはほとんど影響を受けないで、そうした種々の状態のすべてをつうじて、同一またはほとんど同一のままであるようにみえる。そこで私は第三に、この比率を規制するさまざまな事情のすべてを明らかにしようと思う。最後に第四に、私は、土地の地代を規制する事情がどんなものであるのか、また土地から生産される種々な物質《サブスタンス》のすべての真の価格を引き上げたり引き下げたりする事情とはどんなものであるのか、ということを明らかにしよう。

〔1〕corporation　中世都市で営業する商工業の同業者が営業の安全を図るために結束して団体を作り、都市内におけるその職業の営業について排他的特権と独自の規律の制定権を公権力に認めてもらったものが元来の同職組合で同業組合とも表示される。それは法人格を有していた。こうした同職組合は、十二世紀ごろからまず都市内の商人と手工業者によって作られ、やがて都市にあるあらゆる職業に広がるとともに、組合

員は組合相互の連絡自治機関としてギルド・ホールを設けてかれらの利害を結集した。組合は、一方では特権や規律によって営業分野を組合員で独占するとともに、他方では、職人数の制限、製品の品質や販売方法の規制などを行なって組合員間の競争を阻止し、組合員たる親方たちの生業を守ることに努めた。なお本書第一篇第十章第二節を参照。

〔2〕statutes of apprenticeship　エリザベス一世治下の一五六三年に制定された「職人、日雇、農業奉公人および徒弟についての種々の命令にかんする条例」の略称で、職人条例とよばれることもある。中世以来の職人や徒弟にかんするさまざまの地方的慣行や規律を一元化して、画一的に法的規制を行なおうとしたもので、絶対王制期の中心的労働立法であるとともに、産業規制の一主柱でもあった。この条例は、親方となるためには最低七年の徒弟修業を義務づけ、二四歳未満のものは徒弟にとどまるべきことを定めた。また毛織物製造業などについては、親方が雇う徒弟と職人の人数等に厳しい条件を付し、商業については徒弟の親の資産状態や身分にまで一定の条件を要求した。こうして個々の親方が自由に経営を拡張することを妨げ、また業界への新規参入者を抑制して競争を防ぎ、産業活動を現状維持的に保つことが本条例のねらいであった。けれども、地域や業種によって差異はあるが、とくにギルド制を欠如した農村地域を中心に、この条例にたいする違法行為や脱法行為が横行し、十六世紀後半からスミスの時代にいたるいわゆるマニュファクチャー期における産業的中心地域では、

本条例の規制は次第に有名無実と化した。ところが、十八世紀も後半に入ると、自由競争のもとでマニュファクチャー経営に敗退して没落しつつある小生産者層が、死文化している本条例を盾に、大規模経営や競争を制限しようとして、議会などに働きかけるようになり、本条例はいわゆる小生産者的反動の法的拠り所と化した。こうしたなかで一八〇九年に本条例は毛織物工業について部分的に廃止され、一八一四年、ついに全面的に撤廃された。

第八章　労働の賃銀〔1〕について

土地の私有と資本の蓄積が始まると、生産者に帰属していた労働の全生産物のなかから、まず地代が、次いで利潤が控除されることになる

労働の生産物は、労働の自然的報酬すなわち自然的賃銀をかたちづくる。

土地の私有と資本《ストック》の蓄積に先行する事物の原始的状態にあっては、労働の全生産物は労働者に属していた。かれには、ともに分けあうべき地主も雇主《マスター》もいないのである。

もしこの状態がつづいたなら、労働の賃銀は、分業によって生じる生産力のすべての改善とともに増加したであろう。そしてすべての物はだんだんと安価になったであろう。それらは、より少ない量の労働で生産されたであろう。そして等しい量の労働によって生産された諸商品は、こういう状態のもとでは、とうぜん相互に交換されるであろうから、それらはまた、より少ない量の労働の生産物で購買されたであろう。

しかしながら、たとえすべての物が真に安くなったとしても、外見上、まえより高くな

ったものも少なくないかもしれない。つまり、より多量の他の財貨と交換されるものも少なくないかもしれない。たとえば、大多数の職業において労働の生産力が一〇倍に増進した、すなわち一日分の労働が、それがもともとやっていた仕事の一〇倍の量を生産できたと仮定しよう。他方、ある特定の職業では労働の生産力が二倍にしか増進しなかった、すなわち一日分の労働がまえにやっていた仕事の量の二倍しか生産できなかった、と仮定しよう。大多数の職業における一日分の労働の生産物を、この特定の職業における一日分の
67 労働の生産物と交換するにあたっては、前者におけるもとの仕事の量の一〇倍分は、後者におけるもとの仕事の量の二倍分しか購買しないことになるであろう。したがって、後者のある特定量、たとえば重量一封度《ポンド》のものは、まえよりも五倍ほど高価にみえるであろう。けれども実は、この一封度はまえの半値になっているはずである。なるほど、この一封度を購買するのに五倍量の他の財貨が必要になったとはいえ、それを購買するのにも生産するのにも、わずか半分の量の労働しか必要としないであろう。それゆえ、この同じ一封度の獲得はまえよりも二倍だけ容易になっているのである。

　しかし、物事のこうした原始的状態、すなわち、労働者が自分自身の労働の全生産物を享受した状態は、ひとたび土地の占有と資本《ストック》の蓄積がはじまると、いつまでもつづくわけにはゆかなくなる。そういうわけで、この原始的状態は、労働の生産力に最もいちじるしい改善が行なわれるずっと以前に、終りをつけていたのである。この状態が労働の報酬つ

まり賃銀にどのような影響を与えたかを、この点以上にさかのぼって追跡してみても無意味なことであろう。

土地が私有財産となるや、地主は、労働者がその土地から産出したり採集したりすることのできるほとんどすべての生産物について、その分け前を要求する。そこで地主の地代が、土地に使用される労働の生産物からの第一の控除分となるのである。

土地を耕す者が、収穫を刈りとるまで自分の生活を維持する手段をもっているということは、滅多にない。かれの生活維持費は一般に雇主《マスター》すなわちかれを雇用する農業者の資本《ストック》から前払されるのであって、その農業者は、この土地を耕す人の労働の生産物の分け前にあずかるのでないかぎり、いいかえると農業者自身の資本《ストック》が利潤とともに回収されるのでないかぎり、かれを雇用することになんの関心ももたないであろう。そこでこの利潤が、土地に投ぜられる労働の生産物からの第二の控除分になるのである。

ほとんどすべての他の労働の生産物も、同じような利潤の控除をまぬがれない。すべての工芸や製造業では、大部分の職人は、その仕事の原料とそれが完成されるまでの賃銀と生活維持費を前払してくれる親方を必要とする。親方は、職人たちの労働生産物の分け前、すなわち労働が投下される原料にその労働が付加する価値の分け前にあずかるのであって、この分け前こそ、かれの利潤なのである。

もっとも、一本立ちの自前の職人のうちには、自分の仕事の原料を自分で購入し、そし

てそれが完成するまで自分の生活を維持するのに十分な資本《ストック》を持っているようなものもい
68 る。かれは親方でもあり職人でもあって、自分自身の労働の全生産物を、いいかえると、労働が投下される原料にその労働が付加する全価値を享受するのである。それは、ふつう二人の異なった人物に属する二通りの異なった収入である資本の利潤と労働の賃銀とをふくんでいるのである。

けれども、このような場合はそれほどしばしばあるわけではなく、ヨーロッパのどこでも、一人の親方にたいして、彼に労働を提供する職人は二〇人であり、独立自前の職人一人という割合である。そしてまた、労働の賃銀というときは、労働者とかれを雇用する資本《ストック》の所有者とが別々の人物である普通の場合の賃銀を指す、とどこでも理解されている。

賃銀は親方と職人とのあいだの契約に依存し、職人はそのためにしばしば団結するが、親方の隠然たる団結のほうがはるかに有力である

労働の普通の賃銀は、どこでも、全く利害不一致の関係両当事者のあいだで通常結ばれる契約の如何《いかん》による。職人たちはできるだけ多くを得たいと望み、親方はできるだけ少なく与えようとする。前者は労働の賃銀を引き上げるために団結し、後者はそれを引き下げるために団結する傾向がある。

けれども、通常の場合に、両当事者のうちのどちらが、争議でかならず勝って相手を強制して自分の条件に服させるかということを予見するのはむずかしいことではない。親方たちは、その数が少ないからずっと容易に団結できるし、それに法律はその団結を公認し、少なくとも禁止してはいない。ところが、職人の団結のほうは禁止しているのである。[2] わが国には、労働の価格を引き下げるための団結を禁止する議会の法令はぜんぜんないが、それを引き上げるための団結を禁止する法令は数多くある。すべてのこうした争議にさいして、親方たちのほうがずっと長くもちこたえることができる。地主、農業者、親方製造業者、[3] 商人は、たとえ職人を一人も雇用しなくとも、既得の資本《ストック》によって一年や二年は生活できるのが普通である。ところが多くの職人は、仕事がなければ一週間とは生きてゆけないだろうし、一ヶ月暮せるものはごく少数で、一ヶ年となると、まずまったくないといってよい。長い期間をとってみると、ちょうど親方が職人にとって必要であるように、職人は親方にとって必要であろうが、しかしその必要の度合は、職人にとっての必要の度合ほどにさしせまったものではないのである。

職人の団結ということはよく耳にするけれども、親方の団結については滅多に聞かない、といわれている。だが、そうであるからといって、親方たちは滅多に団結しないなどと考える人があれば、その人はこの問題に無知なのはもちろん、世間知らずというものである。親方たちは、いつどこにあっても、一種暗黙の、しかし不断の、統一的な団結をむすんで、労働の賃銀を現在の率以上に高くしないようにしている。この団結をやぶることは、どこ

でも、最も不評な行動の一つであって、親方にとっては近隣や同輩のあいだで一種の不名
69 誉となるのである。たしかにわれわれは、こういう団結については滅多に耳にしないが、
そのわけは、だれも耳にすることがないほど、それがものごとの通常の状態、いうなれば
自然の状態だからである。親方たちは、ときとして労働の賃銀をこの現在の率以下にさえ
引き下げようとして特定の団結をむすぶことがある。こうした団結は、その実行の瞬間ま
で極度の沈黙と秘密のうちにことが運ばれるのが普通である。よくあることだが、職人た
ちが無抵抗で屈伏する場合には、かれらこそこうした団結の存在を深刻に感じるけれど、
かれら以外の人々の耳にはその団結の話はけっしてはいらないのである。しかしながら、
そのような団結は、しばしば労働者たちから、それと対立する防衛的な団結によって抵抗
をうけることがある。すなわち職人たちも、ときとして、この種の挑発がぜんぜんなくて
も、自分たちの労働の価格を引き上げるために自発的に団結することがある。職人たちが
ふつう主張するのは、あるときは食料品が高価であるとか、あるときは親方たちが職人た
ちの仕事によって儲《もう》ける利潤が大きすぎるとか、などということである。ところが職人た
ちの団結は、それが攻撃的であろうと防衛的であろうと、つねに頻繁《ひんぱん》に人々の耳にはいり
やすい。職人たちは、争点を迅速な解決にもちこむために声高くさわぎたてるような手段
に訴えるのがつねであり、ときにはたいへんショッキングな暴力や不法行為に訴えること
もある。かれらは絶望的になり、絶望的な人間の愚かさと無謀さをもって行動し、自分た

ちが餓死するか、さもなければ親方たちをふるえあがらせて、自分たちの要求に即刻に服従させるかせずにはおかないのである。こうした場合には、親方たちも、相手側にたいして同じようにさわぎたてるのであって、官憲の援助を声高くもとめ、また使用人、労働者、職人《ジャーニーマン》の団結をきびしくとりしまるために制定されている法律を厳格に適用するように、声高くもとめてやまないのである。したがって、職人たちがこのような騒然とした団結の暴力からなにかの利益を引き出すことは、ごくまれである。このような団結は、一つには官憲の干渉のために、一つには親方たちがいっそう頑強に方針をまげないために、また一つには、大多数の職人が目前の生活に追われて余儀なく屈伏してしまうということのために、指導者たちの処罰または破滅のほかにはなに一つ得ることもなしに終るのが普通である。

賃銀にはそれ以下には引き下げえない一定の率があり、それは労働者家族の生活維持に足りるものでなければならない

だが、親方たちは職人たちとの争議においては一般に勝つにちがいないが、しかし賃銀には一定の率があって、最低の種類の労働についてさえ、通常の賃銀をかなりの期間この率以下に引き下げておくことは不可能なように思われる。

人間はつねに働いて生きてゆかねばならないし、かれの賃銀は少なくともかれの生活を維持するに足りるものでなければならない。いや、たいていの場合、賃銀はこれよりいくぶん多くさえなければならない。そうでないと、家族の扶養ということが労働者にとって70不可能となり、職人たちの家族は一代かぎりになってしまうだろうからである。こうした理由からカンティヨン氏〔一六八〇～一七三四。アイルランド生れの銀行家、経済学者〕は、最下層の労働者《コモン・レーバラーズ》でも、平均して二人の子供を育てるためには、自分自身の生活維持費の少なくとも二倍はどこへ行っても稼ぎださねばならない、と考えている。この場合、妻の労働は、子供たちを世話する必要があるために、やっと彼女自身を扶養するに足りるだけだと想定されている。ところが、生れた子供の半数は成年に達するまでに死亡するものと推定されている。したがってこの計算によれば、最も貧しい労働者でも、二人の子供がともに成年まで生きてゆけるためには、平均して少なくとも四人の子供を育てようと覚悟しなければならない。しかし、四人の子供の生活維持費は一人の成年のそれにほぼ匹敵するだろうと考えられている。この著者はこれに付言して、強健な一人の奴隷の労働はその生活維持費の二倍に値すると計算されると述べ、また、最も卑しい労働者の労働でも一人の強健な奴隷の労働に値しないはずはないと考えているのである。そういうわけで、最低種類の労働《コモン・レーバー》の場合でさえ、一家族を扶養するためには、夫と妻の労働をいっしょにして、かれら自身の生活の維持に正確に必要なものよりもいくらか多くを稼がなければならないということは、少なくともたしかなことのように思われる。けれども、このいくらかということがどれだけの割合なのか、すなわち前述の割合なのか、それとも他のある割合なのか、私は、それをあえて定めることはしないことにしよう。

賃銀の高さが右の率をかなり上回るのは、労働にたいする需要が増進する場合、つまり国富の増加する場合である

とはいえ、ある一定の事情があって、それがときとして労働者に有利にはたらき、かれらが自分たちの賃銀をこの率以上に、すなわち明らかに普通の人道にかなった最低の率以上にかなり高く引き上げることを可能にすることがある。

どんな国においても、あらゆる種類の労働者・職人《ジャーニーマン》・使用人など、賃銀によって生活する人々にたいする需要がたえず増加している場合には、すなわち、来る年来る年がその前年に雇用されたよりも多数の人々に仕事が提供されるような場合には、職人たちは自分たちの賃銀を引き上げるために団結する必要はない。人手の不足は親方たちのあいだに競争をひきおこす。親方たちは職人を獲得するために相互にせりあい、そしてその結果、賃銀を引き上げまいとする自分たちの自然の団結を自発的に破ってしまうのである。

賃銀によって生活する人々にたいする需要は、いうまでもなく、賃銀の支払にあてられ
71 る基金《ファンド》の増加に比例するよりほかには増加しようがない。こうした基金には二種類あって、第一は、親方の生活維持に必要な部分を超える収入であり、第二は、親方の業務に必要な部分を超える資本《ストック》である。

地主や年金受領者や金持ちが、自分の家族を扶養するに足りると判断するよりもより多

くの収入を得ている場合には、かれはこの余剰の全部または一部を、一人または数人の下働きの使用人を維持するのに用いる。この余剰が増加すれば、かれはそうした使用人の数を自然にふやすであろう。

織布工や靴屋のような自前の職人が、自分自身の製品の原料を購入し、その製品を売りさばくことができるまで自分の生活を維持するのに十分である以上の資本《ストック》を獲得した場合には、その製品で利潤をあげるために、かれは自然にこの余剰で一人または数人の職人《ジャーニーマン》を雇用する。この余剰が増加すれば、かれは自分の職人《ジャーニーマン》の数を自然にふやすであろう。

したがって、賃銀で生活する人々にたいする需要は、あらゆる国の収入と資本《ストック》が増加するにつれて必然的に増加するのであって、それなしにはとうてい増加しえない。収入と資本《ストック》の増加は国民の富の増加である。それゆえ、賃銀で生活する人々にたいする需要は、国民の富が増加するにつれて自然に増加するのであって、それなしにはとうてい増加しえないのである。

賃銀が上昇するのは、富の既存の大きさ如何ではなく、富が恒常的に増加している場合であることは、北アメリカの実情の示すとおりである

労働の賃銀の上昇をもたらすのは、国民の富の現実の大きさ如何ではなくて、富の恒常的な増加である。だから労働の賃銀は、最も富裕な国々においてではなく、最も繁栄しつつある国々、いいかえると、最も急速に富裕となりつつある国々において最高となる。イングランドはたしかに、現在では、北アメリカのどの地方よりも大いに富裕な国である。けれども労働の賃銀は、北アメリカのほうがイングランドのどの地方とくらべても、大いに高い。ニューヨーク州では、普通の労働者《コモン・レーバラーズ》は、一日に同地の通貨で三シリング六ペンス、すなわちイングランド正貨二シリングに等しいものを稼ぐ。[1] 船大工は、通貨で一〇シリン
72 グ六ペンスと、別にイングランド正貨六ペンスに値するラム酒一パイント、すなわち全部でイングランド正貨六シリング六ペンスに等しいものを稼ぐ。家大工と煉瓦《れんが》積み工は、通貨で八シリング、すなわちイングランド正貨四シリング六ペンスに等しいものを稼ぐ。また仕立職人は、通貨で五シリング、すなわちイングランド正貨約二シリング一〇ペンスに等しいものを稼ぐのである。これらの価格はすべてロンドンの価格を上回り、賃銀は他の植民地でもニューヨークと同じように高い、という話である。食料品の価格は、北アメリカではどこでもイングランドにくらべてはるかに低い。そこでは、食糧の払底などは問題になったことがない。最も不作の時期でも、北アメリカの人々は自分たちに必要なものは十分に供給されており、ただ輸出向けの分が減るだけのことである。だから、もし労働の貨幣価格が母国のどこよりも高いならば、労働の真の価格、すなわち、それが労働者にもたらす生活必需品と便益品にたいする真の支配力は、なおいっそう大きい割合で高いにち

がいない。

だが北アメリカは、まだイングランドほど富裕ではないにしても、それよりはるかに繁栄しているし、また富の獲得をめざして、はるかに急速に発展しつつある。どんな国でも、その繁栄の最も決定的な指標はその住民数の増加である。大ブリテンと他のたいていのヨーロッパ諸国では、住民数が五〇〇年以内に二倍になるとは考えられない。ところが北アメリカの大ブリテン植民地では、住民は二〇年ないし二五年のうちに二倍になる、ということが明らかにされている。現在でも、こうした増加は、新しい住民がたえず流入することに主としてもとづくものではなく、その地の人口の大きい増殖にもとづくものである。同地では老年まで生きている人々は、自分の身体から生れてきた五〇人ないし一〇〇人、ときにはそれ以上にものぼる子孫を生存中に見ることがしばしばある、といわれている。そこでは、労働の報酬がたいへんよいために、子供が多いということは親たちにとって重荷であるどころか、富裕と繁栄の源なのである。両親の家を離れるまでの子供たち各自の労働は、両親にとって一〇〇ポンドの純利得に値する、と推定されている。四、五人の幼児をかかえた若い未亡人は、ヨーロッパの中流ないし下層の階級の人々のあいだでは、再婚の機会にはほとんど恵まれないけれども、北アメリカでは一種の財産として求婚されることがしばしばある。子供たちの価値は、結婚へのすべての誘因のなかで最大のものであ
73
る。それゆえ、北アメリカの人々が一般に非常に若年で結婚するのも不思議ではない。そ

北アメリカでは、そのような早婚によってひきおこされる住民の大きな増加にもかかわらず、人手不足についての不満が絶えないのである。そこでは労働者にたいする需要、すなわちかれらの維持にあてられる基金《ファンド》のほうが、雇用されるべき労働者よりもすみやかに増大しているようにみえる。

現在どれほど富んでいても、シナのように停滞的状態にある国では、賃銀は高くなる見込みはない

たとえ国の富がたいへん大きくても、その国が長いあいだ停滞的状態にあるなら、そこでの労働の賃銀が非常に高いと思ってはならない。賃銀の支払にあてられる基金《ファンド》、すなわち住民の収入と資本《ストック》は、最大の規模に達することがあっても、もしそれらが数世紀にわたって同一、またはほとんど同一の規模のままであるとするなら、毎年雇用される労働者の数は、次の年に必要とされる労働者数を容易に充足するだろうし、また充足してあまりあるものとさえなるだろう。そこでは、人手の不足などは滅多にありえないだろうし、また親方たちが労働者を獲得するためにたがいに競争して奪い合いをしなければならないようなこともないだろう。むしろ反対に、人手は自然にその雇用以上に増大するであろう。そこではつねに雇用の不足があり、労働者たちは仕事を手にするために、たがいに競争して奪い合いをしなければならないだろう。このような国では、たとえ労働の賃銀が、労働者を維持し、かれが家族を扶養しうるに十分な額以上であったにしても、労働者たちの競争

と親方たちの利害関係とによって、賃銀はまもなく、普通の人間性を無視しない程度の最低の率にまで引き下げられるであろう。シナは、長いあいだ世界で最も富んだ、すなわち最も肥沃《ひよく》で、最もよく耕作され、最も勤勉で、そして最も人口の多い国の一つであった。けれども、この国は長いあいだ停滞的状態にあったようだ。五〇〇年以上もまえに〔一二七五年〕シナを訪れたマルコ・ポーロ〔Marco Polo 一二五四～一三二四。イタリーの旅行家、『東方見聞録』の著者〕はこの国の耕作、産業、人口の稠密《ちゅうみつ》さについて記述しているが、それは今日の旅行者たちが記述しているところとほとんど同じである。おそらくシナは、かれが訪れたときよりはるか以前ですら、この国の法律と制度の性質上からして、獲得可能な富の全量を獲得しつくしていたのであろう。すべての旅行者の説明は、他の多くの点では矛盾しているが、シナにおける労働の低賃銀と労働者が家族を養うことの困難さとについては、一致している。シナの労働者は、土地を一日中掘りかえして、夕方に少量の米を買えるだけのものを手にすることができるなら、それで満足なのである。手工業者たちの状態は、おそらくもっと悪いだろう。ヨーロッパの場合のように、かれらは、仕事場でじっとして顧客の声のかかるのを待つという[74]のではなく、各自の仕事の道具をかかえて、たえず街頭を走りまわってサーヴィスを提供する。いわば仕事を乞い求めているのである。シナの下層階級の人々の貧しさは、ヨーロッパでの最貧国民よりもはるかにひどい。よくいわれることだが、広東《カントン》周辺では、数百数千の家族が陸に住むべき家がなくて、川や水路に浮かぶ小さい漁船のなかで、いつも生活している。かれらがそこで手にいれる生活の糧《かて》はたいへん乏しくて、ヨーロッパ船から投げすてられる最もきたならしい廃棄物を懸命に拾いあげるほどである。どんな腐肉でも、たとえば犬や猫の死体がなかば腐敗して悪臭を放っていても、かれらはそれを、他の国民が最も健康によい食物を歓迎するのと同じように歓迎するのである。シナで結婚が盛んに行なわれるのは、子供をもつことが利益になるからではなくて、子供を殺すことが自由だということのためである。どの大都市でも、毎晩のように数人の子供が路上に遺棄されたり、小犬のように水中にほうりこまれ溺死《できし》させられたりする。そしてこのようなおそるべき役目が公然の職業として行なわれていて、それによってある人々は生活の資をかせいでいる、とさえいわれているのである。

ところで、シナは、たとえ停滞しているかもしれないにしても、衰退している国のようには見えない。この国の都市はどこでも住民から見すてられてはいない。かつて耕作された土地は、どこも放棄されてはいない。それゆえ、同一またはほぼ同一の年々の労働がひきつづき投下されているにちがいない。したがって、その労働の維持にあてられる基金は、目立つほど減少はしていないにちがいない。だから、最下層階級の労働者たちは、自分たちの生活資料が乏しいにもかかわらず、あれこれやりくりして、かれらの平常の人数を維持する程度にその種族を存続させているにちがいないのである。

イングランドの東インド植民地のように、労働維持の基金が急減しつつあるところでは、賃銀は生活の最低水準にまで引き下げられる

だが、労働の維持にあてられる基金《ファンド》が目立って減退しつつある国では、事情は異なるで
75 あろう。そういう国では、使用人や労働者にたいする毎年の需要は、すべての職業を通じてその前年よりも少なくなるだろう。高級な種類の職業を仕込まれた多くの人たちは、自分たち本来の業務では雇用を見出すことができなくなって、最下層のなかでも雇用の道をよろこんでさがすようになるであろう。この最下層の種類の職業も、それに属する職人で供給過剰となっているばかりか、他のすべての種類の職業からあふれでてきた職人で供給過剰になっているのだから、雇用をもとめる競争は、そこでは非常にはげしくなり、その結果、労働の賃銀は、労働者の最もみじめで乏しい生存水準にまで引き下げられるであろう。多くの人々は、こういうひどい条件でさえも雇用を見出すことができなくて、餓死するか、さもなければ乞食《こじき》をするなり、おそらくは最大の非行をしでかすなりして、生存の道を求めざるをえなくなるであろう。困窮、飢餓、死亡がたちまちのうちにその階級のなかにひろがり、そしてそこから上流の階級全部にまで波及して、そのあげく、その国の住民数は、そこに残った収入と資本《ストック》によってやっと維持される程度にまで減少してしまうであろう。この残った収入と資本《ストック》たるや、それ以外の収入と資本《ストック》を破壊させた圧政や災難か

らまぬがれたものである。おそらく、東インドのベンガルその他のイングランド植民地の現状はこれに近いものであろう。従来の人口が激減したため、生活があまり困難ではないはずなのに、なおも一年に三〇万も四〇万もの人々が餓死するといったような国があるとすれば、そこでは労働貧民の維持にあてられる基金は急速に減退しつつある、と確信してよい。北アメリカを保護し統治する大ブリテンの政治機構の精神と、東インドで抑圧と圧政をほしいままにしている商事会社の精神との相違を最も雄弁に物語るものは、これらの国々の国情の相違であろう。[4]

それゆえ労働の報酬がよいということは、国民の富が増大していることの必然的結果でもあれば、同時にその自然的徴候でもある。他方、労働貧民の生計が乏しいということは、事態が停滞していることの自然的徴候であり、また労働貧民が餓死的状態にあるということは、事態が急速に衰退に向っていることの自然的徴候なのである。

大ブリテンでは賃銀水準が最低率を上回っていると考えられるが、それにはいくつかの理由があげられる

大ブリテンにおける労働の賃銀は、現在では、労働者がその家族を養えるのにちょうど必要な大きさを明らかに上回っているようにみえる。この点を明らかにするためには、労働者が家族を養うことが可能となる最低額如何について、なにもくだくだしい、またはいい加減な計算にまで立ち入る必要はないであろう。この国では労働の賃銀が普通の人道に

かろうじてかなっている程度の低さのところはどこにもない、ということの明白な徴候がたくさんある。

76 第一に、大ブリテンのほとんどすべての地方で、夏期の賃銀と冬期の賃銀とが、最低種類の労働においてさえ区別されている。夏期の賃銀はつねに最高である。しかし冬期は燃料費が法外にかさむために、家族の生活維持費は冬がいちばん多くかかる。そういうわけで賃銀は、この経費が最低のときに最高なのであるから、賃銀は必要生活費の大きさによって規制されないで、仕事の分量とその推定価値によって定まることは明らかだと思われる。労働者は冬の経費をまかなうために夏の賃銀の一部を貯蓄すべきであるとか、賃銀は一年全体をつうじてみると労働者の家族をまる一年維持するのにちょうど必要な額であるとか、とたしかにいうことができる。けれども、奴隷や、または直接の生計を絶対的にわれわれにあおいでいる人間については、その日々の生計は、その日その日の必要に比例して与えられるのだから、このようにいうわけにはいかないだろう。

第二に、労働の賃銀は、大ブリテンでは、食料品の価格とともに変動することはない。食料品の価格はどこでも、年々変動し、また月々に変動する場合も多い。しかし、労働の貨幣価格が、ときには半世紀にわたってずっと同じままであるというところも少なくないのである。だから、もしこれらのところで労働貧民が、食料品の高い年にその家族を維持できるなら、食料品がかなり豊富なときにはらくに生活できるにちがいないし、食料品が異常に安いときには豊かに生活できるにちがいない。最近一〇年間の食料品の高価格は、この王国の多くの地方では、労働の貨幣価格のどんな目立った上昇をもともなわなかった。ある地方では、たしかにそれをともなったこともあったが、たぶんこれは、食料品価格の増大よりも労働需要の増大によるほうがずっと大きかったであろう。

　第三に、食料品の価格は労働の賃銀にくらべて、年々の変動がいっそう大きいが、一方、労働の賃銀は食料品価格にくらべて、場所による変動がいっそう大きい。パンと食肉の価格は、連合王国の大部分にわたって同一またはほぼ同一なのが普通である。パンや食肉などたいていのものは小売で売られ、また労働貧民もこの方法ですべてのものを買っているが、こうしたパンや食肉などたいていのものは、大都市でも、この国の遠隔の地方とまったく同様に安価か、またはより安価であって、その理由についてはあとで説明するつもりである〔第一篇第十章「小売商の外見上の……」の小見出し参照〕。だが、大都市とその周辺での労働の賃銀は、そこから数マイル離れたところにくらべて、四分の一ないし五分の一、すなわち二割ないし二割五分高いことがよくある。一日一八ペンスというのが、ロンドンとその周辺での労働の普通の
77 価格とみなしてよかろう。数マイル離れると、それは一四または一五ペンスに下る。一〇ペンスというのが、エディンバラとその周辺でのその価格とみなしてよい。だがそこから数マイル離れると、それは八ペンスに下り、これがスコットランドの低地地方《ロウ・カントリー》〔スコットランド中央低地帯を指し、スコットランド経済の中心をなす地域〕の大部分をつうじての、普通の労働《コモン・レーバー》の通常価格であって、この低地

地方では、イングランドにくらべて場所による差異がはるかに少ない。これだけの価格の差異では、人間をかならずしも一教区から他の教区に移すに足りるものとは思われないが、もし商品にこれだけの価格の差異があるなら、いちばんかさばったものでも一教区から他の教区へ、それればかりかこの王国の一つの端から他の端へ、世界の一つの端から他の端へと、かならず大きい輸送が生じるはずであって、そうした輸送によって、価格の差異は一つの水準へとならされることになるだろう。人間の本性が軽薄で無節操だということについていろいろといわれているが、人間という荷物は、あらゆるもののなかでいちばん輸送が困難だということが経験上明白である。だから、もし労働貧民が、この王国のなかの、労働の価格が最低である地方で自分たちの家族を養うことができるなら、労働の価格が最高の地方では豊かな生活ができるにちがいない。

第四に、労働の価格の変動は、場所的にも時間的にも、食料品価格の変動と一致しないだけでなく、まったく反対の場合がしばしばある。

庶民の食物である穀類は、イングランドにくらべてスコットランドのほうが高価であって、スコットランドはイングランドから、ほとんど毎年、大量の供給を受けている。ところが、イングランド産の穀物は、その移入国のスコットランドでのほうがその移出国のイングランドよりも高く売られるはずであるのに、スコットランドでは、これと競争して同じ市場にあらわれるスコットランド産の穀物よりも、品質のわりには高価に売れないので

ある。穀類の質のよしあしは、それを製粉所でひいて出る粉やひきわりの歩どまりの大き
さに主として依存するのであって、この点ではイングランド産の穀類はスコットランド産
のそれよりもはるかに優っている。それゆえイングランド産の穀類は、たとえ見かけ上は、
すなわち容積のわりにはスコットランド産よりも高価なことがしばしばあっても、実際上
は、すなわち品質のわりには、いや重さのわりにも、スコットランド産よりも一般に安価
なのである。これに反して労働の価格は、スコットランドにくらべてイングランドのほう
がより高い。したがって、もし労働貧民が、連合王国の一地方であるスコットランドで自
分たちの家族を養うことができるなら、かれらは他の地方では豊かに生活できるにちがい
ないのである。たしかに、スコットランドの庶民には、オートミール〔燕麦（カラスムギ）を原料とする〕
がかれらの食物の主要で最上のものとなっているが、これは一般に、かれらの隣人である
イングランドの同一階級の食物にくらべるとはるかに劣っている。けれども、生活様式上
のこの差異は、かれらの賃銀上の差異の原因ではなくて、この賃銀上の差異の結果である
のに、人は奇妙に誤解して、生活様式の差異が原因になっているのだといっているのを私
78 はしばしば耳にしたことがある。ある人が四輪馬車をもっているので富み、その隣人は徒
歩で出歩くので貧乏だということではない。そうではなくて、一方は富んでいるから四輪
馬車を乗りまわし、他方は貧乏だから徒歩で出歩くのである。〔5〕

前世紀にくらべて、今世紀にはいると生活の必需品・便益品は安価になり、労働の価格も上昇したので、賃銀の実質価値は高まった

連合王国の両地方〔イングランドとスコットランドを指す〕では、穀類の価格は、年々を平均してみると、前世紀のほうが今世紀よりも高かった。これは、今日ではまぎれもない事実であって、その実証は、おそらくイングランドよりも、やはりスコットランドについてのほうがいっそう的確である。スコットランドでは、公定穀価という証拠によって実証できる。この公定穀価は、スコットランドのさまざまな州の、さまざまな種類の穀類のすべてについて、市場の実情にしたがい、宣誓にもとづいてなされた年々の評価にほかならない。そうした直接の証拠に、なにか傍証が確認上必要だということがあるなら、私は、このことが同じようにフランスでも、おそらくはヨーロッパの他の多くの地方でも事実であった、と述べたい。フランスにかんしては、最も明白な証拠がある。だが、連合王国の両地方で、たとえ穀類の価格は前世紀のほうが今世紀よりたしかにいくらか高かったにしても、同様にたしかなことは、労働がはるかに安価であったということである。それゆえ、もし労働貧民がその当時かれらの家族を養うことができたなら、現在ではかれらは、はるかに安楽に暮せるにちがいない。前世紀には、スコットランドの大部分にわたって、ごく普通の労働の一日の賃銀は夏に六ペンス、冬に五ペンスであった。これとほぼ同一の価格である週三シリング

が、いまでもハイランド地方や西部諸島〔スコットランド北西部沖のヘブリディーズ列島〕のある場所でひきつづき支払われている。低地地方《ロウ・カントリー》の大部分にわたって、普通の労働の通常の賃銀は現在では一日八ペンスである。だが、エディンバラ付近では一日一〇ペンス、ときには一シリングである。イングランドとの境界にある諸州でも、おそらくエディンバラに近いせいか、同じく一日一〇ペンス、ときには一シリングであり、また労働にたいする需要が最近いちじるしく高まってきた他の少数の地方、すなわちグラスゴウ、カーロン、エアシャーなどの付近でも、これと同様である。イングランドにおいては農業、製造業、商業がスコットランドにくらべてずっと早くから発達しはじめた。労働にたいする需要、またしたがって労働の価格は、必然的に、そうした進歩発達とともに高まったにちがいない。それゆえ前世紀には、今世紀と同じく労働の賃銀はスコットランドよりもイングランドのほうが高かった。その当時からすると、今日では労働の賃銀もかなり上昇しているが、ただし、イングランドで支払われる賃銀は、場所によって多様性が大きいために、どれだけ上昇したかを確認するのは相当に困難である。一六一四年には、歩兵一人の給料は現在と同様に一日八ペンスであっ
79 た。それが最初に定められたときは、当然のことながら、歩兵が広く募集される階級の人々、すなわち普通の労働者《コモン・レーバラーズ》の、通常の賃銀を標準にして定めたものであろう。チャールズ二世〔在位一六四九～八五〕の時代に書物を著わした高等法院長ヘイルズは、六人家族、つまり夫婦といくらか仕事のできる子供二人となにもできない子供二人とによって構成される労働

者家族の必要経費を、週に一〇シリング、すなわち年に二六ポンドと推計している。もしもかれらが自分たちの労働でこれだけ稼げない場合は、かれらは乞食をするか盗みをするかして不足分をなんとかしなければならない、とヘイルズは考えている。かれは、この問題をたいへん注意ぶかく研究したようである。[2] ダヴェナント博士[6]によって、その政治算術についての技《わざ》を激賞されたグレゴリー・キング氏〔Gregory King 1648-1712. イングランドの統計学者、系譜紋章学者〕は一六八八年に、労働者および通い使用人の通常の所得を、平均して家族構成三人半と想定した一家族について、年に一五ポンドと推計した。それゆえ、かれの計算は、ヘイルズ判事のそれと、一見ちがうようにみえても、根本においてはほとんど合致している。両者とも、そのような家族の週経費を一人あたり約二〇ペンスと想定しているからである。このような家族の金銭的所得も経費も、その当時からずっと、王国の大部分をつうじてかなり増加してきた。おそらく現在の労働賃銀にかんする三、四の誇張した報告が最近公表した程度に大きく増加したところはほとんどどこにもないだろうが、とにかく場所によって多少の差はあれ、増加したことはたしかである。注意しなければならないのは、労働の価格は、どんなところでも正確にたしかめることはできないのであって、同一の場所で同一種類の労働にたいして支払われる価格は、職人たちの能力の差異ばかりか、親方たちが寛大か苛酷《かこく》かによっても、しばしばちがってくるということである。賃銀が法律によって規定されないところでは、われわれがかりそめにも決定できるといえるのは、最も通常の賃銀はいったいどれほどかということだけである。経験の示すところによると、法律はしばしばこれを決定しようと試みたが、けっして適切にそれを規制することはできなかったように思われる。

労働の実質上の報酬、すなわち労働によって労働者が獲得できる生活の必需品および便益品の現実の量は、現在の世紀をつうじて、おそらくその貨幣価格よりもいっそう大きい割合で増加しているだろう。穀類がいくらか安くなったばかりでなく、労働貧民たちが、
80 おいしくて健康によい各種の食物を作る穀類以外の多くの生産物も、大いに安くなった。たとえば馬鈴薯《ばれいしょ》は、現在ではわが王国の大部分で、三、四〇年前の価格の半分もしない。同じことが、かぶ、人参《にんじん》、キャベツについてもいえるのであって、それらは以前には手鍬《てくわ》でしか栽培されなかったのであるが、いまではふつう馬鍬《まぐわ》で栽培されている。すべての種類の野菜類もまた安くなっている。大ブリテンで消費されるりんごや玉葱《たまねぎ》でさえ、その大部分は前世紀にはフランダースから輸入されていた。比較的粗い亜麻布や毛織物の製造は大いに改善されて、労働者たちは、より安価で良質の衣服を供給されるようになっている。また卑金属の製造も大いに改善されて、労働者は、多くの快適で便利な家庭用器具はもとより、いっそう安価で良質の職業用具をも供給されるようになっている。もっとも石鹸《せっけん》、塩、ろうそく、なめし皮、醸造酒は、主としてそれらに課された税のためにたいへん高くなっている。しかしこの品物のうち、労働貧民がどうしても消費しなければならない必要

量はきわめてわずかであるから、これらの価格の騰貴が他の非常に多くのものの価格の下落を相殺するようなことはない。贅沢《ぜいたく》が最下層の人々にまで広がっているとか、いまでは労働貧民たちは昔かれらが満足していたのと同じ衣食住ではもはや満足しないだろうとか、というよく聞く不平は、労働の貨幣価格ばかりでなく、労働の実質上の報酬も増加したのだということを、われわれに確信させるのである。

――下層の人々の生活条件の改善は、社会にとって好ましいことである――

下層の人々の生活条件がこのように改善されたことは、社会にとって利益とみるべきか、それとも不都合とみるべきか。答えは一目瞭然《りょうぜん》である。さまざまな種類の使用人、労働者、職人は、すべての巨大な政治社会の圧倒的大部分を構成している。この大部分の者の生活条件を改善することが、その全体にとって不都合とみなされるはずはけっしてない。どんな社会も、その成員の圧倒的大部分が貧しくみじめであるとき、その社会が隆盛で幸福であろうはずはけっしてない。それに、人民全体を食べさせ、着させ、住まわせるこれらの人々が、自分自身もかなり十分に食べたり、着たり、住んだりするだけの、自分自身の労働の生産物の分け前にあずかるのは、まったく公正なことなのである。

貧困は、たしかに結婚への意欲をくじくけれど、かならずしもそれを妨げはしない。そ
81 れは、出産にとって好都合でさえあるかにみえる。ハイランドのなかば飢えている婦人は、

しばしば二〇人以上の子供を産むことがあるが、これと反対に衣食足りている貴婦人は、しばしば一人の子供も産めないことがあるし、ふつうは二人か三人で力がつきてしまう。不妊は、上流婦人のあいだでは広くみられるが、下層階級の婦人のあいだでは、きわめてまれである。女性の贅沢は、おそらく享楽への心の高まりをかき立てるだろうが、それと同時に出産能力をつねに弱め、しばしばそれをまったくなくしてしまうように思われる。

しかし貧困は、たとえ出産を妨げないにしても、子供たちの養育にはすこぶる不都合である。ひ弱な植物は、非常に寒冷な土壌や非常にきびしい気候では、芽ばえはしても、まもなく枯死してしまう。私がよく聞く話であるが、スコットランドのハイランド地方では、一人の母親で二〇人もの子供が生れても、そのうちの二人とは生きていない、ということも、珍しくはないそうである。経験に富んだ数人の将校が私に確言したところでは、かれらの連隊の兵士たちの子供の全部をあてても、連隊を補充できるどころか、鼓手や笛手を連隊に供給することすらできなかったという。兵営付近ほど元気のよい子供たちがおおぜいいるところはあまりないのだが、それらの子供のうちでもごく少数の者しか、一三、四歳まで生きられないらしい。ある地方では、生れた子供の半分が四歳になるまでに死に、多くの地方では七歳になるまでに、またたいていの地方では九歳か一〇歳になるまえに死んでしまうようである。こうした高い死亡率は、主として庶民の子供たちのあいだでいたるところに見出される。そうした庶民は、もっとよい地位の人たちがするのと同じ程度の配慮で子供たちの面倒をみる余裕がないのである。庶民の結婚は、上流の人々の結婚よりも多産的であるのが普通であるが、成年に達する割合では、庶民の子供たちのほうがいっそう小さい。孤児の養育院や、教区の慈善事業で養育された子供たちのあいだでは、死亡率は、庶民の子供たちの場合よりもさらに大きいのである。

あらゆる種類の動物は、その生活資料に比例して自然に増殖する。そして、どんな種類の動物も、これを超えて増殖することはできない。だが、人類の文明社会では、生活資料の乏しさが人間種族の増殖に限界を設定しうるのは、低い階層の人々のあいだだけのことであって、しかもそういうことができるのは、かれらの多産的な結婚から生れる子供の大部分を死亡させるという方法以外にはないのである。

労働の報酬が豊かだと、人口の増殖を刺激するとともに庶民の勤勉をも増進させる

労働に豊かな報酬が支払われると、低い階層の人々は子供たちによい衣食を与えることができ、その結果、多数の子供を育てることができるようになるから、増殖にたいする限界は自然に広げられ、また引き伸ばされるようになる。この場合、この豊かな報酬は、労働にたいする需要が必要とする程度に対応して増殖にたいする限界を拡大していくものだ、[82]ということもここで指摘しておくに値する。もしも、こうした需要がたえず増加するならば、労働の報酬は必然的に労働者の結婚と増殖を刺激して、たえず増大する需要を、たえ

ず増大する人口によって満たすことができるようになるにちがいない。もし報酬が、この目的に必要な大きさよりも少なければ、かならずや人手の不足はまもなく報酬を引き上げるであろうし、また労働の報酬が右の大きさよりも多ければ、かれらの過度の増殖はかならずやまもなく、報酬をその必要な率にまで引き下げるであろう。市場は一方の場合には、労働がそれだけ供給不足であり、他方の場合にはそれだけ供給過剰であって、この過不足は、社会の事情が必要としている適当な率にまで、労働の価格をまもなくひきもどすであろう。このような仕方で、人間にたいする需要は、他のすべての商品にたいする需要と同じように、人間の生産を必然的に左右する。すなわち、それがあまりに緩慢に進む場合にはこれを速め、またそれがあまりに迅速な場合には、これを停止させるのである。世界のすべての国々において、すなわち北アメリカにおいて、ヨーロッパにおいて、シナにおいて、人間繁殖の状態を左右し決定するものは、人間にたいするこの需要なのである。そしてこの需要こそが、北アメリカでは繁殖を急テンポで進ませ、ヨーロッパではそれを緩慢で漸進的なものにし、またシナではそれをまったく停滞的なものにしているのである。

奴隷の消耗はその主人の経費負担となるが、自由な使用人の消耗はその当人自身の負担となる、といわれている。しかしながら、後者の負担もじつは前者の負担と同じように主人の経費負担なのである。あらゆる種類の職人《ジャーニーマン》や使用人に支払われる賃銀は、その社会がたまたま必要とする需要が増加していようと、減少していようと、停滞していようと、それぞれにおうじて職人《ジャーニーマン》と使用人の階層を全体として維持しつづけていくことができるようなものでなければならない。しかし、たとえ自由な使用人の消耗が奴隷の消耗とひとしく主人の経費負担であるにしても、それは一般に主人にとって奴隷の消耗よりもはるかに安くつくのである。奴隷の消耗を更新したり修理したりする——といってさしつかえなければ——ためにあてられる基金《ファンド》は、ふつうは怠慢な主人や不注意な監督者によって管理される。自由人について同じ役目を果すためにあてられている基金は、自由人自身の手で管理される。富裕な人の経済はふつうは乱脈になりがちで、奴隷の管理も自然に乱脈になる。これに反し、貧しい人の極度の節約とつつましい配慮とは、同じく自然に、自由人の
83
管理のなかにあらわれてくる。このように管理が異なると、同じ目的でもそれを実行するのに異なった大きさの費用を必要とするにちがいない。というわけで、あらゆる時代、あらゆる国民の経験に徴して明らかなことは、自由人によってなされた仕事は、奴隷によって行なわれた仕事よりも結局は安くあがるものだ、と私は信じている。こういうことは、普通の労働《コモン・レーバー》の賃銀があれほどに高いボストン、ニューヨーク、フィラデルフィアにおいてさえ、見受けられるのである。

　それゆえ豊かな労働の報酬は、富の増大の結果であるが、同じくまた、人口の増加の原因でもある。それについて不平を鳴らすのは、最大の社会的繁栄の必然的な結果や原因について泣きごとをいうのと同じことである。

おそらくここで注目に値することは、労働貧民の状態、すなわち大多数の人民の状態が最も幸福で最も快適であるように思われるのは、社会が富をとことんまで獲得しつくしたときよりも、むしろ富のいっそうの獲得をめざして前進している発展的状態にあるときであるということである。労働貧民の状態は、社会の停滞的状態においてはつらく、社会の衰退的状態においてはみじめである。実際のところ、発展的状態こそ社会のすべての階級にとって、楽しく健全な状態である。停滞的状態は活気に乏しく、衰退的状態は憂鬱《ゆううつ》である。

豊かな労働の報酬が増殖を刺激するように、同じく庶民の勤勉をも増進させる。労働の賃銀は勤勉の刺激剤であって、勤勉というものは、他の人間のすべての資質と同じように、それが受ける刺激に比例して向上するものである。生活資料が豊富であると労働者の体力は増進する。また自分の境遇を改善し、自分の晩年が安楽と豊富のうちに過せるだろうという楽しい希望があれば、それは労働者を活気づけて、その力を最大限に発揮させるようになる。そういうわけで、賃銀が高いところは低いところよりも、たとえば、イングランドはスコットランドよりも、大都市の周辺は遠隔の農村地方よりも、職人がいっそう活動的で、勤勉で、しかもきびきびしているのを、われわれはつねに見出すであろう。たしかに職人によっては、一週間分の生活資料を四日間でかせぐことができれば、残りの三日間は怠けている者もあるだろう。しかし、これはけっして大多数の者にあてはまるわけではない。それどころか職人は、出来高払で豊かな報酬を受けると働きすぎになって、数年のあいだに健康を破壊しがちにさえなるものである。ロンドンその他二、三のところでは、大工が精いっぱい活動できる期間は八年以上はつづかないと考えられている。これと同じようなことは、職人が出来高払の賃銀を得ている他の多くの職業にも見受けられる。もっともこれは、製造業ではきわめて普通なことであり、また農村の労働においてさえ、賃銀が通常よりも高いところではどこでも見受けられることである。ほとんどすべての種類の
84 職人たちも、特殊な種類の仕事にうちこみすぎることからくる特殊な疾患にかかりやすい。イタリーの高名な医師ラマッツィーニ[7]は、こうした病気について特別の研究書を著わしている。われわれは、わが兵士たちがいちばん勤勉な種類の人たちだとは思っていない。だが、兵士たちがある定まった仕事に使用され、出来高で十分に支払われている場合には、しばしばその将校は、兵士たちが従来支払われてきた率にしたがって働き、毎日一定額以上をかせいではならないという契約を、企業家との間でやむなくとりむすばなければならなかった。この契約がむすばれるまでは、たがいの対抗意識やより大きい利得への欲求にかりたてられて、しばしば兵士たちは過労におちいり、過度の労働によって健康を害した。一週のうち四日間働きすぎると、それは残りの三日間怠ける真の原因となる場合が多い。これについては、非常に多くの人たちが不平を声高に鳴らしている。身心のどちらであれ、労働が数日にわたって激しくつづけられると、たいていの人には休養にたいする大きい欲

求が自然に生じ、そしてその欲求は、力によるか、なにか強い必要によるかして抑制されないかぎり、ほとんど抵抗しがたいものになる。これは自然の要求であって、あるときはただ気楽に過すことによって、だがあるときにはまた気晴しや娯楽によるなど、なにか気のむくままに過すことによって、解放されることが必要である。もしそれがかなえられないと、結果はしばしば危険で、ときには生死にかかわることがあり、その職業に特有の疾患を遅かれ早かれもたらすことにもなる。もし親方たちが、理性と人間性の命じるところにつねに耳をかたむけようとするなら、かれらは自分たちの多数の職人の働きを鼓舞するよりも、むしろそれを適度に加減させることがしばしば必要となる。恒常的に仕事ができるように適度に働く人が、自分の健康を最大限に保持するばかりか、年間をつうじて最大量の仕事をやりとげるということが、あらゆる種類の職業において見出される、と私は信じている。

雇主にとっては、食料品の安価な年よりも高価な年のほうが使用人たちとの取引の上で有利である

職人たちは、食料品が安価な年には通常の年よりも一般に怠惰であり、それが高価な年には勤勉である、と主張する人もいる。ここから、生活の糧《かて》が豊富であるとかれらの勤勉さは弛緩《しかん》し、それが乏しいとかれらの勤勉さはふるいたつ、と結論される。通常の年より生活の糧が少しでも豊富であれば、職人によっては怠惰になる者もあるかもしれないとい

うことは疑いない。だが、こうしたことが大多数の人々にあてはまるというのは大いに疑わしい。すなわち、人間は一般に食物が十分なときよりも乏しいときのほうが、元気がよいときよりも意気阻喪しているときのほうが、概して健康なときよりもしばしば病気であるときのほうが、いっそうよく働くものだというのは、大いに疑わしい。ここで注意すべきは、飢饉《ききん》の年には一般に庶民のあいだで病気や死者が多く、そのためにかれらの勤労の生産物がかならず減少するものだ、ということである。

85 食糧の豊富な年には、使用人たちはその雇主《マスター》のもとを去って、自分たちの勤労によって獲得できるもので生計をたてようとする場合が多い。だが、食料品が安くなると、使用人の維持にあてられる基金が増加し、そのため雇主たち、とりわけ農業者たちはそれに刺激されて、いっそう多数の者を雇用しようとする。このような場合に農業者たちは、穀物を市場で低価格で売ることによって利潤を期待するよりも、少しでも多くの労働使用人を雇用することによって、いっそう多くの利潤を穀物から期待する。使用人にたいする需要は増加し、他方、その需要を満たそうと申し出る人々の数は減少する。だから、労働の価格は食料品が安価な年にしばしば上昇する。

食糧不足の年には、生計が困難となり不確実となるから、これらの人々はみな以前の仕事に復帰したがる。だが食料品が高価であるために、使用人の維持にあてられた基金は減少して、雇主たちは、その使用人の数をふやすよりもむしろ減少させようという気持になで資本《ストック》で自分たちの仕事の原料を自給するのをつねとしていたが、そのわずかな資本《ストック》をしばしば食いつぶし、生活のためにやむをえず職人《ジャーニーマン》にならざるをえなくなる。仕事を求める人々のほうが、仕事を容易に獲得できる人よりも多くなる。多数の人々が普通より低い条件で仕事にありつこうとするから、したがって、使用人と職人《ジャーニーマン》との両方の賃銀は、食料品の高価な年にしばしば下落するのである。

それゆえ、あらゆる種類の雇主は、食料品の安価な年よりも高価な年のほうがその使用人たちとしばしば有利な取引ができる。また高価な年のほうが、使用人たちは雇主にたいしていっそう謙譲で従属的である場合が多い。そこで雇主たちはとうぜん、食料品の高価な年を産業に好都合な年として推奨する。そのうえ、雇主の最も大きな階級の二つである地主と農業者には、食料品の高価な年を歓迎するもうひとつの理由がある。というのは、地主の地代と農業者の利潤とは食料品価格に依存するところが大きいからである。けれども、一般に人間は他人のために働くときよりも自分のために働くときのほうがわずかしか働かない、などと想像するのは馬鹿げたことである。貧しい自前の職人は、出来高払で働いている職人《ジャーニーマン》とくらべてすら、概していっそう勤勉であろう。前者は自分自身の勤労の全生産物を享受するが、後者はそれを親方と分けあう。前者は、別々の独立した状態にあるから、悪い仲間の誘惑におちいることは比較的少ないが、大製造所ではそうした誘惑の

が高価な年には、その割合は減少しがちである。自前の職人の割合はすべての種類の職《ジャーニーマン》人と使用人にくらべて増加しがちであり、食料品と、自前の職人がもっている優越性はいっそう大きいといえる。食料品の安価な年には、れて、仕事に精を出しても出さなくても賃銀や手当が同じであるような使用人にくらべるために職《ジャーニーマン》人のモラルが崩れてしまう場合が非常に多いのである。月決めか年決めで雇わ

86

食料品価格の高低をめぐるフランス、スコットランドおよびヨークシャーの事例が右の事情を示している

博識と創意に富んだフランスの一著作家、サンテチエンヌ選挙区の人頭税徴収係であるメッサンス氏[8]は、食料品の高価な年よりも安価な年のほうが、貧民がより多くの仕事をするということを、次のようなやり方で示そうとつとめている。すなわち、このような異なった時期に、三種類の製造業でつくられた財貨の量と価値を比較するというやり方である。その三種類というのは、エルブフで営まれている粗製毛織物、ルーアンの全徴税区に普及している亜麻布織物と絹織物の三製造業である。役所の登記簿から写しとったかれの報告によると、これらの三つの製造業全部でつくられた財貨の量と価値は、一般に、食料品が高価な年よりも安価な年のほうが大きくて、しかも、いちばん安価な年につねに最大で、いちばん高価な年につねに最小であったことがわかる。この三つの製造業とも停滞的であるらしい。すなわち、それらの生産物は、年々いくらかは変動するにしても、全体として

は前進も後退もしていないように思われるのである。

スコットランドの亜麻布の製造業とヨークシャーのウェスト・ライディングの粗製毛織物の製造業は、成長しつつある製造業であって、その生産物は、多少の変動はあるにしても、量においても価値においても一般に増加している。けれども、それらの年々の生産物にかんして発表された報告を検討したところ、その変動が食料品の高価な季節や安価な季節とはっきりした関連があるということはわからなかった。ひどい凶作の年であった一七四〇年には、この二つの製造業はたしかにかなり衰退したようにみえる。だがもう一つのひどい凶作の年であった一七五六年には、スコットランドの製造業のほうは通常以上の発展をとげた。ヨークシャーの製造業のほうはたしかに衰退して、その生産高はアメリカの印紙条例〔第四篇第七章第三節、訳注〔1〕参照〕廃止後の一七六六年までは、一七五五年に到達した水準を超えることがなかった。一七六六年とその翌年には、これまでに到達したところを大きく上回り、そののちずっと増加しつづけている。

遠隔地への販売をめざすすべての大製造業の生産物は、これらの大製造業が営まれている国々の食料品価格の季節による高低に依存するよりも、むしろ、その生産物が消費される国々の需要に影響を及ぼす諸事情に必然的に依存するにちがいない。たとえば戦争か平和か、他の競争製造業が繁栄しているか衰微しているか、おもな顧客たちの機嫌がよいかわるいか、などに依存するにちがいない。そのうえ、食料品の安価な年におそらく行なわれる臨時の仕事の大部分は、製造業についての公的な記録にはけっして載らないのである。[87]雇主のもとを去る男子の使用人たちは、独立の労働者になる。女子は両親のもとに帰って、自分たちや家族のために糸を紡いで衣服を作るのが普通である。自前の職人でさえ、かならずしも公衆のための販売をめざして仕事をするわけではなくて、隣人のだれかに雇われて家庭用の製品をつくるのである。それゆえ、かれらの労働の生産物は、公的な記録には数字としてはあらわれない場合が多い。だが、その記録は、ときにはみせびらかすために公表されることがあり、わが商人や製造業者たちはしばしばそれをもとに、最も偉大なわが帝国の盛衰をむなしくも予言しようとするのである。

労働の貨幣価格は、労働にたいする需要と生活の必需品・便益品の価格の高低という二つの事情によって規制される

労働の価格の変動は、食料品の価格の変動とかならずしもつねに一致するものではなく、しばしば正反対になることがある。だからといってわれわれは、食料品の価格が労働の価格になんの影響も与えないなどと想像してはならない。労働の貨幣価格は二つの事情によって、すなわち労働にたいする需要と、生活の必需品と便益品の価格とによって必然的に規制されるのである。労働にたいする需要は、その需要がたまたま増加しているか、停滞しているか、または衰退しているかにおうじて、いいかえるとその需要が人口の増加、停滞、衰退のどれに対応しているかにおうじて、労働者に与えられるべき生活の必需品の数

量が定められる。そして労働の貨幣価格は、この数量を購買するのに必要な大きさによって決定される。それゆえ労働の貨幣価格は、食料品の価格が低い場合に高価なことがあるにしても、需要がひきつづき同一であるのに食料品価格が高いと、労働の貨幣価格はいっそう高くなるであろう。

　食糧がとつぜん異常に豊富になった年に労働の貨幣価格が上昇することがあり、とつぜん異常に不足した年にそれが低下することがよくあるのは、前者の場合には労働にたいする需要が増加するからであり、後者の場合にはそれが減退するからである。

　食糧が異常に豊富な年には、産業の多くの雇主の手には、その前年に雇用されたよりも多くの数の勤労者を維持し雇用するのに十分な基金《ファンド》が残る。だが、こうした多数の勤労者をかならずしもつねに獲得できるとはかぎらない。それゆえ、より多くの職人を求めている親方たちは、その獲得のためにたがいにせり合うのであって、そのために、労働の真の価格と貨幣価格とがときには引き上げられるのである。

　食糧が異常に不足する凶作の年には、これと反対のことが起る。勤労者を雇用するためにあてられる基金《ファンド》はその前年よりも少ない。かなり多数の人々が仕事から投げ出され、かれらは仕事を得ようとしてたがいにせり合うために、労働の真の価格と貨幣価格はともに
88 引き下げられる。異常な凶作の年であった一七四〇年には、多くの人々は、ぎりぎりの生活の糧《かて》を求めてすすんで働いた。その後につづいた豊作の数ヶ年は、労働者と使用人の獲

得は比較的困難であった。

食料品が高価な年における食糧の不足は、労働にたいする需要を減少させて、労働の価格を引き下げる傾向があるが、また食料品の高価格は労働の価格を引き上げる傾向もある。ところが、食料品が安価な年に食糧が豊富であると、これと反対に、労働にたいする需要が増加し、労働の価格を引き上げる傾向があるが、また食料品の安い価格は、それを引き下げる傾向がある。食料品価格の通常の変動をみると、そこでは、これら二つの対抗的な原因がたがいに相殺しあうように思われる。これは、いたるところでなぜ労働の賃銀が食料品価格にくらべてこんなにも安定的で永続的であるかということの一理由であろう。

賃銀の上昇は生産物の価格を高めるが、資本の増大はまた労働の生産力を増進させ価格を低める

労働の賃銀が上昇すると、賃銀となる価格部分が増加し、多くの商品の価格が必然的に高まる。そしてそれだけ、国の内外におけるこれら商品の消費は減ることになる。けれども労働の賃銀を引き上げるのと同一の原因である資本《ストック》の増大は、労働の生産力を増進させ、より少ない量の労働でより多い量の製品を生産させる傾向がある。多数の労働者を雇用する資本《ストック》の所有者はとうぜん、自分の利益のために、達成可能な最大量の製品が生産できるように、仕事の適切な分割と分配を行なおうとつとめる。これと同じ理由から、かれは、自分なり労働者なりが考え及ぶ最善の機械類を労働者に供給しようとつとめる。個々の作

業場の労働者間に起ることは、同じ理由から、社会全体の労働者間にも起る。労働者の数が多くなればなるほど、かれらはますます仕事のさまざまな種類や小部門に自然に分れる。ますます多くの人々が、各自の仕事を遂行するうえにいちばん適切な機械類の発明に専念し、したがってまたそういう機械類が発明される見込みもいっそう大きくなる。それゆえ、こうした改善の結果として、多くの商品がいままでよりもずっとわずかな労働で生産されるようになり、労働の価格の騰貴を相殺してあまりあるほどになるのである。

（1）ここは、さきごろの動乱の開始まえ、一七七三年に書いた。

（2）Burn's History of the Poor-laws〔リチャード・バーン『救貧法史』一七六四年〕における貧民の扶養のためのかれの提案を参照。

〔1〕スミスの賃銀論の特色の第一は、現実の賃銀取得者である労働者が雇主との関係においていったいどのような立場におかれているかということを念頭において、労使の利害の対立を率直に叙述していることであろう。第二は、そのさいスミスが労使間の力関係を考えるにあたって、原則として賃銀にはそれ以下には引き下げえない最低の水準があるということを認める立場をとっていることである。賃銀をこの一定の率以下に引き下げることは最下層の種類の労働についてさえ不可能であるというこのスミスの考えは、いわゆる生存費説とよばれていて、これもケネーなどの重農主義に由来

するものである。スミスはこの伝統をふまえて、近代社会における労働者の賃銀は、労働者の一世帯が普通に生活でき、それによって世帯の中の次の世代が生育して労働者となって労働市場へ登場するようになるまでの世帯全体としての生活費をまかなうに足りるものでなければならない、と述べるのである。第三の特色といえるのは、このような近代社会の労働の賃銀は労働者の勤勉（industry）を有効に刺激することを指摘している点である。労働の賃銀は勤勉への刺激剤であり、この刺激に比例して勤勉は増大するものだという。そしてこの点が前近代的労働者や資本主義の初期の時代の労働者の場合との相違だとスミスは考える。昔の労働者は労働をいやがって、賭博《とばく》やジン・ハウスに入りびたる「怠け者」であった。この浮浪的な「怠け者」にかわって、高い賃銀の刺激におうじて勤勉に働く近代的労働者像を描きだしたところに、スミスの賃銀論とそれ以前の著述家たちの賃銀論、とりわけ重商主義の思想家たちとの相違点がみとめられるのである。後年、スミスが「社会政策」の提唱者だとみる人々すら現われるにいたったのはそのためである。

〔2〕たとえば団結禁止法の例として、キャナンは、ロンドンの裁縫業者にたいしてジョージ一世治世第七年条例第十三号、羊毛の梳毛《そもう》工と織工にたいしてジョージ一世治世第十二年条例第三十四号、ロンドンから一五マイル以内に住む煉瓦製造工と瓦製造工にたいしてジョージ一世治世第十二年条例第三十五号、毛織物製造業で使用される者その他にたいしてジョージ二世治世第二十二年条例第二十七号第十二条、等をあげて

いる——キャナン版『国富論』第一巻六八ページの注（2）。団結禁止は、一面では職人たちの集団的な賃上げ要求にたいして、また一面では新しい機械の採用に反抗した「機械打ちこわし運動」（ラダイツ）にたいする取締法として職種ごとに制定されたが、一七九九年にはこれらは一般団結禁止法に統一された。

〔3〕master manufacturer　十六世紀後半ごろから出現した富裕な親方層で、やや大規模な作業場をもち、労働力として職人や徒弟を相当数雇用するマニュファクチャー経営主を指す。スミスの時代ともなると、親方のあいだでも、屋根裏親方などとよばれる零細な親方から、小親方、親方、親方製造業者など、経済力と経営規模において多層化しており、親方製造業者はそのなかで最も富裕な階層をなしていた。

〔4〕labouring poor　職人、工匠、「普通の労働者《コモン・レーバラー》」などとならんで、スミスの文章のなかにしばしば散見される言葉である。直訳すると「働く貧乏人」または「働く貧民」だが、この labouring poor または manufacturing poor は貧困者または貧乏人にアクセントがあるのでなく、「働く」という点にアクセントがある。というのは、ギルドのなかの親方や職人は明らかに特権的な保護をうけており、外来者にたいしてははなはだしく警戒的であるが、それでも製造業が漸次発展してくればギルドの排外主義も緩和されなければならなくなり、ギルドの統制の弱いところでは「下層の労働者」を受け容れなければならなくなるし、とくに農村地域では、ギルドの制約の外郭に多数の労働者や小生産者が登場するようになる。もちろんかれらは労働者であるが、下層の

働き手であり、むしろギルドの下積み層であり、統制の圏外にあって次第にその数をふやし、団結しはじめるようになり、一種の「労働者ギルド」的なものを、友愛組合（Friendly Society）の旗幟の下につくっていくが、かれらの社会的地位はまだ低く、かれらの生活水準は貧困者なみである。というわけで labouring poor は、言葉としてはこの両様の意味をふくんでいる。スミスの著作のなかでは、職人、工匠などの特殊熟練技能者で排外意識の強烈なものをのぞけば、一般の下層労働者は、そしてかれらの賃銀についてスミスがそれ以下には引き下げ得ないコモン・ヒューマニティに準拠した最下限があるといっている階層は、われわれが labouring poor という言葉にとらわれさえしなければ、明らかに、スミス以後ギルドの制約をふみ破って大量に登場する産業革命期の下層賃銀労働者のことである。産業革命前夜の著作家であるスミスの著作にこの言葉がくり返し現われ、その後の古典派の経済学者の著作のなかではこの言葉が消え去っているのは、はなはだ興味ある点である。

〔5〕イングランドは長いあいだスコットランドにたいして事実上の宗主国であったばかりでなく、ずっと豊かな先進国でもあった。ところが十八世紀半ばごろから、スコットランドの経済は加速度的な発展を開始し、またほとんどすべての領域でルネッサンス的な学問文芸の華がひらき、これが逆にロンドンを席巻するありさまとなったから、昔からスコットランド人をケチな田舎者扱いしてきたイングランド人の優越感はにわかに屈折したものになってきた。例のドクター・ジョンソンが『英語辞典』（一七五五

年）の燕麦《えんばく》（オート麦、オートミールの原料）の項に「イングランドではふつう馬に食わせる穀物、ただしスコットランドでは人間の主食」という定義を与えたのは有名な話である。『ジョンソン伝』（一七九一年）を書いたスコットランド出身のボズウェル（James Boswell, 1740–95）は、ジョンソンの郷里スタフォードシャーをいっしょに訪れた折に、そこでは住民が燕麦のケーキやエールを盛んに飲み食いしているのを見つけて溜飲《りゅういん》を下げたものだったが、もっと気骨のあるスコットランド人は「そこでイングランドでは立派な馬が育つが、スコットランドでは立派な人間が育つ」とやり返している。スミスのこの部分の叙述もおそらくジョンソンを念頭に置きながら、イングランド型の皮肉に一矢を報いたものであったろう。

〔6〕チャールズ・ダヴェナント（Charles Davenant, 1656–1714）はグレゴリー・キングとともに政治算術家として知られ、対仏戦争の対策を論じた『戦費調達論』（*An Essay upon Ways and Means of Supplying the War*, 1695）が主著の一つとして有名である。重商主義期のイングランドの自由貿易論者であり、個別的貿易差額ではなしに総貿易差額主義を提唱して、保護貿易論者たちと論争した。イングランドの国内消費税委員、輸出入総監などを歴任し、またその間下院議員に選出されている。

〔7〕Bernardino Ramazzini, 1633–1714 は、職業病に本格的に取り組んだ最初の社会医学者といわれ、その著書『職業病にかんする研究』*De morbis artificum diatriba*, Mutinae, 1700 は、この領域におけるはじめての体系的著作として有名である。鉱山

労働者の塵肺《じんぱい》病その他、陶器職人の鉛中毒、石工の珪肺《けいはい》病、金属労働者の各種疾患等、当時の重要な職業病がほとんどすべて取り上げられており、また早くも知的職業にたずさわる者に特有の病気にも一章があてられている。この書の英訳は、すでに一七〇五年、ついで一七四六年に出ており、最近では一九四〇年にも新訳が刊行されている。なお、スミスはRamuzzini と綴《つづ》っており、これまでの邦訳もラムッツィーニとしているが、右記したものが正しいようである。

〔8〕Messance は、デュプレ・ドゥ・サン・モール（第一篇第十一章、過去四世紀間における銀の価値の変動にかんする余論と同訳注〔2〕参照）とならんで、食糧価格と人口の問題についてたんねんに記録をたどって研究した人物。スミスはこの両者の所見をしばしば利用している。なお、メッサンスの主著は『オーベルニュ地方、リヨン、ルーアンその他の徴税管区における人口の調査研究』（一七五六年）。

89

第九章　資本の利潤について

利潤の高さは富の大きさに依存し、資本の増加は利潤を低下させる傾向がある

資本《ストック》の利潤の上昇・下落は、労働の賃銀の上昇・下落と同一の原因に、すなわち、社会の富が増加の状態にあるか、減退の状態にあるかに依存する。だが、このような原因が前者と後者とに与える影響は、たいへん異なっている。

賃銀を騰貴させる資本《ストック》の増加は、利潤を引き下げる傾向がある。多数の富裕な商人の資本《ストック》が同一事業にふりむけられるとき、かれら相互の競争は自然にその利潤を引き下げる傾向がある。また、同じ社会で営まれる種々さまざまな職業において、同じような資本《ストック》の増加があるときは、同じ競争がこれらすべての事業で同じ効果をもたらすにちがいない。

すでに述べたとおり、労働の平均賃銀とはなにかということを確定するのは、ある特定の場所、ある特定の時点でさえ、容易なことではない。われわれとしては、こうした場合でさえ、最も日常的な賃銀とはなんであるかを決定するのが精いっぱいなところである。

ところが資本《ストック》の利潤となると、こういうことですら滅多に決定できないのである。利潤というものは非常に変動しがちなものであるから、ある特定の事業を営んでいる人でも、自分の年利潤の平均がいったいどれだけであるかを、つねに明らかにできるとはかぎらないのである。利潤は、事業を営んでいる人が扱う諸商品の価格のあらゆる変動から影響を受けるばかりでなく、かれの競争者と顧客との運不運からも、また財貨が海路と陸路のどちらかで運ばれるときに、または倉庫に貯蔵されているときにすら生じがちな、他の無数の偶発的な出来事からも影響を受ける。したがって、利潤は年々変動するばかりでなく、日々、ほとんど時々刻々に変動する。一大王国で営まれているさまざまな事業全体の平均利潤がどれだけであるかを確定するのは、はるかに困難なことにちがいない。また、それが以前にはどれだけであったか、ずっと遠い時期にはどれだけであったかを多少とも正確に判断するのは、まったく不可能なことにちがいないのである。

90

―利潤率の推移は利子率の推移を通して推測することができる―

ところで、資本《ストック》の平均利潤が現在どれだけであり、また昔はどれだけであったかを多少とも正確に定めるのは不可能なことであるにしても、貨幣の利子から、これについてのおよその観念をつくりあげることは可能であろう。貨幣を使用して多くの儲《もう》けがあるところではどこでもその使用にたいしてふつう多くのものが与えられ、また貨幣を使用してわずかな儲けしかないところではどこでもその使用にたいしてふつうわずかなものしか与えられないということを、ひとつの原則として定めてもさしつかえないだろう。それゆえわれわれは、どんな国においても、通常の市場利子率が変動するのをみると、資本の通常利潤もともに変動しているにちがいない、と確信してよい。すなわち、前者が下ると後者も下り、前者が上ると後者も上るにちがいない、と確信してよいのである。そういうわけで、利子の推移によって、われわれは利潤の推移についてある判断をつくりあげることが可能になるのである。

ヘンリー八世〔在位一五〇九～四七〕の治世第三十七年の条例により、一〇パーセントを超える利子はすべて違法だと宣言された。それ以前には、もっと多くが徴収されていたこともあったらしい。エドワード六世〔在位一五四七～五三〕の治世には、宗教上の熱狂によって利子はすべて禁止された。けれども、この禁止は、これと同種の他の禁止の場合と同じように、なんの効果もなかったといわれ、そしておそらく、高利の害を減少させるよりもむしろ増加させたのである。ヘンリー八世の条例は、エリザベス一世〔在位一五五八～一六〇三〕の治世第十三年の条例第八号によって復活されて、ジェイムズ一世〔在位一六〇三～二五〕の治世第二十一年に八パーセ[91]ントに制限されるまで、ずっと一〇パーセントが法定利子率であった。王政復古〔一六六〇年〕後まもなく、それは六パーセントに引き下げられ、アン女王〔在位一七〇二～一四〕の治世第十二年には、五パーセントに引き下げられてしまった。以上のさまざまな法的規制は、どれもみな適切であったように思われる。それらは、市場利子率か、または十分に信用のある人々が通常借りる場合の利子率のあとを追っていて、これらの率に先行するものではなかったようにみえる。アン女王の時代以来、この五パーセントは、市場の率を下回るよりもむしろ上回っていたらしい。このまえの戦争〔一七五六〜六三年の七年戦争〕以前は、政府は三パーセントで借款を行ない、また王国の首都や他の多くの地方での十分に信用のある人々は、三・五パーセント、四パーセント、四・五パーセントで借りていたのである。

ヘンリー八世の時代以来、この国の富と収入はたえず増進してきた。そしてその進展の経過をみると、富と収入の増加速度は、減退どころかだんだんと加速されてきたようにみえる。それらはただ増進しつづけたというだけでなく、ますます急速に増進してきたように思われる。そしてこれと同じ期間に、労働の賃銀もたえず増大しつづけて、商業と製造業の種々の部門にわたって、資本《ストック》の利潤は減少していったのである。

どんな種類の事業を営むのにも、大都市でのほうが、地方の村よりも一般に多くの資本《ストック》を必要とする。事業の各部門で用いられる資本《ストック》が大きく、また富裕な競争者が多いために、一般に大都市における利潤率は地方の利潤率よりも引き下げられる。だが、労働の賃銀は、地方の村においてよりも、大都市においてのほうが一般に高い。繁栄している都市では、大資本《ストック》を用いようとしている人々は、かれらの求めている数の職人を獲得することができない場合が多い。そこで、できるだけ多数を獲得するためにたがいにせり合う。これが労働の賃銀を高め、資本《ストック》の利潤を引き下げることになる。農村の僻遠《へきえん》の地では、すべての

92 人々を雇用するのに十分な資本《ストック》のない場合が多いために、人々は仕事にありつこうとしてたがいにせり合う。これが労働の賃銀を引き下げ、資本の利潤を高めるのである。

スコットランドでは、法定利子率はイングランドと同じであるが、市場利子率となると、むしろイングランドより高い。スコットランドでは最良の信用ある人々も、五パーセント以下では滅多に借りられない。エディンバラの個人銀行家でさえ、全額または一部を要求払する自己振出の約束手形にたいして、なお四パーセントの利子を支払う。これに反し、ロンドンの個人銀行家たちは、預けられた貨幣にたいしては、ぜんぜん利子を支払わない。スコットランドでは、イングランドよりも小さい資本で営めるような事業ばかりである。だからスコットランドでは、普通の利潤率はいくらか大きいにちがいない。労働の賃銀は、すでに述べたように、イングランドよりスコットランドのほうが低い。それにスコットランドは、国そのものがイングランドよりもはるかに貧しい。そればかりか、この国がより良い状態へと前進している歩調も――明らかに前進しているとはいえ――ずっと緩慢で遅々としているように思われる。

フランスの法定利子率は、今世紀をつうじて、いつも市場率によって規制されているとはかぎらなかった。[1] 一七二〇年に利子は、二〇分の一ペニーから五〇分の一ペニーに、つまり五パーセントから二パーセントに引き下げられた。一七二四年には、それは三〇分の一ペニーに、つまり三パーセント三分の一に引き上げられた。一七二五年に、それはふたたび二〇分の一ペニーに、つまり五パーセントに引き上げられた。一七六六年、ラヴェルディ氏〔一七二三〜九三。フランスの財政総官〕の施政下に、それは二五分の一ペニーに、つまり四パーセントに引き下げられた。アベ・テレー〔一七一五〜七八。ラヴェルディにつづいて、財政総官となった〕はそののち、それを昔の率の五パーセントに引き上げた。右の急激な利子引下げは多くの場合、公債利子の引下げへの道を開くことをめざしていたと考えられるが、その目的はときとして達成されたこともあった。フランスは現在、おそらくイングランドほどに富んだ国ではない。法定利子率はイングランドよりもフランスのほうが低い場合がしばしばあったが、市場利子率のほうは一般にイングランドよりも高かった。というのは、フランスでは他の国々の場合と同じように、法の網をくぐるのに非常に安全で容易な方法がいろいろあるからである。この二つの国で事業をしていた大ブリテンの商人たちが確言したところによると、事業の利潤は、フランスのほうがイングランドより高いという。たしかにこのために、ブリテンの多くの臣民は自分たちの資本を、事業が大いに尊重されている国よりも、事業が軽蔑《けいべつ》されている国で使用することを、むしろ好むのである。労働の賃銀は、フランスのほうがイングランドよりも低いのである。われわれがスコットランドからイングランドにくると、この二つの国の庶民の服装や顔つきの違いに気づくが、その違いはまさしくかれらの生活条件の違い
93 をあらわしている。フランスから帰ってくると、このような対照はいちだんときわだってみえる。フランスは、スコットランドにくらべるとたしかに富裕な国にちがいないが、そ

れほど急速に進歩しているとは思われない。フランスが後退しつつある国だというのは、その地での通念であり、ひろく行なわれている見解でさえある。だが、私のみるところでは、これはフランスにかんしてすら根拠が薄弱である。二、三〇年まえにスコットランドを見て、今日ふたたびこの国を見る人はだれでも、スコットランドについて後退しつつある国だというような見解をいだくことはとうていできない。

一方、ホラント州[1]は、その地域の広さと人民の数との比率からすると、イングランドよりも富んだ国である。ホラントでは、政府は二パーセントで借款し、また十分に信用のある民間人たちは三パーセントで借りている。労働の賃銀は、ホラントのほうが、イングランドよりも高いといわれている。またオランダ人は、周知のとおり、ヨーロッパのどの国民よりも低い利潤で事業をしている。ホラントの事業は衰退しつつある、と主張する人々がいる。そして、事業のある特定部門が現に衰退しているということは、たぶん本当かもしれない。けれども、ホラントには一般的な衰退は見られないということを、右に述べた徴候が十分に示していると思われる。利潤が減少してくると、商人たちは、事業が衰退してきたと苦情をいいがちである。だが利潤の減少は、事業の繁栄の自然的結果であるか、従前よりもいっそう大きい資本《ストック》が事業に用いられていることの自然的結果なのである。このまえの戦争のあいだに、オランダ人はフランスの全仲継《なかつぎ》貿易を獲得し、いまもそのきわめて大きい分け前を保持している。オランダ人がフランスとイングランドの公債のかたちで所有している大きい財産は、後者だけでも約四〇〇〇万ポンドといわれており（もっとも、これにはかなりの誇張があるのではないかと思われるが）、またかれらが自国よりも利子率の高い国々の民間人に貸し付けている金額が大きいということは、かれらの資本が過剰であるということ、いいかえると、自国の適当な事業にかなりの利潤をともなって投じうる限度を超えて資本《ストック》が増大していることをまちがいなく示す事情である。だが、こうした事情は、事業が衰退しているということを示すものではない。私人の資本《ストック》は、たとえどんな事業で手に入れたものであっても、その事業で使用されうる限度を超えて増大しうるものであり、しかもまたその事業はひきつづき増大する。ひとつの大国民の資本も、ちょうどそのように増大しうるものなのである。

94

富の大きさまたは資本の増加がかならずしも利潤の低下を意味しない場合もあり、また資本の減少が利潤を引き上げる場合もある

わが北アメリカおよび西インドの植民地では、労働の賃銀ばかりか貨幣の利子も、したがってまた資本《ストック》の利潤も、イングランドにくらべて高い。植民地によって違いがあるが、法定利子率と市場利子率とは、ともに六パーセントから八パーセントにわたっている。けれども、労働の高い賃銀と資本《ストック》の高い利潤とは、おそらく新植民地の特殊事情による以外には、滅多に並存することのないものである。新植民地というものは、たいていしばらくのあいだは、他の大部分の国々にくらべて、その領土の広さのわりに資本《ストック》が不足し、その

資本《ストック》の大きさのわりに人口が不足しているにちがいない。そこでは、耕作するための土地が、耕作するための資本《ストック》よりも多い。したがって、人々が持っている資本《ストック》は、最も肥沃《ひよく》で最も有利な位置にある土地、すなわち海岸に近い土地や航行可能な河川の岸に沿った土地の耕作にもっぱら用いられる。またそういう土地は、しばしば、その自然の生産物の価値以下の価格でさえ購買される。そのような土地の購買と改良に用いられる資本《ストック》は、きわめて大きい利潤をもたらすにちがいない。したがって、きわめて大きい利子を支払うことができるにちがいない。こんなにも有利な事業で資本《ストック》が急激に蓄積されると、プランテーション〔第四篇第七章、訳注〔1〕参照〕の経営者は多数の働き手を必要とするようになるが、新植民地ではそれにおうじる働き手が見つからない。それゆえ、かれが見つけた働き手にはたいへん豊かな報酬が与えられる。植民地がふえるにつれて、資本の利潤は次第に減少する。最も肥沃で最もすぐれた位置にある土地がすべて所有されてしまうと、地味と位置の両方の点で劣った土地の耕作からは、まえより少ない利潤しか得られないことになり、また、このような劣った土地に用いられた資本《ストック》にたいしては、まえより少ない利子しか支払われない。そういうわけで、わが植民地の大部分では、法定利子率も市場利子率もともに、今世紀をつうじてかなり引き下げられてきた。富と改良と人口とが増大するにつれて、利子は低落してきたのである。労働の賃銀は資本《ストック》の利潤とともに低下するものではない。労働にたいする需要は、資本《ストック》の利潤がどれほどであろうと、資本《ストック》の増加とともに増加する。

そして、利潤が減少したあとも資本《ストック》はひきつづき増加しうるばかりでなく、前よりずっと
急速に増加しうる。このことは、勤勉な個人についてそうであるように、富の獲得をめざ
して進んでいる勤勉な国民全体にもあてはまるのである。大きい資本《ストック》は、たとえ小さい利
潤しかあげていなくても、一般に、大きい利潤をあげる小さい資本《ストック》よりも急速に増加する。
金《かね》が金《かね》を生む、という諺《ことわざ》がある。金というものは、わずかでも手に入れておけば、もっ
と多くが手に入りやすいものである。ただ、ひどくむずかしいのは、そのわずかを手にす
95 ることにある。資本《ストック》の増加と勤労の増加との関係、または、資本《ストック》の増加と有用労働にたい
する需要の増加との関係については、一部はすでに説明しておいたが、後段で資本《ストック》の蓄積
を取り扱うさいに、もっと詳細に説明することにしよう。

新しい領土や新しい事業部門が獲得されると、富《リッチズ》の獲得をめざして急速に進んでいる国でさえ、それによって資本《ストック》の利潤が引き上げられ、またこの利潤とともに貨幣の利子も引き上げられることがある。たとえば、そうした新領土や新事業の獲得は、資本《ストック》の分配を受けているさまざまな人々に事業の新規増加を提供するが、その新規増加全体にたいしてこの国の資本《ストック》は十分ではないので、この資本《ストック》は、最大の利潤をもたらす特定の部門にもっぱら投じられることになる。これまで他の事業に用いられていた資本《ストック》の一部は、当然にそこから引き上げられ、新しく、そしていっそう利潤の多いいくつかの事業にふりむけられる。したがって、こうした旧来のすべての事業では、競争がいままでよりも少なくなる。

市場には、さまざまな種類の財貨が以前ほど十分には供給されなくなる。それらの価格は必然的に多かれ少なかれ上昇し、そして、それらを取引する人々に前より大きい利潤をもたらす。そこでまた、これらの人たちはまえより高い利子で借りるゆとりもできる。このまえの戦争が終結してからしばらくのあいだは、最良の信用をもった民間の私人ばかりか、ロンドンの最大の会社のあるものですら、五パーセントで借りるのが普通であったが、以前にはかれらは、四パーセントか四・五パーセントより多くは支払わなかったものである。これは、北アメリカと西インド諸島とをわれわれが獲得したことによって、領土と事業とが大いに増加したということから十分に説明されるのであり、社会の資本ストックになにほどかの減少があったなどと想像すべきことではないのである。旧来の資本で営まれるべき新しい事業がこのように大きく増加したために、競争が少なく利潤が大きくなったにちがいない多数の特定部門に用いられる資本の量は、必然的に減少したにちがいない。だが、大ブリテンの資本ストックは、最近の巨額の戦費によってさえも減少することがなかった、と信じてよい理由をあとで述べたいと思っている。

ところで、社会の資本ストックの減少、すなわち、勤労の維持にあてられる基金《ファンド》の減少は、労働の賃銀を引き下げ、また資本の利潤を引き上げる。そしてその結果、貨幣の利子を引き上げる。労働の賃銀が低落すると、その社会にそのまま残っている資本《ストック》の所有者たちはいままでよりも少ない経費で財貨を市場にもたらすことができるし、一方その財貨を市場に供給するのに用いられる資本《ストック》は前より少ないので、かれらは財貨を前より高く売ることができる。つまり、かれらはそうした財貨の生産にまえよりも少なく費やし、しかも
[96] それらと引換えに、前よりも多くを手にするのである。それゆえ、かれらの利潤はこの両面から増加することとなるので、高い利子を支払うことも可能になる。ベンガルその他の東インドの大ブリテンの植民地において、巨大な財産が突如として容易に獲得されるという事実は、これらの衰微した国々では、労働の賃銀が非常に低いと同時に、資本《ストック》の利潤が非常に高いということを説明してくれるものだといってよい。だから貨幣の利子も、利潤に準じて高い。ベンガルでは、貨幣はしばしば農業者たちに四〇、五〇、六〇パーセントで貸し付けられ、そしてその支払のためには次期の収穫が担保に付される。このように高い利子を支払えるような利潤は、地主に帰すべき地代のほとんど全部を食いつぶしてしまうにちがいない。またこのように法外な高利は、そうした利潤の大部分を食いつぶしてしまうにちがいない。ローマ共和国の没落以前にも、その地方総督たちのでたらめな施政のもとで、これと同じような高利が諸州に普及していたようにみえる。キケロ〔前一〇六～前四三。ローマの政治家、雄弁家〕の手紙からわかるように、あの高潔なブルータスはキプロス島で、四八パーセントの利子で金《かね》を貸していたのである。

―富めるだけ富んでしまった国では賃銀も利潤も非常に低い―

一国の地味、気候、その国の他国にたいする位置などの性質上、獲得可能な富《リッチズ》の全量

をことごとく獲得しつくしてしまった国、したがってそれ以上は前進もできなければ後退もしていない国では、おそらく労働の賃銀も資本《ストック》の利潤も、非常に低いであろう。一国の国土によって維持され、またはその国の資本《ストック》によって雇用される程度以上に人口が満ちあふれている国では、職業をもとめる競争が必然的に激しくて、そのために労働の賃銀は労働者の数をやっと維持するにたるところまで引き下げられるであろう。またその国は、すでに人口が満ちあふれているのであるから、労働者の数はけっしてそれ以上増加するはずもないのだろう。その国で営まれるべきすべての事業に比して資本《ストック》がありあまる国では、事業の性質と規模がゆるすかぎり、大量の資本《ストック》がすべての個々の部門で用いられるだろう。それゆえ競争はいたるところで激しくなるだろうし、またその結果、通常の利潤はぎりぎりまで低くなるだろう。

しかしながら、おそらくどんな国でも、これほどの富裕に到達したことはいまだかつてないだろう。シナは、長いあいだ停滞的状態にあったようにみえるが、たぶんずっと前に、その国の法律および制度の性質に適合した富の全量を獲得してしまったのであろう。だが、この富の全量は、既存のものとは別の法律と制度をもってした場合に、この国の地味、気候、位置の性質上、可能と思われる富の大きさにくらべると、はるかに少ないかもしれな
97
いのである。海外商業を軽視したり軽蔑したりする国、また外国船舶が一、二の港にしかはいることをゆるさない国は、別の法律および制度をもってすればできると思われるのと

同量の事業を営むことはとてもできない。また次のような国——すなわち、富裕な人や大資本の所有者は十分な安全を享受しているのに、貧しい人々や小資本の所有者はほとんどなんらの安全も享受することなく、正義という名でつねに下級官吏の略奪や収奪がほしいままにされているような国——では、そこで取引される種々の事業部門のすべてに用いられる資本《ストック》の量は、その事業の性質と規模とがゆるす大きさにまでとうてい達しうるものではない。この場合には、どんな部門の事業にしても、貧しい人々にたいする抑圧はかならず富める者に独占を確保するにちがいない。そして富める者は全事業を自分の手におさめることによって、きわめて大きい利潤が獲得できるだろう。それゆえ、シナにおける貨幣の通常利子率は一二パーセントといわれており、資本《ストック》の通常利潤も、この大きい利子を支払うのに十分な大きさであるにちがいない。

法律の欠陥のせいで、利子率が、国の貧富の状態によって定まる大きさ以上にいちじるしく引き上げられることがある。法律が契約の履行を強制しない場合には、すべての借手が、法規のいっそう整備された国では破産者または信用の疑わしいとされる人々と、ほぼ同等の立場におかれることになる。自分の貨幣を回収することが不確実なために、貸手は、ふつう破産の場合に要求されるのと同じ高利貸的利子をきびしく取り立てるようになる。ローマ帝国の西部諸地方をじゅうりんした野蛮民族のあいだでは、契約の履行は、数世代にわたって契約当事者たちの信義にまかされていた。かれらの国王たちの裁判所は滅多にこれに干渉しなかった。こういう古代に高利率が行なわれたのは、おそらく以上の原因によって一部は説明できるだろう。

法律が利子をまったく禁止しているときでも、それは利子そのものを阻止することはできない。多くの人は金《かね》を借りる必要があるし、まただれでも、自分の貨幣の使用にたいし、その使用から得られるものに相当するだけでなく、法の網をくぐる困難や危険にも相当するほどの報酬が得られないかぎり、金を貸すことはしないのである。すべての回教国民のあいだでの高い利子率は、モンテスキュー氏〔一六八九～一七五五。フランスの哲学者、政治学者〕によると〔『法の精神』第二十二篇第十九章〕、かれらが貧乏であるからではなくて、一部は右に述べたことから、また一部は金を回収するのが困難であることから、説明されるのである。

ホラント州のように、富んでしまったかにみえる国では、最低通常利潤率も最低通常利子率も、ともに小さい

最低の通常利潤率は、資本の使用にはつきものの偶発的な損失を償うにたるものよりも、
98 つねにいくぶん大きめでなければならない。正味の利潤、または純利潤といえるのは、こ
の余剰分だけである。総利潤というのは、この余剰だけでなく、そうした特別の損失を償
うために保留されるものをしばしばふくんでいる。借手が支払うことのできる利子は、こ
の純利潤にのみ比例する。

同様に最低の通常利子率は、慎重な配慮をもって貸し付けた場合、なお貸付につきもの

の偶発的な損失を償うにたるものよりも、いくぶん大きめでなければならない。もしこれより大きくないとすれば、慈善や友情が貸付の唯一の動機となることだろう。富《リッチズ》の全量を獲得しつくして、すべての事業部門に、その部門で使用されうる最大量の資本《ストック》が存在している国では、通常の純利潤率はきわめて小さいであろうし、またそのなかから支払われる普通の市場利子率も非常に低くて、最も富裕な人たち以外にはだれも、かれらの貨幣の利子で生活することはとうてい不可能となるであろう。中小の財産をもつすべての人は、自分自身の資本《ストック》の使用を自分で管理しないわけにはいかないだろう。ほとんどすべての人が実業家になるか、またはある種の事業に従事することが必要になるだろう。ホラント州は、ほぼこうした状態に近づきつつあるようにみえる。そこでは、実業家でないということは流行遅れである。必要にせまられてたいていの人が実業家になるのが通例であり、そして世の慣わしがどこでも流行を左右する。人並みの服装をしないのがこっけいなように、人並みの仕事をもたないのはいささかこっけいなことなのである。市民的職業にたずさわる人が軍隊生活にはいるとぎごちなく見え、また馬鹿にされるおそれさえあるが、怠け者が実業家たちのあいだにいると、これと同じようなそしりをまぬがれないのである。

最高の通常利潤率とは、大部分の商品の価格のなかで、土地の地代となるべき部分全部を食ってしまうような大きさであり、そしてそれらの商品を調製し市場にもたらす労働にたいしては、労働が支払われるときの最低率、つまり労働者のぎりぎりの生計に足りる賃銀が支払える分だけを残しておくような大きさである。職人は、仕事についているあいだは、ともかくつねに扶養されているにちがいないが、地主のほうは、つねに支払を受けているとはかぎらない。東インド会社の使用人たちがベンガルで営んでいる事業の利潤は、おそらく、右の率から大きくかけはなれたものではないだろう。

——利子率は利潤率にともなって増減する——

日常の市場利子率が通常の純利潤率にたいしてとるべき割合は、利潤が上昇または下落
99 するのにおうじて、必然的に変動する。大ブリテンでは利子の二倍が、商人たちのいう妥当で、適度の、手ごろな利潤だとみなされているが、こうした用語は、普通の日常的な利潤を意味するものにほかならない、と私は考えている。純利潤の通常率が八パーセントまたは一〇パーセントであるような国で、事業が借入金で営まれる場合には、純利潤の半分が利子にまわるというのが妥当であろう。事業に投じられる資本《ストック》は、借手が危険負担するのであって、借手は貸手にたいして、いわばその保険をしているようなものである。そして四ないし五パーセントは、大部分の事業において、こうしたリスクにたいする十分な利潤でもあれば、またこの資本《ストック》を用いるわずらわしさにたいする十分な報償でもあるといってよい。しかしながら、利子と純利潤とのあいだの割合は、通常の利潤率がこれよりはなはだしく低い国か、またははなはだしく高い国では、同じではないだろう。もしそれがは

なはだしく低ければ、それの半分は、おそらく、利子として支払われることはありえないだろうし、もしそれがはなはだしく高ければ、半分より多くが利子として支払われることになるかもしれない。

富裕《リッチズ》をめざして急速に進んでいる国々では、低い利潤率が、多くの商品の価格の面で、労働の高い賃銀を相殺するであろう。またこの低い利潤率のためにこれらの国々は、そこまでは繁栄しておらず、労働の賃銀もずっと低いと思われる隣国と同じように、安く売ることができるであろう。

高い利潤は高い賃銀よりも製品の価格を大きく引き上げる傾向がある

実際のところ、高い利潤は高い賃銀よりも製品の価格を大きく引き上げる傾向がある。たとえば、亜麻布製造業をとってみると、そこで働く種々の職人の賃銀、すなわち亜麻仕上工、紡績工、織布工などの賃銀がかりにどれも一日につき二ペンス上ったとすると、亜麻布一反の価格は、それに雇用されていた労働者数に二ペンスを乗じ、さらにかれらが雇用された日数をこれに乗じた額だけ、高まることが必要であろう。商品の価格のうち賃銀に分解する部分は、さまざまな製造段階のすべてをつうじて、賃銀のこの上昇にたいし算術級数的比率で上昇するにすぎないだろう。ところが、これら職人たちのさまざまな雇主の利潤がいっせいに五パーセント引き上げられることになれば、商品の価格のうち利潤に分解する部分は、さまざまな製造段階のすべてをつうじて、利潤のこの上昇にたいし幾何級数的比率で上昇するだろう。すなわち、亜麻仕上工たちの雇主は、その亜麻を売る場合に、職人たちに前払した原料と賃銀の全価格にたいし、五パーセントの追加分を要求するだろう。紡績工たちの雇主も、前払した亜麻の価格とかれらの賃銀との双方にたいし、五パーセントの追加分を要求するだろう。また、織布工たちの雇主も、前払した亜麻糸の価格と織布工たちの賃銀との両方にたいし、同じく五パーセントの追加分を要求するだろう。
100 だから諸商品の価格を引き上げるという点からみると、賃銀の上昇は、単利が負債の累積に作用するのと同じような仕方で作用する。これに対して利潤の上昇は、複利と同じように作用する。わが商人たちや製造業者たちは、高い賃銀が価格を引き上げる点で悪効果をもたらし、そのために自分たちの財貨の売行きが国の内外で減ってくる、と不平を鳴らしているが、しかもかれらは、高い利潤の悪効果については、黙して語らないのである。かれらは、自分たちの利得の有害な効果については沈黙を守り、ただ、他人の利得についてだけ不平をいうのである。〔2〕

（1） Denisart, Article Taux des Interets, tom. iii. p. 18 〔J・B・ドゥニサールの著書中の論稿「利子率」〕を参照。

〔1〕 Holland　ネーデルラント連邦共和国（オランダ）の一州で、アムステルダムを中

心に同国北西部に位置し、十七、八世紀当時には同国のなかで指導的な地位を占めていた。このため、ホラントはネーデルラント連邦共和国を代表するよび名ともなった。本書では主として後者を指していると考えていい。

〔2〕このパラグラフ全体は、第二版で加筆された。

101

第十章　労働と資本の種々な用途における賃銀と利潤について

自由でありさえすれば、職業の利益と不利益の全体は均等化される傾向がある

労働と資本《ストック》の用途が異なることから生じる利益と不利益は、これを全体としてみると、同一地方では完全に均等であるか、またはたえず均等化される傾向がある。もし同一地方で、どれか一つの職業が、そのほかの職業にくらべて明らかに利益が多いか、または少ないかするなら、前の場合には多数の人がその職業に殺到するだろうし、後の場合には多数の人がそれを見捨てるだろうから、その職業の利益は、まもなく他の職業の利益と同じ水準になるであろう。このことは、少なくとも次のような社会においては真実であろう。すなわち、物事が自然の成行きにしたがうままに放任され、完全な自由が行なわれ、各人が、自分の適当と思う職業を選択するのにも、また適当と思うつど職業を変更するのにもまったく自由であるような社会がそれである。各人はその利害にうながされて有利な職業を求め、不利な職業を避けるであろう。

だが実際上は、金銭で示される賃銀と利潤は、労働と資本《ストック》のさまざまな用途にしたがって、ヨーロッパのいたるところで極端に違っている。しかしこの違いは、一つには職業自体の特定の事情から生じる。すなわち実際上または少なくとも人々の考え方として、ある職業において金銭的利得が少ないのをおぎない、また他の職業においてその利得が多いのを相殺するような特定の事情から生じるのである。また一つには、どこでも物事を完全な自由のままに放任しておかない、あのヨーロッパ諸国の政策から生じるのである。

本章を二つの節に分けて、これら前者の事情とこの後の政策とを別個に考察することにしよう。

第一節　職業自体の性質から生じる不均等

102

ある種の職業における金銭的収入の不均等を社会的に調整する事情には五つのものがある

私が観察したところでは、次の五つの事情が、ある職業における金銭的利得の少ないのをおぎない、また他の職業におけるその利得の大きいのを相殺するおもな事情である。すなわち第一に、職業自体が快適であるかないか。第二に、それらの職業を習得するのが簡単で安上りかそれとも困難で費用がかかるか。第三に、それらの職業における雇用が安定しているかいないか。第四に、その職業に従事する人たちによせられる信頼度が大きいか小さいか。第五に、そうした職業において成功する可能性があるかないか、である。

賃銀は職業の快・不快によって差異が生じるが、利潤についても同様である

第一に、労働の賃銀は、その職業がやさしいか苦しいか、清潔であるか不潔であるか、名誉であるか不名誉であるか、によって異なる。たとえば、たいていの場所で、一年を通算してみると、仕立職《ジャーニーマン》人の稼ぎは、織物職《ジャーニーマン》人のそれよりも少ない。前者の仕事のほうがやさしいからである。また織物職《ジャーニーマン》人の稼ぎは、鍛冶《かじ》職《ジャーニーマン》人のそれよりも少ない。前者の仕事は後者にくらべてかならずしもやさしくはないが、このほうがずっと清潔だからである。鍛冶職《ジャーニーマン》人は一種の手工業者ではあるけれど、一二時間働いてもかれの稼ぎは、一労働者にすぎない炭坑夫の八時間分の稼ぎにとうてい及ばない。これは、前者の仕事のほうがきたなくもなければ、危険も少なく、また昼《ひる》日《ひ》中《なか》に地上で行なわれるからである。名誉は、すべての名誉ある職業の報酬の大部分をなすものである。金銭的利得という点では、すべてを考慮しても、こうした名誉ある職業は不当に低い償いを受けているのが普通であって、私はこの点をこれから明らかにしようと思う。体裁がよくないということは、これと反対の結果をもたらす。食肉解体業は残忍で人のいやがる仕事であるが、たいてい

103

どこでも、大部分の普通の仕事にくらべて儲《もう》けが多い。あらゆる職業のうち最もいやな死刑執行人という職業は、行なわれる仕事の量のわりには、どんな普通の職業よりもよい報酬を与えられている。

狩猟と漁撈《ぎょろう》は、未開状態の社会では人類の最も重要な生業であったが、進歩した社会では、人々の最も快適な娯楽になり、人々は、かつては必要から従事したものを、いまは楽しみを求めて行なっている。そこで、社会の進歩した状態のもとでは、他の人々が気晴しにやっていることを職業としている人たちは、みな貧乏している。漁夫は、テオクリトス〔前三世紀前半のギリシャの詩人〕の時代[1]以来、ずっと貧乏であった。密猟者は、大ブリテンではどこでもひどく貧しい人々である。厳格な法律をもうけて密猟をゆるさない国々では、免許を受けた狩猟者が密猟者にくらべてずっとよい暮しをしているわけでもない。そうした職業に趣味をもつのは自然のことだから、それに従事する人の数が多くなりすぎて、快適な生活をするわけにはいかなくなる。そしてその人たちの労働の生産物は、その労働量のわりにあまりにも安く市場に出回るようになって、その結果、最も乏しい生活資料のほかには何物も労働者に与えられなくなるのである。

快適でないということと、体裁がよくないということとは、労働の賃銀の場合と同じように、資本《ストック》の利潤にも影響を及ぼす。宿屋や居酒屋の経営主は、自分の家でありながら思うままに振舞うこともできず、酔っ払いたちにひどいめにあわされ、快適でもなければ名誉でもない仕事に従事している。だが、小さい資本《ストック》でこれほど大きい利潤をあげるような職業は滅多にない。

賃銀は仕事を習得する難易と習得費の大きさとによって差異が生じるが、この事情は利潤にはほとんど影響しない

第二に、労働の賃銀は、その仕事の習得が簡単で安上りであるか、困難で費用がかかるか、によって異なる。ある高価な機械をすえつけるにあたっては、その機械が損耗してしまうまでに普通以上の仕事が達成されなければならないが、これには、投じられた資本を少なくとも通常の利潤をともなって回収するだろうということが期待されているにちがいない。特別な技能と熟練を必要とするある種の職業のために多くの労力と時間をかけて教育された人は、こうした高価な機械の一つになぞらえることができよう。その人が習得する仕事は、普通の労働《コモン・レーバー》の日常の賃銀に加えて、かれの全教育費を、少なくともそれと同等の価値ある資本の通常利潤とともに回収するだろう、ということが期待されるにちがいない。またこれは、人間にくらべるといっそう確実な機械の耐用年数にたいして考慮が払われるのと同じく、人間の不確実な寿命を考慮して妥当な期間内に実現されなければならないことである。

熟練労働の賃銀と、普通の労働の賃銀との差異は、右の原理にもとづくのである。

ヨーロッパ諸国の政策は、すべての機械工、手工業者、製造工の労働を熟練労働とみな

し、そしてすべての農村の労働者の労働を普通の労働とみなしている。この政策は、前者
の労働のほうが後者のそれよりも、性質上いっそう精密で細かい注意を要するものと考え
ているようにみえる。場合によってはそういうこともあるだろうが、多くはこれと正反対
なのであって、私はこれからそれを明らかにしようと思う。こういうわけで、ヨーロッパ
諸国の法律と慣習とは、だれでも前の種類の労働を行なう者に、厳格さは場所におうじて
104 異なるけれど、必要な資格として一定の徒弟修業を課している。だが、後の種類の労働は、
だれにでも自由に開放してある。徒弟修業のあいだは、徒弟の労働はことごとく親方のも
のになってしまう。多くの場合、その間、徒弟は自分の両親なり親類の人なりによって扶
養されなければならないし、またたいていの場合、これらの人たちから衣服を支給しても
らわねばならない。そのうえ、いくらかの金《かね》が親方にたいして、職業の伝授と引換えに納
められるのが普通である。金を納めることができない者は、時間を提供する、つまり、通
常の年数以上に徒弟修業を続ける義務を負わされるのである。だが、徒弟はふつう怠ける
ので、この対価は、親方にとってかならずしも有利とはかぎらないが、徒弟にとってはつ
ねに不利である。農村の労働の場合はこれとは反対に、労働者は、自分が容易な仕事に従
事しているあいだに困難な仕事を習得し、しかも自分自身の労働で、その仕事の全段階を
つうじて自分を扶養することができる。そこでヨーロッパでは、機械工、手工業者、製造
工の賃銀が普通の労働者《コモン・レーバラーズ》のそれよりいくらか高くなければならないというのは、もっとも

なことである。また事実いくらか高いのであって、かれらの稼ぎが多いために、ほとんどどこでも、かれらは優越した階級の人々とみなされている。けれども、この優越性は一般にはごく小さくて、たとえば平織の亜麻や羊毛の織物といった、比較的普通の種類の製造業における職人《ジャーニーマン》の日々または毎週の稼ぎは、平均をとってみると、たいていの地方で普通の労働者の日給をほんの少し上回るだけである。たしかにかれらの職業のほうが普通の労働者よりも堅実で安定しており、またかれらの稼ぎの優越性は、まる一年をとれば、さらにいくらか大きいかもしれない。けれども、それがかれらの多大な教育費を償うに足る以上のものではけっしてないということは明らかなことと思われる。

独創的な芸術や自由職業の教育には、なおいっそう時間と費用がかかる。それゆえ、画家や彫刻家、法律家や医者の金銭的な報酬はずっと豊かなものになるべきであるし、そしてまた、実際にもそうである。

資本《ストック》の利潤は、資本《ストック》が用いられている事業の習得の難易にはごくわずかしか影響されないように思われる。大都市において資本がふつうに用いられる種々な方法をみると、実際、習得の難易はどれも一様であるようにみえる。外国貿易か国内商業かのどれか一部門が、他の部門にくらべてずっと複雑な業務だとはとてもいえないようである。

──賃銀は職業における雇用の安定度の如何によって差異が生じるが、利潤についてはこの事情は影響しない──

105 第三に、さまざまな職業における労働の賃銀は、その雇用が安定しているか、安定していないかによって異なる。

雇用の安定性は職業によって大きい差がある。製造業における多数の職人《ジャーニーマン》の場合は、仕事の可能な一年中のほとんど毎日、確実に就業できるだろう。これに反して、石工や煉《れん》瓦《が》積み工は、ひどい霜の日や荒れ模様の天気のときには仕事ができない。またそれ以外のどんなときでも、かれらの仕事は、顧客たちの随時の求めに依存している。そこでかれらは、しばしばなんの仕事にもありつけないことになりがちである。したがって、かれらが雇われているあいだに稼ぐ額は、ぶらぶらしているときのかれらを扶養しなければならぬばかりか、そうした他人まかせの境遇からときとして生じる不安や失望にたいしても、いくらかの償いになるものでなければならない。そういうわけで、大部分の製造職工の稼ぎの推定額が普通の労働者の一日の賃銀とほぼ同等のところでは、石工や煉瓦積み工の平均稼ぎ高は、一般に、普通の労働者の賃銀の一倍半ないし二倍である。普通の労働者が週に四、五シリング稼ぐところでは、石工や煉瓦積み工は、しばしば七、八シリングを稼ぐ。前者が六シリングを稼ぐところでは、後者はしばしば、九、一〇シリングを稼ぐ。またロンドンのように、前者が九、一〇シリングを稼ぐところでは、後者はふつう一五または一八シリングを稼ぐ。けれども、どんな種類の熟練労働でも、石工や煉瓦積み工ほど習得の容易なものはほかにはないようにみえる。ロンドンの椅子轎《いすかご》〔駕籠の一種。十七、八世紀のロンドンで用いられた〕のかつぎ手は、夏のあいだは煉瓦積み工としてときどき雇われることもあるそうである。だから、これらの職人の高い賃銀は、かれらの熟練にたいする報酬というよりも、むしろかれらの雇用の不安定性にたいする償いなのである。

家大工は、どちらかといえば石工よりも精密で工夫のいる仕事をやっているようにみえる。けれども、どこでもそうというわけではないが、たいていの地方では、大工の一日の賃銀のほうが石工のそれよりも多少低い。家大工の仕事も、その雇用は顧客たちの随時の要求に大いに依存してはいるけれど、石工ほど完全にそうなっているわけでもなく、また天候によってさほど左右されることもないのである。

一般に安定的な雇用を提供する事業が、たまたま特定の地方で安定的な雇用を提供しなくなると、職人たちの賃銀は、つねに普通の労働《コモン・レーバー》の賃銀にたいする通常の割合を大きく上回って上昇する。ロンドンでは、手工業のほとんどすべての職人《ジャーニーマン》は日ごとに、週ごとに、親
106 方たちによって雇用されたり解雇されたりしがちであって、それは、他の地方の農村の日雇労働者の場合と同じである。したがって、普通の労働の賃銀が一八ペンスと推定されるのに、最下層の手工業者である仕立職人《ジャーニーマン・テイラー》ですら、ロンドンでは一日に半クラウン〔三〇ペンス〕を稼ぐ。そこでは、かれらはしばしば数週間も仕事にあぶれる。とくに夏のあいだはそうである。小都市や地方の村では、仕立職人《ジャーニーマン・テイラー》の賃銀は、普通の労働の賃銀に及ばない場合が多い。

雇用の不安定性が仕事の辛《つら》さ、不快さ、きたなさとむすびつくと、そのために、最も普通の労働の賃銀が、最も熟練ある手工業者たちの賃銀以上に高まることがある。出来高払で働いている炭坑夫は、ニューカースルでは、普通の労働の賃銀の約二倍を、スコットランドの多くの地方では、それの約三倍を稼ぐのが普通だと考えられている。炭坑夫の賃銀が高いのは、もっぱら仕事の辛さ、不快さ、きたなさにもとづいている。かれらの仕事は、たいていの場合、望みどおりに継続できるのである。ロンドンの石炭仲仕たちの職業は、辛さ、きたなさ、不快さの点では、炭坑夫たちとほとんど変らない。けれども、石炭船の到着がどうしても不規則になるため、かれらの大部分の者の雇用は、必然的に、たいへん不安定になる。だから、もし炭坑夫たちが普通の労働の賃銀の二倍、三倍を一般に稼ぐとすれば、石炭仲仕がときにこの賃銀の四倍、五倍を稼ぐことがあっても、不当というわけにはいかないのである。数年前にかれらの生活状態について行なわれた調査でわかったことは、かれらは、当時支払われていた率で、一日に六シリングないし一〇シリングを稼げたということである。六シリングといえば、ロンドンでの普通の労働の賃銀の約四倍である。そしてどんな職業においても、最低の普通の稼ぎは、つねに、その職業に従事する大多数の人々の稼ぎとみてさしつかえない。そうした稼ぎは、たとえそれがどんなに法外なものにみえようと、もしも仕事の不快な事情をすべて償ってあまりあるほど大きければ、排他的特権がぜんぜんない事業の場合には、まもなく競争者が多数現われて、そうした稼ぎを低い率に引き下げてしまうだろう。
雇用が安定的であるか安定的でないかは、どんな特定の事業においても、資本《ストック》の通常利潤に影響を与えるものではない。というのは、資本《ストック》が恒常的に用いられているかいないかは、事業に依存するものではなくて、事業家に依存するものだからである。

――賃銀はその職人によせられる社会の信頼の如何によって差異が生じるが、利潤はこれに関係がない――

107
第四に、労働の賃銀は、その職人たちによせられる社会の信頼の大きいか小さいかにおうじて異なる。
金銀細工師《ゴールドスミス》や宝石工の賃銀は、どこでも、かれらと同等またはよりすぐれた伎倆《ぎりょう》をもっている他の多くの職人たちの賃銀にくらべて高いが、それは、貴重な材料がかれらを信用して託されるためである。
われわれは、自分たちの健康を医師にあずけ、また自分たちの財産、ときには生命や名声までも法律家や弁護士にあずける。身分がたいへんいやしかったり低かったりする人たちには、そのような信頼をおこうとしても安心しておけるものではない。それゆえ、医師、法律家、弁護士の報酬は、その重大な信任にふさわしい社会的地位をかれらに与えるようなものでなければなるまい。こうしたことに加えて、かれらの教育にかけられるにちがいない長い時間と多大な費用とがむすびつくと、これは必然的に、かれらの労働の価格をなおいちだんと高めることになるのである。

ある人が事業に自分自身の資本《ストック》だけを用いる場合には、信任というものはそこにはない。その人が他の人々からかちえる信頼は、かれの事業の性質によるものではなくて、かれの財産、誠実、慎慮についての他人の評価によるものである。だから、各種の事業部門における利潤率の差異は、当該事業に従事する人々全般にたいする信頼の程度の差異から生じるものではないのである。

賃銀はその職業における成功の可能性と世間の賞讃のあるなしによって差異が生じる

第五に、さまざまな職業における労働の賃銀は、これらの職業における成功の可能性のあるなしによって異なる。

ある人が、現にその教育を受けた職業に適格であるかどうかの可能性は、職業によって非常にちがうものである。機械工という職業ではほとんどの場合、成功はだいたい確実である。だが自由職業ではたいへん不確実である。あなた方の息子さんを靴屋の徒弟に出すとしよう。かれが靴作りを習得するのはほぼ疑いがない。ところが、かれに法律の勉強を
108 やらせるとしよう。この場合は、かれがのちにその職業で生活できるほどに熟達するかどうかの公算は、せいぜい二〇対一である。完全に公平な富くじでは、当りくじを引いた人たちは、空くじを引いた人たちが失ったところのすべてを手に入れるのが当然である。一

人が成功するのにたいして二〇人が失敗するような職業では、その一人は、失敗した二〇人が手に入れるはずだったすべてを手に入れるのが当然である。弁護士の場合は、おそらく四〇歳近くになってから、その職業でいくらかの財産をつくりはじめるものだが、かれは、自分自身の多くの時間と金のかかる教育にたいしてばかりか、こうした教育でなにひとつ財産をつくる見込みもない二〇人以上の他の人たちが教育のために費やしたものにたいしても、報酬を受け取るのが当然である。弁護士の手数料がときとしてどれほど法外にみえようと、かれらが実際に受け取る報酬は、けっしてこの額に達するものではないのである。どこか特定の地方で、靴屋とか織布工とかいった普通の職業において、種々の職人の、年々の稼ぎの見込み額と、年々の支出見込み額とを推計してみると、前者の額のほうが一般に後者の額よりも大きいことがわかるだろう。ところが、すべての法律家協会[1]における弁護士と法学生の全部について同じ推計をしてみると、かれらの年々の稼ぎが年々の支出にたいしてごく小さい割合しか占めていないことがわかるだろう。たとえ収入をできるだけ高く、費用をできるだけ低く評価するとしても、そうである。だから、法律という富くじは、完全に公平な富くじからはほど遠いものであって、それは、他の多くの自由で名誉ある職業と同じように、金銭上の儲けという点では、明らかに割に合わない報酬なのである。

そうはいっても、やはりこれらの名誉ある職業も、他の職業と同等であって、右のような不利な事情があるにもかかわらず、最も寛大で自由な精神の持主がこれらの職業へと熱心に殺到する。これらの職業が好まれる理由には二つある。第一は、こうした職業のどれかで卓越した場合の名声を得ようとする欲求。第二は、あらゆる人が自分自身の才能についてばかりか、自分自身の運についても多少ともいだく生れながらの自信がこれである。

人並みのレベルに達するのさえむずかしい職業において頭角をあらわすということは、天才または秀才とよばれる者の決定的な証拠である。そのような傑出した才能にともなう世の賞讃は、つねに、そうした才能の報酬の一部をかたちづくるものであり、報酬の大小は賞讃の如何《いかん》に比例する。この賞讃こそは、医師という職業では、報酬のかなりの部分を占めており、法律を扱う職業ではおそらくなおいっそう大きい部分を占め、詩や哲学においてはそれがほとんど全体を占めている。

世には楽しくて美しい才能がいくつかある。そうした才能をそなえていると、一種の賞讃を博することになるが、それらを金儲けのために行使すると、理性によるか偏見による
109 か、どちらにせよ、一種の社会的な悪用とみなされる。だから、これらの才能を金儲けのために行使する人々の金銭上の報酬は、その才能を獲得するための時間と労力と費用を償うばかりか、生計の資としてそれらを用いることにともなう不名誉にたいしても償うに足るものでなければならない。俳優、オペラ歌手、オペラ・ダンサーなどの途方もない額の報酬は、こうした二つの原理、すなわち、才能が珍しくて美しいことと、その才能を金儲

けのために用いることにともなう不名誉とにもとづいている。われわれがかれらの人格を軽蔑《けいべつ》する一方で、かれらの才能には惜しみなく最大の報酬を与えるのは、一見、矛盾したことのようにみえる。けれどもわれわれは、一方のことをする以上は、必然的に他方のことをもしなければならない。だから、もしこのような職業についての世論や偏見が変ることがあるとすれば、かれらの金銭上の報酬はたちまち減少するであろう。前より多くの人々がそれらを志願するであろうし、競争はたちまちかれらの労働の価格を引き下げるであろう。このような才能は世間にざらにあるものではないが、だからといって、現に想像されているほど珍しいものではけっしてない。多くの人は、そうした才能を完全なかたちで所有してはいるが、それを金儲けのために利用することをいさぎよしとしないだけなのである。そこでもし、その才能によってなにほどかの利得が堂々と得られるということになれば、その才能を習得しうる人々の数はもっと殖えるであろう。

儲けのチャンスは過大評価され、損をするチャンスは過小評価される傾向がある。青年が自分の職業を選択するころは特にそうである

たいていの人は自分自身の才能についてうぬぼれをもっているものであるが、そうした思い上りこそは、あらゆる時代の哲学者や道徳家によって指摘されている、昔からの悪弊である。だが、自分自身の幸運についていだく途方もない推測は、それほど人の注意をひ

くものではないけれど、このほうがいっそう普遍的なことだといえよう。人と生れて、一応の健康と気力があれば、だれでもそうした途方もない推測を多少ともしたくなるものである。儲けのチャンスは、だれでも多かれ少なかれ過大評価するものだし、損をするチャンスはたいていのものが過小評価するものであって、一応の健康と気力のある人なら、その損失のチャンスのほうを実際以上に評価することは、滅多にないのである。

　儲けのチャンスは自然に過大評価されるものだということは、富くじ事業がどこでも成功するということから知ることができる。完全に公平な富くじ、すなわち、儲けの全部が損失の全部で償われるような富くじは、世間にあったためしはないし、またこれからもないだろう。なぜなら、これでは富くじ業者は儲からないからである。国営の富くじは、最初の応募者たちが支払う値段だけの値打がくじ券には実際はないのに、ふつうは市場で、二〇、三〇、ときには四〇パーセントの割高値で売られる。大きい賞金を少しでも手に入れようというむなしい希望が、この需要の唯一の原因なのである。すこぶるまじめな人でも、一万ポンドか二万ポンドを儲けるチャンスをめざしてわずかの金額を支払うことを、愚かなことだとは考えない。もっともかれらは、この少額でさえ、実際のチャンスの値打よりもおそらく二、三〇パーセントは高いということを承知している。二〇ポンドを超える賞金がぜんぜんないような富くじの場合は、たとえそれが、それ以外の点では普通の国営富くじよりもはるかに完全に公平な富くじに近いものであっても、国営富くじの場合と

110 同一の需要はないだろう。いくつかの大きい賞金をつかむチャンスをねらって、ある人々は数枚のくじ券を買い、他の人々はもっと多数の小額券を買う。けれども、われわれがかける富くじ券が多ければ多いほど、われわれが損をする見込みもますます大きい、ということほど確実な数学上の命題はない。富くじ全部にかけてみればよい。そうすれば、確実に損をする。買うくじ券の数が多くなればなるほど、われわれはますますこうした損失の確実性へと近づくことになるのである。

　損をするチャンスのほうはしばしば過小評価されて実質以上に評価されることは滅多にない。このことは、保険業者の利潤がたいへん穏当であることからも判る。火災保険でも海上保険でも、保険を一個の事業とするためには、通常の保険料が、保険の通常の損失を償い、経営の費用を支弁するとともに、これと等量の資本がなにか普通の事業に用いられたときに得られるような利潤をも提供するのに足りるものでなければならない。これだけしか支払わない人は、明らかに、危険の正味の価値しか支払わないことになる。つまり、それだけを支払っておけば危険を保障してもらえるものと期待していい最低価格しか支払わないのである。ところで、保険業でいくらかの金儲けをした人は多数いるが、それで大きい財産をこしらえた人は非常に少ない。このことを考慮しただけでも、次のことは十分に明らかなように思われる。それは、この保険業における通常の損益バランスが、多くの人が財産をつくる他の普通の事業にくらべて、より以上に有利ということはない、ということである。保険料がふつうどんなに穏当であっても、多くの人は危険をあまりに軽視してそれを支払いたがらないのである。わが王国全体の平均をとってみると、二〇戸のうちの一九戸、いやおそらくは一〇〇戸のうちの九九戸は火災保険をかけていない。だが海難は大多数の人にとっては火災よりも重大事であるから、保険をかけている船のかけていない船にたいする割合は火災の場合よりもずっと大きい。だが、どんな季節でも、いや戦時中でさえ、多数の船が保険なしで航行している。これは、いちがいに無思慮なやり方とばかりはいえないこともある。たとえば大会社や、さては大貿易商が、二〇隻、三〇隻の船を海上に浮べている場合は、これらの船は、いわばたがいに保険しあっているようなものなのである。この全部の船を保険にかけないことにより節約される全船舶の保険料は、これらの船がふつうこうむりそうな損害を償ってあまりあるかもしれない。けれども、船舶についての保険を家屋の場合と同じように軽視するのは、たいていはこうした綿密な計算によるのではなくて、たんに思慮のないむこうみずや危険にたいする不遜《ふそん》な軽蔑によるのである。

青年が危険を軽視したり、成功について無茶な望みをいだいたりするのは、人生のうちで、自分の職業を選択する年齢のころにはなはだしいものである。この時期には、不幸にたいする恐れが幸福への希望を相殺することの可能性は小さくて、それがどんなに小さいかは、上流階級の人々がいわゆる自由職業につこうとする熱心さよりも、庶民が気軽く兵士に応募したり船乗りになったりすることのなかに、いっそうはっきりと認められる。

普通の兵士という職業がなんと損なものかは、まったく明白である。それにもかかわらず青年たちは、いざ戦争がはじまったとなると、危険をかえりみることなくすすんで兵士に応募するのであって、かれらは、昇進の機会はほとんどないのに、青年らしい空想をほしいままにして、名を挙げ殊勲をたてるという、起りもしない無数のチャンスを心に描くのである。こうしたロマンティックな希望が、かれらの血潮の代価のすべてとなる。かれらの給与は、普通の労働者のそれよりも低く、しかも実際の勤務では、かれらの疲労ははるかに大きい。

海上勤務という富くじは、陸軍という富くじほどに不利なものではない。立派な労働者や手工業者の息子がしばしば父の同意を得て海上勤務の職を選ぶことがあるが、もし陸上勤務の兵士に応募するとなると、父の同意が得られないことは必定である。前者の職につけばなにかができる機会があることをだれも認めるけれど、後者の職で何事かができるとは、かれのほかだれひとりとして認めない。大提督は大将軍にくらべると世間の賞讃の的になることが少ないし、また海上勤務における最高の成功は、陸軍における同じ成功にくらべて、輝かしい武勲や名声を約束することが少ない。大将クラス以下の全階級の昇進の場合にも、これと同様の差異が陸海軍間にある。席次規則によれば、海軍大佐は陸軍大佐と同列であるが、世間の評価では、前者は後者と同列ではない。富くじでは大当りくじの数が少なければ少ないほど、小さい当りくじは多いにちがいない。だから、普通の水兵は普通の兵士よりも幸運や昇進にめぐまれる場合が多い。そのような当りくじを引き当てる希望が、この職業につくことを主としてうながすものなのである。船乗りたちの熟練と技能が、たいていの手工業者のそれよりははるかにまさっていようとも、またかれらの全生涯が辛苦と危険の連続であろうとも、こうした熟練と技能のすべてにたいして、またこうした辛苦と危険のすべてにたいして、かれらが受け取る報酬は、普通の船乗りの身分であるかぎりは、この熟練と技能を活用し、またこの辛苦と危険を乗り越えるというよろこび以外には、ほとんどない。かれらの賃銀は、一般に海員の賃銀率を規制する港湾の下級の労働者《コモン・レーバラーズ》の賃銀より高くはない。船乗りたちは港から港へとたえず移動するので、大ブリテンのさまざまな港から出港するこれらの人たちの月々の給料は、そうしたさまざまな場所での他の労働者たちの月々の給料にくらべて、ある一定水準にいっそう近づいている。そして、最大多数の船乗りが出港し入港する港、すなわちロンドン港の賃銀率が、他のすべての港の賃銀率を規制するのである。ロンドンでは、多数の各種労働者の賃銀は、[112]エディンバラの同種の人たちの約二倍である。しかし、ロンドン港から出港する船乗りは、リース港から出港する船乗りよりも月に三、四シリング余計に稼ぐことがまれにはあるが、多くの場合はそれほどの開きはない。平和時の商船の勤務は、一暦月につきロンドン相場で一ギニー〔二一シリング〕ないし約二七シリングである。ロンドンの下級の労働者は、週あたり九ないし一〇シリングの率で計算すると、一ヶ月では四〇ないし四五シリングを稼いでいることになる。もっとも、船乗りは給料に加えて食糧の提供を受ける。けれども、食糧の価値は、かれらの給料と下級の労働者《コモン・レーバラー》の給料との差額をかならずしも超えるものではないだろう。またたとえ超えることがあっても、この超過分は船乗りにとって正味の稼ぎにはならないだろう。というのは、かりに超過分があってもそれを自分の妻や家族に分かつことはできず、かれらは、家に残した家族たちをもっぱら自分の賃銀で扶養しなければならないからである。

冒険生活につきものの危険や危機一髪の脱出というようなことは、青年たちの勇気をくじくどころか、かれらがその職業を選ぶことをしばしばうながすようにみえる。低い階級の人たちのあいだでは、子ぼんのうの母親は自分の息子を海港都市の学校に送ることを恐れることが多いが、それは、船を見たり船乗りたちの会話や冒険談を聞いたりして、息子が船乗りになりたがると困るからである。勇気や腕前によって乗り越えられると期待できる冒険を遠くから眺めているのは、われわれにとって不愉快なものではないのだから、そのために、どんな職業においても労働の賃銀が引き上げられたりはしない。勇気や腕前がぜんぜん役に立ちえないような職業の場合は、これと事情がちがう。たとえば健康上はなはだよくないことで知られている職業では、労働の賃銀はきまって非常に高い。健康に害があるというのは、一種の不快さであって、それが労働賃銀に及ぼす結果は、一般に快・

不快という前述の項目のもとに入れられるべきものである。

利潤は収益が確実か否かによって差異が生じる。また利潤が不均等にみえる場合は労働の報酬にあたる部分をふくんでいるからである

資本《ストック》を種々な方法で用いる場合、利潤の通常率は、その収益が確実か不確実かにおうじて、多かれ少なかれ変動する。一般に収益は、外国貿易よりも国内商業のほうが不確実性が少ないし、外国貿易でも部門によって異なり、たとえば、北アメリカとの貿易のほうがジャマイカ貿易にくらべて不確実性が少ない。利潤の通常率は、多かれ少なかれ、つねに危険とともに上昇する。けれども、それは危険に正比例して、すなわち危険を完全に償うほどに上昇するとは思われない。破産は、危険このうえもない事業においていちばん頻発するものである。全事業中、危険このうえもないもの、たとえば密輸業は、冒険に成功すれば、またこれほど利益のあがるものもないけれど、破滅への道であることにまちがいはない。向う見ずな成功の望みが、ここでも、他のすべての場合と同じようにはたらいて、非常に多数の冒険者たちがこうした危険な事業へ誘いこまれる。その結果、かれらの競争は利潤を引き下げて、危険を償うに足る大きさ以下にしてしまうように思われる。危険を
113 完全に償うためには、普通の収益は、資本《ストック》の通常利潤に加えて、ときどきの損失全部をうめあわせるばかりか、保険業者の利潤と同一性質の余剰利潤を冒険者たちに与えるもので

なければならない。もし普通の収益がこれらのすべてを満たすに足るならば、破産が、他の事業よりも頻発するということはないであろう。

したがって、労働の賃銀に差を生じる五つの事情のうちで、資本《ストック》の利潤に影響を及ぼすのは二つだけ、すなわち仕事の快・不快と、仕事にともなう危険または安全の如何である。仕事の快・不快についていえば、資本《ストック》のさまざまな用途にはどれもみなほとんどまたはまったく差異がないが、労働の用途には大きい差異がある。資本《ストック》の通常利潤は、危険とともに上昇しはするが、かならずしもそれに正比例して上昇するとも思えない。そこで以上から出てくる結論は、同じ社会または同じ近隣地域では、資本《ストック》のさまざまな用途における平均利潤率または通常利潤率は、さまざまな種類の労働の金銭的賃銀にくらべると、いっそう一定水準に近いのが道理であり、事実もまたそうなっている。普通の労働者の稼ぎと、よくはやる弁護士や医師の稼ぎとの差異は、明らかに二つのちがった事業部門のどの通常利潤の差異よりも、ずっと大きい。そのうえ、さまざまな事業の利潤に認められる外見上の差異は、一般には、賃銀とみなすべきものと、利潤とみなすべきものとを、われわれがかならずしも区別していないことから生じるひとつの錯覚なのである。

薬剤師の利潤は、薬九層倍という言葉もあるように、なにか格別に法外なものを指すものとなっている。けれども、この大きい外見上の利潤は、労働の妥当な賃銀にほかならない場合が多い。薬剤師の技能は、どんな手工業者のそれよりもずっと精密で微妙なものであり、また薬剤師によせられる信任は、手工業者にくらべてはるかに重い。かれは、あらゆる場合に貧民の医師であり、苦痛や危険があまり大きくないときには富者の医師でもある。したがって、かれの報酬はとうぜんかれの技能と信任にふさわしいものであるべきで、それは一般にはかれが売る薬品類の価格から生じる。ところが、大きい市場町〔地域の商品取引市が毎週曜日をきめて開かれる地方都市〕で、たいへんよくはやる薬剤師が年間に売る薬品類の総額は、かれにとっては、おそらく三、四〇ポンド以上の費用もかかっていないだろう。したがって、たとえかれがこれを三、四〇〇ポンドで、つまり一〇〇〇割の利潤で売るにしても、この利潤は、多くの場合薬品類の価格のうえにかれが課した自分の労働の妥当な賃銀にほかならないし、またこのやり方が、自分の労働の賃銀を転嫁しうる唯一のやり方なのである。この外見上の利潤の大部分は、利潤という衣で偽装された事実上の賃銀にほかならない。

114

小さい海港都市[2]のこぢんまりした食料雑貨商は、わずか一〇〇ポンドの資本にたいして四〇ないし五〇パーセントの利潤をかせぐであろうが、一方、同じ場所の大きい卸売商は、一万ポンドの資本にたいして、八ないし一〇パーセントの利潤をさえ稼ぐことはまれであろう。食料雑貨商という職業は、住民のために必要なものであろうし、また市場が小さいので、比較的大きい資本をこの事業に用いるわけにいかないということもあろう。けれども、こうした食料雑貨商を営む人は自分の職業で生活しなければならないし、それはかりか、この職業が必要とする資格や条件にふさわしいかたちで生活もしなければならない。

小資本を所有するほかに、かれは、読み、書き、計算ができなければならない。また、おそらく五、六〇種類ものさまざまな財貨の価格、品質、また最も安価に仕入のできる市場について、かなりの判断力をもたなければならない。要するにかれは、大商人になることを要な知識のすべてをそなえていなければならないのであって、かれが大商人にとって必妨げているのは、十分な資本の欠如ということだけである。年に三、四〇ポンドというのは、こういう能力ある人物の労働にたいして多すぎる報酬と考えることはできない。かれの資本の一見大きい利潤から、この労働の報酬にあたる部分を控除してみると、おそらく資本の通常利潤以上にはほとんどなにも残らないだろう。外見上の利潤の大部分は、ここでもまた事実上の賃銀なのである。

小売商の外見上の利潤と卸売商のそれとの差は大都市のほうが小都市や村落よりも小さい

小売商の外見上の利潤と卸売商のそれとの差は、小都市や、地方の村落とくらべると、首都ではずっと小さい。たとえば、食料雑貨商を営むのに一万ポンドも投下できようというような大都市では、食料雑貨商人の労働の賃銀が、こんな大きい資本《ストック》の正味の利潤に追加する分は、ごくわずかである。したがってそこでは、富裕な小売商の外見上の利潤は、卸売商のそれにいっそう接近している。小売で販売される財貨が、一般に首都では、小都市や地方の村々と同じように安価であり、またそれ以上にずっと安いことがよくあるのは、

115

このような理由によるのである〔第一篇第八章「大ブリテンでは賃金水準……」の小見出し参照〕。たとえば食料雑貨は、首都のほうが小都市や地方の村々よりも総じてずっと安価であり、パンと食肉は差異のない場合が多い。食料雑貨を大都市にもたらすには地方の村々にもたらすよりも費用は多くかからないが、穀物や家畜となると、その大部分がはるか遠方からもってこなければならないので、それにはいっそう大きい費用がかかる。そこで、食料雑貨の仕入原価は、この二つの場所で同じであるから、その仕入原価に課される利潤の最小なところがいちばん安いはずである。これに反し、パンと食肉の仕入原価は、大都市のほうが地方の村々におけるよりも高い。だから、大都市では利潤は少なくても、これらの商品はかならずしも地方より安いわけではなくて、地方と同じ場合が多い。パンや食肉のような品物の場合は、外見上の利潤を減少させるのと同じ原因が仕入原価を増加させる。それは市場の広さによることであって、この市場の広さのために、いままで以上に大きい資本《ストック》が投じられて外見上の利潤が減少するが、またこの広さのために、遠方からの供給を受けることになって仕入原価が増加する。このようにして、一方の減少と他方の増加とは、たいていの場合、たがいにほぼ相殺しあうように思われる。これはおそらく、穀物や家畜の価格が、この王国の地方によってふつういちじるしく違いがあるのに、パンや食肉の価格は、王国の大部分の地方をつうじて、一般にほとんどまったく同じであることの理由であろう。

卸売商の利潤も小売商の利潤も、大都市のほうが小都市や村よりも一般に小さいが、大都市では投機によって不健全な大財産が生じうる

卸売商の資本《ストック》の利潤も、小売商の資本《ストック》の利潤も、ともに首都のほうが小都市や地方の村々よりも一般に小さいけれども、首都の場合には、小規模なものから出発して大きい財産を獲得することがしばしばあるのにたいし、小都市や地方の村々では、そういうことは滅多にない。小都市や地方の村々では、市場が狭いために、資本《ストック》が拡大するほどには事業はかならずしも拡大するわけにいかない。だからこのような地方では、たとえ特定の人の利潤率は非常に高いことがありえても、利潤の額またはその総計が非常に大きいということはけっしてありえない。したがって、この人の年々の蓄積の額が非常に大きいこともありえないのである。反対に大都市では、事業は資本《ストック》の増加につれて拡大しうる。そして、節約家で繁昌《はんじょう》している商人の信用は、かれの資本《ストック》よりもずっと急速に増加する。かれの事業はこの信用と資本《ストック》の大きさに比例して拡大し、かれの利潤の額または総計は事業の大きさに比例する。またかれの年々の蓄積は利潤の総計に比例する。けれども、勤勉で節約で注意ぶかい長年の生活の結果でなければ、たとえ大都市でも、正規の、基礎の確立した世間周知の事業部門で巨額の財産がつくられるということは、滅多に起らないものである。もっとも、そうした大都市では、いわゆる投機によって、予期もしない財産が一朝にして

つくられることはよくある。投機的な商人は、正規の、基礎の確立した世間周知の事業部門では、仕事をしない。かれは、今年は穀物商かと思うと翌年は葡萄酒《ぶどうしゅ》商であり、またその次の年には砂糖、煙草《タバコ》、または茶の商人にもなる。かれは、普通以上に利益があるらしいということが予期される場合にはどんな事業にも手を出し、そして、その事業の利潤が他の事業の水準に復帰するらしいということが予期されるや、それを見捨ててしまう。だからかれの損益は、基礎が確立した世間周知のどんな事業部門の損益とも、一定の規則正しい比率を保ちえない。大胆な冒険者であれば、二、三回の投機に成功して、かなりの財産を獲得することもあるかもしれないが、しかしまた、二、三回の運の悪い投機で財産を失ってしまう恐れもある。この種の事業は、大都市以外の場所ではとても営むことはできない。それに必要な情報が手にはいるのは、最も大規模な商業と通信が発達している場所にかぎられるからである。

116　以上述べた五つの事情は、たとえそれが労働の賃銀や資本《ストック》の利潤にかなりの不均等をひきおこすにしても、労働と資本《ストック》のさまざまな用途についての、実際上または世評の上での利益と不利益を全体としてみれば、いかなる不公正をもひきおこしてはいない。こうした事情は、ある職業における金銭的利得が少ないのをおぎない、他の職業における金銭的利得の多いのを相殺する、といった性格をもっているのである。

職業の利益・不利益が均等化されるためには、完全な自由のほかに次の三つが必要である

しかしながら、職業の利益と不利益の全体についてこのような均等化が実現するためには、最も完全な自由があるところですら、次の三つのことが必要である。第一に、これらの職業はその近隣地方でよく知られており、また長年にわたって営まれてきたものであるということ、第二に、これらの職業はその通常の状態、すなわち、いわゆる自然の状態になければならないということ、第三に、これらはそれに従事する人々にとって唯一、または主要な職業でなければならないということである。

（一）その職業が長年にわたって基礎の確立したものであること

第一に、この均等化は、近隣の地域一帯でよく知られ、また長年にわたって営まれてきている職業においてだけ生じる。

他のすべての事情が等しいならば、賃銀は新事業のほうが、旧来の事業におけるよりも一般に高い。ある企業家が新しい製造業をはじめようと企てるときには、かれはまず最初に、労働者たちが現にいまの職業で稼いでいるよりも高い賃銀で、あるいはまた、この企業家の事業の性質上通例支払っているよりも高い賃銀で、労働者たちを他の職業から誘致しなければならない。そして、かれがこのような賃銀を普通の水準へと思いきって引き下

げうるまでには、かなりの時間が経過するにちがいない。製品にたいする需要がもっぱら流行や気まぐれから生じるような製造業は、たえず動揺し不安定であって、しっかりした老舗《しにせ》の製造業と認められるようになるまで長つづきすることは滅多にない。これに反して、需要が主として実用や必要から生じているような製造業は、それよりも安定的で変動がなく、同じ型や構造のものが数世紀にもわたってひきつづき要求されることがある。だから、労働の賃銀は、前の製造業のほうが、後のそれよりも高くなる傾向がある。バーミンガムは主として前の種類の製造業に関係し、シェフィールドは後の種類の製造業に関係している。そして、これら二つの異なった地方での労働の賃銀は、これらの製造業の性質の差異におうじて異なっているといわれている。

なにか新しい製造業を起したり、なにか新しい商業部門を開設したり、農業上のなにか新規の方法を創設したりするのは、つねに一種の投機であって、投機的企業家はそれから特別な利潤を期待するものである。そうした利潤が、ときには非常に大きいこともあるし、またときには、いやおそらくはいっそうしばしば、まったく反対の結果に終ることもある。しかし、このような利潤は一般に、近隣地方における他の旧来の事業のそれと規則的な比例を保つことはないのである。もしもこの事業企画が成功すれば、利潤は最初は非常に高いのが普通である。この新規の事業や方法が普及し根をおろすようになり、そして世間に知れわたると、競争によって、その高い利潤は他の事業の水準まで引き下げられてしまう。

117

―（二）その職業が自然の状態にあること―

第二に、労働と資本《ストック》のさまざまな用途における利益・不利益の全体としての均等化は、これらの職業の通常の状態、すなわち、いわゆる自然の状態においてもっぱら生じるのである。

ほとんどあらゆる種類の労働にたいする需要は、通常の時よりも大きいこともあれば、小さいこともある。前の場合には、その職業の利益は、普通の水準を上回り、後の場合には、その水準を下回る。農村の労働にたいする需要は、乾草の時期や収穫の時期には、一年の大部分をつうじての需要よりも大きく、賃銀は需要とともに上昇する。戦時に、四、五万の船乗りが商船勤務から国王のための勤務へと強制的に移される場合には、商船用の船乗りにたいする需要は、必然的に、かれらの数の不足につれて増大する。そして、このような場合の賃銀は、一ヶ月一ギニーないし二七シリングから、四〇シリングないし三ポンドへと上昇するのが普通である。これに反して、斜陽的な製造業では、多くの職人は、自分たちの昔からの職場を見捨てるよりは、むしろその職業の性質にふさわしい賃銀よりもいくぶん少ない賃銀で満足するものである。

資本《ストック》の利潤は、資本《ストック》が用いられる諸商品の価格によって変動する。ある商品の価格が、通常率または平均率以上に上昇すると、それを市場にもたらすために用いられる資本《ストック》のうちの少なくともある部分の利潤は、その適当な水準以上に上昇する。そしてこの商品の価格がこの率以下に下落するにつれて、利潤はこの水準以下に低下する。すべての商品は多かれ少なかれ価格の変動をこうむりがちであるが、商品によっては、他にくらべて非常に変動しやすいものがある。人間の勤労によって生産されるすべての商品の場合には、年々生産に用いられる勤労の量は、年々の需要によって、平均的な年生産が平均的な年消費にできるだけ等しくなるように必然的に規制される。すでに述べたように、ある職業では、同一量の勤労がつねに同一量またはほぼ同一量の商品を生産するだろう。たとえば、亜麻布や毛織物の製造業では、同数の人手が年々ほぼ同一量の亜麻布や毛織布を仕上げるだろう。だから、このような商品の市場価格の変動は、需要の側のある偶然の変動によってのみ生じるのである。公けの喪《も》があると、黒布の価格は上昇する。だが、大部分の無地の亜麻布と毛織布にたいする需要はだいたい一定していて、価格もまた同じように変化しない。ところが、他の職業には、同一量の勤労がかならずしも同一量の商品を生産するとはかぎらないようなものもある。たとえば同一量の勤労を投じても、生産される穀物、葡萄酒、ホップ、砂糖、煙草の生産量は年によって非常にちがってくるだろう。そこで、このよう
118 な商品の価格は、需要の変動とともに変動するばかりか、生産される分量――それは需要の変動よりも大きく、かつ頻繁《ひんぱん》である――の変動にともなっても変動し、そのために動揺がはなはだしい。ところが、こういう商品を取り扱っている商人たちのある者の利潤は、商品の価格とともに必然的に変動せざるをえない。投機商人の活動は、主としてこのよう

な商品について行なわれる。かれは商品の価格が上昇するらしいと予測したときは、それを買い占め、それが下落するらしいと判断したときには売ろうと努力する。

（三）その職業がそれに従事する人々にとって唯一または主要なものであること

第三に、労働と資本《ストック》のさまざまな用途における利益・不利益の全体としての均等化は、その職業が、それに従事する人々にとって唯一または主要なものであるというような場合にのみ生じる。

ある人が、自分の生計の資をある職業から獲得し、しかもその職業がこの人の時間の大部分を占めていない場合には、かれは余暇の合間にすすんで別の職業に従事するし、そうでなければ職業の性質にふさわしいと思われる賃銀よりも少ない賃銀で働くことがしばしばある。

いまでもスコットランドの多くの地方には、小屋住み農《コッターまたはコッテイジャー》とよばれる一群の人々が暮している。もっとも数年まえには、かれらの数は現在よりももっと多かった。この人たちは、地主や農業者にとって一種の通いの使用人である。かれらが主人から受け取る通常の報酬は、一軒の家、野菜類をつくる小さな菜園、一頭の牝牛《めうし》を飼うだけの牧草地、それにおそらく一、二エイカーのやせた耕地である。主人がかれらの労働を必要とする場合には、これ以外に、一週あたり約一六ペンスに値する二ペック〔一ペックは九・〇九二リットル〕の燕麦《えんばく》を与える。

一年の大部分のあいだ、主人はかれらの労働をほとんどまったく必要としないし、またかれらは、自分たちの小さい保有地を耕作するだけでは、自分たちの自由になる時間を使いきれない。このような小さな農地を保有する農民たちが現在よりももっと多数存在した時代には、かれらはごく少ない報酬と引換えに、自分の余分な時間をだれにでもよろこんで提供し、他の労働者よりも少ない賃銀で働いていたらしい。昔は、かれらはヨーロッパのいたるところに存在していたようである。耕作がよくゆきとどかず、住民が比較的不足している国々では、地主や農業者の大部分は、ある季節に農村の労働が必要とする多数の臨時の人手を、これ以外のやり方では調達することができなかった。こういう労働者が主人からときおり受け取った一日または週あたりの報酬は、明らかにかれらの労働の全価格ではなかった。かれらのわずかな保有地や保有物が、かれらの報酬の大部分をまかなっていたのである。それなのに、古い時代の労働や食糧の価格を調べて、この二つがともに驚くほど低かったと主張してよろこんだりしている多くの著述家たちは、この一日または週あたりの報酬を、かれらの労働の全価格だとみなしていたのではないかと思われる。

119 　こういう労働で生産された生産物は、そうでなければその性質にふさわしいと思われる価格よりも安い価格で市場に出てくる場合が多い。長靴下は、スコットランドの多くの地方では手編みで作られていて、それは織機で作られるどんな場合よりもずっと安く編まれる。というのは、同地では自分の生計の主要部分をなにか他の職業から得ている使用人や労働者がこの長靴下を作るからである。一〇〇〇足を超えるシェットランド製の長靴下が年々リース港に輸入されるが、その価格は一足につき五ペンスないし七ペンスである。ところが私の確聞するところ、シェットランド諸島の小首都ラーウィックでは一日一〇ペンスというのが普通の労働《コモン・レーバー》の通常価格である。それで、この諸島にありながら、ここで編まれる毛糸の長靴下には一足一ギニー以上もの値がつくのである。

スコットランドでは、亜麻糸紡ぎは、長靴下を編むのとほぼ同じようなやり方で、主として他の目的のために雇われている使用人たちの手で行なわれている。この二つの職業のどれかを本業として、それで生計をたてようと努力してみても、この人たちはたいへん乏しい生計の資だけしか稼げない。スコットランドのたいていの地方では、一週に二〇ペンス稼ぐ女は腕のいい紡績工なのである。

富裕な国々では、市場は一般に広大であるから、どんな職業でも、それに従事する人たちの労働と資本《ストック》を全部用いることができる。人々が、ひとつの職業で生活し、同時にまた別の職業からわずかばかりの収益を得ているというような例は、主として貧しい国々にみられる。けれども、次のような例は、これと同じようなものでありながら、非常に富んだ国の首都でみることができる。ヨーロッパ中でロンドンほど家賃の高い都市はないと私は信じているが、そうはいっても、家具つきのアパートがロンドンほど安く借りられるような首都を私はほかに知らない。ロンドンの部屋代は、パリよりもずっと安いだけでなく、立派さでは同じ程度のエディンバラにくらべても、いっそう安い。そして、異様に思われるかもしれないが、家賃の高いことが部屋代の安いことの原因なのである。ロンドンの家賃が高いのは、すべての大きい首都において家賃を高くするような諸原因、すなわち労働が高いこと、ふつう非常に遠方から運んでこなければならない建築材料のどれもが高いこと、そして、とりわけ地代が高いことに由来している。これは、地主がことごとく独占者の役割を演じて、そしてしばしば、農村における一〇〇エイカーの最良地から得られるよりもより高い地代を、都市の劣悪地のわずか一エイカーからしぼりとるためである。そればかりでなく、また一つには、一家の主人たるものはすべて家の屋上から地下までの家屋全体を借りなければならない、というイングランド特有の生活の習慣からもきている。イングランドでは、住宅といえば、同じ屋根の下にあるいっさいのものを意味する。だが、フランス、スコットランド、またヨーロッパの多くの地方では、それはある単独の階しか
120 意味しない場合が多い。ロンドンで店をもつ小売商人は、ロンドン市内で自分の顧客たちが住んでいるところに一戸の家全体を賃借しなければならない。かれの店は一階にあり、かれとその家族は屋根裏の部屋で寝起きする。そして、かれは、中間の二つの階を間借人たちに賃貸し、それによって自分の家賃の一部を捻出しようとする。かれはその家族を、自分の職業によって維持しようと思っているのであって、間借人によって維持しようと思っているのではない。ところが、パリやエディンバラでは、貸部屋をする人々はこれ以外

に生活の手段をもたないのが普通である。したがって貸部屋の価格は、この家の家賃だけでなく、家族の全生活費までもふくまなければならない。

(1) Idyllium xxi を参照。〔Theocritus (310BC-250BC)、ギリシャの詩人、田園生活にかんする各種の小詩三〇篇をのこす。彼の小詩のなかには貧しい漁夫をうたったものがある〕

〔1〕イギリスの裁判官や法廷弁護士がかならず入会しなければならない法律家の協会で、弁護士を志望する者はこの協会の試験に合格することが必要とされた。協会所在地のロンドンには、Inner Temple, Middle Temple, Lincoln's Inn および Gray's Inn の四つの建物があって、「四法学院」ともよばれていた。

〔2〕この言葉でスミスは、生地カコーディをたしかに念頭においていたと思われる。かれが少年時代を過ごした当時のカコーディは人口わずかに一五〇〇人。そこには食料雑貨商はもとより、貧しい炭坑夫や製塩夫、バルト海を中心に商売する貿易商や密輸業者やその荷主たちや税関吏もいて、スミスはこの小都会のありさまや人物に鋭い観察の眼をむけたという。スミスがこの町の釘製造所を訪れ、そこで分業の効果についてのヒントを得たことは前掲訳注（第一篇第一章訳注〔2〕）でふれた。

第二節　ヨーロッパ諸国の政策によってひきおこされる不均等

ヨーロッパ諸国の政策はいっそう重大な不均等をひきおこしている。その政策には三つの方法がある

上述の三つの要件のどれかが欠けると、最も完全な自由があるところでさえ、労働と資本《ストック》のさまざまな用途についての利益・不利益の、全体としての不均等が生じるにちがいないことは以上の通りである。ところが、ヨーロッパ諸国の政策は、物事を完全な自由にゆだねないので、これよりもはるかに重要な他の不均等をひきおこしている。

ヨーロッパ諸国の政策は、主として次の三つのやり方でこの不均等をひきおこしている。第一は、ある種の職業における競争を制限して、そうでなければこれらの職業に就きたがる人々の数を制限すること、第二は、他の職業での競争を、そうでなければ自然に行なわれる以上に増大させること、そして第三は、職業から職業へ、地方から地方への、労働と資本《ストック》の自由な流通を妨げることである。

(二) 職業上の競争を制限するものとして、同業組合の排他的特権があり、この特権は長期の徒弟修業と徒弟数の制限とを強制している

第一にヨーロッパ諸国の政策は、ある職業における競争を制限し、自由であればそうした職業に就こうとするにちがいない人々の数を少なくすることによって、労働と資本《ストック》のさまざまな用途における利益・不利益の全体について、非常に重大な不均等をひきおこしている。

同業組合の排他的特権こそは、ヨーロッパ諸国の政策がこの目的のために利用するおもな手段である。

同業組合化された職業の排他的特権は、組合が設立されている都市では、必然的に、その職業についての営業の自由をもっている人たちだけに競争を制限する。その都市で、正規の資格をもった親方のもとで徒弟修業をつとめあげたということが、ふつうこの営業自由の特権を獲得するために必要な条件である。同業組合の規約は、ときには親方がもつことをゆるされる徒弟の数を定め、またたいていの場合、各徒弟がやりおえなければならな
121 い修業年数を定めている。この二つの規定が意図するところは、そうでなければこの職業に参入したがるかもしれない人の数を少なくして、競争をその人数内に制限することである。徒弟数の制限はこの競争を直接に抑制する。徒弟期間の長期化はそれだけ教育費を増

加して、もっと間接的にではあるが、同じく有効にこの競争を制限するものである。

シェフィールドでは、刃物職の親方は同業組合の規約によって、一度に一人しか徒弟をおくことができないことになっている。ノーフォークやノーリッジでは、織布業の親方は二人までしか徒弟をおくことができず、これに違反すると、罰金として一ヶ月五ポンドを国王に徴収される。イングランドやその植民地ではどこでも、帽子作りの親方は二人以上の徒弟をおくことができず、それに違反すると、罰金として一ヶ月五ポンドを徴収され、その半分は国王にとられ、他の半分はどこかの登録裁判所に告訴した者の手にわたる。これらの規定は二つとも、わが王国の国法によって確認されているが、シェフィールドの規約を制定したのと同じ同業組合精神にもとづくものであることは明らかである。ロンドンの絹織物業者は、組合をつくってから一年もたたないうちに規約を制定して、親方が一度に二人までしか徒弟をおけないことにした。またこの規約を撤廃するのには、議会の特別の条例を必要としたのである。〔1〕

徒弟修業の年限は七年である。同業組合は昔はみなユニヴァーシティとよばれ、今日の大学の学位取得の年限もこれをまねたものである

全ヨーロッパをつうじて昔は七年というのが、同業組合化された職業の大部分における徒弟修業の年限として確立された通常の期間であったようだ。そういう団体は、昔はみな

ユニヴァーシティとよばれた。じつはユニヴァーシティという言葉は、どんな団体であろうと、団体を指す本来のラテン語の名称なのである。鍛冶《かじ》職のユニヴァーシティ、裁縫職のユニヴァーシティなどの表現が、昔の都市の古い特許状のなかでよく見うけられる。今日とくに大学《ユニヴァーシティ》とよばれている特殊な団体が最初に設立された当時にあっては、マスター・オブ・アーツという称号を獲得するために必要な修学年限は、明らかに、これよりもずっと古くから団体がつくられていた普通の職業における徒弟修業の年限をみならったも
122 のだったようである。普通の職業において、しかるべき資格のある親方《マスター》のもとで七年間仕事をしたということが、親方《マスター》となって自分の徒弟をもつ資格を得るために必要であったのと同じように、しかるべき資格のある先生《マスター》のもとで七年間勉強したということが、リベラル・アーツ〔中世において必須の教養課目とされた基礎学科。文法、修辞学、論理学、算術、天文、幾何、音楽の七学科〕の場合も、先生《マスター》、教師または博士（昔はこの三つの言葉とも同義語であった）となって、自分のもとで学ぶ学生《スカラー》または門弟《アプレンティス》（同じようにこの二つはもともと同義語であった）をもつ資格を得るために必要であったのである。

徒弟条例の適用範囲はイングランドの市場町に限られ、
また制定当時すでにあった職業に限られていた

エリザベスの治世第五年の条例はふつう徒弟条例とよばれているが、それには次のような規定があった。すなわち、どんな人でも、少なくとも七年間の徒弟修業をあらかじめつ

とめあげなければ、イングランドでその当時行なわれていたどんな職業、技能、技芸も将来手がけることはゆるされないというのである。そしてこれによって、これまで多くの個々の同業組合の規約であったものが、いまやイングランドでは、市場都市で営まれるすべての職業に適用される一般的な法規になった。もっとも、この条例の用語はきわめて一般的で、明らかに王国全体に及ぶようにみえるけれども、解釈上その適用範囲は、次のような趣旨から市場都市にかぎられていた。すなわち、地方の村々では、住民の便宜のために種々さまざまな職業が必要であり、しかも人々の数がそれぞれの職業に一定の人手を供給するのに十分でない場合が多いので、ひとりの人がそれぞれの職業で七年の徒弟修業をつとめあげなくても、数種の異なる職業に従事してもさしつかえない、と考えられたからであった。

　そのうえ、用語の厳格な解釈によって、この条例の適用は、エリザベスの治世第五年よりまえのイングランドですでに確立されていた職業にかぎられていて、それ以後に始められたものにはけっして拡大されなかった。こうした制限のために、行政上の規則としてみると、どう考えても馬鹿げたことに見えるいくつかの区別が生じたのである。たとえば四輪馬車の製造職は、その馬車の車輪を自分で作ることもできなければ、職人《ジャーニーマン》を雇って作らせることもできなくて、それらをかならず車輪製造業の親方から買わなければならない、という判決がくだされたのであった。これは、車輪製造という職業が、エリザベスの治世第五年以前からイングランドで営まれていたからである。ところが、車輪の製造職のほうは、たとえ四輪馬車の製造職のもとで徒弟修業をつとめあげてこなくても、自分で四輪馬車を作ってもさしつかえないし、またそれを作るために職人《ジャーニーマン》を用いてもさしつかえないとされたのである。そしてそのわけは、四輪馬車の製造というこの職業が、その条例が制定された当時、イングランドで営まれていなかったために、条例の適用範囲外にあるとされたからである。こうした理由から、マンチェスター、バーミンガム、ウルヴァハンプトンの製造業の多くは、条例の適用範囲外とされている。それは、これらがエリザベスの治世第五年以前にはイングランドで営まれていなかったからである。

123

徒弟の修業年限は国によってまちまちであるが、元来このような規制は個人の力と技能という神聖な財産にたいする明白な侵害である

フランスでは徒弟修業の期間は都市が違うと異なり、職業が違うと異なる。パリでは、五年というのが大多数の場合に要求される年限である。だが、たいていの職業では、親方としてその職業を営む資格を得ようとするなら、だれでも徒弟修業後、職人《ジャーニーマン》としてさらに五年をつとめあげなければならない。このあとの期間のあいだは、かれは自分の親方の仲間《コンパニオン》とよばれ、この期間そのものはコンパニオンシップとよばれる。

スコットランドには、徒弟修業の継続期間をひろく規定するような一般法はない。その年限は、組合によってまちまちである。それが長い場合には、少額の納入金を支払って、その一部を免除してもらうこともゆるされる。またたいていの都市では、ごく少額の納入金を支払えば、どんな同業組合の特権でも買い取ることができる。この国の主要な製品である亜麻布および大麻布の織物職たちは、かれらに付随的に役立つ他のすべての手工業者たち、すなわち、紡ぎ車の製造職、糸捲《ま》き枠の製造職などとともに、どんな自治都市においても、ぜんぜん納入金を支払わないで各自の職業を営むことができる。どこの自治都市でも、一週のうち法律でゆるされた日には、食肉を販売する自由がある。スコットランドでは、非常に精密さを必要とするいくつかの職業ですら、三年というのが徒弟修業の普通の年限である。全般的にみて、ヨーロッパでスコットランドほど同業組合法がゆるやかな国を私は知らない。[2]

人はみな自分の労働を財産としているが、この財産こそは他のすべての財産の根本的な基礎であるから、最も神聖で不可侵なものである。貧しい人が親からゆずられた財産は、自分の両手の力と技能のうちにある。そして、かれがこの力と技能とを、隣人を害することなしに、自分が適切と思う方法で用いるのを妨げることは、この最も神聖な財産の侵害であることは明らかである。すなわちそれは、職人および職人を雇おうとする人々の正当な自由にたいする明白な侵害である。それは、職人が適当と思う仕事につくことを妨げるものであり、また職人を雇おうとする人々が適当と思う者を雇うことを妨げるものである。

ある人が雇われるのにふさわしいかどうかの判断は、その利害に大きい関心をもつ雇主たちの分別にゆだねておいてまちがいはない。かれらが適当でない人物を雇ったりしないように、という立法者のよけいな心配は、明らかに行きすぎであり、またさしでがましいことでもある。

――長期の徒弟修業は、仕事の劣悪化を防ぐものでもなく、青年を勤勉にするものでもないから、まったく不必要である――

長期の徒弟修業という制度は、不完全な出来ばえの制作品《ワークマンシップ》が市場に出回ることがある
124 のを防ぐ保証となるものではない。それが市販されるのは、ふつうは詐欺のせいであって、職人の無能のせいではない。また、徒弟修業の期間をどんなに長くしても、詐欺を防ぐ保証となるものではない。このような弊害を防止するのには、徒弟修業の規則とはまったく別の規則が必要である。金器銀器の純度を証明するために押す刻印、亜麻布や毛織布に押す検印は、どんな徒弟条例にもまして、買手にとってずっと大きい保証となる。買手はふつう、これに注目するのであって、これを作った職人が七年間徒弟修業をつとめあげたかどうかを問いただす価値があるとは、けっして思わないのである。

長期の徒弟修業という制度には、青年を勤勉にしたてあげるという効果はない。出来高払で仕事をする職人《ジャーニーマン》は、勤勉に働くほど儲かるから、どうしても勤勉になる。徒弟の場合は、勤勉になったところで直接なんの儲けにもならないから、怠けがちになり、また事

実たいてい怠けるのである。つまらない仕事では、労働の楽しみはもっぱら労働の報酬にある。その楽しみを最もはやく受け取れる状態にある人は、それを味わうことに最もはやく思いをめぐらし、そしてまた、勤勉の習慣をはやく身につけがちである。若い人は、長いあいだその労働からなんの利益も受けないでいると、労働に嫌悪の情をいだくのが自然である。公共の慈善団体の手で徒弟に出される少年たちは、一般に、通常の年数以上の義務を負う。そこでかれらは、たいへん怠惰で役に立たない者になるのが普通である。

徒弟修業というのは、古代の人にはぜんぜん知られていなかった。だが親方と徒弟との相互の義務は、どんな近代法典のなかでもかなり重要な条項となっている。ローマ法は、こうした義務にかんしてはまったく黙して語らない。私は、われわれが今日「徒弟」という言葉に付している観念、すなわちある特定の職業で、親方がその職業のことを教えてくれるという条件で、親方のために一定年限のあいだ働くことを義務づけられた使用人、という観念をいいあらわすギリシャ語またはラテン語を知らない（こんな言葉はないのだとあえて主張してもよいだろうと私は考えている）。

長期にわたる徒弟修業はまったく不必要なものである。掛《かけ》時計や懐中時計の製造といった、普通の手工業よりもはるかにすぐれた技術でも、時間を長くかけて教えこむほどの秘伝があるわけではない。なるほど、こういう時計のようなみごとな機械が最初に発明されるさいも、さてはそれらを製造するのに用いられる道具のいくつかが最初に発明されるさいも、それは疑いもなく、ふかい熟考と長い年月をかけての労作であったにちがいないし、また人間の創意の最も楽しい努力の一つだと考えてまちがいはないだろう。けれども、これらがともに立派に発明されてしまって、広く世間に知れわたった今日、それらの道具をどのように使い、それらの機械をどのように組み立てるかを最も完全なかたちで青年に説
125 明するには、数週間以上の学習は必要ではあるまい。おそらく数日間で十分かもしれない。普通の機械職人の仕事なら、たしかに数日間の学習で十分だろう。なるほど、人間の手の技能は、普通の職業においてさえ、豊富な実習と経験がなければとても身につくものではない。けれども、もしある青年が最初から職人《ジャーニーマン》として働き、自分にできるわずかな仕事に比例して報酬を受け、そのかわり自分の不手際と無経験のために材料を損傷することがあれば自分で弁償する、というふうにしたならば、その青年は、はるかに勤勉に注意深く働くことであろう。このようにすれば、かれの教育は一般にいっそう有効なものとなるであろうし、またつねに退屈でもなく費用も少なくてすむだろう。もっとも、損をするのは親方のほうだろう。親方は、現在、自分のふところに入れている徒弟の賃銀全部をまる七年間にわたって失うことになる。だが結局のところは、徒弟自身が損失者となるだろう。このように容易に習得できる職業では、かれの競争相手はこれまでよりもいっそう多く、そしてかれが一人前の労働者になったときの賃銀は、現在にくらべてずっと少なくなるだろう。これと同じく、競争の増加によって職人の賃銀は引き下げられ、同じく親方の利潤

も引き下げられるだろう。要するに、手仕事・工芸・技芸の領域では、すべてが損をすることになる。しかし、すべての手工業者の製品がこういうやり方でいままでよりずっと安く市場に出てくるのだから、公共社会は得をすることになる。

同業組合が設立されたのは、自由な競争を制限することによって価格の下落や賃銀・利潤の下落を阻止するためであった

すべての同業組合が、そしてまた同業組合法の大部分がつくられたのは、自由競争を制限することによって、自由競争が確実にひきおこす価格の低落、またしたがって賃銀と利潤の低落を防止することにあった。昔は、ヨーロッパの多くの地方では、同業組合を設立するにあたって、それが設立される自治都市の許可以外にはなんの許可も必要としなかった。もっとも、イングランドでは国王の特許状も必要であった。だが、王室のこの大権は、こうした抑圧的な独占から社会公衆の自由を守るためというよりも、どちらかというと臣民から金《かね》をしぼりとるために留保されていたもののように思われる。国王に納付金を支払うと、特許状は一般にすぐにもらえたらしい。そしてある特定種類の手工業者や商人が、特許状なしの同業組合として活動するのが適当と考えた場合にも、こうしたいわゆる不法のギルドは、かならずしもそれだからといって特権を奪われることもなく、かれらがかすめとった特権の行使にたいする許可と引換えに国王に年々納付金を支払えば、それでよかったのである。(1) すべての同業組合を直接に監督し、それらの組合がその自治のために制定

126

することを適当と考えた規約を直接に監督するのは、組合所在の自治都市の権限に属した。また、組合にたいして行なわれたどんな取締り処分も、ふつうは国王から発せられるのではなく、同業組合のような下級の組合団体を成員としているいちだんと大きい自治都市という組合団体から発せられたのである。

組合団体の集合体である自治都市の統治は、農村を犠牲にして都市を富ませる結果を生んだ

自治都市の統治はもっぱら商人と手工業者の手中にあった。そして、市場がこれらの人たちの特定種類の勤労の生産物で過剰——これはかれらの常套語であるが——になるのを防ぐことは、これら特定の階級の人々にとって、明らかに利益であった。このことは、じつは、市場をつねに供給不足にしておくことにほかならない。それぞれの階級は、こうした目的にふさわしい規則を熱心に制定しようとしたのであって、そうすることが許されさえすれば、他のすべての階級が同じことをしても、それによろこんで同意したのであった。そこで、このような規則が制定された結果、たしかにそれぞれの階級は、自分たちが必要とする財貨を、その都市の内部でほかのすべての階級から買うにあたって、そうでない場合よりもいくらか高く買わざるをえなかった。しかしその代りに、かれらは自分たちの財貨をちょうどそれだけ高く売ることができた。したがってそのかぎりでは、かれらがいうように、結局もともとだったのである。したがって、同じ都市内のさまざまな階級の相互

の取引では、こうした規則のために、どの階級も損をするようなことはなかった。ところが、農村と取引する場合には、かれらはすべて大いに得をしたのであって、こうしたいかなる都市をも維持し富ませる商業のすべては、農村との取引のなかにあったのである。

　あらゆる都市は、その生活資料の全体と、産業の原料のすべてを農村から獲得する。都市はその代りに、おもに次の二つの方法でそれを支払う。第一は、これらの原料の一部を加工し製造して農村に送り返すというやり方である。この場合にはこれらの原料の価格は、職人の賃銀およびその親方または直接の雇主の利潤だけ増加する。第二は、他の国々から、または国内の遠い地方から、その都市へ輸入された原生産物と製造品との一部を農村に送るというやり方である。この場合にも、これらの財貨の原価は、運送人や水夫の賃銀と、かれらを雇用する商人の利潤だけ増加する。こうした二種類の商業のうち、第一のものによる利得のなかに、都市がその製造業によってあげる利益があり、また第二のものによる利得のなかに、都市の国内商業および外国貿易の利益がある。職人の賃銀と各種の雇主の利潤とが、この両者によって得られるものの全体をなす。だから、これらの賃銀と利潤を、こうした規則がない場合以上に増加させるような規則は、都市がより少量の労働で農村の
127 より多量の労働の生産物を購買しうるようにする傾向がある。それらの規則は、都市の商人や手工業者にたいして農村の地主、農業者、労働者にまさる利益を与えて、それらのない場合に都市と農村とのあいだで営まれる商業から生まれる自然の均衡を破壊してしまう。

社会の労働の年生産物の全体は、これら二つの異なった社会の人々のあいだに年々分配される。ところが、これらの規制があるために、それがない場合に都市の住民に帰するであろうよりも大きい分け前がかれらに与えられ、農村の住民にはより小さい分け前が与えられるのである。

都市が、農村から年々持ち込まれる食料品や原料にたいして実際に支払う価額は、そこから年々農村へ持ち出される製造品やその他の財貨の量で支払われる。後者が高く売れるほど、前者はそれだけ安く買われる。そこで都市の産業はいっそう有利となり、農村の産業はいっそう不利になる。

ヨーロッパのどこにおいても、都市で営まれる産業のほうが農村で営まれる産業より有利であるということ、これはなにもとくに精密な計算をやってみるまでもなく、ごく簡単明瞭《めいりょう》な観察で納得できることである。ヨーロッパのどんな国でも、都市にほんらい属する商業や製造業のような産業のおかげで、小財産から出発して大財産を獲得した人々と、農村にほんらい属する産業、すなわち土地の改良と耕作で原生産物を調達する産業のおかげで、そのように大財産を獲得した人々とをくらべてみると、前者一〇〇人にたいして後者一人の割合であるということがわかる。したがって、前者の場合のほうが後者の場合よりも、産業はよく報いられているにちがいないし、労働の賃銀と資本《ストック》の利潤も、明らかにいっそう大きいにちがいない。だが資本《ストック》と労働は、自然に、最も有利な用途をさがしもとめるものである。だから資本《ストック》と労働はおのずから、できるだけ多く都市に集まり、農村を見捨てるのである。

都市の住民は団結しやすいが、農村の住民は分散しているために団結しにくく、また農耕の性質上、同業組合化しにくい

都市の住民は、ひとつの場所に集まっているので容易に団結できる。だから、都市で営まれているごくつまらない職業でも、場所によっては組合化されてきているところもあるし、また組合化されていないところでも、同業組合精神、すなわち局外者へのねたみ、徒弟をおいたり職業の秘密をもらしたりすることへの嫌悪がかれらのあいだに一般に広まっていて、そのためにかれらは、組合規約では禁止しがたい自由競争を、任意の申し合せや協定をつうじて阻止することを、しばしば学びとるのである。少数の人しか従事していない職業は、このような結合へ走りやすいものである。一〇〇〇人の紡績工や織布工を常時働かせておくためには、おそらく六人の梳毛工《そもうこう》を必要とするだろう。これらの梳毛工が団結して徒弟をおかないことにすると、それによってかれらは、この職業を独占できるばかりか、製造業全体をかれらにとって一種の奴隷状態にしてしまうこともできるし、またか
128 れらの労働の価格を、その仕事の性質上とうぜんと思われる額以上に大きく引き上げることもできるのである。

農村の住民は、広い地域に分散しているので、容易には団結できない。かれらは組合化されたことがないばかりか、かれらのあいだに同業組合精神がゆきわたったということもない。農村の偉大な職業である農耕について資格を得るために、徒弟修業が必要であると考えられたことはかつてない。けれども、美術や自由職業とよばれるものに次いで、この職業ほど種々さまざまな知識と経験を必要とするものは、おそらくないだろう。この農耕という職業について、これまでにあらゆる国語で無数の書物が書かれてきているが、このことから納得できるのは、最も賢明で最も学識のある国民のあいだでさえ、農耕というものがたいへんわかりやすい仕事だとみなされたためしがないということである。そして、農耕の多様で複雑な作業について、通常の農業者がもっている知識でさえ、それをわれわれがこうした書物から学ぼうとしても、とうていできない相談である。しかも、大いに高慢な著者たちは、こうしたありふれた農業者のことをなんと軽蔑的に語りたがることであろう。これに反して、普通の機械職人の職業となると、すべての作業が図解された文章であらわせるので、ごくわずかなページのパンフレットで完全明瞭に説明できないようなものはほとんどない。フランスの科学アカデミーで現在刊行されている工芸史を見ると、いくつかの作業がこの方法で実際に説明されている。そのうえ、農作業の指揮は、天候が変るたびに、他の多くの事故が起ったときと同様に変更されなければならないのであって、こうした指揮は、つねに同一またはほぼ同一の作業にくらべて、はるかに多くの判断力と

129

分別を必要とするものである。

農耕作業についての一般的指揮という農業者の技術だけでなく、それよりも程度の低い多くの農業労働も、機械工の職業の大部分にくらべて、はるかに多くの熟練と経験を必要とするものである。真鍮《しんちゅう》と鉄を加工する人の場合は、使う用具も、加工する材料も、その性質はつねに同一またはほぼ同一である。ところが、一組の馬か牡牛《おうし》を使役して土地を犂《すき》で耕す人にとっては、その作業で用いる用具は、そのときどきにおうじて、丈夫さ、強さ、性質が非常に異なるものである。そのうえかれが加工する材料の状態も、かれが用いる用具と同じく変化しがちなものであって、いずれも十分な判断と分別をもって管理される必要がある。普通の農夫は、一般には愚鈍と無知の見本と思われているが、それでもこうした判断と分別に欠けることは滅多にない。なるほどかれは、都市で生活する機械職人にくらべて社交に慣れてはいない。かれの声や言葉遣いは、機械職人よりもやぼったく、それを聞きなれない人にはわかりにくい。けれども、かれは非常にさまざまな事柄を考慮することに慣れているので、かれの理解力は、ふつう一つか二つのごく単純な作業を行なうことに朝から晩まで全注意をむけている機械職人のそれにくらべて、一般にははるかにすぐれている。農村の比較的低い階層の人々が、都市の比較的低い階層の人たちよりも実際にどれほどすぐれているかは、業務上または好奇心から、この両者と十分に話し合う機会をもった人ならだれでもよく知っていることである。だから、シナやインドでは、農村労働者の身分と賃銀はともに、大部分の手工業者や製造業者よりも勝っているという話である。もし同業組合法と同業組合精神によって妨げられなければ、おそらくどこでもこのようになるであろう。

都市産業の優越性は同業組合法以外の諸規則によっても支えられている

ヨーロッパのどこでも、都市の産業は農村の産業に優越しているが、そのすべてが同業組合や同業組合法にもとづくとはかぎらない。優越性は、他の多くの規制によってもささえられているのである。外国製品や、外国商人によって輸入されるすべての財貨に課される高い関税は、みな右と同じ目的に役立つものである。同業組合法のおかげで、都市の住民たちは、自分の同国人の自由競争によって値崩れするというような恐れなしに、自分たちの価格を引き上げることができる。このような規制によって、都市の住民たちは、外国人の自由競争からもひとしく保護される。この両方からひきおこされる価格の上昇は、結局はどこででも、農村の地主、農業者、労働者によって負担されるのであるが、しかもかれらは、こうした独占の確立に反対したことは滅多にないのである。かれらは、団結しようという意向も能力もないのが普通であって、商人や製造業者のわめき声と詭弁《きべん》にやすやすと乗ぜられて、社会の一部、しかも、その従属的な一部の私的利益が社会全体の一般的利益である、と思いこむようになるのである。

大ブリテンでは、都市の産業の農村の産業にたいする優越性は、現在よりも昔のほうが大きかったと思われる。前世紀または今世紀の初めにそうであったといわれているのにくらべて、農村労働の賃銀は製造業労働の賃銀に、また農業に用いられる資本《ストック》の利潤は商工業の資本《ストック》の利潤に、今日のほうがいっそう近づいている。こうした変化は、都市の産業を奨励しすぎた必然的結果がおくればせながら現われたものとみることができる。都市で蓄積された資本《ストック》は、時がたつにつれて非常に大きくなってくるので、都市に固有な業種の産
130
業にそれを用いて昔どおりの利潤をあげることがもはやできなくなる。都市の産業にも、他のすべての産業と同じように限界がある。資本が増加すると競争が増加し、そのために必然的に利潤は減少する。都市での利潤が引き下げられると、そのために資本《ストック》は農村へと押しだされる。そして農村では、農村の労働にたいする新しい需要がつくりだされて、農村の労働の賃銀は必然的に高まる。というわけで、資本《ストック》は、いわば国の全面に散布され、そして農業に用いられることになって、いくぶんかは農村——じつはこの農村を犠牲として、がんらい資本《ストック》は都市に大量に蓄積されていたのであるが——へ還元される。ヨーロッパのどこにおいても、農村で行なわれた最大の改善は、もともと都市に蓄積された資本《ストック》がこのようにしてあふれでたためであった、ということを私はあとで明らかにしようと思う。同時にまた、次のことを証明しようと思う。すなわち、ある国々は、こうした過程を経て、かなりな程度の富裕へと到達しているけれども、この過程自体は、かならずといっていい

くらい緩慢で不確実であり、ともすると無数の事故によって妨げられ、中断されがちであって、どの点からみても自然と理性の秩序に反している、ということである。それをひきおこした利害、偏見、法律、慣習については、私はこの研究の第三篇と第四篇で、できるだけくわしくはっきりと説明しようと思う。

同業組合の排他的行動は好ましくないし、しかも職人たちを堕落させるものであるから、この種の組合は不必要である

同業者仲間は、楽しみや気晴しのために集まったときでさえ、会話はきまって、社会公共にたいする陰謀、すなわち値段を釣り上げるためのある種の方策の話になるのがおちである。このような会合を阻止することは、実施可能などんな法律によっても、自由と正義に一致するどんな法律によっても、たしかに不可能である。しかし、たとえ法律は、同業者がときどき集会を開くことを防ぐことができないにしても、こうした集会を奨励し助長するようなことは絶対にすべきではなく、ましてこのような集会を必要なものにすべきではない。

ところが、ある特定の都市の同業者全部に、その氏名と住所を公共の登録簿に登録することを義務づける規定は、このような集会を促進するものである。その規定は、それがなければ互いに知り合うこともない個人をむすびつけて、同業者のすべてに、他の同業者の所在を知るための指示を与えることになる。

131

同業者が、自分たちのなかの貧者、病人、未亡人、孤児を扶養するための資金を自分たち仲間で負担しあうようにする規定は、かれらにそれを処理するという共同の利益を生みだすことによって、こうした集会を必要なものにするのである。

同業組合という組織は、集会を必要なものにするだけでなく、多数者の決議で全体を拘束する。拘束のない自由な職業では、その個々の業者の全員一致の同意がなければ効果的な団結は確立されえないし、また効果的な団結にしても、個々の業者がすべて同じ意思をもちつづけるあいだしか存続しえないものである。ところが同業組合は、その多数決によって、適当な処罰をともなう規約を制定できるのであり、しかもこの規約は、どんな任意の団体よりも、有効に持続的に競争を制限するのである。

同業組合は職業をいっそうよく管理するうえに必要だという主張には、なんの根拠もない。職人にたいして課される実質的で有効な訓練は、かれが属する同業組合のそれではなく、実は顧客たちが職人に課す訓練なのである。職人が詐欺行為を抑制し、怠慢をあらためるのは、顧客たちによる雇用の道がなくなることを恐れるからである。ところが、排他的な同業組合は、かならずこうした訓練の力を弱める。だからこの種の排他的な組合では、ある特定の職人群は、その仕事ぶりのよしあしにかかわらず雇用されるにちがいない。多くの大自治都市で、いくつかのなくてはならない職業においてさえ、かなりの腕のある職人が得られないのは、このためである。もし、ある程度立派に仕事を仕上げさせようと思うなら、都市のそとで仕上げさせなければならない。そこでは職人たちは排他的特権をもたないので、かれらの腕だけにたよらざるをえないからである。そしてそれを、できるだけたくみに都市へひそかに持ち込まなければならない。

このようなわけで、ヨーロッパ諸国の政策は、ある種の職業では競争を小人数に制限し、競争制限のない場合にこの職業にはいりこもうとする者をしめだすことによって、労働と資本《ストック》のさまざまな用途における利益・不利益の全体について、きわめて重大な不均等をひきおこしているのである。

(二) ヨーロッパ諸国の政策はある種の職業における競争を必要以上に増大させている。聖職者養成のための各種の助成策がそれである

第二に、ヨーロッパ諸国の政策は、ある種の職業における競争を自然に行なわれる場合以上に増大させることによって、労働と資本《ストック》のさまざまな用途にかんする利益・不利益の全体について、以上とは逆の種類のもう一つの不均等をひきおこしている。

適正な数の青年を一定の職業のために教育しておくことは、きわめて重要なことと考えられていた。そのために、あるときは公けに、またあるときは慎みぶかい私的な寄付者によって、こうした目的のための多くの助成金、奨学金、奨励金、給費金などが設けられた。これによって、それらがない場合に従事しようとするよりも多数の人を、それらの職業に

132

ひきいれることになった。すべてのキリスト教国では、たしかに聖職者たちの大部分の教育はこのようにしてまかなわれている。かれらのうち自費だけで教育を受けているのはごく少数の者でしかない。したがって、自費で教育を受けた人たちの長期にわたる退屈で高価な教育は、かならずしもそれにふさわしい報酬をかれらに与えないだろう。というのは、こうした教育によってとうぜん受け取れるはずのものよりもはるかに少ない報酬で満足する人たちが、職を求めて教会に寄り集まるからである。このようにして、貧民の競争が富裕な人たちの報酬を奪いさるのである。牧師補または礼拝堂づきの牧師を、普通の職業における職人《ジャーニーマン》とくらべるというのは、たしかに失礼なことであろう。しかし、牧師補や礼拝堂づきの牧師の給与は、職人《ジャーニーマン》の賃銀と同じ性質のものとみてまちがいはないであろう。この三者はすべて、それぞれ目上の人たちとむすぶ契約にしたがって、その仕事にたいする報酬を受け取るのである。各種の全国宗教会議の布告の規定をみると、イングランドでは、十四世紀の中葉以後までは、現在のわが貨幣で一〇ポンドにほぼ等しい銀をふくむ五マークが、牧師補または有給教区司祭の普通の給与であったことがわかる。これと同じ時期に、現在のわが貨幣で一シリングと同量の銀をふくむ四ペンスが、石工の親方の一日分の賃銀と宣言され、また、現在のわが貨幣で九ペンスに等しい三ペンスが、石工の職人《ジャーニーマン》の一日分の賃銀だと宣言された。[2] したがって、これら二種の労働者の賃銀は、かれらが恒常的に雇用されていたと仮定すると、牧師補のそれをはるかに上回っていたわけである。石工の親方の賃銀は、かりに一年の三分の一は仕事がなかったと仮定しても、なお十分に牧師補のそれに等しかったであろう。アン女王の治世第十二年条例第十二号は次のように宣言している。「牧師補にたいする十分な生活費と奨励の欠如のために、数ヶ所において牧師補が不足するにいたった。ついては、一ヶ年五〇ポンドを超えず二〇ポンドを下らぬ範囲内で、十分な俸給または手当を、自筆自署の文書をもって指定する権限を司教に与える」と。一年に四〇ポンドというのは、いまでも牧師補にとってはたいへんよい給与とみられているし、議会のこの法令があるにもかかわらず、年に二〇ポンド以下の牧師補は多いのである。ロンドンにいる靴作りの職人《ジャーニーマン》には、年に四〇ポンドを稼ぐ者がいるし、またこの首都では、勤勉でさえあれば、どんな種類の職人でも、二〇ポンド以上を稼がない者は滅多にない。たしかに年二〇ポンドというのは、多くの農村の教区で普通の労働者《コモン・レーバラーズ》がしばしば稼ぐ額とほぼ同等である。法律がこれまで職人の賃銀を規制しようと企てたときには、いつでも、それは賃銀を引き上げるよりもむしろ引き下げようとするものであった。ところが、牧師補の賃銀については、多くの場合に法律はそれを引き上げようと試み、そして教会の威信を保たせるために、教区長が牧師補たちに、かれらがそれに甘んじているみじめな生活費よりも多く支給させることを義務づけた。だが法律はこの両者いずれの場合にも、ひとしく効果がなかったように思われる。それは、意図どおりに牧師補の賃銀を引き上げることも労働者の賃銀を引き下げることもできなかった。とい

133 うのは法律が、前者にたいしては、その境遇が貧しいことと競争者が多いことのために、かれらが法定手当よりも少ない額でがまんすることを阻止できなかったからであり、また後者にたいしては、かれらを雇用してそこから利潤または快楽を得ようと期待した人々の、右と反対の競争のために、かれらが法定賃銀以上の額を受け取ることを阻止できなかったからである。

教会の下級職員のなかにはみじめな境遇の者がいるが、それにもかかわらず教会の威信が保たれているのは、多額の聖職禄〔3〕やその他の宗教上の位階があるからである。またこの職業に払われる尊敬は、こうした下級職員にとってさえ金銭上の報酬のみじめさを償うものとなっている。イングランドにおいても、すべての旧教諸国においても、教会を富くじにたとえてみるなら、それは実際上、必要以上に有利なものである。スコットランドやジユネーブの教会、その他いくつかの新教教会の実例をみれば納得できることであるが、こんなにも容易に教育が受けられ、しかもこんなにも名誉ある職業では、旧教の教会にくらべてずっと軽少な聖職禄を得られる望みしかないにもかかわらず、十分な数の学識あり礼儀正しく尊敬すべき人々を聖職にひきいれるに足りるのである。

もし法律家や医師が聖職者のように公共の費用で教育を受けるなら、かれらの報酬は大きく引き下げられるだろう

法律や医術のように聖職禄のない職業においても、もしも聖職の場合と同じ割合の人々

が、公共の費用で教育を受けるならば、競争がやがて激しくなって、これらの人々の金銭的報酬を大きく引き下げるほどになるだろう。そうなると、だれでもこれらの職業のどれかのために自費で息子を教育する価値はなくなるだろう。したがって、これらの職業は、そうした公共の慈善的事業によって教育された人々の手にすべてゆだねられ、そしてそのような人たちが多数で、しかも窮乏しているために、かれらは一般に非常にみじめな報酬で満足しなければならなくなり、そのあげくは、現在尊敬されている法律や医術にかんする職業も、まったく格下げされてしまうであろう。

世間で文士とよばれているあのぱっとしない人種は、法律家や医師が右の仮定のもとでおかれると思われるのとほぼ同じ状況にある。ヨーロッパのどの地方でも、かれらの大部分は、教会にはいるために教育されたのであるが、さまざまな理由から聖職にはいることを妨げられた人たちである。だからかれらは一般に公共の費用で教育を受けたのであるが、かれらの数はどこでも非常に多くて、多くはその労働の価格がごくわずかな報酬にまで引き下げられているのである。

文士がその才能にたよれる唯一の仕事は、印刷術が発明されるまでは、公的または私的な教師の仕事、すなわちその人が自分で獲得した有用な新知識を他の人々に伝達することであった。そしてこれは、いまでも本屋のためにものを書くという、印刷術が生みだした他の仕事よりもたしかに名誉で有用な、しかも一般にいっそう利益のある仕事なのである。

学問上の優秀な教師としての資格を得るのに必要な期間や研究、天分、知識、精励は、法律や医術における最大の実際家になるために必要なものに少なくとも匹敵している。ところが、優秀な教師の通常の報酬は、法律家や医師の通常の報酬にはぜんぜん比例していない。そのわけは、教師という職業には公共の費用で育成された貧しい人々がむらがるのにたいし、法律家や医師という職業では、自費で教育を受けた人たちで席がほとんどいっぱいになるからである。ところで、公私の教師の通常の報酬はたしかに少ないけれど、パンのためにものを書くもっと貧しい文士たちの競争が市場から取り除かれないとすれば、教師のこの報酬は疑いもなく現在以上に低くなることであろう。印刷術が発明されるまでは、学徒《スカラー》と乞食《こじき》とはほとんどおなじ意味の言葉であったように思われる。その当時までの大学の総長たちは、かれらの学生《スカラー》にたいして、乞食をすることの免許状を与えたことがしばしばあったらしい。

この種の助成策が採られなかったギリシャ時代の教師は手厚い報酬を受けていた

昔は、貧しい人々を教育して学識のある職業へと向わせるためのこのような慈善事業はなに一つ設立されていなかったが、その時代には、卓越した教師の報酬は、いまよりもはるかに大きいものであったらしい。イソクラテス〔前四三六～前三三八。アテネの修辞家〕は、ソフィストへの反論とよばれる著作のなかで、同時代の教師たちは矛盾していると非難した。[4] かれは、こういっている、「教師は自分の学生たちに、最もすばらしいことをいろいろと約束し、そしてかれらに、賢明であるように、幸福であるように、正しくあるように、と教授する仕事を引き受けて、しかも、こんなに重要な職務と引換えに、かれらがその条件として要求する報酬はわずか四、五マイナである」。つづいてかれはこういう、「叡知を説く人はたしかに自分自身賢明でなければならないが、もしこのようなすばらしいものをこのような見切り価格で売る人があるとすれば、かれはこのうえない愚か者と判定されることだろう」と。ここでイソクラテスは、報酬のことをたしかに誇張しようとしてはいないし、またその報酬は、かれが述べているより多いことはあっても少ないことはなかったと信じてよい。四マイナは英貨一三ポンド六シリング八ペンスに等しく、五マイナは一六ポンド一三シリング四ペンスに等しかった。だから、この二つの金額中の最大のものとほぼ同額のものが、その当時、アテネの最も卓越した教師たちにふつう支払われていたにちがいない。イソクラテス自身は、学生一人に一〇マイナ、すなわち三三ポンド六シリング八ペンスを要求した。かれがアテネで教えていたときには一〇〇人の学生がいたといわれる。これは、かれが一度に教えていた数、つまりわれわれが一課程の講義とよぶものに出席していた数であ

135

る、と私は理解する。そしてこの数は、あれほどの大都市で、あれほど有名な教師のもとに、しかも全学問中、当時いちばん花形の修辞学を教えていた教師のもとに集まった数としては、異常なものとはいえないだろう。したがって、かれは一課程の講義ごとに一〇〇

○マイナ、すなわち三三三三ポンド六シリング八ペンスを手にしたにちがいない。それゆえ、プルタルコス〔四六頃～一二〇以後。英語名プルターク。末期ギリシャの歴史家。『英雄伝』の著者〕もまたあるところで、イソクラテスの講義料、つまり授業の通常の価格は、一〇〇〇マイナであった、といっている。だからこの時代の他の多くの卓越した教師たちは巨額の財産を取得していたように思われる。ゴルギアス〔前四八三？～前三七六？　ギリシャの弁論術の大家。ソフィスト〕は、デルポイの神殿に純金で作った自分の像を献じた。この像が等身大であったと想像するのはまちがいであろうが、しかしかれらの暮しぶりは、この時代の他の二人の卓越した教師、ヒッピアス〔前五世紀後半のギリシャのソフィスト〕とプロタゴラス〔前四八一？～前四一一？　ギリシャのソフィストの祖〕のそれとならんで、虚飾とさえいえるほど華麗なものであった、とプラトンは述べている。そのプラトンでさえ、かなり豪奢《ごうしゃ》な生活をしていたという話である。アリストテレスは、アレクサンドロス〔三世。アレクサンダー大王。古代マケドニア王。在位前三三六～前三二三〕の家庭教師として、アレクサンドロスとその父ピリポス〔二世。古代マケドニア王。在位前三五九～前三三六〕の二人から、すべての人が一様に認めているように、手厚い報酬を受けたが、それにもかかわらず、のちにいたって、自分の学校の授業を再開するためにアテネに帰るほうが得策であると考えた。学問の教師という職業が一般的存在となったのは一、二代あとのことであって、これにくらべると、当時はまだそれほど一般的ではなかったのであろう。一、二代あとになると、競争によって、教師たちの労働の価格とその人格にたいする賞讃とはともにある程度低下した。けれども、かれらのうちの最も卓越した人々は、現代における同じ職業中のどんな人にくらべても、はるかに優越した尊敬をつねに受けていたように思われる。アテネの人々は、ローマへのおごそかな使節として、アカデミー学派のカルネアデス〔前二一四〜前一二九。ギリシャの哲学者〕とストア学派のディオゲネス〔前二四〇頃〜前一五二。ギリシャの哲学者〕とを派遣した。当時のアテネ市は昔日の壮大さを失っていたが、それでもなお独立した堂々たる共和国であった。それに、カルネアデス〔キャナンによると、ディオゲネスの誤りらしい〕も生れはバビロニアであり、しかも当時アテネ人ほど外国人を公職につけることを必要以上に警戒した国民はなかったのだから、かれにたいするアテネ人の尊敬はすこぶる大きいものであったにちがいない。

以上のような不均等は、全体としてみると、社会にとって有害というよりもむしろ有益である。これは、公共の教師という職業の格をいくらか下げるかもしれないが、学芸上の教育が安価であるということは、たしかにこの些細《ささい》な不都合を償ってなおあまりある利益である。もしも教育の場としてのスクールやカレッジの制度が、現在ヨーロッパの大部分
136
にわたって行なわれているよりもいっそう合理的なものとなるならば、社会一般はなおいちだんと大きい恩恵をそれから受けることができるであろう。

（三）ヨーロッパ諸国の政策は労働と資本の自由な流通を妨げている

第三に、ヨーロッパ諸国の政策は、職業から職業へ、一つの場所から他の場所へと、労働と資本《ストック》が自由に移動するのを妨げることによって、場合によっては、それらのさまざま

な用途における利益・不利益の全体について非常に不都合な不均等をひきおこしている。

徒弟条例は、同一の場所でさえ、ある職業から他の職業へと労働が自由に移動するのを妨げる。また同業組合の排他的特権は、同一の職業においてさえ、ある場所から他の場所へと労働が自由に移動するのを妨げている。

ある製造業では職人に高い賃銀が支払われているのに、他の製造業の職人はぎりぎりの生活資料で満足していなければならない、ということが往々にして起る。前の製造業は発展しつつある状態にあるので、新しい人手の需要がたえず生じるけれど、後の製造業は衰退しつつある状態にあるので、そこには人手の恐るべき過剰がたえず累増しつつある。これら二つの製造業は、ときには同じ都市のなかにありながら、また、ときには同じ地方のなかにありながら、たがいに援助しあうことができないということもある。同じ都市内にある場合には、徒弟条例がこれを妨げ、同じ地方内にある場合には、徒弟条例と排他的な同業組合との両方がこれを妨げるからである。けれども、こうした不合理な法律の妨げがなければ、職人たちは容易に相互の職業をとりかえることができるほどに、多くの製造業では作業が類似しているのである。たとえば、平織の亜麻布と平織の絹布を織る技術はほとんどまったく同じである。平織の毛織技術はいくらかちがっているが、その差異は非常に小さくて、亜麻布の織工も絹布の織工も、ほんのわずかな日数で相当な職人になれるほどである。だから、もしこれら三つの主要な製造業のどれかが衰退しつつある場合には、職人たちは、より繁栄している他の二つのどれかに活路を見出すことができる。そこでかれらの賃銀は、繁栄している製造業においてあまりに上昇することもなければ、衰退している製造業においてあまりに低下することもないだろう。たしかに亜麻布製造業は、イングランドでは、ある特別な条例〔チャールズ二世治世第十五年条例第十五号〕によってだれにでも開放されているが、イングランドの大部分の地方をつうじて、この製造業はあまり発達していないので、他の衰退しつつある製造業の職人たちに一般的な活路を提供するわけにはいかない。そこでこの職人たちは、徒弟条例が行なわれているところではどこでも、教区の保護を受けるか、それとも下層の労働者として働くか、ということのほかには選択の余地がないのである。ところが下層の労働者として働くには、かれらはその慣習からして、自分たちの製造業に
137 多少とも似ているなにかの製造業で働く場合よりも、はるかに適格性を欠くのである。そういうわけで、かれらは教区の世話になるほうを選ぶのが普通である。

ひとつの職業から他の職業への労働の自由な流通を妨げる要因は、資本《ストック》の自由な流通をも同じように妨げる。これは、ある事業部門に用いられる資本《ストック》の量が、そこで用いられる労働の量に大きく左右されるからである。それにしても、同業組合法がある場所から他の場所への資本《ストック》の自由な流通を妨げる度合は、労働の場合にくらべるとずっと少ない。なぜなら、富んだ商人が自治都市で営業する特権を獲得するのは、貧しい手工業者がそこで仕事をする特権を獲得するのにくらべると、どこでもはるかに容易だからである。

救貧法が労働の自由な流通を妨げているのはイングランドに固有の事情であるから、その起源、推移、現状を説明しよう

同業組合法は、労働の自由な移動を妨げるが、たしかにこれはヨーロッパのどの地方でも見られる現象である。救貧法[5]が労働の自由な移動にたいして与えている妨害のほうは、私の知るかぎりでは、イングランド特有の事情である。その妨害というのは、貧しい人が、かれの所属する教区以外のどこかで定住権を取得することが困難だということ、またはそこで働くことの許可を受けることすら困難だということにある。自由な流通が同業組合法によって妨害されるのは、手工業者と製造業者の労働だけである。ところが、定住権取得の困難さは、下層の労働者の自由な移動をさえ妨害するのである。こうした混乱ぶりは、おそらくイングランドのすべての行政のうちの最大のものであって、その起源、推移、現状については多少とも説明しておく価値がある。

エリザベス以来の救貧法のために、下層貧民は自分の教区以外のところで定住権を取得することを妨げられてきた

貧民は、修道院の解体によって、これらの宗教的施設からの施しを奪われてしまったが、そのときに、貧民救済のためのあまり役に立たない試みがいくつかなされたあとで、エリザベスの治世第四十三年の条例第二号によって、次のことが規定された。すなわち、各教区は自分の教区の貧民を扶養する義務を負うべきこと、また貧民の監督官が毎年任命され

て、この監督官は教区委員とともに、この目的のための十分な金額を教区税によって調達すべきこと、というのである。

この条例によって、各教区には自分の教区の貧民を扶養する義務がいやおうなしに課された。そこで、いったいどのような人を各教区の貧民とみなすべきか、ということがかなり重要な問題となった。この問題は、多少の変遷があったのちに、チャールズ二世〔在位一六四九～八五〕の治世第十三－十四年の条例によって最終的に決定された。その規定は次のごとくである。すなわち、どんな人でも四〇日間平穏に居住すれば、どの教区でも定住権を取得できること、しかし、その期間内に、二人の治安判事が、教区委員または貧民監督官が申し出た苦情にもとづいて、その新住民を、かれがそのまえに合法的に定住していた教区へと移しても、それは適法であるということ。ただし、次の場合はこのかぎりではない。
138
すなわち、この新住民が年額一〇ポンドの借家を賃借するか、またはこの新住民が、これら二人の判事が十分だと判断するだけの担保を提出して、かれの現住教区の負担にならないようにする、というのがそれである。

この条例の結果、ある種の詐欺が行なわれたという話である。たとえば教区の役員たちが、ときどきその教区の貧民を買収して、こっそりとかれを他の教区に行かせ、そこで定住権を取得するために四〇日間潜伏させておき、そうすることによって、この貧民のほんらい属していた教区がその負担を解除できるようにしたのである。それゆえ、ジェイムズ二世〔在位一六八五～八八〕の治世第一年の条例によって、どんな人の場合も、定住権を取得するために必要な四〇日間の平穏な居住というのは、その人が自分の住所と家族数を、その新居住教区の教区委員または監督官の一人に書面で届け出たそのときから起算されるべきである、と規定されたのである。

しかし、教区の役員たちは、他の教区にたいする誠実さにくらべて、かならずしも自教区のためにいっそう誠実であったとはかぎらないらしく、ときとして、届出を受理しておきながら、それにともなう適当な処理をしないで、このような貧民の侵入を黙認したらしい。そこで、教区のすべての人は、そのような侵入者が自分たちの負担になるのをできるだけ防止することに関心をもっている、と考えられたので、その後ウィリアム三世〔在位一六八九～一七〇二〕の治世第三年の条例によって、こう規定された。すなわち、四〇日間の居住は、このような書面による届出が、日曜日の礼拝の直後に教会に公示されたときから起算されるべきである、というのである。

バーン博士〔6〕は次のように述べている。「要するに、書面による届出の公示後、四〇日間継続して居住することによって、この種の定住権を取得することはきわめてまれである。またこの法律の意図するところは、定住権を与えることよりも、むしろ人が教区にこっそりとはいりこんで定住することを回避することにある。というのは、届出をすることは、退去を命じる権限を教区に与えることにほかならないからである。しかし、もしある人が、実際によそへ退去させるべきかどうか疑わしいような場合には、その人が届出をすれば、それによってその教区に次のどちらか一方を選ぶことをせまることになるのである。すなわち、かれに四〇日間ひきつづき定住させて議論の余地のない定住権をかれに与えるか、またはかれを他の教区へ移して、その権利の有無をためしてみるか、である」

定住権を取得するさまざまな便法が提示されたが、いずれも大部分の人々にとって実行不可能であった

139 したがって、この条例は、四〇日間の居住という旧来の方法で貧民が新しい定住権を取得することを、ほとんど不可能にしてしまった。しかしこの条例は、ある教区内の貧民でない普通の人々が安全に他の教区に落ち着くのを不可能にするなどと思われないように、他の四つの方法を指定して、届出の提出や公示がなくても定住権を取得できるようにした。第一は、教区税を課されて、それを納めること。第二は、年々選出される教区の役員に選ばれて、一年間それをつとめること。第三は、その教区で徒弟修業に従事すること。第四は、一年間教区内での仕事のために雇われ、その全期間中、同じ仕事をつづけること、である。

最初の二つの方法のどちらかによって定住権を取得するには、だれでも教区民全体の公的な決定にまたなければならないが、教区の住民はみな、自分の労働以外に自分を養いうるものをもたない新来者を受け入れて、かれに教区税を課したり、かれを教区の役員に選出したりすると、それがどのような結果になるかを十分承知しているのである。

既婚の男子は、あとの二つの方法のいずれによっても定住権をうまく取得することができない。徒弟というものはほとんどが未婚であり、また、既婚の使用人は一年決めで雇われても定住権を取得できない、と法律は明記している。労務による定住権の取得をもちこんだことによる効果のおもなものは、使用人を年決めで雇い入れるという旧来の風習を大きく打破したことであった。この旧来の風習は、イングランドでは以前から慣例になってきているため、今日ですら法律は、特定期限の約定《やくじょう》がないかぎり、使用人はすべて一年決めで雇われるものとみなしているほどである。しかし親方たちは、使用人をこのような方法で雇うことによって定住権をかれらに与えることをかならずしも望まないし、また、使用人たちもかならずしもこういう方法で雇われようともしない。というのは、定住権が新しくなるたびにそれ以前の定住権はすべて無効となるので、使用人たちは、そのために、両親や親類縁者が住んでいる出生地の、もともとの定住権を失うからである。

およそ自前の職人は、労働者であれ手工業者であれ、徒弟修業か雇用のどちらかによって新しい定住権を取得する見込みがあまりないということは明らかである。だから、このような人が新しい教区へ働きに出かける場合は、かれがどんなに健康で勤勉であろうと、教区委員や監督官の気まぐれにしたがって退去を命じられるおそれがあった。ただし、かれが年額一〇ポンドの借家を賃借するか――これは自分の労働以外に生活の手段をもたない人には不可能なことである——、または二人の治安判事が十分だと判断するだけの保証を提供して、教区の負担をなくすことができる、という場合は別である。たしかに、治安判事たちがどんな保証を要求すべきかは、まったくかれらの思慮分別にまかされているが、かれらとしても、三〇ポンド以下を要求するわけはない。というのは、三〇ポンド以下の
140 価値をもった自由保有地〔第三篇第二章訳注〔9〕参照〕の購買でさえ、教区の負担を解除するには十分でないために、その購買によってどんな人にも定住権を与えるべきではない、と規定されているからである。しかし、これは、自分の労働で暮しをたてている人間にはとても提供できそうにない保証であり、しかも、事実はそれよりもずっと大きい保証が要求される場合が多いのである。

証明書の制度が導入されたので、人々は定住権がなくても自分の好む教区に居住できるようになった

こうしたさまざまな条例によってほとんど完全に奪い去られてしまっていた労働の自由な移動をある程度まで回復させるために、証明書の制度が発案された。つまりウィリアム三世の治世第八年および第九年の条例によって次のことが定められた。だれでも合法的に居住していた最後の教区の教区委員と貧民監督官が署名し、そして二名の治安判事が承認した証明書を持参した場合には、他のどの教区でもその者を受け入れる義務がある。さらにその証明書を持っている者には、実際にいまその教区に厄介をかけていない以上は、今

141

後厄介をかけるかもしれないという理由だけから立退きを命じることはできない。しかし現実にその者が教区に厄介をかけた場合は、その証明書を発行した教区はその者にたいして扶養ならびに送還の費用を負担しなくてはならない、と規定された。そしてこういう証明書を持っている者が居住するために入ってくる新教区に完全な保証を与えるため、この同じ条例は進んで次のように規定した。つまり、この者が年額一〇ポンドの借家を賃借するか、あるいはまる一年間自費で任期一年の教区役員として奉仕するかのどちらかを選ぶ以外は、届出、労務提供、徒弟修業、教区税支払のどの方法によってもそこでの定住権を獲得してはならない、と。なおまたアン女王治世第十二年の条例第十八号ではさらに、この証明書を持つ者の使用人も徒弟も、この証明書所持者の当該教区ではいっさい定住権を取得してはならない、と規定された。

この証明書の発案が、いままでの条例によってほとんど全面的に奪われていた労働の自由な流れをどの程度まで回復したかは、バーン博士の次のような当をえた所見から知ることができる。かれは次のようにいう、「どこかに定住しようとやってくる人々に証明書の所持を要求するのは、それなりに理由のあることは明らかである。すなわちこの証明書によって居住する者は、徒弟修業をしても、労務に服しても、届出を行なっても、教区税を払っても、どうしても適法の定住権を得ることができない。またかれらは自分たちの徒弟にも使用人にもそこの定住権を取得してやることができない。またかれらが教区の厄介になったときは、かれらを送還する先はきまっている。証明書を発行した教区は、かれらの送還費と当座の扶養費を支払わなくてはならない。かれらが病気になって送還できないときは、かれらを扶養しなくてはならない。以上のどれもみな証明書なしには、とうていできないことである。しかしこれらはまたその反面、教区が通常のことでは証明書を発行するのをさしひかえる原因ともなるだろう。というのは、教区から証明書を与えられた人々が、前よりも悪い状態で教区にもどされてくるのはほとんど確実だからである」〔バーンの『治安判事』より〕と。証明書というものは貧しい人の来住する教区がつねに要求すべきものであり、また人が出ていこうとする教区は滅多に証明書を出すべきではない、というのがこの所見の意味だと思われる。このきわめて聡明な同じ著者は、その『救貧法史』のなかでさらにこう述べている、「この証明書の件には若干の問題がある。というのは、不運にも定住権を得ている土地にひきつづき定住することが本人にとって不利益なことであろうと、また他の土地に定住することから期待しうる利益が本人にとってどれほどであろうと、証明書は人を一生牢獄《ろうごく》に投じておくような権限を、一教区吏員の手にゆだねているからである」。

証明書は人の品行を証明するものではなく、ただ証明書を所持する人がたしかに当の教区に所属することを証明するだけのものなのであるが、それを交付するかいなかはまったく教区吏員の裁量如何にかかっている。バーン博士によると、かつて教区委員と監督官に文句なしに証明書に署名させるために、王座裁判所〔第五篇第一章第二節訳注〔4〕参照〕に職務執行令状の発行の申請があったが、王座裁判所は、この申請をまったく不可解な企てとみなして却下したとのことである。

定住法は自然的自由や正義の明白な冒瀆《ぼうとく》であり、また隣接地間における労働の価格が不均等であることの一原因でもある

142 イングランドでは距離的にさほどへだたっていないところでも、労働の価格に高低があるのをよく見かける。これは多分、貧しい人が証明書なしに一教区から他教区へと移って生業を営もうとするのを定住法が妨げていることによるものであろう。なるほど健康で勤勉な独身者なら、証明書がなくとも居住が黙認されることもあるが、妻子眷属《けんぞく》を抱えているものの場合には、居住が黙認されることは滅多になく、ほとんどの教区から立ち退かされるのはまちがいないし、さらに独身者でも、その後結婚すると、おそらく同様に立退きを命じられることになるだろう。それゆえ、ある教区での人手の不足が、他の教区のあった人手によって救われるというわけにはいかない。ところが、スコットランドでは他の教区によって救われることが普通であり、定住権にかんして問題のない諸国の場合も同様であると思われる。これらの諸国でも、大都市の周辺や、労働にたいする異常な需要がある場所では賃銀がいくぶん上昇し、そしてそこから遠ざかるにつれて下り、ついにその国の通常率に落ち着くといった事例がある。しかし隣接地域のあいだに、イングランドでときおり見かけるような、突然で不可解な賃銀格差に遭遇するようなことはけっしてない。

他の諸国では、入江や高い山脈などの自然的境界がはっきりと賃銀率を区分することがあるが、わが国の貧しい人々にとっては、それら自然的境界よりも教区という人為的境界を越えるほうが、多くの場合はるかに困難なのである。

　非行を犯したこともない人間を、その人が居住したいと思う教区から立ち退かせるというのは、自然的自由と正義にたいする明らかな侵害である。イングランドの庶民は、自分たちの自由が奪われないようにと用心してはいたが、他の諸国の庶民同様に自由がなんであるかをけっして正しくは理解していなかった。かれらは、この圧制にたいしてなんの対策もなしに一世紀以上ものあいだ耐えてきたのだった。定住法が公衆の苦情の種になっている、と不満を訴える思慮深い人もいた。けれども定住法は、あの無記名逮捕状[7]――その行使は明らかに行過ぎではあったが、社会一般の圧制をひきおこすようにも思われなかった――にたいして起きたほどの世論の抗議の的になったことはけっしてなかった。四十代のイングランドの貧しい人で、その生涯のうちただの一度もこの馬鹿げた定住法によって苦しめられた憶《おぼ》えのない者などはほとんどいない、と私は断言してはばからない。[8]

昔は公権で賃銀や利潤を規制して不公正をまねいたが、今日のイングランドやスコットランドにもその名残りが見られる

143 賃銀率は、昔はまず全王国に適用される一般法によって、その後は各地方ごとの治安判事の特別命令によって定められるのが通例であったが、この慣行は現在ではまったく廃止

されてしまったことを述べて、私はこの長い章を終えることにしたい。バーン博士は次のように述べている、「四〇〇年以上もの経験を経たいまこそ、それ自体の性質上細かい制限など設けられないような事項にきびしい規則をもうけようとすることは、いっさいやめるべき時期だと思う。それというのも、もし同種の仕事に従事するすべての人が等額の賃銀を受け取らなくてはならないとしたなら、たがいに励み合うことはなくなり、勤勉に働いたり、創意を働かせる余地もまったくなくなってしまうだろうからである」〔上掲バーンの『救貧法史』より〕。

しかしいまでもなお、議会の特別の条例で、特定の職業や場所での賃銀を規制しようとするものがある。ジョージ三世治世第八年の条例では、ロンドンとその周辺五マイル以内の裁縫職の親方にたいしてその職人に一日二シリング七ペンス半以上支払ったり、また職人がそれを受け取ったりすることを重い罰則を設けて禁止し、ただし国の喪に際してはその限りではない、としている。親方と職人との対立を立法府が調停しようとする場合、立法府の顧問となるのはいつも親方たちである。そのためその調停が職人にとって有利な場合はいつも正当で公平なものであるが、親方にとって有利な場合は往々にしてその反対である。たとえば、数種の職業における親方たちにたいしてその職人に物品ではなく貨幣で賃銀を支払うように義務づけた法律は、まったく正当で公平である。こういう法律は親方たちに実質的になんの苦痛もあたえない。それは、親方たちが実物で支払うふりをしていながら実際はかならずしも支払っていなかったその価値を、貨幣で支払わせることをかれらに義務づけるだけのものである。このような法律は職人たちにとって有利であるが、ジョージ三世治世第八年の条例は親方の側に有利である。つまり、親方たちが職人の賃銀を引き下げるために団結する場合、かれらはふつう私的な盟約つまり協定を結び、きびしい罰則を設けて一定の賃銀以上は支払わないことにする。これにたいして一定額以下の賃銀は受け取らないという反対の性質の連盟を職人たちがつくると、法律は職人たちを非常に
144
きびしく罰するであろう。もし法律が事態を公平に処理するのであるなら、親方たちも同様にきびしく罰せられるべきである。ところがジョージ三世治世第八年の条例は、親方たちがこのような団結によって設けようとする当の規制を国の法律によって強制するものにほかならない。この条例は最も有能で勤勉な職人をも一般の職人と同様に扱うものであるという職人たちの不満は、もっともなことだと思う。

　また昔は、食料品その他の貨物の標準価格を決定し、それによって商人たちの利潤を規制しようとする試みがごく普通に行なわれた。現在のパンの公定価格制は、私の知るかぎりこの古い慣行の唯一の名残りである。排他的同業組合のあるところでは、この生活の絶対必需品の価格が規制されても不当なことではないかもしれない。しかしそのようなもののないところでは、競争がどのような公定価格制よりもはるかによくそれを規制するであろう。ジョージ二世治世第三十一年の条例で設けられたパンの公定価格を定める方法は、

スコットランドでは法律の不備のために実施できなかった。というのは、この条例の実施は市場統制官役所の手に任されていたのに、スコットランドではその官職が存在しなかったからである。この不備は、ジョージ三世治世第三年の条例ではじめて改善された。公定価格というものは、なくても格別不便は生じなかった。また公定価格制の行なわれていないいくつかの地方にそれを設定しても、その結果と思われるような利点はなにも生じなかった。スコットランドの大多数の都市には、排他的特権――もっともこの特権が厳格に守られているわけではないが――を主張しているパン屋の同業組合が現にある。

労働と資本をさまざまな用途に投じるについて、さまざまな賃銀率のあいだの割合や利潤率のあいだの割合は、すでに述べたように、その社会の貧富の如何、その進歩、停滞または衰退の状態によってはあまり大きい影響を受けないように思われる。公共の福祉にたいするこのような激変は、賃銀率と利潤率との双方に一般的な影響をおよぼすけれども、この影響は、最終的には、さまざまな職業のすべてを通じてその率に均等に影響をおよぼすにちがいない。それゆえ、これらの率のあいだの割合には変りはないのである。少なくともかなりの期間は、どのような激変によってもこの割合は容易には変らないのである。

（1）Madox, Firma Burgi〔『勅許都市』〕, p. 26 & c.を参照。〔トマス・マドックス（一六六六～一七二六?）、大ブリテンの行政史研究の先駆者〕

（2）エドワード三世治世第二十五年の労働者条例を参照。

〔1〕キャナンの記すところによると、刃物職、織布職における徒弟数の制限を定めた条例には、チャールズ二世治世第十三－十四年条例第五号第十八条があり、また、帽子職における徒弟数の制限を定めた条例は、エリザベス治世第八年条例第十一号第八条、ジェイムズ一世治世第一年条例第十七号第三条、ジョージ二世治世第五年条例第二十二号がある。ロンドンの絹撚《けんねん》糸職の組合は一六二九年に設立され、その組合規約には、組合の免許をもつ者は一六〇錘、見習は二四〇錘に限る、といった統制規定があった。またチャールズ二世治世第二十年条例第六号はこの規約を無効であると宣言している。まこの条例は、徒弟数を三人以下に制限してはならない、とも規定している。

〔2〕town corporate　国王や領主から広汎《こうはん》な自治権を認められた都市を指し、十三世紀ごろから出現しはじめた。中世には、国王以外のすべての権力を排除した都市は、とくに自由市または帝国直属都市とよばれ、封建諸侯と対等の地位を誇った。自治都市は、独自の自治行政組織や規律を設けることを認められたほか、その市民は身分や租税上の特権をも与えられ、ときに裁判権をも許された。こうした自治団体はもともと、その都市で営業し、そこのギルド・ホールに結集している商工業者の各種同業組合からなるものであり、その意味で自治都市は同業組合の上部団体であったといえる。なお第三篇第三章「都市の住民は徴税……」と「国王が都市に特権……」の小見出しを参照せよ。

〔3〕beneﬁce　教会財産や一〇分の一税など、個々の教会に固有の収入のなかから、教区牧師らの収入として与えられるものを指す。

〔4〕この話は、プルタルコス『英雄伝』（Plutarch, *Vitae Parallerae*）中のイソクラテスの項に出てくる。

〔5〕poor laws　同業組合の規制によって労働者の自由な移動が阻止されたが、イングランドでは、その上に「救貧法」による統制で、貧困な下層労働者は、自分の所属する教区以外のところへ勝手に移動し定住することが制限されるという事情が加わっており、これはエリザベス朝以来スミスのころまで続いていた。周知のようにイギリスの初期資本主義においては、多数の下層農民がその農地や耕作権をとりあげられ、「農民離村」の事態が現出した。かれらは乞食になったり、集団化して盗賊になったりしたので、物乞《ものご》いを禁止する多くの条例が出されたが、乞食の数は減少しなかった。すなわち、「農民離村」から始まって潜在的マンパワーが次第に全国的規模でつくりだされてゆく過程で、他方、各地域に物乞いや浮浪者になるか、さもなければ教区の救貧扶助によって辛うじて生きるだけといった貧民がつくりだされたのである。教区のなかにはかれらに仕事を与えることをせず、救貧扶助による教区の財政負担をまぬがれるために、貧民を教区から追い立てようとした地域もあったが、また施設のよく備わった教区もあって、貧民の管理には地域差がみられた。もともと中世以来、修道院に収容されて慈善的扶助を受けていた貧民は、近世にはいって修道院が破壊されてしまっ

て以後は、貧民の扶助はもっぱら教区の責任とされていたのである。一方、スミスの時代をふくめて、この時期の下層の貧困者は、厳格な規律と特権のなかに安住していたギルドの組合員たちからは疎外された存在であった。貧民が定住して働こうとすることは、ギルドの職人たちにとっては好ましくないアウトサイダーの侵入だと判断されたのである。スミスは下層の貧困者が、犯罪人でもないのに自分の住みたいと思うところにも住めず、自分が働きたいと思うところで働く機会も与えられないことは、「自然的自由と正義との明白な冒瀆《ぼうとく》だ」と述べている。スミスの時代までの救貧法は原始蓄積期がつくり出した多数の過剰人口の下層部分、被救恤《きゅうじゅつ》的窮民をどうやって処置するかが政策の基本とされたが、産業革命の進行とともに、救貧法は下層の窮民のなかから労働能力のあるマンパワーを析出することにその機能を転換したようにみえる。この過程はスミス以後、マルサス（T. R. Malthus, 1766-1834）、とりわけナッソオ・シーニォア（N. W. Senior, 1790-1864）によって理論づけられた。

〔6〕バーンについては第一篇第八章の原注（2）を参照。なお、以下の引用出典は、Richard Burn, *Justice of the Peace*, 1764.〔『治安判事』〕

〔7〕特定の人を指定することなしに、容疑者全員を逮捕することを認めた逮捕状。一般的逮捕状とも訳される。主として政府にたいする批判を公安を害するものとして抑圧する狙《ねら》いのもとに、出版物の著作者、印刷者、発行者を逮捕するために発せられ、ステュアート朝から十八世紀前半にかけて猛威を振るった。

これが廃止される契機となったのは、十八世紀後半期における最大の政治事件の一つだったウィルクス事件であった。ジョン・ウィルクス（John Wilkes, 1727–97）は、ウィッグ党の下院議員（後にロンドン市長）で天性の扇動政治家であったが、一七六二年に ***North Briton***（スコットランド人のこと。当時首相の地位にあったトーリー党のビュート〔Earl of Bute, 1713–92〕はスコットランド出身であった）という政治誌を発刊して、国王ジョージ三世とビュートの反動政治を批判した。特に一七六三年四月二十三日の第四十五号で国王の演説を攻撃したため誹毀《ひきざい》罪に問われ、彼自身は議員を除名されてパリに亡命した。この時、政府は無記名逮捕状を久しぶりに発動して、四十九名を逮捕したのである（スミスは、この四十五号が出た時、一読するなり、「ブラボー、この男（ウィルクス）が半年以内に絞首されるか、さもなければこの男がビュート卿を弾劾してしまうかどっちかだ」と叫んだという）。この暴挙にたいする世論の非難は次第に激しくなり、一七六五年には王座裁判所の判事たちが無記名の逮捕状は逮捕状ではなく違法だと宣言し、翌六六年、下院が違法にして無効との決議を行なうに至った。

〔8〕このように断言するからには、スミスとしてもこれを裏づけるなにほどかの証拠を用意していたことであろう、とキャナンは注記して次のように述べている。すなわち、サー・フレデリック・M・イーデンの『貧民の状態』（第一巻、二九六〜八ページ。Frederick Eden（1766–1809）, *The State of the Poor*, 3 vols., 1797）によると、ウィリア

ム・ヘイの『貧民にかんする法律所見』(William Hay, *Remarks on the Laws relating to the Poor*, 1735) は、定住法によって生じた障害をいちじるしく誇張したものであるという。ヘイのこの書物は一七七六年にはエディンバラの弁護士図書館にあったから、スミスはこれを見て誇張した見解の影響を受けたのかもしれない、というのである。イーデンの意見はともかくとして、定住法にたいするスミスの見解は、かれがウィリアム・ヘイの書物を読んだかどうかに関係なく、スミスの基本的立場であり、下層の労働者が自分の住みたいと思っている教区からなんの理由もなく立ちのかせられるのは「自然的自由と正義との明白な冒瀆だ」と述べている点にあらわれている（本章訳注〔5〕参照）。

第十一章　土地の地代について〔1〕

地代とは、農産物価格が投下資本を通常の利潤とともに回収するに足りる以上の超過分にあたる一種の独占価格である

地代とは、土地の使用にたいして支払われる価格とみなされるものであって、それはとうぜん、借地人がその土地の現実の状態のもとで支払うことのできる最高の価格である。借地契約の条件を取り決めるにあたって地主は、借地人が種子を供給し労働に支払い、家畜やその他の農耕用具の購買と保持に要する資本《ストック》を維持してゆくのに十分な額に、その近隣地方の農業資本《ストック》の通常の利潤を加えた額よりも大きい生産物の分け前が、借地人の手に残らないようにつとめる。これは明らかに、借地人が損をしないでそれで満足できる最小の分け前であり、これ以上の分け前を地主が借地人に残そうとすることは滅多にない。生産物のうち、この分け前を上回る部分がどれほどであろうと、または同じことであるが、その価格部分がどれほどであろうと、地主がそれを自分の地代としてとりあげようとするのは当然である。そしてこの地代は、明らかに、土地の現実の状態のもとで借地人が支払

うことのできる最高のものなのである。たしかに、ときには地主の気前がよいために、また多くは地主が無知であることのために、右の地代部分よりもいくらか少ないものを地主が受け取ることもあり、またいっそうまれには、借地人が無知であるために、いくらか余計に支払おうとすることもある。すなわち、その近隣における農業資本《ストック》の通常の利潤よりいくらか少ないもので借地人が満足しようとすることもある。しかし、この部分も、やはり土地の自然の地代とみなしてよい。いいかえると、大部分の土地をそれだけの地代で貸してもいいととうぜん考えられる場合の地代とみなしてよいだろう。

土地の地代とは、しばしば、地主が土地の改良のために投下した資本《ストック》にたいする妥当な利潤または利子にほかならない、と考える人があるかもしれない。たしかにこれは、場合によってはある程度そういえるかもしれないが、ただそういう場合があるというにとどまる。地主は、改良されていない土地にたいしてさえ地代を要求するのであって、改良の費用にたいして見込まれる利子または利潤は、一般に、この本来の地代にたいする追加分な
146 のである。そのうえ、これらの改良は、つねに地主の資本《ストック》によってなされるとはかぎらず、借地人の資本《ストック》によってなされることもある。それにもかかわらず、借地契約が更新されるときがくると、地主は、こうした改良がすべて自分自身の資本《ストック》でなされたものであるかのように、それと同じだけの地代の増加を要求するのが普通である。

地主は、ときには人工的改良がまったく不可能なものにたいして地代を要求することが

ある。ケルプは海草の一種であって、これを焼くと、ガラス、石鹸《せっけん》、その他種々の目的に役立つアルカリ性の塩《えん》ができる。これは大ブリテンのいくつかの地方、とりわけスコットランドの、日に二回海水にひたるような、満潮標以下の岩にだけ生育し、したがって人間の勤労によってはけっして増殖しない産物である。それなのに、この種のケルプの海岸に隣接する所有地をもっている地主は、自分の穀物畑におけるのと同じ額の地代を、この所有地にも要求するのである。

シェットランド諸島の近海は、魚類が格別に豊富なところで、これが島々の住民の生活資料の大きい部分を占めている。ところが、海産物によって利潤をあげるためには、かれらはその近隣の土地に居住地をもっていなければならない。そこでこの地主の地代は、農業者がその土地から獲得できるものには比例しないで、その土地と海との両方から獲得できるものに比例する。この地代は、一部は海の魚で支払われるのであって、地代が商品価格の一部を構成するというごく少数の事例のひとつが、この地方に見出されるのである。

したがって、土地の利用にたいして支払われる価格とみなされる地代は、とうぜん、ひとつの独占価格である。それは、地主が土地の改良に費やしたものにも、かれが取得できるものにもまったく比例しないで、農業者が支払うことのできるものに比例するのである。

土地の生産物のうち、ふつう市場にもたらされるものは、その通常の価格が、それを市場にもたらすのに用いられねばならない資本《ストック》を通常の利潤といっしょに回収するに足りるようなものでなければならない。もし、通常価格がこれより大きければ、その余剰部分は、とうぜん土地の地代になるであろう。もしそれがこれより大きくなければ、その商品が市場にもちこまれても、それは地主になんの地代も提供できない。価格がそれより大きいか大きくないかは、需要に依存するのである。

土地の生産物のうちには、需要が大きく、それを市場に供給するのに十分な額以上の価格をつねにもたらすようなものがあるのにたいし、他方では、その需要がこうした大きい価格をもたらすかもしれないし、もたらさないかもしれないようなものがある。前者は、その地主につねに地代を提供するにちがいない。後者は、事情におうじて、地代を提供することもあるし、提供しないこともある。

147

―賃銀と利潤は価格の原因であり、地代は価格の結果である―

したがって、注意しなければならないことは、地代は賃銀および利潤とはちがった仕方で商品の価格の構成にはいりこむ、ということである。賃銀および利潤が高いか低いかは、価格の高低の原因であるが、地代が高いか低いかはその結果である。特定の商品の価格に高低があるのは、その商品を市場にもたらすために支払われなければならない賃銀と利潤に高低があるためである。ところが、商品の価格によって生じる地代に高低があったり、または地代がぜんぜんなかったりするのは、その価格に高低があるからである。いいかえると、その価格が、これらの賃銀と利潤を支払うに足る額以上にいちじるしく大きいか、その程度が僅少《きんしょう》か、または、ぜんぜんそれに足りないか、ということが原因なのである。

本章では、第一に、土地の生産物のうち、つねに多少とも地代を生じる部分についての考察、第二に、あるときは地代を生じ、あるときはそれを生じない部分についての考察、第三に、これらのちがった二種類の原生産物を、たがいに比較したり、また製造品と比較したりする場合、改良の時期のちがいにおうじて自然に生じると思われるこれら原生産物の相対価値の変動についての考察を、それぞれ個別に行なうので、以下は三つの節に分れることになる。

〔1〕ふつう地代とよばれるもののなかには、農地の改良費にたいする報償がふくまれる場合がある。しかしスミスがこの章（第一篇第十一章）で説明している地代というのは、土地の使用にたいする価格であって、そこでは自分で耕作しないで他人に土地を貸し与える地主と、地主から土地を借り受けて耕作に必要な資本を投じ、農業労働者を雇用して農業生産を行なう農業経営者とが前提されている。したがって地代は賃銀でも利潤でもない「自然価格」の第三の構成部分としてとらえられている。しかし構成部分といっても、地代は賃銀や利潤とは異なった仕方で価格にはいりこむ。労働者が額に汗して獲得する賃銀、また雇主が節約したものを蓄積しそれを用いて獲得する利潤とちがって、ほんらい土地所有は一種の独占であり、したがって独占価格として

の地代は、農業経営者がふつう獲得する通常利潤を上回る大きさである。つまり、賃銀および利潤は価格の原因として「自然価格」にはいりこむけれども、地代はその結果としてはいりこむ、というのである。この場合スミスは、農業に用いられる資本は、製造業に用いられる同一量の資本に比してより多量の生産的労働を活動させ、したがってより多くの価値を生産物に付加する、と考えている。こうした地代発生の根拠をめぐるスミスの思想の中には、第二篇第五章に見られるように、「農業では、自然も人間とならんで労働する」（「資本の四つの……」の小見出し参照）といった、農業の自然的生産性をめぐって重農主義と共有する思想もふくまれている。農業に投下された資本の安全性、農業経営者の自立性をはじめ、田園生活を讃美する一連の思想などでもそうである。この思想に軽々に評価を下すことは慎まなければならないが、いずれにしてもスミスの体系において、地主の社会的役割が、『国富論』を評注したブキャナン、さらにリカードォ（第二篇第二章訳注〔3〕参照）などとちがっていることはたしかである。すなわちスミスによると、地主はその収入を得るのに労働や配慮を必要とせず、その地位は安全であるために「怠惰」や「無知」になる傾向があるけれども、人口が増加し、耕地が拡大し、資本が蓄積され、そして土地の改良が進み、土地の生産物が増加してゆくにつれて必然的に地代は増大するのであるから、結果からみると、地主階級の利害は社会全体の進歩と密接にむすびついている。この点では労働者の利害も社会公共の福祉と不可分にむすびついているので、資本主義とよばれる近代社会を構成する三大階級のうち、右の地主階級と労働者階級とは、まったく異なった意味においてであるが、製造業者や富裕な商人からなる雇主階級が社会公共の利害の犠牲において自分の階級的利害を守るのと大きく異なる、というのである。なお「本章の結論」を参照。

第一節　つねに地代を生じる土地生産物について

人間の食物を生産する土地は、労働を扶養し利潤を支払うのに足りる以上の食物を生産するので、つねに地代が生じる

人間は、他のすべての動物と同じように、その生存手段に比例して自然に繁殖するものである。だから食物にはつねに需要がある。食物はつねに、大なり小なりの労働を購買ないし支配することができる。しかも、食物を得るためによろこんで何事かをする人がかならずいるものである。もっとも、労働に高い賃銀が支払われることがしばしばあるために、食物で購入できる労働量は、食物を最も経済的な仕方で扱った場合にそれによって得られる労働量とかならずしも一致するとはいえない。けれども食物は、ある種の労働がその地方でふつうに得られているその程度に応じるだけの労働の量をつねに購買できるのである。

ところがたいていの土地は、それがどんな位置にあろうと、食物を市場にもたらすために必要ないっさいの労働を扶養する——その労働者を最大限に優遇するとしても——に足りる以上の食物を生産するものである。そのうえ、この余剰は、この労働を雇用した資本を、その利潤を添えて回収してもなおあまりあるものである。それゆえ、地主にたいする地代としてつねになにほどかのものが残る。

ノルウェーやスコットランドの不毛の荒野でも、畜牛のためのある種の牧草は生える。
148 この畜牛の乳や幼牛は、家畜の世話をするのに必要なすべての労働を維持し、その農業者すなわち家畜群の所有者に通常の利潤を与えるだけでなく、なおその土地の地主に少額の地代を与えても、なおつねにあまりがあるほどである。この地代は、牧草の品質に比例して増加する。優秀な牧場では、劣等な牧場に比べて同じ面積に飼うことのできる畜牛の数は多い。そのうえ、多くの畜牛を小面積に集めることができるから、その世話や生産物の収集のための労働は少なくてすむ。すなわち地主は、一つには生産物の増加と、もう一つにはこの生産物によって扶養してゆかねばならぬ労働の節約と、この両面から利益を受けるのである。

地代は土地の豊度と位置という二つの要因によって差異を生じる

土地の地代は、その土地の生産物がなんであれ、その豊度によって異なるが、それだけでなくその土地の位置の如何《いかん》によっても異なる。都市周辺の土地は、遠隔地の農村にある同じように豊かな土地にくらべると、より多くの地代をもたらす。どちらの土地を耕すにも、そのための労働には大きい差はないだろうが、遠隔地の生産物を市場へもたらすためにはより多くの労働が用いられるだろう。だから遠隔地の生産物によってより多くの労働が扶養されているにちがいない。したがってその剰余――農業者の利潤と地主への地代との双方がそこから引き出されるその剰余――は減少するにちがいない。しかし遠隔地の農村では利潤率は、すでに述べたように、大都市周辺よりも一般に高い。そのため、この減少した剰余のうち、より小さい割合が地主に帰属せざるをえないことになる。

良い道路、運河、航行可能な河川は、輸送費を減少させるので、遠隔地の農村を都市周辺の土地とほぼ同格なものにする。この点で、これはあらゆる進歩のなかで最もすぐれたものだといえる。それらは、農村においてつねに広大な地域を占めている遠隔地の改良を促進する。それらは、都市周辺にある農村地帯の独占を破壊するので、都市にとっては好都合である。そしてそれらは、都市周辺の農村にとってさえ好都合である。というのは、それらは旧市場にいくつかの競争品を持ち込みはするが、都市周辺の農村の生産物にたいして多くの新しい市場をつくりだすからである。そればかりか、独占は良い経営にとっての大敵である。良い経営は、普遍的で自由な競争の結果としてのみ達成されるものであり、しかもこの普遍的で自由な競争こそ、あらゆる人を自衛上良い経営にたよらせるようにするものなのである。いまから五〇年とはたっていない話であるが、ロンドンの近隣の二、三の州《カウンティ》が遠方の県への有料道路《ターンパイク・ロード》の延長に反対して議会に請願をしたことがある。かれらの主張によると、労働が安い遠方の州は、牧草や穀物を自分たちより安くロンドン市場で売ることができ、その結果、自分たちの地代が減少し、耕作が破壊されてしまうということであった。しかし実は、その時期以来、かれらの地代は殖え、その耕作も改良されてきているのである。149

改良が進むにつれて、未改良の土地の地代と利潤は改良された土地の地代と利潤によって、さらに後者は穀産地のそれによって規制されるようになる

中程度の豊度の穀物畑は、同一面積の最良の放牧地よりもはるかに多量の食糧を人間のために生産する。穀物畑の耕作には放牧地よりも多くの労働を必要とするが、種子を回収し、必要な労働のすべてをまかなった後に残る剰余もより多いのである。それゆえ肉一封度《ポンド》がパン一封度よりも値打があることはありえないとすると、この大きい剰余は、どこでも大きい価値をもち、農業者の利潤と地主への地代との双方にとっての大きい源泉となることだろう。農業の粗放な初期段階では、どこでもそうだったように思われる。

しかし、パンと食肉という異なった二種類の食物の相対的価値は、農業発達の時代によって非常に異なっている。農業の粗放だった初期の段階では、国土の大部分を占めていた

150

未改良の原野はすべて家畜のために放置されていた。食肉はパンより豊富であった。つまりパンは肉にくらべると最大の競合食物であり、したがってまたつねに最大の価格をもたらす食物であった。ウロア〔Ulloa, 1716–95. スペインの航海者、学者。一七三五年にフランスの天文学者一行とペルーに航海した〕の語るところによると、ブエノスアイレスでは、いまから四、五〇年前には、四リーアル、つまり英貨で二一ペンス半というのが、二、三〇〇頭の牛のなかから選ばれた牡牛《おうし》一頭の通常の価格であった。かれはパンの価格についてはなにも語っていないが、おそらくこれにかんしてはとくに注目に値することはなかったためであろう。そこでの牡牛一頭の価格は、これを捕獲する労働以上に出るものではないと述べている。しかし穀物となると、どの土地においてもかなりの労働をつぎこまないかぎり生産されえない。当時ヨーロッパからポトシの銀山にいたる直通路にあたるラ・プラタ河畔のこの国〔アルゼンチン〕では、労働の貨幣価格が非常に安いなどということはなかったはずである。しかしこの事情は、国の大部分で耕作が行なわれるようになってくると異なってくる。そのときには、食肉よりもパンのほうが豊富になる。従来の競争は一変し、パンの価格より食肉の価格のほうが高くなるのである。

さらに耕作が拡張されるにしたがって、未改良の原野だけでは食肉の需要を満たしきれなくなる。そのため耕作された土地の大きい部分を畜牛の飼育や肥育にあてなくてはならなくなる。その場合、その畜牛の価格は、その飼育に必要な労働を支払うのに足りるだけでなく、この土地が耕作用に使用される場合に地主と農業者がそこからひきだすはずの地代と利潤とを支払うに足りるものでなくてはならない。はなはだしく未耕の荒地で飼育された畜牛でも、市場に出ると、その目方や品質に比例して、最もよく改良された土地で育った畜牛と同じ価格で販売される。このためにそうした荒地の所有者は利潤を引き上げ、またかれらの畜牛の価格に応じてその土地の地代を引き上げる。スコットランドのハイランド地方の多くの地域で食肉がオートミール製のパンと同等に安かったり、またはもっと安かったりしたころから、まだ一世紀もたってはいない。イングランドとスコットランドとの合邦は、ハイランドの畜牛にたいしてイングランドの市場をつくりだしたのである。この家畜の通常価格は、今世紀初頭にくらべると、現在約三倍になっており、ハイランドの多くの所有地の地代は同期間中に三、四倍に高まっている。大ブリテンのほとんどどこでも、最上の食肉一封度は、現在、一般に最上の白パン二封度以上に値する。また豊作の年には三、四封度の白パンにあたることもある。

土地の改良が進むにつれて、手の加わっていない放牧地の地代と利潤は、改良された放牧地の地代と利潤によってある程度まで規制されるようになる。さらにこの後者は、穀産地の地代と利潤によって規制されるようになる。穀物は年々収穫される作物である。一方、食肉はその成熟までに四、五年はかかる。一エイカーの土地から生産される食肉の量は穀物の量にくらべてはるかに少ないわけである。だから、量の点で劣るところは、価格の点で補償されなければならない。もしもこれが補償されてなお余りがあるならば、より多くの穀産地が放牧地に転換されるだろうし、またもし補償されないならば、いったん放牧地にされた土地もふたたび穀産地にひきもどされるだろう。

しかし特定の事情のもとでは、放牧地の地代や利潤のほうが穀産地のそれらより大きいこともある

しかし、牧草地の地代および利潤と、穀産地のそれらとのあいだのこういう均等性、いいかえると、その土地の直接の生産物が家畜の飼料となる場合の土地の地代および利潤と、その直接の生産物が人間の食物となる場合の土地の地代および利潤とのあいだのこういう均等性は、大国の、しかも改良された土地の大部分においてのみ生じるものであると考えなくてはならない。ある特定の地方的事情のもとでは、牧草地の地代および利潤が穀産地のそれらよりはるかに大きいことがある。

大都市の周辺では、牛乳と馬糧にたいする需要のために、食肉の価格が高まると同時に牧草の価値が、穀物の価値とのいわゆる自然の割合以上に引き上げられることがしばしばある。だがこうした地方的優位が遠方にある土地にまで波及されえないことは明らかである。

特殊な事情によってある国の人口が極度に過密になり、そのために、国土全域をあげて
151 も、大都市の周辺地域と同じように、住民の生存に必要な牧草と穀物とを生産するのに足りなくなったという場合がある。その場合に、このような国の土地はおもに牧草、つまり

穀物に比べるとよりかさばり、遠距離を運搬しにくい牧草の生産に向けられた。そして民衆の主食である穀物はおもに外国から輸入された。現在、ホラントがこの状態にある。古代イタリーのかなりの部分も、ローマ人の繁栄していたあいだはこれと同様であったようだ。キケロによると、大カトー〔前二三四～前一四九。ヘレニズム化に抗して復古精神を唱え、『農業論』を著わす。小カトーはその曽孫〕は、上手に食わせるということが私有地経営上第一[1]になされるべきことであり、かつ最も有利なことである、第二はどうやら食わせることであり、第三は下手に食わせることだ、と語っている。またカトーは、土地を耕すことを私有地経営上の利潤と利益の点で第四位に位置づけている。古代イタリーのローマ周辺地域では、穀物はしばしば人民に無償あるいはごく低い価格で分配されることがあったため、耕作自体がはなはだしく阻害されていたにちがいない。この穀物は、ローマ人に征服された領地から持ってこられたもので、これら領地のあるものは、税金を払う代償にかれらの生産物の一〇分の一を規定価格で、つまり一ペックあたり約六ペンスでローマ共和国に提供することが義務づけられていた。この低価格でこの穀物がローマ人に分配された結果、ローマ人の旧領ラティウムからローマの市場に送られた穀物の価格は引き下げられることになったにちがいない。また旧領での耕作もいちじるしく阻害されたにちがいない。

穀物を生産地とする広々と開けた平坦なところでも、見事に囲い込み[2]のされている一区画の牧草地のほうが周囲の穀物畑より高く賃貸されることがよくある。このような牧草地は、耕作に用いる家畜の飼育に都合がよい。この場合、この高い地代は、牧草地そのものの生産物の価値のなかから正当に支払われるのではなく、むしろこの牧草地を利用して耕作されている穀物畑の生産物の価値の中から支払われるのである。だがこの高い地代は、周囲の土地がすべて囲い込まれると当然低落するだろう。スコットランドでの囲い込み地の現在の高い地代は、囲い込み地の不足にもとづくものと思われる。この不足が満たされるようになると、この高い地代もおそらく消滅するだろう。囲い込みの利点は、放牧地にとってのほうが穀産地にとってより大きい。囲い込みは畜牛を見張る労働を節約するし、また畜牛も、番人や牧犬にじゃまされないほうがずっとよく育つのである。

しかし、このような地域的利点のないところでは、穀物その他、人間の食べる植物性食物を生産する土地の地代や利潤が、それらの生産に適している土地での放牧地の地代や利潤をおのずと規制するにちがいないのである。

畜牛の飼育方法が改良されると、食肉の価格はパンにくらべて従前より多少とも低下するだろう

152 同一面積の土地において、自然の牧草で飼育するよりも多くの家畜を飼うために、かぶら、人参《にんじん》、キャベツ等の人工的牧草の使用が思いつかれた。これによって、進歩した国では食肉の価格がパンの価格より自然に高くなることがいくぶんか緩和されると期待してよいかもしれない。また事実そうであったようでもある。少なくともロンドン市場では、食

肉の価格がパンの価格にくらべて前世紀初頭よりも現在はるかに安いと信じてよいいくつかの理由がある。

バーチ博士がその著作である『皇太子ヘンリーの生涯』〔Thomas Birch, *The Life of Henry Prince of Wales*,1760. バーチ博士はイギリスの歴史家、伝記作家であり、とりわけ国家文書の蒐集に力をつくした。一七〇五～六六〕の附録のなかで、皇太子が通例支払った食肉の価格について述べているところによると、皇太子は、重量六〇〇封度の牡牛一頭の四肢におよそ九ポンド一〇シリングをふつう支払っていたという。すなわち重量一〇〇封度あたり三一シリング八ペンス支払ったのである。皇太子ヘンリーは、一六一二年十一月六日、一九歳で逝去した。

一七六四年三月、当時の食料品の高価格にかんして議会が調査を行なった。この目的のために集められた証拠の一つにヴァージニアの一商人の行なった証言がある。それによると、一七六三年三月にかれは牛肉をハンドレッド・ウェイト〔重量の単位。一一二封度のこと〕あたり二四ないし二五シリング支払って自分の商船に積み込んだという。かれはこれを普通の価格だと考えていた。しかし食料品が高価だった一七六四年には同種、同量の牛肉にたいして二七シリング支払ったという。それにしても一七六四年のこの高価格は、皇太子ヘンリーの支払った通常の価格よりも四シリング八ペンス安い。しかも遠洋航路のために塩づけにする牛肉は最上級の肉でなくてはならないということも忘れてはならない。

皇太子ヘンリーの支払った価格は、一頭の牛の肉の良いところも悪いところもいっしょにして、一封度あたり三ペンス五分の四に相当する。この割合でいくと、肉の良質の部分は一封度あたり小売値四ペンス半か五ペンス以下では売ることはできなかったはずである。この一七六四年の議会の調査で、多くの証人は、最上の肉のよいところ一封度の価格は消費者にとって四ペンスないし四ペンス四分の一、悪いところは一般に七ファージング〔第一篇第四章「最初は耐久性……」の小見出しの割注参照〕から二ペンス二分の一ないし二ペンス四分の三であると述べてい
153 る。さらにかれらは、この価格は通常三月に売りに出される同種の肉よりも半ペニー高いと述べた。しかし、この高い価格でもなお皇太子ヘンリー時代の通常の小売価格であったと思われるものにくらべると、なおたいへん安いのである。

前世紀の初めの十二年間には、ウィンザー市場における最上の小麦の平均価格は九ウィンチェスター・ブッシェル[3]の一クォーターあたり一ポンド一八シリング三ペンス六分の一であった。しかし一七六四年を含めたこれに先立つ十二年間には、同市場での同量の最上の小麦の平均価格は二ポンド一シリング九ペンス二分の一であった。

それゆえ、前世紀の初めの十二年間の小麦は、一七六四年を含めてこれに先立つ十二年間よりもはるかに安く、食肉ははるかに高かったように思われる。

大国はどこでも、耕作された土地の大部分が人間の食物または家畜用の飼料の生産に使用されている。このような土地の地代と利潤が、他のすべての耕作地の地代と利潤を左右する。もしもある特定の生産物がそれだけのものを提供することができないならば、その土地はまもなく穀物畑か牧場に転換されてしまうであろうし、またその土地の地代と利潤

以上のものを提供するならば、穀物畑や牧場の一部はまもなくその種の生産物の生産地に転換されてしまうだろう。

ホップ園など多くの改良費や耕作費を要する土地の高い地代や利潤は、多額の経費にたいする補償である

なるほど、土地に多額の基礎投資をして基礎的改良をほどこすか、または年々多額の耕作費をかけるかのいずれかを行なって、土地をその生産に適するようにする必要のある生産物がある。これらは普通穀物や牧草よりも、前の場合は多くの地代、後の場合は多くの利潤を提供するようにみえる。しかし、こうした多額の地代や利潤が、当該地に投じた多額の費用にたいする妥当な利子または補償以上に出るようなことは滅多にない。

ホップ園、果樹園、野菜畑では、地主の地代も農業者の利潤も穀物畑や牧草地におけるよりも一般に高い。しかし土地をこれらのものの栽培に適するようにするには、穀物畑や牧草地にする場合よりも多くの経費を必要とする。そこで、地主にたいしてより多くの地代が当然に支払われることになる。さらに前者の経営にはいっそう多くの注意と熟練とを必要とする。そこで、農業者にたいして当然より多くの利潤が支払われることになる。のみならずその収穫も、少なくともホップ園や果樹園の場合は、より不確実である。それゆえ、その価格は、いっさいの偶発的な損失を補償するだけでなく、そのうえ一種の保険の利潤とでもいうべきものをなにほどか提供しなくてはならない。園主たちの生活が一般に

154 みじめで、つねに中位以上ではないということは、かれらのすばらしい創意がふつう十分に報われていないことを示している。かれらの快適な農芸は、多くの富者もまた娯楽のために行なっていることなので、利潤を目的としてこれを行なっている者のあげる利益は大きくない。というのは、もともとかれらの最良の顧客となるべき富者たちが、その最も高価な生産物をすべて自給しているからである。

地主がこの種の改良から得る利益は、どんな時代にも、その基礎的改良費を償って余りあるようなものではなかったと思われる。古代の営農では、灌漑《かんがい》のよく行きとどいた菜園が葡萄《ぶどう》園に次いで最も価値のある生産物を生みだす農地の一部だと考えられていたように思われる。しかし約二〇〇〇年前に農業について記し、また古代人から農芸の父と尊敬されていたデモクリトゥス〔前四六〇頃～前三七〇頃。ギリシャの哲学者〕は、菜園を囲い込むことを賢明な行為だとは考えなかった。かれは、菜園を囲んだ石垣の費用を償うだけの利益はあげられるものではないし、また煉瓦《れんが》にしても、雨や冬の寒冷によってくずされ、たえず補修を必要とするだろう、と述べている（もっともかれは日光で乾燥させた煉瓦のことを指しているものと私は思う）。デモクリトゥスのこの判断を伝えているコルメラ〔一世紀中頃のローマの著述家。農業および荘園経営にかんする研究者で『農業論』の著書がある〕は、この点にかんして別に否定はせずに、木いちごや野ばらで垣根をして囲い込むというたいへんつましい方法を提案している。かれはこのやり方だと長もちし、外からの侵入も防げるものだということが経験上判ったといっている。しかしこれはデモクリトゥスの時代にはまだ一般に知られていなかったように思われる。以前ウァロ〔前一一六〜前二七。ローマの百科全書的著作家〕が勧めたことのあるコルメラのこの意見をパラディウス〔四世紀在世。ローマの農学者〕が採用している。これらの古代農業改良家の言葉から判断するに、菜園の生産物は、なみなみならぬ栽培費と灌漑費をやっと支払うに足るだけでしかなかったように思われる。というのは、これほど太陽にめぐまれた国では、現在と同じように当時でも、流水を自由に使って菜園内のすべての苗床に給水することが本式だと考えられていたからである。今日ヨーロッパの大部分の地域を通じて、菜園は、コルメラの勧めた木いちごや野ばらの生垣よりも上等の囲い込みをするだけの値打があるとは考えられていない。しかし大ブリテンや他の二、三の北方諸国では、隔壁なしには優良な果実はとうてい仕上げられない。そのため、これらの国々での果実の価格は、その生産に不可欠な隔壁の建設費や維持費を支払うに足りるものでなくてはならない。菜園を果樹園の隔壁で囲い込むこともよくあることで、これによって菜園は、それ自体の生産物では支払いきれぬような囲い込みの便益を享受するのである。

155 葡萄園は、適切に植え付けられ完全に栽培されれば、農場でいちばん価値の多い部分であるというのは、すべての葡萄酒産出国をつうじていえる近代農業の定説であるが、古代農業においても疑う余地のない意見であったように思われる。しかし新規に葡萄の栽培を始めることが果して有利であるかどうかにかんしては、コルメラによると、古代イタリーの営農家たちのあいだでも論争の的であったようである。コルメラは、あらゆる新式の栽培手法の真の愛好者の例にもれず、葡萄園が有利だと断定し、そして利潤と経費を比較しながら、葡萄園づくりがいちばん有利な土地改良であることを示そうとつとめている。しかし、新規の計画による利潤と費用とをこのように比較するのは、一般にはあまり当てになるものではない。とくに農業の場合はそうである。なぜなら、このような栽培から実際に得られる利益が、かれの想像通りに大きいものであったなら、これをめぐっての論議が起ろうはずがない。ところが、実にこの点が今日でも葡萄酒産出国における論争の種になっているのである。これらの国の農業についての著述家たち、つまり集約農耕の愛好者や奨励者たちはコルメラの意見に同調し、一般に葡萄栽培を有利だとする傾向があるようだ。フランスで古くからの葡萄園の所有者が新しい葡萄園の経営をすべて阻止しようと苦慮しているのを見ると、この著述家たちの意見が裏書きされているように思われるし、この種の栽培が現在この国では他のどんな耕作よりもいちばん利益があることを経験したにちがいない人々の自覚のほどをあらわしているようにも思える。しかし、これはまた同時にもう一つ別の意見を表明しているようにも思える。すなわち、こういう高い利潤は、現在の葡萄の樹の自由な栽培を抑制している法律が撤廃されればもはや永続しえなくなるという意見である。一七三一年にフランスの葡萄園所有者たちは一つの勅令を出してもらった。これは、新しい葡萄園の経営と二年間耕作が中絶していた古い葡萄園の更新との双方を、国王の特別の許可のないかぎり禁止するというものであった。その特別の許可は、州知事が土地を踏査し、その土地では葡萄の栽培以外はなにも栽培できないということを証明する知事の報告がある場合にかぎり、それにもとづいて与えられるというものであった。この勅令が理由としているのは、穀物、牧草の不足と葡萄酒の過剰とであった。もし過剰が事実であったなら、勅令によらなくても、この種の栽培の利潤が、穀物や牧草の利潤の自然の割合以下に引き下げられることによって、新しい葡萄園をつくることは、有効に阻止されたであろう。葡萄園の増加によってひきおこされたと考えられている穀物の不足について見ると、フランスで最も念入りに穀物が耕作されているのは、その土地が葡萄の生産に適している葡萄酒生産地方にほかならないのであって、ブルゴーニュ、ギュイエンヌおよび上部ラングドックがそうである。ある種の耕作に雇用される労働が増せば、他種の耕作物に対する手近な市場が提供されて、必然的に他種の耕作を奨励する結果になる。した
156 がって、この他種の生産物にたいする支払能力のある人々の数を減らすのは、穀物の耕作を奨励するものとしては最もまずいやり方である。あたかも製造業の発達を抑えることによって農業の振興をはかろうとする政策のようなものである。

それゆえ、土地をその生産物に適するものにするのにより多くの基礎改良費や年々の耕作費を必要とするような生産物の地代や利潤は、穀物や牧草の地代や利潤よりも高いのが普通であるが、それにしてもこの高い地代や利潤がこの異常な経費を償うだけのものであ

るなら、それらは事実上、普通の作物の地代や利潤によって規制されているのである。

特殊な葡萄園などのように、適地の量が限られ、有効需要をみたすに足りない場合には、超過価格の大部分は地代に帰する

もっとも、ある特殊な生産物に適する土地の量が少なすぎるために、その有効需要が充足できないということも時には起る。この場合、その全生産物は、それを栽培して市場へもたらすのに必要な地代、賃銀および利潤の全額を、それらの自然率、つまり他の耕作地の大部分で支払われる率にしたがって支払うに足りるよりも幾分か多い額をよろこんで支払う人々に対して売りさばかれるだろう。この生産物の価格から改良と耕作の全経費を差し引いたあとに残る剰余部分は、この場合、またこの場合にかぎり、穀物や牧草の価格の同様な剰余分と規則的な割合を保つものではなく、ほとんどの場合、これらを上回っている。そしてこの超過分の剰余は当然に、地代として地主の手に帰属するのである。

たとえば、葡萄酒から生じる地代や利潤と、穀物や牧草から生じるそれらとのあいだに通常の自然的割合が保たれるのは、ふつうの葡萄園、すなわち、土壌がもろく、砂利が多かったり、砂地であったりさえすればたいていどこにでもできて、その濃さと滋養分のほかには別に取柄のないありふれた良質の葡萄酒しか産出しない葡萄園においてのみである、と解さなくてはならない。一国内の普通の土地の競争相手となるのは、このようなふつうの葡萄園だけであって、特殊な地味の葡萄園と太刀打ちできないことは明らかだからであ

る。

157 葡萄の樹は、他のどんな果樹よりも地味の相違に大きく影響される。ある土壌は葡萄に一種の風味をそえる。この風味ばかりは、どんなにうまく栽培しても、またどんなにうまく管理しても、よその土壌ではとうてい生れないものである。この風味は――事実であれ、あるいは気分的なものであれ――、二、三の葡萄園の生産物だけに限られていることがあり、またある限られた地域の全体にわたっていることもあり、さらにまた広い地域の大部分にわたって広がっていることもある。市場にもたらされるこのような葡萄酒の全量は、その有効需要、すなわちそれを生産し市場にもたらすのに必要な地代、利潤および賃銀の全額をその通常率、つまり普通の葡萄園において支払われている率にしたがって進んで支払おうとする人々の需要をみたすには足りないのである。そのため、この葡萄酒は全部、この通常率以上を進んで支払おうとする人々に対してだけ売られる。このことは、必然的にこの葡萄酒の価格を普通の葡萄酒の価格以上に引き上げる結果になる。この両者の価格の差は、その葡萄酒の珍重される度合やその多い少ないに応じて、買手間の競争が増減するのにしたがって、大きくもなれば小さくもなる。そしてこの価格の差がどうであろうと、この差の大部分は地代として地主に帰属してしまう。というのは、このような葡萄園は他の大部分の葡萄園よりも念入りに栽培されているものであるが、この葡萄酒の高い価格はこの念入りな栽培の結果というよりも、むしろその原因であると思われるからである。このような高価な生産物となると、不注意から生じる損失は非常に大きいため、最も不注意な人でもいきおい注意を払わざるをえなくなる。それゆえ、この高い価格の一小部分でも、それらの栽培についやされた普通以上の労働の賃銀と、その労働を雇用した普通以上の資本の利潤とを支払うに足りるものでなければならないのである。

西インドでヨーロッパ諸国が所有している砂糖植民地は、こうした貴重な葡萄園に比すべきものである。これらの植民地から産出する砂糖を全部集めても、ヨーロッパの有効需要には足りない。したがってそれは、これを生産し市場へもたらすのに必要な地代、利潤および賃銀のすべてを、これらが通常他の生産物の場合に支払われる率にしたがって支払われるに足りるよりもより多くを進んで支払おうとする人々にたいしてだけ売られることになる。交趾《コウチン》シナ〔インドシナの南部にあるもとフランスの植民地。現在のベトナムの一部〕の農業にかんして造詣の深いポアーヴル氏によると、[1]この国では最良の白砂糖は普通一クインタル〔重量の単位。一〇〇キログラム〕あたり三ピアストル、すなわち英貨約一三シリング六ペンスで売られている。交趾シナでの一クインタルは、パリ・ポンドでは一五〇から二〇〇封度の重さであり、その中間をとると一七五封度にあたる。イングランドのハンドレッド・ウェイトに換算すると、砂糖一〇〇封度は英貨約八シリングとなる。これは、わが植民地から輸入される赤砂糖または黒砂糖にたいして普通支払われる価格の四分の一にもならず、また最上の白砂糖にたいして支払われる価格の六分の一にもならない。交趾シナでは耕地の大部分は、その人民大多数の食物である小麦と米の生産に向けられている。小麦、米、砂糖の各価格の割合は、同地ではおそらく自然的な割合にあるのだろう。いいかえると、耕地の大部分から産出する各種収穫物のあいだに自然に保たれている割合、しかも普通に投じる基礎改良費と年々の耕作費に応じながら、できうるかぎり正確に地主と農業者にたいしてそれを償うような割合、にあるのであ
158 ろう。しかし砂糖の産出国であるわが国の植民地では、砂糖の価格はヨーロッパやアメリカでの米作地や小麦畑の生産物の価格にたいしてこのような自然的割合を保ってはいないのである。砂糖栽培者はラム酒と糖蜜から全耕作費をまかない、砂糖のほうはすべて純利益になるものと考えているとまでふつういわれている。私はあえて断定しようとは思わないが、もしこれが真実であるなら、農業者がもみがらと藁《わら》とだけで自分の耕作費をまかない、穀粒はすべてかれの純利益になることを期待するのと同じである。ロンドンその他の商業都市における商人の団体が、わが砂糖植民地で荒地を購入するのをしばしば見かける。かれらは、これらの土地が遠方にあり、また司法制度も不完全で収益が不確実であるにもかかわらず、問屋や代理人を使ってその土地を改良耕作させ、利潤をあげることを期待しているのである。スコットランド、アイルランド、北アメリカの穀産地帯の最も豊饒な土地では、司法制度が完備しているためにずっと規則正しい利潤が期待できるにもかかわらず、だれ一人としてこれら植民地と同じ方法で改良耕作をしようと企てる者はいないであろう。

ヴァージニアやメリーランドでは、穀物の耕作よりも有利だということで煙草《タバコ》の栽培のほうが好まれている。煙草は、ヨーロッパの大部分の地域でどこでも有利に栽培されうるものなのである。ヨーロッパのほとんどすべての地帯で主要な課税対象となっており、この植物を栽培しているその国内の農場ごとに税を徴収するのは、税関で煙草の輸入に際して課税するよりも困難であろうと考えられてきたため、おかしなことに煙草の栽培はヨーロッパの大部分の地域を通じて禁止されてきた。これは必然的にその栽培が許可されている国々に一種の独占権を与えることになる。そしてヴァージニアとメリーランドは最も多量にこの煙草を産出するので、若干の競争者もないわけではないが、大いにこの独占の利益を享受しているのである。しかし煙草の栽培は砂糖ほど有利ではないように思われる。
159
大ブリテンに住む商人の資本で煙草農場が改良され耕作されたという話を、私はいまだかつて聞いたことがない。また煙草生産地であるわが植民地からは、わが産糖諸島からしばしば帰来するあのような金持の栽培業者を本国に送ってきたこともかつてない。これらの植民地では穀物の耕作よりも煙草作りに力を入れているが、煙草にたいするヨーロッパの有効需要は、まだ十分には充足されていないようにみえるけれども、砂糖にくらべると完全に近いまでに充足されているのだろう。現在の煙草の価格は、それを生産し市場へもたらすために必要な地代、賃銀および利潤の全額を、それらがふつう穀産地で支払われている率にしたがって支払うに足りる以上のものではあるだろうが、現在の砂糖の価格ほどはなはだしいものではないにちがいない。そのためにわが煙草栽培業者たちは、フランスにおける在来の葡萄園経営者が葡萄酒の過剰にたいしていだいたのと同じ恐怖を、煙草の過剰にたいして示してきた。かれら煙草栽培業者たちは、植民地議会の法令によって、一六歳から六〇歳までの黒人一人につき栽培本数を六〇〇〇株までに制限した。六〇〇〇株というのは、重量にして煙草約一〇〇〇封度がとれると想定されている本数である。かれらの計算では、黒人一人がこれだけの煙草を栽培する以外に四エイカーのとうもろこし畑をやっていけると考えている。ダグラス博士によると(2)（私は博士が誤報を真《ま》に受けていたのではないかと思うが）、市場が煙草の供給過剰におちいるのを防ぐために、豊作の年には黒人一人あたり若干量の煙草を焼き棄てたらしい。これは、かつてオランダ人が香辛料についてそうしたといわれるのと同じ手口である。煙草の現在の価格を維持するためにこのような乱暴な手段がかりに必要であるなら、穀物の耕作とくらべて煙草栽培に有利な点はあるにしても、それが今後永続することはなかろう。

以上のようにして、人間の食物を生産する耕地の地代は他の用途に用いられる大部分の耕地の地代を規制するのである。どんな特定の生産物も、その地代を、食物を作る耕地の地代より低いままでおいておくことはできない。というのは、その場合、その土地はただちに他の用途に向けられるだろうからである。また逆に特定の生産物が通常のもの以上の地代をもたらすのなら、それはその生産物に適した土地の量があまりにも少なく、その結果、有効需要が充足されないからなのである。

ヨーロッパでは、特殊な土地を除いて、小麦畑の地代が他の耕地のそれを規制する。米、馬鈴薯、燕麦などをつくる土地の地代はこの種の機能をもちえない

ヨーロッパでは、人間の食物として直接役立つ主要な土地生産物は小麦である。それゆ[160]え、特殊な位置の土地を除けば、ヨーロッパでは、小麦畑の地代が他のあらゆる耕地の地代を規制する。大ブリテンは、フランスの葡萄園やイタリーのオリーブ園をうらやむ必要はない。特殊な位置にでもないかぎり、土地の価値は小麦のそれによって規制される。大ブリテンの土地の豊度は、小麦にかんしては、フランスとイタリーの両国にくらべてけっして遜色《そんしょく》はないのである。

もしある国で人々の愛好し常食する植物性食物が次のような植物からとられるとしよう。すなわち、ごくふつうの土地で同じ程度の耕作を行なった場合でも、最も肥沃《ひよく》な土地でとれる小麦よりもはるかに多量にとれるような植物だとしよう。そうすると、地主の地代、つまり賃銀を支払い、農業者の資本を通常の利潤とともに回収した後に地主の手元に残る剰余分は、必然的に穀物の場合よりもはるかに大きいであろう。この国で労働者がふつうに扶養されている率がどうあろうとも、この大きい剰余はつねにより多量の労働を維持しうるだろう。したがってまたその地主は小麦畑の地主よりもより多くの労働を購買、支配

しうるであろう。かれの地代の真の価値、つまりかれの実力と権威、他の人々の労働がかれに提供しうべき生活必需品と便益品にたいするかれの支配力は、小麦畑の地主のそれよりも必然的に大きなものとなるだろう。

米作地は、最も肥沃な小麦畑よりもはるかに多量の食物を生産する。年二回の収穫で一回に三〇から六〇ブッシェルというのが米作地一エイカーの普通の収穫高だといわれる。だからこの耕作により多くの労働を必要とするとしても、このすべての労働を維持した後に残る剰余は、小麦の場合よりもはるかに大きい。したがって、米が人々の常食として愛好される植物性食物であり、耕作者たちも主として米で扶養される米作国では、小麦生産国よりもより大きい剰余からの大きい分け前が地主の取り分となるはずである。カロライナ――ここでは大ブリテンの他の植民地同様、栽培業者は一般に農業者と地主を同時にかねているため、地代が利潤と混同されている――では、米作地は年一回しか収穫がなくて、そのうえヨーロッパの慣習がゆきわたっているために米が人々の常食として愛好されているわけではないのだが、それにもかかわらず、米作のほうが小麦を作るよりいっそう有利だとされている。

良い米作地というのは、四季を通じて沼地であり、その一季は水をかぶる沼地である。これは、小麦、牧草、葡萄その他、人間にとって有用な植物の生産には不向きである。逆にまた、これらの植物に適した土地は米の生産には向いていない。それゆえ米産国においてさえ、米作地の地代は、米作に向けられない他の耕地の地代を規制することはできない。

馬鈴薯《ばれいしょ》畑で生産される食物は、水田で生産される食物よりも量において劣らないし、小麦畑で生産されるそれよりはるかに勝っている。一エイカーの土地から馬鈴薯が一万二〇〇〇封度とれても、小麦が二〇〇〇封度とれたのにくらべて多いなどとはいえない。これから二種の植物からとれる食物、つまり実質上の栄養分は、馬鈴薯には水分が含まれているから、その重量に比例するとはいえない。だが、大いに斟酌《しんしゃく》してこの根菜の重量の半分が水分だとしても、なおこうした一エイカーの馬鈴薯畑はおよそ六〇〇〇封度の実質栄養分を生産するわけである。これは、一エイカーの小麦畑の生産量の三倍にあたる。一エイカーの馬鈴薯畑は、一エイカーの小麦畑よりも少ない費用で耕作できる。というのは、一般に小麦の播種《はしゅ》前に土地を休ませておくために必要な入費は、馬鈴薯作りにおいて必要な除草その他の特別の耕作費を上回るからである。それゆえ、もしこの馬鈴薯がヨーロッパのいずれかの地域において、米産国における米のようにそこの人々に愛好される食物となり、そのために小麦その他の穀物が現在占めているのと同じ面積の耕地で作れるようになれば、耕地の面積は同じでも、馬鈴薯のほうがはるかに多数の人々を扶養することになるであろうし、また労働者は一般に馬鈴薯で養われるようになるから、その耕作に投下されるいっさいの資本を回収し、いっさいの労働を維持した後に、もっと大きい余剰が残ることになるだろう。そのうえ、この余剰の中から地主に帰する部分も大きくなるだろう。

人口も増加するだろうし、地代も現在にくらべてはるかに上昇するであろう。

馬鈴薯の栽培に適する土地は、他のほとんどすべての有用な作物の栽培に適している。もし馬鈴薯が、現在小麦が占めているのと同量の耕地を占めることになれば、小麦がそうであるように、馬鈴薯が他の耕地の大部分の地代を規制することになるだろう。

私の聞いたところでは、ランカシャーのある地域では、燕麦《えんばく》でつくったパンは小麦製のパンより労働者にとって滋養の点で好ましいということである。またスコットランドでも、これと同じ説をなす者があるということをたびたび耳にした。しかし私自身はこの説に若干の疑問をいだいている。燕麦を食べているスコットランドのふつうの人々は、小麦のパンを食べているイングランドの同階級の人々ほどに強壮でもなければハンサムでもない。かれらはイングランドの人々ほどによく働きもしなければ、また顔色がよいわけでもない。そして両国の上流階級のあいだにはこのような違いがないのだから、スコットランドの庶民の食物は隣人であるイングランドの同階級の人々の食物ほどには人間の健康に適していない、ということが経験上示されているように思われる。だが、馬鈴薯にかんしては事情
162 がちがうように思われる。ロンドンの轎《かご》かき、荷運び人夫や石炭仲仕、それに売春で生計をたてている不運な婦人たちは、おそらく大ブリテンの領土でも最も強壮な男子であり、また最も美しい婦人であるだろうが、かれらの大部分は、一般にこの馬鈴薯を食用としているアイルランドの最下層階級の出であるといわれている。他のどんな作物も馬鈴薯ほど

に栄養に富み人体の健康によく適することを証明できるものはない。

馬鈴薯を一年中保存しておくのは困難であり、またこれを小麦のように二、三年間貯蔵しておくことは不可能である。だから馬鈴薯を腐らないうちに売りさばけるかどうかという不安があって、これが馬鈴薯の栽培を妨げているのであるが、この不安こそが、大国において馬鈴薯がパンのようにあらゆる階級の人々のあいだで植物性の主食物となるのを妨げている最大の要因なのである。

（1）Voyages d'un Philosophe.〔『一自然史家の旅行記』一七六八年、Pierre Poivre, 1719-86. リヨン生れ。フランスのミッショナリイ活動から植民地経営事業に転向、仏領インドシナで活躍〕

（2）Douglas's Summary, vol. ii., pp. 372, 373.〔William Douglass, M. D., *A Summary, Historical and Political, of the First Planting, Progressive Improvements and Present State of the British Settlements in North America*, 1760. ウィリアム・ダグラス『北アメリカにおける大ブリテン植民地の初期の開拓、発展ならびに現状についての歴史的ならびに政治的略述』〕

〔1〕古代ローマにおける所領経営の話であるから、ここで「食わせる」、飼育するというのは、おそらく主として羊を指しており、次いで山羊を指していると思われる。

〔2〕enclosure　土地利用の一形態。中世農村は村民の土地は複雑に混在していたが、個

人が自分の持分地を他人の持分と交換したり買い取ったりして一区画にまとめ、入会権や他人の介入を排除するためにこれを生垣や石垣で囲んだことを指す。囲い自体および囲い込まれた土地はいずれもエンクロージャーとよばれる。イングランドでは十六世紀ごろから十九世紀までこうした囲い込みが進められたが、その初期には毛織物の原料生産のために羊の放し飼いを目的として囲い込みが強行され、そのありさまは「羊が人を食う」などと評された。また十八世紀以降は大規模農業を目的とする囲い込みが続出し、この囲い込みによって、個人の判断による農業技術の改良や合理的な農耕経営が可能になり、生産性も大いに高められたので、囲い込みの進展度如何は、農村の技術的・経済的発展の一つの尺度とみなされている。

スコットランドでは、特有の複雑な身分制度、土地所有制度、相続制度などが存在するためもあって、一七二〇年代にいたっても、南西部地方を除けば、囲い込みは進展しておらず、一説によれば全土の一割ほどがようやく囲い込まれていたにすぎなかった。スミスがスコットランドの囲い込み地は不足していると言う場合には、それは一方ではこうした実状を指しており、他方こうした不足が生じているのは、十八世紀中葉からスコットランドで農業改良熱が高まって、囲い込みの必要が農業家の間で認められはじめたからなのである。

〔3〕英国で古く用いられた乾量単位。つまり穀類、豆類、芋類などをはかる単位。一ウィンチェスター・ブッシェルは三五・二リットル、約一斗九升五合。

第二節　ときには地代を生じ、ときにはそれを生じない土地生産物について

食物は地代をかならず生じる唯一の土地生産物であるが、衣と住については、地代を生じる場合もそうでない場合もある

人間の食物は、つねに、そしてかならず、地主に多少なりとも地代をもたらす唯一の土地生産物であるように思われる。他の種類の生産物はこれと事情を異にして、地代を生じることもあれば生じないこともある。

食に次いで衣と住とが人間の二大欲望である。

土地は、原始未開の状態のもとでは、その養いうるよりもはるかに多くの人々に衣と住との材料を提供することができる。そして土地の改良がすすんだ状態のもとでは、時として、衣と住との材料を提供しうるよりもはるかに多くの人々を扶養することができる。少なくとも人々がこれらの材料を必要とし、よろこんでそれにたいして支払おうとする場合にはそうである。したがって未開状態では、衣と住との材料は過剰をきたし、その結果ほ

とんど価値をもたなくなることがしばしばある。これにたいして土地の改良のすすんだ状態では、これらの材料はしばしば不足し、そのためにその価値が必然的に増加することがある。前者の場合は、こうした材料の大部分は無用のものとして放棄されてしまう。放棄されずに使用されるとしても、その価格は、ただそれを使用に適するものにするための労働と費用とに等しいだけのものとみなされるにすぎない。したがってそれは、地主になんらの地代をも提供することがない。ところが後者の場合には、これらはすべて使用され、しかも需要が供給を上回ることがしばしばある。ある人々は、いつもこれらを市場にもたらす費用を支弁するに足りる以上のものをよろこんで支払おうとする。そこでその価格は、つねに地主にたいして若干の地代を提供することができるのである。

163

人間が最初に衣服の材料として用いたのは、比較的大きい動物の皮であった。それゆえ、この動物の肉を主食としている狩猟民族や牧畜民族のあいだでは、食物を自給することによって、各人の必要以上の衣服の材料を自給することができる。外国との貿易がぜんぜんなかったなら、この材料の多くは無価値なものとして捨てられたことであろう。北アメリカの狩猟民族のあいだでは、かれらがヨーロッパ人に発見されるまでは、おそらくこれが事実であったろう。しかし現在では、かれらはその余剰の毛皮をヨーロッパ人の毛布、火器、ブランデー等と交換し、それによってかれらの毛皮になにほどかの価値を与えている。現在の世界貿易のもとでは、最も野蛮な民族でも、そこに土地財産権がすでに確立しているなら——と私は信じているが——、この種の外国貿易を多少とも行なっており、その結果、かれらの土地で生産はされるが、自国内で加工も消費もされない衣服の材料は、かれらよりも富んだ隣国の国民のあいだに需要を見出している。そしてその需要は、材料をこういう富んだ隣国の国民へ送り届けるのに必要な費用以上にそれらの価格をひきあげているほどである。それゆえ、この価格は地主に若干の地代をもたらすことになるのである。スコットランドのハイランド産畜牛の大部分がその丘陵地帯で消費されていた当時には、その皮革の輸出は同国貿易の最も重要な品目であり、それと交換に輸入されたものはこの地方の所有地の地代にいくらかの追加分をもたらしていた。昔は国内で消費も加工もされなかったイングランドの羊毛は、当時イングランドよりも富みかつ勤勉だった地方であるフランダースに市場を見出していた。そしてその価格は、これを生産した土地の地代をいくらか高めていた。当時のイングランドほどにも、また現在のスコットランドのハイランド地方ほどにも耕作されず、また外国貿易も行なっていない国では、衣服の材料は明らかに過剰であろうから、その大部分は無用のものとして放棄されるであろうし、そのいかなる部分も地主に地代を提供することができないであろう。

住居の材料は、かならずしも衣服の材料ほどに遠方へ輸送できるものではないし、またそれほど容易に外国貿易向きの品目になるものでもない。そこで、住居の材料がその生産国で過剰になると、世界貿易の現状では、これらが地主にとって無価値のものとなることがたびたびある。良質の採石場がロンドンの近郊にあれば、それはかなりの地代を提供するだろう。しかしスコットランドやウェイルズ地方に多い採石場はなんの地代ももたらさない。実のならない樹木は、人口が稠密《ちゅうみつ》でよく耕作されている国では建築用材として大きい価値をもっており、これを産出する土地は多額の地代を生じる。しかし北アメリカの多くの地方では、地主の所有する大樹をことごとく運び去ってくれる人がいるなら、その
164 地主は大いに感謝することだろう。スコットランドの高地地方のある地域では、水運や道路の便がないために市場へ出すことのできるのは樹皮だけである。原木は地上で腐るにまかされている。住居の材料がこれほど過剰である場合には、使用にあてられる部分の価値は、それを使用に適したものにするための労働と実費とにすぎないのである。この部分は地主にはなんの地代も与えない。地主は、その使用を乞《こ》うだけの労をとる者にはだれにでもその使用を許可するのがふつうである。けれども、もっと富んだ国からの需要があれば、地主がそれにたいして地代を取得しうることもある。ロンドンの街路の舗装工事が行なわれたときには、スコットランドの海岸沿いの不毛な岩山の所有者は、いままでなんの地代も生じなかった土地から地代を得ることができた。ノルウェーやバルト海沿岸の木材は、いままで自国内で見出せなかった市場を、大ブリテンの多くの地方に見出し、それによってその所有者に若干の地代をもたらしているのである。

国の人口密度は、その国の生産物が衣と住をまかないうる人口数に比例するのではなく、

それが食物を供しうる人口数に比例するものである。食物さえ得られるなら、必要な衣と住を見つけるのは簡単なことである。これと反対に、衣と住はあっても、必要な食物を見つけることが容易でない場合がよくあるだろう。大ブリテンの領土内においてさえ、まがりなりにも「家」[1]と称することができるほどのものなら一人の人間の一日分の労働によって建てることができよう。衣服の中でいちばん簡単な動物の毛皮でさえ、それを仕立てて着用できるまでにするには、これより幾分か多くの労働を必要とはするが、それほどたくさんの労働を必要とはしない。未開野蛮な民族のあいだでは、人々を満足させるような衣と住を供給するには、一年分の労働の一〇〇分の一かそれを少し上回る程度の労働をもってすれば十分であろう。しかも残りの一〇〇分の九九をすべて使ってやっと人々に食物を供給できるといった場合がしばしばある。

食物の獲得が容易になり衣と住の材料にたいする需要がふえるにつれ、それらの土地から地代が生じるようになるのが普通である

しかし、土地の改良と耕作によって、一家族分の労働で二家族が養えるようになると、社会の半数の人間の労働で社会全体を養うことができるようになる。だから他の半数、または少なくともその大部分は、食物以外の物を供給する仕事、すなわち人間の他の欲望や好みを満たす仕事に従事することができる。衣服、住居、家具、いわゆる馬車一式などが、それらの欲望や好みの主な対象である。金持といえども食物の消費量にかんしては貧しい隣人と変りはない。だが、その質にかんしては大いに違うであろう。食物を選択し、調理するのに、金持はより多くの労働と技術を用いるだろうが、その量においては金持も貧乏人もほとんど同じである。だが金持の豪壮な邸宅や巨大な衣裳簞笥《だんす》と、貧乏人の茅屋《ぼうおく》やわ
165 ずかばかりのぼろ着とをくらべてみよう。かれらの衣服、住居および家具のあいだには、その質の違いとほとんど同じくらい大きい差異が量においてもあることがわかるであろう。食物にたいする欲望は、だれでもその胃の腑《ふ》の容量に限りがあり、それに制限されるが、しかし建物、衣服、馬車一式、家具什器《じゅうき》等の便益品や装飾品にかんする欲望には、一定の限度もなければ限界もないように思われる。それゆえ、自分で消費しきれぬほど多くの食物を支配できる人々は、つねにこの食物の余剰、あるいは同じことであるが、この余剰の価格を、他の欲望を満たすものとよろこんで交換しようとする。食物にたいするこの限られた欲望を満足させてなおあまりあるものは、満足どころかまったく無際限ともいえるその他の欲望を楽しませるために提供される。貧しい人は、食物を獲得するために、富んだ人のこの好みを満足させようとつとめる。さらにまた、食物の獲得をいっそう確実にするために、その仕事を安くて完全なものにしようと互いにはりあう。労働者の数は、食物の量の増加につれて、いいかえると、土地の改良と耕作の進展につれて、増加する。かれらの仕事は、その性格上極度に細分化された分業をもたらすから、かれらの加工する材料

の量は、かれらの人数よりはるかに大きな割合で増加する。そこで、人間の発明によって建物、衣服、馬車や家具で使用される実用的または装飾的なあらゆる種類の材料の需要が生じるのである。つまり地底深く埋蔵されている化石、鉱物、貴金属、宝石等にたいする需要が生じるのである。

このようにして、食物は地代の本源的な源泉であるばかりではない。のちになって地代を生じるあらゆる他の部分の土地生産物は、その価値の中の地代部分を、土地の改良や耕作による食物生産の労働力の改善から引き出すのである。

しかしながら、のちに地代を生じる土地生産物の他の諸部分についても、かならずしもつねに地代を生じるというわけではない。土地が改良され耕作されている国々でさえ、これらの部分にたいする需要は、かならずしもつねにこれを市場へもたらすのに使用される労働の賃銀を支払い、また資本をその通常の利潤とともに回収するに足りるよりも大きい価格を生じるほどのものとは限らないのである。この需要がはたしてこういうものであるかどうかは、さまざまな事情による。

炭坑が地代を生じるかどうかは炭坑の豊度と位置に依存する

たとえば、ある炭坑がなんらかの地代を生じるかどうかは、一部はその炭坑の豊度に、また一部はその位置に依存する。

どんな種類の鉱山でも、それが豊鉱であるか貧鉱であるかは、一定量の労働によってもたらされる鉱物の量が、同一量の労働によって同種の他の大部分の鉱山からもたらされうるよりも多いか少ないかによってきまるのである。

ある炭坑は有利な位置にあるにもかかわらず、あまりに貧鉱であるために採掘されない。その産出物では費用がつぐなえないからである。この種の炭坑には利潤も地代も生じえない。

炭坑によっては、その産出物のために用いられる労働の賃銀を支払い、投下された資本に通常の利潤を回収するのがやっとだというものもある。このような炭坑は、その事業の企業家には多少とも利潤をあたえるが、地主にはなんの地代もあたえない。地主自身がその事業の企業家で、この事業に投下する資本の通常の利潤を獲得するのでないかぎりは、だれ一人としてこのような炭抗を有利に経営することはできないだろう。スコットランドの多くの炭坑はこういうやり方で稼働されているが、他の方法ではとうていやっていけないであろう。というのは、地主は、多少とも地代の支払を受けないかぎり、だれにも土地を貸そうとはしないであろうし、またいくらかでも地代を支払えるような人は一人もいないからである。

スコットランドの他の炭坑は、豊度は十分だが、その位置が悪いために採掘することができない。採掘費をまかなうに足りるだけの鉱物量は、普通または普通以下の労働量によって鉱山から搬出することはできるのだが、住民が少なく水陸の輸送の便がよくない奥地では、掘り出しただけの鉱物を売りさばくことができないのである。

石炭の価格は木材の価格より低い。地代が生じるところでも石炭の価格のなかの地代の割合はきわめて小さい

石炭は燃料としては木材ほど好ましくはない。また木材ほど健康によくはないともいわれている。したがってその消費地では、石炭のための費用は木材のそれにくらべて、一般的に幾分低いにちがいない。

木材の価格は、家畜の場合とほとんど同じように、またそれとまったく同じ理由から、農業の状態に応じて変化するものである。農業の粗放な初期の段階では、どの国でも大部分が森林におおわれていたので、樹木は当時の地主にとって無価値の邪魔者にすぎず、伐採するものがあればそれをよろこんで与えたことだろう。農業が進歩するにつれて、森林は一部は耕作の進歩によって取り払われ、また一部は家畜数の増加の結果減少していく。人間もとより家畜は、人間の勤労の賜である穀物と同じ割合で増加するものではないが、人間の注意や保護如何で繁殖するものなのである。人間は、不作の年にそなえて豊作の年に飼料を貯蔵しておき、未開発の自然が供給するよりも多量の飼料を一年を通じて家畜に与えうるようにしておくのである。また家畜の敵を絶滅し、自然の与えるいっさいのものを家畜が自由に享受できるようにしてやる。多数の家畜群が自由に森林を歩きまわるままにさ

167 せておくと、大樹をいためることこそないけれど、幼樹の発芽をさまたげる。その結果、一、二世紀の後には森林がすっかり荒廃してしまうのである。そうなると木材が不足になり、価格は上昇する。この価格は十分な地代を生じるから、ときとして地主は実のならない用材用の樹木を育てるほうが有利な土地利用法だと考えるようになる。というのは、これによってあがる利潤が大きいので、通例その利益の回収が遅れるのをつぐなうことになるからである。現在イングランドの多くの地方でみられる事態はこれに近いように思われる。そこでは、植林の利潤は穀物や牧草の栽培の利潤に等しいと考えられている。地主が植林から得る利益は、どんな地方でも、かなりの期間にわたって、穀物の耕作や牧草の栽培がかれに提供する地代を超えるようなことはない。しかし高度に耕作の進んでいる内陸地方では、この利益が地代よりいちじるしく少ないというようなことは滅多にないであろう。もっとも、よく土地改良の行なわれた国の沿岸地方では、燃料用の石炭が都合よく入手できるなら、耕作の劣っている国から建築用材を輸入するほうが、自国内で生産するよりも安価である場合もあろう。ここ数年間に建てられたエディンバラの新市街地《ニュータウン》〔2〕では、スコットランド産の用材はおそらく一本も使われていないであろう。

木材の価格がどれほどであろうと、もし石炭の価格が高くて、石炭をたく費用が薪《まき》をたく費用とほとんど同じであるなら、このような事情のもとでは、石炭の価格は、そのありうべき最高のものだと信じてよいであろう。イングランドの二、三の内陸地方、とりわけオックスフォードシャーでは、事態はまさにそのように思われる。そこでは庶民の炉の火でさえ、石炭と薪とを混用するのがふつうである。したがって、石炭と薪の二種類の燃料についての費用の差も大きくはないはずである。

産炭地方では、石炭の価格はいたるところでこの最高価格をはるかに下回っている。もしその安さでないとしたら、それは水陸いずれかによる遠距離の輸送費を負担できないことだろう。また販売される量も少ないだろうし、炭坑主や炭坑所有者は最高価格で小売に売りさばくよりも、最低価格より幾分高い価格で大量に売ってしまうほうが有利であると判断するようになる。そればかりか、最も産出力の高い炭坑が、その近くにある他のすべての炭坑の産出する石炭の価格を規制する。そういう炭坑の所有者と企業者との双方は近隣のすべての同業者より幾分か安く売れば、前者にはより多くの地代が得られることが判り、また後者にはより多額の利潤が得られることが判る。そうなると、近隣の同業者たち
168 もやがて同一の安い価格で売らざるをえなくなる。だがかれらは同じ安値ではやってゆけず、そのため自分たちの地代と利潤の双方が減少してゆき、場合によっては、ぜんぜんこれを失ってしまうこともある。ある炭坑は全面的に廃坑になってしまったり、またある炭坑は少しの地代も提供することなくわずかにその所有者によって採掘されるにすぎないものになってしまう。

石炭がかなりの期間にわたって販売されうる最低価格は、他のすべての商品の価格と同

じように、石炭を市場へもたらすのに用いられる資本を、その通常の利潤とともに回収するに足るぎりぎりの価格なのである。地主がまったく地代を得ることができず、したがってかれが自分自身で採掘するか、それとも廃坑にしてしまうかのいずれかでしかないような炭坑では、その石炭の価格は一般にほぼこのような価格に近いものにちがいないのである。

石炭が地代を生じるところでさえ、そこでの地代が石炭の価格に占める割合は、他のたいていの土地生産物の価格の場合より概して小さい。地上の土地の地代は、普通その土地の総生産物の三分の一になると考えられている。しかもこれは、一般に収穫のその時々の変動とは無関係な確定地代である。しかるに炭坑では、総生産物の五分の一を占める地代は非常に大きいほうであり、普通は一〇分の一ぐらいとされている。またこの普通の地代ですら確定地代であることはまれで、採掘量の時々の変動に応じて動いた。ところで出炭量のこの変動はたいへん大きいものなので、一地所の所有権にたいする価格として、三十ヶ年分の地代が穏当だとみなされている国でも、一炭坑の所有権にたいする価格としては十ヶ年分で十分とみなされるほどである。

――金属鉱山においては、位置は炭坑の場合ほど重要ではない。また金属の価格の中に占める地代の割合もきわめて小さい――

炭坑の所有者にとってその炭坑の価値は、その豊度に依存するのと同時に、その位置に依存することが多い。だが金属鉱山の価値は、その豊度に依存することは多いけれど、その位置に依存することははるかに少ない。貴金属の場合はもちろんであるが、卑金属の場合でも、鉱石から分離されていれば、その価値は非常に大きくなって、長距離の陸上輸送や最も遠距離の海上輸送の経費を負担できるほどである。それらの金属の市場は、鉱山の近隣諸国に限られず全世界に広がっている。日本の銅はヨーロッパ市場で商品になっているし、スペインの鉄はチリやペルーの市場で商品になっている。またペルーの銀は、ヨーロッパに販路を見出しているばかりでなく、さらにヨーロッパを経てシナにいたる販路を見出しているのである。

　ウエストマーアランドまたはシュロップシャーにおける石炭の価格は、ニューカースルの価格にはほとんど影響をあたえない。ましてフランスのリヨン地方の炭価にはなんの影響もあたえない。このようにたがいに遠くはなれている炭坑の生産物はけっして競争しあうことにはならない。しかし、金属鉱山の場合は、最も遠く離れている鉱山のあいだでも競争が起ることがありうるし、また現に競争している。それゆえ、世界きっての産出力に
169 富む鉱山が産出する貴金属の価格はもちろんのこと、卑金属のそれでさえ、世界中のあらゆる鉱山の産出する金属の価格に多少とも影響をあたえるにちがいない。日本における銅の価格は、ヨーロッパの銅山における価格に幾分か影響をあたえるにちがいない。ペルーの銀の価格、すなわちその銀が購買する労働や他の財の量は、ヨーロッパの銀鉱山だけで

なく、シナの銀鉱山における銀の価格に幾分かは影響をあたえるにちがいない。ペルーで銀鉱山が発見されると、その後ヨーロッパ銀鉱山の大部分は廃鉱になってしまった。銀の価格は、銀鉱山の生産物でその鉱山の採掘の費用を負担できないところまで引き下げられた。いいかえると、その経営に用いられた衣食住、その他の必需品を利潤とともに回収できないところまで低落したのである。これは、ポトシの銀鉱山の発見後、キューバとサント・ドミンゴの銀鉱山において起きたことであり、ペルーの旧鉱山においてすら起きたことであった。

それゆえ、すべての鉱山におけるあらゆる金属の価格は、現に採掘されている世界きっての産出力に富む鉱山での金属の価格によってある程度規制されるものである。だからその価格は、たいていの鉱山では、せいぜいそれを採掘する経費を支払う程度のものでしかない。ましてその地主に高い地代をもたらすなどということは滅多にない。したがって、大部分の鉱山における地代は、卑金属の価格ではその小部分をなすにすぎないし、また貴金属の価格ではなおいっそう小さい部分をなすにすぎないように思われる。つまり労働の賃銀と利潤とが両金属の価格の大部分をなしているのである。

――金属鉱山の地代がいかに小さいかはペルーの銀山その他の事例が示している――

コーンウォール錫《すず》鉱業地の副教会委員であるボーレイス師の語るところによると、世界中で最も産出力に富む有名なコーンウォール錫鉱山の平均地代は、総生産物の六分の一と計算されているそうである。[3] あるものはこれ以上を支払う余裕があるし、またあるものはこれほど支払う余裕がない、とかれはいう。スコットランドのたいへん豊かないくつかの鉛鉱山の地代もまた、その総生産物の六分の一である。

フレジエ〔一六八二〜一七七三。フランスの航海者、建築・測量の技術者〕とウロア〔本章第一節「改良が進むにつれて……」の小見出しの割注を参照〕の語るところによると、ペルーの銀鉱山では、その所有者は採鉱企業者にたいして普通の砕鉱料、つまり所有者の砕鉱場で鉱石をくだく代金を支払うほかにはなにも要求されなかったことがよくあるという。事実一七三六年にいたるまでは、スペイン国王の課した租税は標準銀の五分の一にのぼっていた。この五分の一という割合は、その当時まで世界で最も産出力あるものとして知られていたペルーの大部分の銀鉱山の実際の地代と考えられていたものかもし
170
れない。もし租税がなかったとしたら、この五分の一は当然地主の手に入ったであろう。そして当時、この税が支払えなかったために経営できなかった多くの鉱山も経営されただろう。コーンウォール公が錫に課していた租税は、その価値の五パーセント、すなわち二〇分の一以上にもなると考えられている。この割合がどうであろうとも、もし錫が無税であったなら、この税として支払われる分は当然この鉱山の所有者に帰属したことだろう。しかし、もしこの二〇分の一を前述の六分の一に加えるならば、コーンウォール錫鉱山の全平均地代はペルーの銀鉱山の全平均地代に対して一三対一二の割合をたもつことになる

だろう。だが現在、ペルーの銀鉱山はこの低い地代さえ支払うことができないのである。そして銀に課する税は、一七三六年には五分の一から一〇分の一へと軽減された。そのうえ、銀にたいするこの税でさえ、錫にたいする二〇分の一の税にくらべると、密輸にたいするいっそう強い誘惑になるし、また密輸には嵩《かさ》の大きいものより高価な商品のほうが有利であるにちがいないだろう。したがって、スペイン国王の税は不完全にしか納入されないが、一方コーンウォール公の税はたいへんよく納入されるという。それゆえ地代は、世界中で最も産出力に富む錫鉱山の錫の価格におけるほうが、最も産出力に富む銀鉱山の銀の価格におけるよりもより大きい部分をなしているというのは、ありうることである。これら種々な鉱山を採掘するのに用いられる資本を、その通常の利潤とともに回収したあとにその所有者の手元に残る剰余は、卑金属のほうが貴金属の場合よりも大きいようである。

ペルーでは、銀鉱山の企業者の利潤は、ふつうあまり大きいものではない。右の、情報通の最も尊敬すべき著者たちによると、ペルーでは、新鉱山の経営を企てる者はだれでも、一般に破産し没落する運命に見舞われるものとみなされ、そのため世人から敬遠されるという。そこの鉱山業は、当地の場合と同じように、一種の富くじと考えられているように
171 思われる。だがときには大当りということもあるために、多くの冒険家が誘惑され、これほど見込みのない事業に全財産を投じるのであるが、しかし結局のところ、当りくじは空くじで受けた損失をつぐなうものではないのである。

しかし主権者は、銀鉱山の生産物からその収入のかなり大きい部分を収得しているので、ペルーの法律は、新銀山の発見とその経営をできるかぎり奨励している。新鉱山を発見した者はだれでも、その鉱脈が走ると思われる方向に長さ二四六フィート、幅その半分の区域を自分のものとする権利を与えられる。その人はこの区域の所有者となって、地主にはなんの許可料をも支払うことなく、自分でこの区域を自由に採掘することができる。コーンウォール公は自分の利益のために、その古い公爵領でこれとほとんど同種の法規をつくった。すなわち囲い込まれない荒地で錫鉱を発見した者はだれでも、一定面積を限ってその境界を区画占有してさしつかえないのであって、これを鉱山の境界画定とよんでいる。そしてこの境界画定者は、この鉱山の実質上の所有者となり、土地所有者の同意なしに自分で採掘経営してもいいし、他人に賃貸することもできる。ただ採掘経営にあたってはごくわずかな謝礼を地主に支払えばよいのである。こうした二つの法規のいずれの場合も、私有財産権という神聖な権利が、公収入という観念上の利益の犠牲にされているわけである。

ペルーでは、これと同じ奨励法が、新鉱山の発見と採掘にたいして与えられている。金に課されている国王の税はわずかに標準金属の二〇分の一にすぎない。この税は銀の場合と同じように、かつては五分の一であったが、後に一〇分の一に軽減された。しかし実際に経営してみると、これら二つの税のなかの最低率すら負担できないということがわかった。銀でひと財産築いた者がまれであるとしたら、金で産をなした者はなおのことまれである、とフレジエ、ウロアは述べている。この二〇分の一は、チリとペルーの大部分の金鉱山で支払われている地代の全額であるように思われる。金もまた銀以上に密輸されやす
172 いものである。というのは、嵩《かさ》のわりに価値が大きいというだけでなく、自然が金を産出するその仕方が独特だからである。銀が純粋のままで発見されることはきわめてまれである。ふつうは他のたいていの金属と同じように、なにか他の鉱物に含有されている。そのため銀をその鉱物から分離し、分離費用を負担できるだけの銀の量を得るのはたいへんな労力を要する操作であって、これはその目的のために特別にもうけられた精錬場以外のところではうまく行なえないし、またそのために国王の官吏の検察を受けなければならなくなる。これに反して金は、ほとんどいつも純粋のままで発見される。ときにはある大きさの粒塊の形で発見されるし、またほとんど肉眼では見えないような小さい粒子として土や砂や他の物とまざって発見されることもあるが、この場合でさえ、ごく短時間の簡単な作業で分離でき、またこの操作は少量の水銀をもっていれば、だれでも自宅で行なうこともできる。だから、もし国王の税の納入状態が銀について良くないとなると、金にたいする税はなおさらのことであろう。そして金の価格の中で占める地代の割合は、銀のそれよりもいっそう小さいにちがいない。

貴金属の最低価格は他のすべての商品の最低価格を決定するのと同じ原理によるが、その最高価格はこれらの金属の稀少性によって決定される

貴金属が販売されうる最低価格、すなわちかなりの期間にわたって貴金属と交換されうる他の財貨の最小量は、他のすべての財の最低の通常価格と同じ原理によって決定される。貴金属を鉱山から市場へもたらすのに必要な資本《ストック》、つまりそのために普通消費される衣食住が、貴金属の最低価格を決定するのである。これは少なくとも、この資本を利潤とともに回収するに足りるものでなければならない。

ところが、貴金属の最高価格は、貴金属自体が現実に稀少であるか豊富であるかということ以外には、他のどんな事情によっても必然的に決定されるものではないように思われる。石炭がどんなに不足しても、薪の価格以上に石炭の価格は引き上げられるものではないが、こういうことは貴金属の場合にはない。貴金属の最高価格というものは、他のどんな商品によっても決定されないものである。金の稀少性をある程度まで増大させてみようとすると、ごく小片であってもダイヤモンド以上に貴重なものとなり、より多量の他の財と交換されうるようになるだろう。

こういう貴金属にたいする需要は、一部はその効用から、一部はその美しさから生じる。鉄を除けば、貴金属はおそらく他のどんな金属よりも有用である。他の金属にくらべて貴

173

金属は錆《さ》びたり腐ったりすることが少なく、清潔に保存しやすい。このため食卓や台所用品の類いは貴金属でつくるほうがいっそう好ましい。銀製の湯わかしは鉛や銅、錫製のものよりも清潔である。この性質からみて、金の湯わかし器は銀製のそれよりいちだんとすぐれている。しかし貴金属の主な長所はその美しさから生じるものであって、それが貴金属を衣装や家具の装飾にとくに適したものにしているのである。絵具や染料では、鍍金《ときん》ほどのすばらしい色は出せない。また貴金属の美しさは、その稀少性によって大いに高められる。たいていの金持ちにとっては、富の主な楽しみはその富を誇示することにあるわけで、そういう人たちの眼からすると、自分たちのほかはだれも持つことのできないような富裕の決定的なしるしを持っているように見えるときほど存分に自分の富が楽しめることはないのである。かれらから見ると、ある程度有用であったり美しかったりする物の長所はその稀少性によって、すなわち、それをある一定量収集するのに多量の労働を要し、しかもかれら以外のだれもその代価を支払うことができないということによって、大いに高まるのである。かれらは、この種のものを、これよりもはるかに美しく有用で、しかももっとありふれているようなものよりも、より高い価格で好んで買い求める。有用性、美しさ、稀少性というような性質は、貴金属が高価であること、すなわち貴金属がどこでも多量の他の財と交換されることの根本的な基礎をなすものである。この価値は、貴金属が鋳貨として使用されることに先行し、またそれとは無関係なのであるが、そのような性質があるからこそ、貴金属がこの用途に適したものになったのである。けれどもこの新しい用途は、貴金属にたいする新しい需要をひきおこし、またこの貴金属が他の用途に用いられる量を減少させることによって、それがいったん鋳貨に使用されたあとは、その価値の維持または増大に寄与することになる。

宝石にたいする需要は、まったくその美しさから生じる。宝石は装飾品としての効用しかないのであって、この美しさの効用は、その稀少性、いいかえると鉱山からそれを獲得する困難と費用によって大いに高められる。したがってたいていの場合には、賃銀と利潤とがその高価格のほとんど全体を占め、地代はその価格のごく一小部分を占めるにすぎない。いやその一部をすら占めないこともしばしばある。かなりの地代が生じるのは最も産出力に富む鉱山だけである。宝石商のタヴェルニエがゴルコンダやヴィジアプール〔ゴルコンダ、ヴィジアプールともに十六世紀初めのインドに存在した王国〕のダイヤモンド鉱山を訪れたときに聞いたところによると、[4]その利益のためにこれら鉱山を採掘させていた国王は、最大最良のダイヤモンドを産出する鉱山以外のすべての鉱山を閉鎖するように命じたという。これ以外の諸鉱山は所有者にとって経営させるだけの値打がなかったように思われる。

土地の地代はその絶対的豊度に比例するが、貴金属鉱山や宝石鉱山の地代はその相対的豊度に比例する

貴金属ならびに宝石の価格は、世界を通じて、世界で最も産出力に富む鉱山における価

格によって規制されるから、貴金属でも宝石でもそのどれかの鉱山が所有者に提供する地代は、その鉱山の絶対的豊度に比例するのではなく、同種の他鉱山にたいするその鉱山の
174 優越の度、すなわち相対的豊度に比例するのである。もしもポトシの鉱山がヨーロッパのそれに優越しているくらいポトシの鉱山に優越するような新鉱山がいま発見されるとしたなら、銀の価値はいちじるしく引き下げられて、ポトシの鉱山ですら採掘する価値がなくなってしまうかもしれない。スペイン領西インドが発見される以前は、ヨーロッパの最も産出力に富む鉱山は、今日ペルーで最も多産な鉱山が提供するのと同じほどの巨額の地代をその所有者に提供できたであろう。その当時産出された銀の量はペルーにおける今日の鉱山の産出量よりはるかに少なかったけれども、それは今日のペルー産の銀の場合と同じ量の他財と交換されたであろうし、またその所有者の分け前も、かれがそれで等量の労働または商品のいずれかを購買または支配できるほどであっただろう。その生産物ならびに地代の価値、つまり銀鉱山が一般社会と所有者との双方に提供した実質的収入は、今日ペルーの銀鉱山におけると同じであっただろう。

貴金属または宝石を産出する鉱山は、最も多産的なものであっても、世界の富の増加に貢献するところはごくわずかであろう。その価値が主として稀少性に由来するものは、それが豊富になるとその価値は当然に低下する。ひとそろいの食器類をはじめ衣類、家具に付属するとるに足りない装飾品は、前よりも少量の労働または財貨をもって購買できるこ

とになるだろう。世界がこの豊富さから得られる唯一の利益はこの点だけである。

しかし、地上の所有地の場合はこれと事情が異なる。その生産物と地代の価値は、その絶対的豊度に比例するのであって相対的豊度には比例しないのである。一定量の衣食住を産出する土地は、つねに一定数の人間に衣食住を提供するものである。また地主の取る分け前がどれだけであろうと、その分け前は、人々の労働とこの労働がかれに供給する財貨にたいする相応の支配権を地主に与えるであろう。最もやせた土地の価値でも、最も多産な土地が隣接しているからといって減少することはない。それどころか、総じてそのためにその価値は増大するのである。肥沃な土地で養われる多数の人々によって、やせた土地の生産物の大部分を吸収する市場が形成されることになる。こういう市場は、やせた土地がその生産物だけで養ってゆける人々のあいだではけっして存在しえないのである。

食物を生産する土地の豊度を高める原因がどのようなものであれ、それは、改良の加えられた土地の価値を増大するばかりでなく、他の多くの土地生産物にたいする新たな需要をつくりだすものだから、それらの土地の価値の増大に同じように貢献するものである。土地改良の結果、多くの人々が自分たちが消費する以上に自由に処分できる食物が豊富に
175 なるが、この食物の豊富さは、衣類、住居、家具什器、馬車一式その他いっさいの便益品や装飾品はもとより、貴金属や宝石類にたいする需要を増大させる一大原因である。食物は世界の富の主要部分を構成するだけにとどまらない。他の多くの種類の富にその価値の

主要な部分を賦与するのも、食物の豊富さなのである。キューバやサント・ドミンゴの貧しい住民たちは、かつてスペイン人がはじめてかれらを発見した当時は、自分たちの髪や衣服のあちこちに小金塊を装飾品としてつけていたものである。かれらは、ちょうどわれわれがふつうよりいくらか美しい小石を扱う程度にしか小金塊を評価していなかったらしい。つまり、拾うには値するが、それを欲しいという人がいたならあえて拒むほどのものでもないと思っていたらしい。そこでかれらは、貴重な贈物をしたなどとは思ってもみないで、新来の客が欲しがりさえすればそれをあたえたものであった。スペイン人がこの金塊を獲得しようと狂奔している様子をみて、かれらはおどろいた。自分たちにはこんなにも欠乏している食物を、多数の人々がありあまるほど持って自由に処分できるような国、そしてまたこのごく少量のぴかぴかする子供だましも同然の物と引換えに、一家族全員を養えるほどの多量の食物をよろこんで提供してくれる人々のいるような国が、世界のどこかにあるなどとはかれらは夢想だにしなかったのである。もしもかれらがこのことを理解できていたならば、金塊にたいするスペイン人の熱狂もかれらをおどろかすようなことはなかったであろう。

〔1〕 A House　文頭ではなく、文中の冠詞Aが大文字なので、これはA字型の家を意味するという意見もあるが、それは間違いだ、というのが竹内謙二博士の意見である

（竹内謙二『誤訳』）。スミスによると、人間に不可欠な衣食住のうち、衣と住を獲得するのは食物よりもはるかに容易であり、文明国のイングランド内でさえ、雨露をしのぐ程度のものなら一人一日の労働でもって獲得可能である、これでも家は家、一個の家といえる、というわけである。

〔2〕旧エディンバラは、西はエディンバラ城の岩山、東はホリルードの旧王宮の丘で画され、南にはバラ湖、北には北湖が広がって、市域の拡大をさまたげられていた。しかも十八世紀に入ってからの同市の人口増加には目ざましいものがあり、一七二二年に約四万だった人口は、一七五五年には五万七〇〇〇になった。おのずから建物は上に伸びるほかはなく、五階、七階はざらで、狭い階段一本で結ばれた一〇階、一二階のヒョロ高い建物が林立したのである。そして地下室には貧民が、商人や職人は上の方の階に、中産階級や貴族は下の階に住んでいた。採光は悪く、空気は汚れ、夜になると、各階から「ガーディルー」（水に注意）という警告の声とともに汚物が下の狭い露路に投じられるありさまであった。

合邦以来、ロンドンの快適な都会生活を経験する者がふえてきたエディンバラの上層市民は、スコットランドのいわゆる「文芸復興」の一中心で、「北方のアテネ」とさえよばれたこの旧首府を、その文化的光輝にふさわしい近代都市に改造したいという熱意にもえた。豊かな農村に囲まれ、亜麻布を始めとする工業を持ち、商業と金融の中心だったこの市を、北方の外港リースにつなぐことは、この地の産業人の夢であった。

北湖の干拓と橋の建設が始まった一七六六年には、新市の建設プランの懸賞公募が発表され、翌年には国会の立法によって建設が承認された。入賞したプランは、当時二三歳の若い建築家ジェイムズ・クレイグ（一七四四～九五）のもので、スコットランド随一の建築家ロバート・アダム（Robert Adam, 1728-92）も建設に力を貸した。こうして、今日見るところのジョージ、クイーン、プリンセスの三本の大通りが、東西端の南北二つの橋のほか、マウンドとよばれる巨大な堤が、新旧市街をつないだ。シャーロット、聖アンドリューズ両広場をつなぐ、ジョージアン・スタイルの整然たる近代都市が生れたのである。

〔3〕 Rev. Mr. Borlace の著作 *Natural History of Cornwall*, 1758（『コーンウォールの自然史』）の中では、スミスの述べるような、地主が時として六分の一の地代を収受しているというようなことはどこにも書かれていない。

〔4〕 John Baptista Tavernier の著作 *The Six Voyages* によると、スミスがここに記述しているようなことは書かれていない、とキャナンは注記している。

第三節　つねに地代を生じる種類の生産物と、ときには地代を生じときにはそれを生じない種類の生産物との、それぞれの価値のあいだの比率の変動について

耕作と改良が進むにつれて、食物の価格に比して他の土地生産物の価格が高まるのが歴史の動向である。だが特殊な世界商品である銀をめぐる事態の変転のために、この動向が攪乱された

改良や耕作が進歩すればするほど、食物はますます豊富になる。このことは必然的に土地生産物中の食物以外の、実用や装飾に用いられるあらゆる部分にたいする需要を増加させるにちがいない。したがって改良が進む全過程において、この二種類の生産物の比価には一つの変動しかありえないと予想されるであろう。ときに地代を生じ、ときにはそれを生じない種類の生産物の価値は、つねに多少とも地代を生ずるほうの価値に比例して上昇するであろう。技術と産業が進歩するにしたがって、衣類、住居の原料、地底から出る有用な化石や鉱物類、貴金属、宝石類は、ますます多く需要され、ますます多量の食物と交
176 換されるようになるだろう。いいかえると、ますます高価になるだろう。このことは、多くの場合、これらの物の大部分についていえることであった。また特別な事態でも起きて、

これらのうちのある物の供給を需要よりもずっと大きい割合で増加させるようなことでもないかぎり、以上のことはすべてについていえることであっただろう。

たとえば砂岩や石灰岩などの採石場の価値は、その周辺地方での改良や人口増加とともに必然的に増大するだろう。とくにこの採石場がその地方で唯一のものであれば、なおさらそうであろう。しかし銀鉱山の価値は、その周辺一〇〇〇マイル以内に別の鉱山がなくても、かならずしもその位置する地方の改良とともに増大するとは限らないだろう。砂岩や石灰岩などの採石場からでる生産物のための市場は、その周辺数マイル以上に広がることはごくまれである。そしてその需要も、一般にこの小地域での改良と人口増加に比例するにちがいない。ところが銀鉱山の産出物にたいする市場は、今日の世界全体にわたって広がっているのだから、世界全体で改良が行なわれ人口が増加するのでもないかぎり、銀山の近隣の大国で改良が進んだところで、銀にたいする需要は少しも増加しないであろう。またたとえ世界全般にわたって改良が行なわれても、もしもその過程で新しい鉱山が発見され、それが従来のどの鉱山よりも産出力に富むものであれば、銀の需要は増加するとしても、その増加率にくらべてはるかに高い率で供給が殖えるであろうから、この金属の実質価格は徐々に低下するであろう。いいかえると、一定量の銀、たとえば銀一封度《ポンド》が購買または支配する労働量はしだいに少なくなるであろう。すなわちそれは、労働者の生活資料の主要部分である穀物のより少ない量としか交換されないであろう。

銀にたいする大市場は、世界のなかでも商業化され文明化された地方なのである。

銀をめぐる需要と供給とは、過去四世紀間を通じ、ヨーロッパ市場で以下のように変動した

もしもこの市場の需要が世界全般での改良によって増加し、他方、供給のほうはこれと同じ割合で増加しないならば、銀の価値は穀物の価値にくらべてしだいに上昇するであろう。すなわち一定量の銀はますます多量の穀物と交換されるようになるだろう。いいかえると、穀物の平均貨幣価格はますます安くなるであろう。

これに反して、銀の供給がなにかの事情で長年の間ひきつづき需要よりも大きい割合で増すならば、この金属はしだいにますます安価になるだろう。つまり穀物の平均貨幣価格は、すべての改良にもかかわらず徐々に高くなるであろう。

177

しかし他方、銀の供給がその需要とほぼ同程度の率で増加するならば、それはひきつづいてほとんど同じ量の穀物を購買するか、またはそれと交換されることになるだろう。また穀物の平均貨幣価格は、すべての改良にもかかわらず、ひきつづきほとんど同一のままであるだろう。

以上の三つのケースは、改良が進む過程において起りうるすべての可能な組合せであるように思われる。われわれがフランスと大ブリテンの両国で起ったことから判断してさしつかえないなら、これら三つの異なる組合せはそれぞれ、いまに先立つ四世紀のあいだに

ヨーロッパの市場において、私がここで述べたのとほとんど同じ順序で起ったように思われる。

過去四世紀間における銀の価値の変動にかんする余論

第一期

イングランドの小麦価格は一三五〇年から一五七〇年にかけてしだいに下落した。フランスはじめヨーロッパの大部分でも同じ下落が観察されている

一三五〇年とそれ以前のしばらくのあいだ、イングランドの小麦一クォーターの平均価格は、タワー衡〔英国で一五二六年のトロイポンド導入前に用いられた衡量、一タワーポンドは三四九・九一グラム〕で銀四オンス以下に評価されることはなかったらしい。この銀四オンスは現在のわれわれの貨幣で約二〇シリングにあたる。だが小麦の価格はその後この価格からしだいに低下し、われわれの貨幣で約一〇シリングにあたる銀二オンスにまで下ったようだ。これはわれわれの知るかぎりでは、十六世紀初

頭に評価された小麦の価格であって、一五七〇年ごろまでこの二オンスでずっと評価されていたように思われる。

エドワード三世の治世第二十五年にあたる一三五〇年に「労働者条例《スタテュート・オブ・レーバラーズ》」とよばれる
ものが制定された。この条例の前文では、親方にたいして賃銀引上げを強要する使用人た
ちの傲慢《ごうまん》さを大いに非難している。この条例は次のことを命じている。すなわち今後すべ
ての使用人や労働者は、現国王治世第二十年とそれに先立つ四年間にずっと与えられてい
178 た賃銀と仕着せ（仕着せとは当時は衣類だけでなく食料品をも意味していた）で満足すべ
きこと、またこの点から、仕着せとしての小麦は、どこにおいても一ブッシェルあたり一
〇ペンス以上に評価してはならないこと、さらにかれらに小麦を支給するか、貨幣を支給
するかの選択権はつねに親方の手にあること、であった。したがって、一ブッシェルあた
り一〇ペンスというのが、エドワード三世治世第二十五年のしごく安い価格であったよう
だ。それというのも、使用人たちに通常の仕着せである食料品のかわりに小麦をこの価格
で受け取らせるためには特別の一条例を必要としたからである。これより一〇年前、つま
りこの条例でいう最初の年度である同国王治世第十六年でも、この価格は妥当なものだと
されていたのである。しかしエドワード三世治世第十六年には一〇ペンスはタワー衡で銀
約半オンスを含有していたのであり、現在の貨幣で約半クラウンにあたる。タワー衡で四
オンスの銀は、当時の貨幣の六シリング八ペンスに、そして現在の貨幣の約二〇シリング

にあたり、これが当時八ブッシェルで一クォーターの小麦の妥当な価格とみなされていたにちがいない。

たしかにこの条例は、歴史家や他の著述家の一般に記しているある特定年の価格よりも、その当時穀物の妥当な価格がどんなものとみなされていたかということについての、よりすぐれた証拠である。歴史家や著述家は異常な高価格とか低価格とかを記録しているために、これをもとにして通常価格がどれほどであったかの判断をくだすことは困難である。そのうえ十四世紀初頭とそれ以前のある時期での小麦の通常価格が一クォーターにつき銀四オンス以下になることはなく、他の穀物の価格もこれに準じていたことを信じる理由が他にもある。

一三〇九年、カンタベリーの聖オーガスティン修道院副院長ラルフ・ドゥ・ボーンは、その叙任式の当日に饗宴《きょうえん》を張った。その饗宴の献立表だけでなく、そのときに使用された幾種類もの物品の価格の記録が、ウィリアム・ソーンという人物によって遺されている。その饗宴で消費されたものは次の通りである。第一に小麦五三クォーター、その費用は一九ポンド、すなわち一クォーターあたり七シリング二ペンスで、現在のわれわれの貨幣で約二一シリング六ペンスに等しい。第二に麦芽五八クォーター、その費用一七ポンド一〇シリング、すなわち一クォーターあたり六シリングで、現在のわれわれの貨幣で約一八シリングに等しい。第三にオートミール二〇クォーター、その費用四ポンド、すなわち一ク

179 ォーターあたり四シリングで、現在のわれわれの貨幣で一二シリングに等しい。ここでは麦芽とオートミールの価格は、小麦の価格にたいする通常の割合よりも高いように思われる。

これらの価格は、異常に高いとか安いとかいうことで記録されたのではない。その盛大さで評判になった饗宴で消費された大量の穀物にたいして実際に支払われた価格が、偶然に記録されていただけのことである。

ヘンリー三世治世第五十一年にあたる一二六二年には、「パンとエールにかんする公定価格令」とよばれる旧条例が復活された。この前文で同王は、この条例は、かつてイングランド国王であったかれの祖先の時代に制定されたものであると述べている。したがって、これは少なくともかれの祖父であるヘンリー二世の時代のものであろうが、ことによると、ノルマン・コンクェスト〔一〇六六年北フランスのノルマンディー公ウイリアムがイングランドを征服した事件〕当時のものかもしれない。この条例は、小麦の価格が一クォーターにつき当時の貨幣で一シリングから二〇シリングのあいだを変動するのに準じた、パンの価格を規定している。だがこの種の条例は、一般に中位の価格からのあらゆる逸脱、上への変動と同じく下への変動も等しく警戒するよう配慮してつくられた。だからタワー衡で銀六オンスを含む一〇シリング、つまり現在のわが貨幣で約三〇シリングに等しいものが、この仮定によれば、この条例が初めて制定された当時での小麦一クォーターの中位価格とみなされていたにちがいないのであって、これはヘンリー三世治世第五十一年でもひきつづき変ることはなかったようだ。それゆえ、小麦一クォーターの中位価格がこの条例が規定しているパンの最高価格の三分の一以下ということはなかったと考えても、われわれはそれほど間違ってはいないだろう。すなわちタワー衡で銀四オンスを含む当時の貨幣六シリング八ペンス以下ではなかっただろうというわけである。

これらのさまざまな事実から、十四世紀の中葉ごろとそれ以前のかなりの期間は、小麦一クォーターの平均的で普通の価格はタワー衡で四オンス以下ではなかったと考えてもよさそうである。

十四世紀の中葉ごろから十六世紀初頭にかけて、小麦の妥当で穏当だとされた価格、すなわちその平均的で普通の価格は、徐々に約半分にまで低下し、そして最後にはタワー衡で銀約二オンス、現在のわれわれの貨幣で一〇シリングに等しい価格にまで下ったようで
180 ある。小麦は一五七〇年ごろまでひきつづきこの価格で評価されていた。

一五一二年に作成されたノーサムバーランド第五代伯爵ヘンリーの家計簿には、小麦について二通りの異なった評価が載せてある。そのうち一方では小麦一クォーターにつき六シリング八ペンスと計算され、他方ではわずか五シリング八ペンスと計算されている。[1] 一五一二年には六シリング八ペンスは、タワー衡で銀二オンスしか含んでいなかったのであって、現在の貨幣の約一〇シリングに相当した。

エドワード三世の治世第二十五年からエリザベス女王の治世の初頭にかけての二百余年間、六シリング八ペンスがひきつづき小麦一クォーターのいわゆる穏当で妥当な価格、すなわち通常の平均の価格とみなされてきたということが、いくつかの条例にみられる。しかしながらこの公けの名目額に含まれる銀の量は、鋳造貨幣の量目に何回かの変更があったために、この期間を通じて減少していった。だが一方、銀の価値が増大し、同一名目額に含まれる銀の量の減少をおぎなったので、立法府は、右の事情をなんら問題にするに値しないものと考えたのである。

というわけで一四三六年には、小麦の価格が六シリング八ペンスまで低落した場合は許可なくして輸出を行なってもよい、と定められた。また一四六三年には小麦の価格が一クォーターあたり六シリング八ペンスを超えないときには輸入してはならない、と定められた。立法府は小麦の価格がこれほど安いときには輸出を許可してもなんの不都合もないが、それ以上に上るときには輸入を許可するほうが賢明な策であると考えたのである。したがって現在のわが貨幣で一三シリング四ペンスが含む銀（エドワード三世当時に同一名目額に含まれていた量より三分の一少ない）とほぼ等量の銀を含む六シリング八ペンスが、その当時のいわゆる穏当で妥当な小麦の価格とみなされていた。

一五五四年にはフィリップ＝メアリ治世第一－二年の条例により、また一五五八年にはエリザベス治世第一年の条例により、小麦の輸出は、同じように小麦一クォーターの価格が六シリング八ペンスを超えれば、やはりいつでも禁止された。当時の六シリング八ペンスの銀含有量は、現在の同一名目額の銀含有量より二ペンスしか多くなかった。しかし、
181 小麦の価格がこんなにもひどく下るまで小麦の輸出を制限しておくのは、実際上小麦の輸出を完全に禁止することにほかならないということがやがてわかるようになった。それゆえ一五六二年には、エリザベス治世第五年の条例により、小麦一クォーターの価格が一〇シリングを超えないときは、いつでも特定の港から輸出することが許可された。当時の一〇シリングは現在の同一名目額とほとんど同じ量の銀を含有していた。一〇シリングという価格は、それゆえ、小麦のいわゆる穏当で妥当な価格だと、その当時みなされていたのである。そしてこれは、一五一二年のノーサムバーランド伯爵の家計簿に記載された計算とほとんど一致している。

　フランスでも同様に、十五世紀末と十六世紀の初頭に、穀物の平均価格がそれに先立つ二世紀間におけるよりもはるかに低かったということが、デュプレ・ドゥ・サン・モール氏および『穀物政策にかんする論文』[2]の優雅な著者によって観察されている。穀物の価格はおそらく、同期間内にヨーロッパの大部分で、同じように低落したのであろう。

――穀物に比して銀の価値が上昇した理由は、社会の発展によって銀にたいする需要が増加したことと供給が減少したこととである――

穀物の価値に比して銀の価値がこのように騰貴したのは、次のいずれかに起因するもの

であろう。つまり、銀の供給はその間ひきつづき不変であったのに、社会の進歩と耕作の改良によって銀にたいする需要が増大したことにもっぱら起因するのか、あるいは需要はひきつづき不変であったのに、当時世界に知られていた鉱山の大部分がひどく涸渇《こかつ》した結果、それらの採掘費用がいちじるしく高くなったため、銀の供給が少しずつ不足してきたことにもっぱら起因するのか、あるいはまたこれら二つの事情のうち、ある程度は前者に、ある程度は後者に起因するのか、のいずれかであろう。十五世紀末から十六世紀初頭にかけて、ヨーロッパの大部分の政治の仕組は数代前よりももっと安定した形に進みつつあった。社会が安定してくると自然に産業が進展し、改良も進んでくる。そして富の増大につれて、貴金属にたいする需要も、他のいっさいの贅沢《ぜいたく》品、装飾品にたいする需要も、自然に殖えてくることになる。年々の生産物が多くなれば、その流通のためには貨幣がますます必要になってくる。そして富者の数がふえればふえるほど、銀器や銀の装飾品をますます[182]多量に必要とするであろう。当時ヨーロッパの市場に銀を供給していた鉱山の大部分がひどく涸渇し、それらの採掘費用がいっそう高くなったと考えることも自然である。これらの鉱山の大部分はローマ時代から掘りつづけていたものである。

しかし通説は、銀の価値ははじめ非常に高く、その後下落しつづけたという。この謬見は第一に、穀物価格の観察における重大な誤解にもとづく

しかし、往時の商品価格について書物を書いた人たちの大部分の意見は、ノルマン・コンクエストから、いや、たぶんジュリアス・シーザー〔ユリウス・カエサル。前一〇二〜前四四。ローマ最大の政治家〕の侵入からアメリカにおける鉱山の発見にいたるまで、銀の価値は少しずつ低落していたということになっている。この意見は、一つはかれらが穀物ならびにその他の土地の原生産物のある物の価格を観察する機会があったためであろうし、また一つはあの俗説、つまり銀の量はどの国でもその国の富の増加とともに自然に増大するから、その価値はその量の増加につれて減少するという俗説によったためであろう。

穀物の価格にかんするかれらの観察においては、次の三つの事情がしばしばかれらを誤解させたように思われる。

第一に、昔はほとんどすべての地代が一定量の穀物、家畜、家禽《かきん》等の現物で支払われていた。しかし、地主が借地人にたいして、年々の支払を現物でさせるか、それとも一定額の貨幣でさせるかを自由に要求してもよいということを契約の条項として定める場合がしばしばあった。現物支払がこのようなやり方で一定額の貨幣と換えられたその価格を、スコットランドでは換算価格とよんでいる。現物をとるか、それともその価格をとるかの選

択は、つねに地主の自由にまかされていたため、借地人の安全のためにはこの換算価格が平均市場価格に比し、高いよりもむしろ低いほうが望ましい。それゆえ、多くの地方では、換算価格は平均市場価格の半分をあまり超えないものとされていた。スコットランドの大部分の地域を通じて、今日でもこの習慣は家禽について、ところによっては畜牛についても存続している。もしもあの公定穀価という制度がこの慣習を廃止させなかったなら、それは穀物についても多分ひきつづき行なわれていたことだろう。公定穀価とは、巡回裁判〔第五篇第一章第二節訳注〔1〕参照〕の判決に照らして行なわれる穀類の平均価格の年々の評価であって、この評価は、種々の州での実際の市場価格にしたがってすべての種類と品質の穀類について行なわれるものである。この制度は、ある一定の確定的な価格というよりも、むしろその年ごとにたまたま公定穀価と定められたものにしたがって、いわゆる穀物地代を換算するのであるから、借地人にとっては十分に安全であり、地主にとっては大いに好都合なものとなった。ところが、昔の穀物価格の記録を収集した著者たちは、このスコットランドの換算価格を現実の市場価格としばしば取り違えたらしい。かつてフリートウッドは、自分が
183
この間違いを犯したことを自認している。[3] しかしかれは、特定の目的があってその書物を著わしたため、この換算価格を一五回も写しとるまではこれを認めようとはしなかった。その換算価格というのは、小麦一クォーターあたり八シリングである。かれがこの換算価格の写しを始めた一四二三年では、この八シリングは現在のわが貨幣の一六シリングに含

まれるのと同量の銀を含んでいた。しかしかれがこの写しを終った一五六二年には、それは現在の同一名目額が含むのと変らないだけの銀しか含んでいなかったのである。

第二に、往時の公定価格にかんする条例が怠惰な写字生によって非常に杜撰《ずさん》なやり方で写しとられ、またときには立法府もおそらく同様なやり方で条例を作成したことが、かれらをこのような間違いに導いたのである。

昔の公定価格にかんする条例は、まず小麦と大麦の価格が最低の時にパンとエールの価格はどれほどであるべきかをはじめに決定し、そのうえで、これら二種の穀類がこの最低価格を上回って次第に上昇するのに応じて、パンとエールの価格をどれほどにすべきかを決定していったようである。ところが、これらの条例を筆写した者たちは、最初の三つ四つの最低価格にかんする規制だけを写せば十分であると考えたらしい。こうして労を省いて、小麦と大麦の価格が最低価格以上に上るときにはどのような割合でパンとエールの価格を決めるべきかを示すのには、これで十分だと判断したようである。

そういうわけで、たとえばヘンリー三世治世第五十一年の「パンとエールにかんする公定価格令」では、パンの価格は、小麦の価格が当時の貨幣で一クォーターあたり一シリングから二〇シリングのあいだで変動するのに応じて規定された。しかしあのラッフヘッド氏版条例集に先立つすべての版本が印刷の台本としていた写本には、写字生は一二シリングを超えた価格についてはなんの規定も写しとっていない。それゆえ、幾人かの著者がこの不完全な写しのために間違って、中位の価格すなわち一クォーターあたり六シリング、現在のわが貨幣で約一八シリングを当時の小麦の通常または平均価格だと結論したのは、無理もないことであった。

これとほぼ同じ時期に制定された拷問刑具やさらし台にかんする条例では、エールの価格は、大麦の価格が一クォーターあたり二シリングから四シリングまでのあいだで六ペンスの上昇があるごとに、これに応じて決定されている。しかしこの四シリングというのは、当時しばしば大麦の価格が上昇しうる最高価格とみなされていたものではなかった。またこの条例に記載されている価格は、その高い安いにかかわらず、たんに他のすべての価格について守られるべき割合を例示するものとしてあげられていたものにすぎないのであって、このことは、この条例の末尾の文言 "**et sic deinceps crescetur vel diminuetur per sex denarios**" から推察できるであろう。この表現はいかにも大ざっぱではあるが、意味は明白である。すなわち、「エールの価格はこのようにして大麦の価格が六ペンス騰落するごとにそれに応じて増減されるべきこと」というのである。この条例の作成にあたっては立法府自体も、写字生が他の条例を写しとるにあたって不注意だったのと同じように、不注意だったように思われる。

スコットランドの古い法律書である『レギアム・マーイェスタテム』（*Regiam Majestatem*）の古い写本のなかには公定価格にかんする条例が載っている。この条例ではパンの価格は、イングランドの二分の一クォーターに等しいスコットランドの一ボールあたりの小麦の価格が一〇ペンスから三シリングまでのあいだで騰落するすべての場合に応じて、規定されている。この公定価格が制定されたと思われる時代の三シリングは、現在のわが貨幣で約九シリングに等しい。ラディマン氏はこれにもとづいて次のように結論している。(1)三シリングは当時の小麦が上昇したことのある最高価格であり、一〇ペンスないし一シリング、高くても二シリングというのが通常の価格であったということである。だがこの写本をよく調べてみると、これらの価格は、明らかに小麦とパンとのおのおののあいだで守られるべき割合の例示として記されているにすぎないように思われる。同条例の最後の条文には、"reliqua judicabis secundum præscripta habendo respectum ad pretium bladi"とある。すなわち「その他の場合については、ここで示したことにもとづき、穀物の価格を考慮し判断すべし」というのである。

第三に、かれらはまた、昔は小麦がときどきたいへん安価で売られたということによっても、誤解におちいったのだと思われる。小麦の最低価格が後年にくらべると当時ははるかに安価であったため、その通常価格も同じくたいへん安いものであったにちがいないと想像したらしい。だがかれらは、昔の小麦の最低価格が後の時代の最低価格よりも大いに低かったのとちょうど同程度に、昔の最高価格が後の時代のそれよりも大いに高かったということを発見できたはずである。この点、フリートウッドは一二七〇年には小麦一クォ

185
ーターについて二種類の価格のあったことを記している。その一つは当時の貨幣で四ポンド一六シリングで、現在のわが貨幣で一四ポンド八シリングにあたる。他の一つは、六ポンド八シリングで、現在の貨幣で一九ポンド四シリングにあたる。十五世紀後期にも十六世紀初頭にも、このような異常な価格は絶対にみられなかった。穀物の価格というものはいつでも変動しやすいものであるけれども、すべての商業交通が閉ざされて、一国のある地方の豊作が他の地方の不作を救済することができないような騒然とした無秩序な社会では、変動が最も激しいのである。十二世紀中ごろから十五世紀の末にいたるまでのイングランドを統治したプランタジネット朝時代の無秩序状態では、ある地域ではありあまっていても、それほど離れていない他の地域では、あるいは季節の偶然事により、あるいは隣邦の諸侯の侵入によってその収穫がそこなわれて、飢饉《ききん》の恐怖に見舞われるということがあったかもしれない。しかも、もしこの両地域間に敵対的な諸侯が介在している場合には、一方が他方にたいして最小の援助すらしてやることができなかったかもしれない。しかし、十五世紀後半から十六世紀全般を通じてイングランドを統治したテューダー王朝の強力な権力のもとでは、公安を乱すほどの力を持った諸侯は一人もいなかったのである。

読者は本章の終りに、該当年を含む一二〇二年から一五九七年にいたるまでの小麦の価格を見出すであろう。この価格はフリートウッドが集めたもので、年代順に各欄一二ヶ年の七欄にまとめられてあり、現在のわが貨幣に換算されている。また各欄の終りにその欄の一二ヶ年の平均価格が載せてある。この長い期間のなかで、フリートウッドが収集できたのはわずか八〇年間の価格だけなので、最後の欄の一二ヶ年をうめるには、なお四ヶ年分が不足している。そこで私は、イートン・カレッジの記録によって、一五九八年、一五九九年、一六〇〇年および一六〇一年の価格を追加しておいた。私が追加した分はこれだけである。読者は、十三世紀の初頭より十六世紀の中葉にかけて、一二ヶ年ごとの平均価格が徐々に低くなり、そして十六世紀末葉に近づくとふたたび上昇しはじめていることに気づくであろう。もっともフリートウッドが集めることのできた価格は、主として異常に高かったり低かったりしたために注意をひいた価格だったように思われるので、私はこれらの価格からなんらかの確かな結論が引き出せるなどと言うつもりはない。だがこれらの価格がなにかを証明しているとしたなら、私が説明しようとつとめてきたことを確証してくれるものである。一方、当のフリートウッド自身は他の多くの著述家と同じように、こ
186 の全期間を通じて銀の価値は、その供給の増加の結果として低落しつづけてきたと確信しているように思われる。だが、かれ自身が収集した穀物価格の記録は、明らかにこの見解と矛盾している。これらの価格は、デュプレ・ドゥ・サン・モール氏の見解や私が説明しようとつとめてきたところと完全に一致するのである。主教フリートウッドとデュプレ・ドゥ・サン・モールの両氏は、最も勤勉に、最も忠実に往時の諸物価の記録を収集したと思われる二人の著述家である。この二人の意見がこれほどまでに異なっているにもかかわ

らず、かれらの集めた事実が、少なくとも穀物の価格にかんするかぎり、こんなにも正確に符合しているというのは、少々不思議な気がする。

誤解の根因は、家畜、家禽など、穀物以外の原生産物の価値と銀の価値との比較を問題としたことにある。銀の真の価格を測るには、労働の銀価格を規制する穀物をこそ重視すべきである

しかしながら、最も思慮深い著述家たちが昔の銀の価値が高かったと推定する根拠は、穀物が低価格であったことよりも、他の土地の原生産物の価格が低かったことにあるのである。穀物は一種の製造品であり、その点で当時のような未開の時代には、他の商品の大部分にくらべるとはるかに高価格であったといわれてきた。このことは、家畜や家禽、またあらゆる種類の狩猟の獲物などの非製造品の大部分よりもはるかに高価格であったことを指しているのだと思う。このような貧困と野蛮の時代には、これら非製造品の価格が穀物のそれにくらべてはるかに安かったことは疑いもない事実である。しかしこれらが安価であったのは、銀の価格が高かったためではなく、これらの商品それ自体の価値が低かったからである。いいかえるとそれは、富裕と改良の進んだ時代にくらべて、こういう時代には、銀がより多くの労働を購買または代表していたからではなくて、それがはるかに少ない労働を購買または代表していたからである。たしかに銀は、スペイン領アメリカのほうがヨーロッパでよりも安価にちがいない。つまり、それが生産される国でのほうが陸路、

海路による長途の輸送費、船賃および保険料をかけて運びこまれる国にくらべて安価にち
がいない。しかし、ウロアによると、何年か前には、ブエノスアイレスでは三、四〇〇頭
の牛のなかから選りだした牡牛一頭の価格が英貨で二一ペンス半であった。またバイロン
氏によると、チリの首都での良馬一頭の価格は一六シリングであった。ほんらい肥沃な土
地であるのに、その大部分がまったく未耕の状態にある国では、家畜、家禽、その他あら
ゆる種類の狩猟の獲物はごく少ない労働で捕えられるから、ごく少量の労働しか購買また
187 は支配できないだろう。それゆえ、これらが売買される貨幣価格が低いのは、同地での銀
の真の価値が非常に高い証拠ではなく、これらのものの真の価値が非常に低いということ
の証拠なのである。

次のことはつねに記憶しておかなければならない。すなわち、ある特定の商品または商品群ではなくて、まさに労働こそが、価値の真の尺度だということである。

しかし、ほとんどが荒地であったり人口が稀薄《きはく》であったりする国では、家畜、家禽、その他あらゆる種類の狩猟の獲物などは自然が与える天然の産物であって、住民の消費が必要とする以上にずっと多量に獲《え》られることがしばしばある。このような状態では、その供給は通常は需要を超過する。だから、社会の状態が異なり、改良の段階が異なるにつれ、これらのものは非常に異なる労働量を代表するであろうし、あるいはまたそれと等価となるであろう。

社会のあらゆる状態、改良のあらゆる段階を通じて、穀物は人間の勤労の産物である。ところで、すべての種類の勤労の平均生産量は、つねにその平均消費量に大なり小なり正確に適合するものであり、その平均供給は平均需要に適合するものである。そのうえ改良のあらゆる段階において土壌と気候が同じであれば、等量の穀物の生産には平均的にほぼ同量の労働、同じことであるが、ほぼ等量の労働の価格を必要とするであろう。というのは、耕作が進歩しつつある状態での労働生産力の不断の増大は、農業の主要な用具である家畜の価格の不断の増大によって多かれ少なかれ相殺されるからである。それゆえ、われわれは、以上すべての理由から、いかなる社会状態、いかなる改良の段階にあっても、等量の穀物は他のいかなる等量の土地の原生産物よりも、いっそうよく等量の労働を代表し、また等量の労働と等価になるであろうということを安んじて確信してよいだろう。したがってすでに述べたように、穀物は、富と改良のすべての段階において、他のどんな商品、どんな商品群よりも正確な価値の尺度である。それだからこそ、われわれはあらゆる段階における銀の真の価値は、それを穀物と比較するほうが、他のどんな商品、または商品群と比較するよりも、よく判断することができるのである。

そのうえ、穀物であれなんであれ、人々の愛好する植物性食物は、文明国では、労働者の主要な生活資料をなしている。農業の拡張の結果、各国の土地は植物性食物のほうを動物性食物よりもはるかに多量に生産するようになる。そして労働者はどこでも、最も豊富

188

で、最も安く、栄養価のある食物で、もっぱら生活するようになる。食肉は、最も繁栄している国々、すなわち労働にたいして最も高い報酬が支払われている国々を除けば、労働者の生活資料のわずかな部分をなすにすぎない。家禽となるとなおさら少なく、狩猟の獲物にいたってはまったく生活資料に含まれない。フランスでは、さらにフランスよりも労働にたいしていくらかよい報酬が支払われているスコットランドでさえ、労働貧民は祭日や特別の日以外には肉を滅多に食べない。それゆえ労働の貨幣価格は、食肉その他の土地の原生産物の平均貨幣価格よりも、労働者の生活資料である穀物の平均貨幣価格にはるかに多く依存している。したがって金銀の真の価値、つまり金銀が購買または支配しうる労働の実際の量は、食肉その他の土地の原生産物の量よりも、金銀が購買または支配しうる穀物の量にいっそう依存しているのである。

第二に、通説は銀の価値がその数量の増加につれて下落すると考えている。国富の増加による通貨量の増加なら、ヨーロッパの富裕な国に見るように、銀の価値の下落にはならない

だが、どんな国においても銀の数量は富の増加とともに自然に増加するものだから、銀の価値はその数量の増加につれて減少するものだという俗見に影響されさえしなかったならば、あれほど多くの賢明な著述家たちが、穀物その他の商品についてのこの程度のわずかな観察で誤解におちいるということはおそらくなかったであろう。しかもこの俗

見にいたっては、まったく根拠のないものと思われるのである。

貴金属の数量は、どんな国においても二つの異なる原因のいずれかによって増加しうるものである。第一は貴金属を供給する鉱山の産出力の増大。第二は国民の富の増大、すなわち国民の年々の労働の生産物の増加、である。これらのうち第一の原因は、たしかに貴金属の価値の減少と必然的に関係している。しかし第二の原因はそうではない。

より豊かな鉱山が発見されると、ますます多量の貴金属が市場にもたらされるが、この貴金属と交換されるべき生活必需品と便益品の量は従来と変りがないから、等量の金属はいままでより少ない量の財貨と交換されるにちがいない。それゆえ、どの国においても、貴金属の量の増加が鉱山の豊富さから生じるものであるかぎり、この数量の増加はその価値の多少の減少と必然的に関連をもつ。

これに反して、どんな国でもその国の富が増加するときには、またその国の年々の労働生産物が次第にふえてくるときには、より多量の財貨を流通させるためにより多量の鋳貨が必要になってくる。しかも人々は、交換に与えるべきより多くの商品をもっているのでそうするだけの余裕があるわけだから、ますます多くの金器銀器を自然に購買するように
189 なるだろう。したがってかれらの鋳貨の数量は増加する必要があるだろう。またかれらの金器銀器の量も、虚栄と虚飾とから、すなわち見事な彫刻、絵画その他いっさいの奢侈品《しゃしひん》や骨董品の量が殖えるのと同じ理由から、かれらのあいだで増加していくものと思われる。

だが、彫刻家や画家が貧困と不景気の時期よりも富と繁栄の時期にいっそう低い報酬を得るなどということがありそうにもないのと同じように、金銀もまた、富と繁栄の時期にいっそう低い代価を支払われるなどということはありそうにもないことである。

金銀の価格は、より豊かな鉱山が偶然に発見され、それが価格を低下させるようなことでもないかぎり、国の富とともに自然に上昇するものであるから、鉱山の状態がどのようであろうと、どんな時代にも富んだ国におけるほうが貧しい国におけるよりも高いのは当然である。金銀は、他のすべての商品と同様に、それにたいして最良の価格が提供される市場を自然に求めるものである。そして最良の価格が支払われるのは、それを十分に支払う余裕のある国においてなのである。ここで記憶しておかねばならないことは、労働こそが、あらゆる物と交換に支払われる究極の代価であるということであって、労働が等しく十分な報酬を受けている国々では、労働の貨幣価格は労働者の生活資料の貨幣価格に比例するであろう。しかし金銀は当然、貧しい国においてよりも富んだ国において、すなわち生活資料の供給が乏しい国よりも豊富な国において、より多量の生活資料と交換されるであろう。もしもこの二国が距離的に大きくへだたっている場合には、この貨幣価格の差は非常に大きくなるだろう。というのは、貴金属は当然、最も不利な市場からいっそう有利な市場へと流れ去ってゆくとはいえ、貴金属をその価格が両市場間でほぼ均等になるほど多量に輸送するというのは困難だからである。もしこの二国が近くにあるなら、その価格差はるかに小さく、ときにはほとんどその差を見つけることすらできないかもしれない。というのは、この場合は両国間の輸送が容易だからである。シナはヨーロッパのどの国よりもはるかに豊かな国であるが、シナとヨーロッパでは、人々の生活資料の価格には非常に大きい差がある。シナの米はヨーロッパのどこの国の小麦よりも安い。イングランドはスコットランドにくらべるとはるかに豊かな国である。しかし両国での穀物の貨幣価格の差はシナとヨーロッパとの間のそれよりもずっと小さく、わずかに認められる程度である。その量、つまり容積の割には、スコットランド産の穀物は一般にイングランド産のものよりはるかに安い。しかし品質の点では、スコットランド産の穀物のほうがたしかに幾分か高価につく。スコットランドはほとんど毎年イングランドから非常に多量の供給を受けている。商品というものはすべて、供給を受ける国のほうが供給する国よりもふつう幾分か高価であるにちがいない。それゆえイングランド産の穀物は、スコットランドでのほうがイングランドよりも高いにちがいない。しかし、その品質、つまりそれから作られる小麦粉やひき割りの量と質の割には、イングランド産の穀物は市場に競争商品として現われるスコットランド産のものよりも、ふつう高値で売られるわけではないのである。

190

シナとヨーロッパにおける労働の貨幣価格の差は、生活資料の貨幣価格の差よりもなおいっそう大きい。というのは、シナは停滞状態にあるようにみえるのに、ヨーロッパの大部分は発展しつつある状態にあるために、労働の実質上の報酬はヨーロッパのほうがシナよりもはるかに高いからである。労働の貨幣価格はスコットランドのほうがイングランドよりも低い。スコットランドは豊かになりつつあるが、イングランドにくらべるとその前進ははるかにおそいために、労働の実質上の報酬がイングランドよりもはるかに低いからである。スコットランドから外へ移住する者は多く、イングランドから出る者は少ないという事実は、両国における労働の需要がいちじるしく異なっていることをはっきりと示している。さまざまな国での労働の実質上の報酬の違いは、それらの国々の現実の貧富の程度によって定まるのではなく、その国の状態、つまり発展しつつあるか、停滞しているか、あるいは衰退的であるかによっておのずから定まるものであって、このことを忘れてはならない。

金銀は、最も富んだ国民のあいだで最も高価であるのと同じように、最も貧しい国民のあいだでは当然に最も価値の小さいものである。あらゆる国民のなかで最も貧しい野蛮民族のあいだでは、金銀はほとんど価値のないものである。

大都市では、穀物は国の遠隔地方におけるよりもつねに高価である。けれどもこれは、銀が真に安いからではなくて、穀物が真に高いからなのである。銀を大都市にもたらすのには、遠隔地方にもたらすのよりもより少ない労働ですむというわけではないが、穀物をもたらすのにははるかに多くの労働を必要とするものだからである。

ホラントやジェノア地方のような二、三の非常に富んだ商業地域では、大都市における

穀物が高価であるのと同じ理由から、穀物は高価である。これらの国々ではその住民を養
うに足りるだけの生産がないのである。これらの国々は、工匠や製造業者の勤勉や熟練に
おいて、労働を容易にしたり短縮したりするあらゆる種類の機械において、船舶において、
さらに運輸・商業のためのあらゆる用具や手段においては富んでいるけれども、穀物は乏
しいのである。それは遠い国から運んでこなくてはならないから、穀物の価格を引き上げ
て遠い国からの輸送費をつぐなわなくてはならないのである。アムステルダムに銀を運ぶ
には、ダンツィヒへ運ぶよりも少ない労働ですむというわけではない。だが穀物をアムス
テルダムへ運ぶには、ダンツィヒへ運ぶよりもはるかに多くの労働がかかる。銀の実質的
な生産費は、アムステルダムとダンツィヒ両地ではほとんど同じにちがいない。しかし穀
物のそれには大きな差があるにちがいない。ホラントまたはジェノア地方の住民数を不変
としておいて、両国の実質的富を減少させてみよう。いいかえると遠方の国々からの穀物
の供給力を減少させてみよう。すると、穀物の価格は、このような衰退の原因または結果
に当然に伴うべき銀の量の減少とともに低落するのではなく、飢饉の場合に出現するよう
191 な価格にまで暴騰するであろう。われわれは、必需品を欠く場合には、いっさいの不必要
な物を手放さざるをえない。これら不必要な物の価値は、それが富裕と繁栄の時期には上
昇するのと同様に、窮乏の時期には低落するものである。しかし必需品については事情が
違う。必需品の真の価格、すなわち、それが購買または支配する労働量は、窮乏時には上

昇し、富裕と繁栄の時期には低落する。富裕と繁栄の時期にはつねに必需品が大いに豊富になるからである。そうでなければ、富裕と繁栄の時期とはいえないであろう。穀物は必需品であり、銀は不必要な商品にすぎない。

それゆえ、十四世紀の中葉から十六世紀の中葉にいたる期間を通じ、富と改良の増進によって生じた貴金属の量の増加がどれほどであったとしても、この増加は大ブリテンでもヨーロッパのどの地方でも、貴金属の価値を減少させる傾向をなんらもってはいなかったであろう。したがって、往時の諸物価の記録を収集した人々が、穀物その他の商品の価格を観察して、それによってこの期間における銀の価値の減少を推論するなんの理由もなかったわけであるが、そうだとすれば、富と改良の増進を想定してそこから銀の価値の減少を推論するのは、なおさら理由のないことなのである。

（1）Anderson's Diplomata Scotiae〔一七三九年刊〕につけたかれの序文を参照。〔James Anderson の書物は一七七三年に Thomas Ruddiman によって英訳され、"An Introduction to Mr. James Anderson's Diplomata Scotiae" をつけて出版された〕

〔1〕小麦について二通りの評価がされているとスミスが述べているのは、キャナンによると、スミス自身の誤りだという。キャナンはその注で以下のように述べている。――この記録の四ページにある「五シリング八ペンス」というのは「六シリング八ペ

ンス」の誤植ないし誤認にほかならないということは明白なように思われる、と。

〔2〕キャナンによるとこの書物、*Essai sur la police générale des grains sur leur prix et sur les effets de l'agriculture*, 1755『穀物政策が穀物価格ならびに農業に与える影響についての所論』の著者はC. J. Herbertである。キャナンは、上掲サン・モール（Dupré de St. Maur）の諸著作のなかには十五世紀末葉から十六世紀初頭における穀物の平均価格がそれ以前の時代より低かったことを納得させる記述はない、としているが、後者の『穀物政策にかんする論文』では十五世紀の中葉から十六世紀初頭に至る期間の「小麦の価格は、それ以前の諸世紀におけるよりも低かった」と述べている。

〔3〕William Fleetwood（1656-1723）イーリィの僧正。ウィッグ派を擁護し、経済学者として穀物価格についての記録を蒐集《しゅうしゅう》した*Chronicon Preciosum*, 1707や政治、神学においてトーリー派の保守思想を論難した*Four Sermons*, 1712を公刊した。

第二期

一五七〇年ごろから一六四〇年ごろにかけて、銀の真の価値は低落し、穀物の名目上の価格は騰貴した。これはアメリカの豊富な銀鉱山の発見の結果と思われる

ところで、以上第一期のあいだの銀の価値の推移にかんする識者たちの見解が、どれほ

ど異なっていようと、第二期にかんしては、かれらの意見は一致している。一五七〇年ごろから一六四〇年ごろにいたるほぼ七〇年間は、銀の価値と穀物の価値のあいだの比は正反対の方向をとって変化した。銀の真の価値は低落した。すなわち銀は以前より少量の労働と交換されるようになり、一方、穀物の名目価格は騰貴した。穀物は、通常一クォーターにつき銀約二オンス、つまり現在のわが貨幣の約一〇シリングで売買されたのにかわって、一クォーターあたり六ないし八オンス、つまり現在のわが貨幣の約三〇ないし四〇シリングで売買されるようになった。

アメリカにおける豊富な鉱山の発見が、穀物の価値にくらべて銀の価値がこのように低下した唯一の原因であったように思われる。したがって、この点についてはだれもが同じように説明しているのであって、事実についても、またその原因についても、論争はなにも起らなかった。ヨーロッパの大部分は、この期間を通じて産業と改良が進んでいたので、銀にたいする需要はつねに増加しつつあったにちがいない。しかし、おそらく供給増が需
192 要増をはなはだしく上回ったために、この金属の価値がひどく低落したのであろう。注意すべきは、アメリカの諸鉱山の発見がイングランドの物価に大きい影響を及ぼしたのは一五七〇年以後のことであったと思われることである。あのポトシの鉱山でさえ、その二〇年も前に発見されていたのであった。

イートン・カレッジの記録によると、当該年をふくむ一五九五年から一六二〇年にいた

るまで、ウィンザー市場では、最上の小麦九ブッシェルで一クォーターの平均価格は二ポンド一シリング六ペンス一三分の九であったらしい。この金額から端数を除き、そのうえ九分の一、すなわち四シリング七ペンス三分の一を減らすと、八ブッシェルで一クォーターの価格は、一ポンド一六シリング一〇ペンス三分の二であったことになる。さらにこれから同様に端数を除き、九分の一すなわち四シリング一ペニー九分の一を最上の小麦と中程度の小麦との価格差として差し引くと、中程度の小麦の価格は約一ポンド一二シリング八ペンス九分の八、すなわち銀約六オンス三分の一であったことがわかる。

また右と同じ記録によると、当該年をふくむ一六二一年から一六三六年にいたるまでの、同じくウィンザー市場での右と同じ升目《ます》の最上の小麦の平均価格は二ポンド一〇シリングであったことがわかる。これから前と同様な差引計算を行なうと、中程度の小麦八ブッシェルで一クォーターの平均価格は一ポンド一九シリング六ペンス、すなわち銀約七オンス三分の二であったことがわかる。

第三期

アメリカの銀鉱山の発見の影響は一六三六年ごろに終熄したらしい

一六三〇年から一六四〇年までの中間にあたる一六三六年ごろには、銀の価値を低下させたアメリカ鉱山の発見の影響は終りをつげたようにみえる。この金属の価値は、穀物の価値にくらべると、その当時よりも低下することはなかったように思われる。銀の価値は、今世紀の経過中にいくらか騰貴したと思われる。おそらくこの騰貴は、前世紀末より少し前に早くも始まっていたものであろう。

一六三七年から一七〇〇年まで、イングランドでは小麦の価格がわずか上昇したが、これは内乱、穀物輸出奨励金および鋳貨の盗削・磨損にもとづくものだった

一六三七年から一七〇〇年まで、この両年をも含めて前世紀の終りの六四年間は、ウィンザー市場での最良の小麦九ブッシェルで一クォーターの平均価格は、右と同じ記録によると、二ポンド一一シリング〇ペンス三分の一であったと思われる。これはそれ以前の一
193 六年間におけるよりもわずかに一シリング〇ペンス三分の一ほど高い。しかし、この六四

年間に二つの事件が起った。この事件は、そうでなければ季節の移り変りによってもたらされるかもしれない穀物の不足よりもはるかに大量の不足をもたらしたにちがいなく、したがって銀の価値がいっそう減少したことを想定しなくても、この出来事で十分に、穀物価格のこのごくわずかな上昇が説明できるのである。

これらの事件の第一はあの内乱〔一六四二～四九、清教徒が中心となって起ったイギリスの市民革命〕であった。それは、耕作を妨害し通商を中断することによって、穀物の価格を、そうでなければ季節の変化がもたらしたであろうよりもずっと高く上昇させたにちがいない。それは、王国のあらゆる市場に多かれ少なかれ影響を与えただろうが、とりわけロンドン近郊の、最も遠方から供給される必要のある市場に同じような影響を与えたにちがいない。したがって一六四八年には、ウィンザー市場における最良の小麦の価格は、右と同じ記録によると、九ブッシェルで一クォーターのものが四ポンド五シリングであったらしく、また一六四九年には四ポンドであったと思われる。これら二ヶ年の価格が二ポンド一〇シリング（一六三七年より以前の一六年間の平均価格）を上回る超過額は三ポンド五シリングである。この超過額を前世紀の後半六四年間に分けてみるなら、それだけで、この期間に穀物の上に生じた価格のわずかな上昇を非常によく説明できるだろう。しかしながら、これらの価格は、最高のものではあったが、内乱によって生じたと思われる高価格の唯一のものではけっしてないのである。

第二の出来事は、一六八八年に交付された穀物輸出奨励金であった。多数の人々が考えてきたところによると、この奨励金は耕作を奨励することにより、長年のあいだに国内市場における穀物を、そうでなければ生じたと思われるよりもずっと豊富にし、したがってその価格をずっと安くするだろうというのである。奨励金がどの時代にどの程度こうした影響をひきおこしえたかについては、後に〔第四篇第五章参照〕考察することにする。ここではただ、一六八八年から一七〇〇年にかけては奨励金はなんらこのような影響を引きおこすいとまがなかったということを述べておこう。この短い期間内でのその唯一の影響は、毎年の余剰生産物の輸出を奨励したために、ある年の過剰が別の年の不足を埋め合せるのを妨げられて、国内市場における穀物の価格を騰貴させたということであろう。当該年をふくむ一六九三年から一六九九年にかけてイングランドに広がった穀物の不足は、まさしく主として気候の不順にもとづくものであって、それゆえにまたヨーロッパのかなり広い地域にわたって広がったが、幾分かはこの輸出奨励金によって激化されたものにちがいなかろう。一六九九年に、穀物のそれ以上の輸出が九ヶ月間禁止されたのはこのためである。

同じ期間内に起った第三の出来事があった。それは、なんらの穀物不足をも引きおこしえなかったし、またおそらく穀物にたいして普通支払われる銀の実際の量の増加をも、引きおこしえなかったが、必然的に銀の名目額の増加を引きおこしたものと思われる。この出来事というのは、削り取りや磨損による銀貨のはなはだしい価値低下であった。この弊害はチャールズ二世の治世中にはじまり、年々ひどくなりながら一六九五年までずっと続いた。ラウンズ氏の説明によると、その当時流通していた銀貨は、平均してその標準価値を二五パーセント近く下回っていた。しかし、各商品の市場価格をあらわす名目金額は、標準価値にしたがってそこに含まれているべき銀の量によるよりも、むしろ経験によってそこに実際に含まれているとわかる銀の量によって必然的に制限されている。したがってこの名目金額は、鋳貨が削り取りや磨損によって大いに価値の低下している場合のほうが、その標準価値に近い場合よりも必然的に高いのである。

銀の価値は、前世紀末から今世紀を通じて、穀物の価値に比して幾分上昇していたように見える

今世紀を通じて、銀貨が現在におけるほど標準の量目を下回ったことはかつてなかった。しかし、ひどく磨損していても、その価値はそれと交換される金貨の価値によって支えられていた。というのは、最近の改鋳〔一七七四年〕以前には金貨もかなりひどく磨損していたが、銀貨ほどではなかったからである。これに反して一六九五年には、銀貨の価値は金貨によ
195
って支えられていなかった。当時ギニー金貨は、削り取られ磨損した銀貨三〇シリングとふつう交換されていた。最近の金貨改鋳前には、銀地金の価格は一オンスにつき五シリング七ペンスより高いことは滅多になく、この価格は鋳造価格を五ペンス上回ったにすぎない。(1) しかし一六九五年には、銀地金の通常の価格は一オンスあたり六シリング五ペンスで

あって、これは鋳造価格を一五ペンス上回っていた。したがって金貨の最近の改鋳前でさえ、金貨も銀貨もともに、銀地金とくらべると、その標準価値を八パーセント以上下回るとは考えられなかった。これに反し一六九五年には、標準価値より二五パーセント近く下回っていると考えられた。しかし今世紀の初頭、つまりウィリアム王の時代における大改鋳の直後には、流通していた銀貨の大部分は今日におけるよりもさらに標準の重さに近かったにちがいない。また今世紀を通じて、耕作を阻害したり国内商業を妨害したりする大きな社会的災厄が一つもなかった。そして今世紀の大部分を通じて実施された奨励金は、穀物の価格を耕作の実際の状況に応じた価格よりつねにいくらか上昇させたにちがいないが、一方で、今世紀の経過中にふつう奨励金に帰せられるすべてのよい影響、すなわち耕作を盛んにするとか、それによって国内市場における穀物の量をふやすとかいった好ましい影響を及ぼすに十分な時間があったわけであるから、私が後に説明し吟味する一見解の原理からすれば、[1]この奨励金は一方では穀物の価格を引き上げるのに寄与したと同じように、他方ではこの価格を引き下げるのにいくらか寄与したと想像される。奨励金は、多くの人からもっと多くのことをしたと考えられている。今世紀のはじめの六四年間においてウィンザー市場での最上の小麦九ブッシェルで一クォーターの平均価格は、イートン・カレッジの記録によれば、二ポンド〇シリング六ペンス三二分の一九で[2]あったと思われる。これは、前世紀の終りの六四年間におけるよりも約一〇シリング六ペンス、つまり二五パ

ーセント以上安価であり、またアメリカの豊かな諸鉱山の発見の影響が完全に出つくした
196 と思われる一六三六年に先立つ一六年間におけるよりも約九シリング六ペンス安い。さらにまた、このアメリカの鉱山発見の影響が完全に出つくしたと考えられるよりも以前の一六二〇年に先立つ二六年間におけるよりも約一シリング安いのである。この計算によれば、中等の小麦の平均価格は、今世紀のはじめのこの六四年間では、八ブッシェルで一クォーターあたり三二シリングであったということになる。

それゆえ銀の価値は、今世紀の経過中に穀物の価値に比して幾分か上昇したようにみえる。この上昇は、おそらく前世紀末葉よりもいくらか前の時期にすでに始まっていたらしい。

一六八七年には、ウィンザー市場での最上の小麦の価格は九ブッシェルで一クォーターあたり一ポンド五シリング二ペンスであった。これは一五九五年以来の最低価格である。一六八八年に、この種の問題に精通していることで有名なグレゴリー・キング氏〔第一篇第八章「前世紀にくらべて……」の小見出しの割注および訳注〔6〕を参照〕は、普通作の年における小麦の平均価格を生産者にとって一ブッシェルあたり三シリング六ペンス、つまり一クォーターあたり二八シリングと見積った。生産者価格というのは、ときとして契約価格とよばれているもの、つまり農業者が一定の年数のあいだ、一定量の穀物を商人に引き渡すことを取り決める場合の価格のことである、と私は理解している。この種の契約は、農業者に市場取引の費用と手数を省いてく

197

れることになるので、契約価格は平均的な市場価格と考えられているものよりも一般に低い。キング氏は、一クォーターあたり二八シリングというのが当時の平年作の年の通常の契約価格であると判断した。最近の異常な凶作からおこった食料不足以前には、それがいつも平年における通常の契約価格であった、と私は確聞している。

一六八八年に、穀物輸出にたいして議会の奨励金が交付された。当時、立法府で今日におけるよりも多数を占めていた農村の郷紳《ジェントルメン》たちは、穀物の貨幣価格が低落しつつあると感じていたのである。実はこの奨励金は、チャールズ一世、二世の時代〔一六二五～八五〕に穀物がしばしば売られていた高価格にまで人為的にその価格を引き上げるための便法であった。したがってそれは、小麦が一クォーターあたり四八シリングの高さに達するまで、すなわちキング氏がちょうどその年に、適度の豊作時における生産者価格として計算した価格より二〇シリング、つまり七分の五だけ高くなるまで交付されることになっていた。もしもかれの計算がその世上の名声に恥じないものであるなら、一クォーターあたり四八シリングというのは、当時としては奨励金のような便法でもなければ、異常な凶作の年でもないかぎりとうてい考えられないような価格だった。しかしながら、ウィリアム王〔在位一六八九～一七〇二〕の政府は当時はまだ十分に確固たるものになっていなかったちょうどその時期に、政府は年々の地租の創設を農村の郷紳たちに懇請していたのであるから、かれらにたいしては何事も拒否できるような状態にはなかったのである。

要するに、おそらく前世紀の末葉よりいくらか前から銀の価値は穀物の価値に比して上昇し、今世紀の大部分を通じて上昇しつづけたように思われる。もっとも、奨励金の必然の働きによって、それがなかった場合の耕作の実状のもとで生じたであろう銀の価値の目立った上昇はおさえられたにちがいないが。

今世紀初めの六四年間の穀物価格の変動は、凶作や銀の価値の上昇等の影響もあるが、奨励金が穀物価格を引き上げたことは疑いをいれない

豊作の年には、奨励金は異常な輸出を引き起して、その交付がなければ豊作の年に見られるはずの価格以上に穀物の価格を必然的に上昇させる。最も豊作の年ですら、穀物の価格を維持して耕作を刺激するのが、この奨励金制度の公認の目的であった。

もっとも、はなはだしい凶作の年には奨励金はふつう中止された。しかし奨励金は、こうした多くの凶作の年の価格にさえ、いくらかの影響を与えたにちがいない。豊作の年に引き起される異常な輸出によって、奨励金はしばしば、ある年の豊作をもって他の年の凶作を補うのを妨げるにちがいない。

したがって、豊凶いずれの年においても、奨励金は、穀物の価格を耕作の実情のもとで自然におちつくものよりも引き上げる。それゆえ、もし今世紀のはじめの六四年間を通じて、平均価格が、前世紀の後半の六四年間を通じてのそれよりも低かったとするなら、この平均価格は、耕作が同じ状態で奨励金のこうした働きがなかった場合には、なおさら低かったにちがいない。

　しかしこの奨励金がなかったなら耕作の状態はちがってくるだろうといえるかもしれない。わが国の農業にたいするこの制度の影響がどんなものであったかについては、私は後で〔第四篇第五章〕奨励金をとりあげて論じるときに説明しようと思う。ここではただ、銀の価値
198
が穀物のそれに比して上昇したのはイングランドに特有なことではなかったということを述べるだけにしよう。フランスにおいてもこうした上昇が、同じ時期にほぼ同じ割合で起ったことは、三人の非常に誠実で勤勉で労をおしまぬ穀物価格の記録の収集家であるデュプレ・ドゥ・サン・モール氏、メッサンス氏および『穀物政策にかんする論文』の著者〔本章過去四世紀間における銀の価値の変動にかんする余論、第一期訳注〔2〕参照〕によって観察されている。しかしフランスでは一七六四年までは穀物の輸出は法律によって禁止されていた。だから、この禁止にもかかわらずフランスで起った価格の低落とほぼ同じ程度の低落が、イギリスでは輸出にたいする異常な奨励のためであると想定するのは、いささか無理である。

　穀物の平均貨幣価格のこうした変動は、穀物の真の平均価値がいくらか低落した結果とみるより、むしろヨーロッパ市場における銀の真の価値のいくらかの漸増の結果だとみなすほうがおそらくずっと適切であろう。すでに述べたように、穀物は、長期間をとると銀または多分いかなる他の商品よりも正確な価値の尺度である。アメリカの豊富な鉱山の発

見後に穀物が以前の貨幣価格の三倍ないし四倍に上昇した時、この変化は一般に、穀物の真の価値の上昇ではなく銀の真の価値の低落に帰せられた。したがって、もし今世紀のはじめの六四年間に穀物の平均貨幣価格が前世紀の大部分の時期におけるよりもいくらか低落したとするなら、同じように、この変化を穀物の真の価値の幾分の低落にではなく、ヨーロッパ市場における銀の真の価値の幾分の上昇に帰すべきであろう。

最近の一〇年間ないし一二年間における穀物の高価格は、たしかに、銀の真の価値がヨーロッパ市場で低落しつづけているという疑いをひきおこした。だが、この穀物の高価格は明らかに異常に不順な天候の結果であるらしく、したがって、永続的ではなく一時的な特別な出来事であるとみなされるべきである。天候はここ一〇年ないし一二年間、ヨーロッパの大部分を通じて不順であった。そしてポーランドの無秩序状態は、食料品の高価な年にそこの市場からいつも供給を受けていたすべての国における食料不足をいちじるしく増大させた。天候の不順がこんなにも長く続くのは、普通の出来事とはいえないにしても、
199 けっして異常なことではない。だれでも往時における穀物の価格の歴史を深く調べた人なら、他のいくつかの同種の例をたやすく思いおこすことだろう。それに、十ヶ年の異常な凶作が十ヶ年の異常な豊作よりも不思議な事象だともいえない。当該年をふくむ一七四一年から一七五〇年にかけての穀物の低価格は、ここ八年ないし一〇年間における穀物の高価格とよい対照をなしている。一七四一年から一七五〇年にかけて九ブッシェルで一クォ

ーターの最上の小麦のウィンザー市場での平均価格は、イートン・カレッジの記録によると一ポンド一三シリング九ペンス五分の四にすぎなかった。この価格は今世紀のはじめの六四年間の平均価格より六シリング三ペンス近く低い。この記録によると、八ブッシェルで一クォーターの中等の小麦の平均価格は、この一〇年間を通じてわずか一ポンド六シリング八ペンスであったことがわかる。

しかし一七四一年から一七五〇年までのあいだは、この奨励金は、それがなければ自然に低落したであろうほど穀物価格が国内市場において下るのを阻止したにちがいない。この一〇年間に輸出されたすべての種類の穀物の量は、税関の帳簿によれば、少なくとも八〇二万九一五六クォーター一ブッシェルに達した。これにたいして交付された奨励金は一五一万四九六二ポンド一七シリング四ペンス二分の一に達した。それゆえ一七四九年に、当時の首相ペラム氏は、過去三ヶ年[3]間に穀物輸出にたいして交付された奨励金ははなはだしく異常な額であった、と下院で述べた。かれがこう述べるのには十分な理由があったし、その翌年ならいっそう十分な理由があったであろう。というのは、この一年間だけでも、交付された奨励金の額は三二万四一七六ポンド一〇シリング六ペンス[2]を下らぬ額に達したのである。こうした強制的な輸出が、それがなければ国内市場にもたらされたであろう
200 価格以上に、穀物価格をどれほど大きく引き上げたかは述べるまでもないことである。

本章に付した計算の末尾に、読者は、他の計算と別にした一〇年間の特別の計算を見出

すだろう。またそこに、それに先立つ一〇年間の特別な計算をも見出すだろうが、この一〇年間の平均は、後の一〇年間ほど低くないにしても、今世紀のはじめの六四年間の総平均にくらべると、同じくそれを下回っている。しかし一七四〇年は異常な凶作の年だった。一七五〇年に先立つこの二〇年間は一七七〇年に先立つ二〇年間といい対照をなしている。前者は今世紀の総平均よりも、一、二年の食料品の高価な年が間にはいっているにもかかわらず、かなり下回っている。同様に後者は、たとえば一七五九年のような食料品の安価だった年が一、二年介在しているにもかかわらず、総平均をかなり上回っている。もしも前者が総平均を下回る程度が、後者が総平均を上回る程度と同じでないのなら、それはおそらく奨励金のせいに帰せられるべきであろう。明らかにこの変化は、つねに緩慢で漸次的な銀の価値の変動に帰するにはあまりにも突発的である。結果が突発的だということは、突発的におこる原因、すなわち季節の偶発的な変化だけから説明できるものである。

大ブリテンにおける労働の貨幣価格が今世紀を通じて上昇したのは、銀の価値の減少によるよりも、労働にたいする需要が増加し、労働の実質的報酬が高まった結果と思われる

大ブリテンにおける労働の貨幣価格は、たしかに今世紀を通じて上昇した。しかしこれは、ヨーロッパ市場での銀の価値の減少の結果というよりも、むしろ大ブリテンのほとんど全般的ないちじるしい繁栄から生じた労働需要の増大の結果であると思われる。総じて大ブリテンほど繁栄していないフランスでは、労働の貨幣価格は、前世紀の中葉以来、穀物の平均貨幣価格とともに次第に低下したと見られてきた。そこでは前世紀、今世紀ともに、普通の労働者の一日あたりの賃銀は、ほとんど一律に小麦一セティエの平均価格の約二〇分の一であったといわれている。一セティエというのは四ウィンチェスター・ブッシェルより少し多くを含むます目である。大ブリテンでは、すでに述べたとおり、労働の実質的報酬、つまり労働者に与えられる生活の必需品や便益品の実際の量は今世紀を通じてかなり増加した。その貨幣価格の上昇は、ヨーロッパの一般市場における銀の価値の減少の結果ではなくて、大ブリテンという特定の市場での、この国の格別に恵まれた事情からくる労働の真の価格の上昇の結果であったと思われる。

201

アメリカの銀鉱山の発見は一時的に銀の価値の低落をもたらしたが、その後欧米の市場ならびに東インド貿易における銀需要の拡大によって、銀の価格の減少は制止されてきた

アメリカが発見された後しばらくのあいだは、銀はひきつづきそれ以前の価格、またはそれよりひどく低くはない価格で、売られていたと思われる。鉱山経営の利潤はしばらくのあいだ非常に大きく、その自然率をはるかに上回っていたであろう。しかしこの金属をヨーロッパに輸入した人々は、年々の輸入の全部をこの高価格で処分できないことにやがて気がついたであろう。銀は次第にますます少量の財と交換されるようになった。そこで

その価格は次第に低下して、ついにはその自然価格、すなわちそれを鉱山から市場にもたらすために支払われねばならない労働の賃銀、資本の利潤および土地の地代を、それらの自然率にしたがって支払うのにちょうど足りる価格にまで低落したであろう。ペルーの銀鉱山の大部分では、総生産物の一〇分の一に達するスペイン国王の租税が、すでに述べたように、土地の全地代を食ってしまっていた。この租税はもとは総生産物の二分の一であったが、その後まもなく三分の一に低下し、それから五分の一、そしてついには一〇分の一に下り、この率がいまだに続いている。ペルーの銀鉱山の大部分では、この事業の企業家の資本をその通常の利潤とともに回収した後に残るのは、この一〇分の一がすべてだと思われる。これらの利潤はかつては非常に高かったが、いまではなんとか事業を継続できる程度に低いということは、一般に認められているようである。

スペイン国王の租税は一五〇四年に、[3]つまりポトシの諸鉱山が発見された一五四五年より四一年前に、登録された銀の五分の一に引き下げられた。それから九〇年たつうちに、つまり一六三六年までに、全アメリカきってのこの豊かな鉱山は、その影響を完全に出しつくすだけの時間をもった。いいかえると、ヨーロッパ市場における銀の価値を、ひきつづきスペイン国王の租税を支払いながら、可能なかぎり十分に低落させえたのであった。九〇年といえば、独占のない商品なら、それをその自然価格、すなわち特定の租税を支払いながらかなりの期間にわたってひきつづき販売されうる最低の価格にまで引き下げるのに十分な歳月である。

ヨーロッパ市場における銀の価格は、多分さらに低落したかもしれない。そしてそれに課する租税を、一七三六年のように一〇分の一に引き下げるだけでなく、金に課しているのと同じように二〇分の一に引き下げるか、または現在行なわれているアメリカの鉱山の
202 大部分の操業を放棄するか、そのいずれかが必要になったかもしれない。だが銀にたいする需要の漸増、すなわちアメリカの銀鉱山の生産物にたいする市場の漸次的な拡大は、多分このような事態が起るのを阻止した原因であり、またヨーロッパ市場における銀の価値を維持したばかりか前世紀の中頃よりもおそらくいくらか高く引き上げさえした原因なのである。

アメリカがはじめて発見されて以来、その銀鉱山の生産物にたいする市場は次第に大きく広がってきた。

第一にヨーロッパ市場は次第に大きく広がってきた。アメリカが発見されて以来、ヨーロッパの大部分は大いに改善された。イングランド、ホラント、フランスおよびドイツ、さらにスウェーデン、デンマークおよびロシアすら、いずれも農業、製造業ともにかなり発展した。イタリーも後退したとは思われない。イタリーの没落はペルーの征服より前のことである。その時からむしろ少し回復したように思われる。なるほど、スペインとポルトガルは後退したと想像される。しかしポルトガルはヨーロッパのほんの小さな部分にす

ぎないし、スペインの衰退はおそらくふつう考えられているほどはなはだしくはなかったであろう。十六世紀の初頭にはスペインは、フランスにくらべてさえ非常に貧しい国であった。フランスはそのとき以来大きく改善された。この二つの国をしばしば旅行した皇帝カルル五世[4]が、フランスではあらゆる物がありあまっているのにスペインではあらゆる物が不足している、と述べたのは有名な話であった。ヨーロッパの農業および製造業の生産物が増大すると、必然的に、それを流通させるための銀貨の量の漸増を必要としたにちがいない。また富裕な人たちの数が殖えれば、かれらの銀器その他の銀装飾品の同様な増加を必要としたにちがいない。

　第二に、アメリカ自体が自国の銀鉱山の生産物にたいする新しい一市場なのである。その農・工業の発達と人口の増大は、ヨーロッパの最も隆盛な国々よりもずっと急速であるから、その銀にたいする需要もこれらの国々よりも急速に増大するにちがいない。アメリカのイングランド領植民地はすべて新しい市場であり、この市場は、一部は鋳貨のために、一部は銀器のために、これまではなんの需要もなかった一大陸全体として、銀の供給増加を必要としている。これに加えてスペインおよびポルトガル領植民地の大部分もすべて新しい市場である。ニューグラナダ、ユカタン、パラグァイ、ブラジルには、ヨーロッパ人によって発見される以前は野蛮な民族が住んでいて、かれらは技術も農業も知らなかった。
203 今日では、技術、農業ともにかなりな程度まで導入されてきている。メキシコやペルーは、ぜんぜん新しい市場とみなすわけにはいかないが、この両国ですら、以前にくらべると、はるかに広大な市場であることはまちがいない。これらの国々が昔はすばらしかったと書かれた不可思議な物語がたくさんあるが、もしも冷静な判断をもって、その最初の発見と征服の歴史を読む人ならだれでも、その住民が農・工・商業において現在のウクライナのタタール人よりもずっと無知であったことがわかるはずである。この両国のなかで比較的開化していたペルー人でさえ、金や銀を装飾品としては用いたけれども、いかなる種類の鋳貨も持ってはいなかった。かれらの商業はすべて、物々交換で行なわれた。したがってかれらのあいだには分業というほどのものはなにもなかった。土地を耕す人たちは、自分で自分の家を建て、自分の家具、自分の衣服、靴、農具をつくらざるをえなかった。そのうちの少数の工匠たちはすべて君主、貴族、僧侶によって養われていたようであるが、おそらくかれらの召使いまたは奴隷であったのだろう。メキシコやペルーの昔ながらの技術では、ヨーロッパ向けの製品はなに一つとして供給されなかった。スペインの軍隊は、五〇〇人を超えたことは滅多になく、その半数にも達しないことがしばしばであったが、たいていどこでも食糧の調達に大いに苦労した。人口稠密でよく耕作されているといわれるこれらの国々で、この軍隊が行くところほとんど例外なしに飢饉をひきおこしたといわれているところをみると、この人口の稠密さと行きとどいた耕作という話は大部分つくり話であることがよくわかる。スペイン領植民地は、農業、改良、人口の面で、イングランド

204

領植民地よりも多くの点で不利な政府のもとにある。それにもかかわらずスペイン領植民地は、この三つの点でヨーロッパのどの国よりもずっと急速に発展しつつあるようにみえる。肥沃な土壌と良好な気候にめぐまれた土地が大いに豊富で安価であるということは、すべての新植民地に共通の事情であって、これこそ民政上の多くの欠陥をつぐなうに足りる大きい強味であろう。一七一三年にペルーを訪れたフレジエは、リマには二万五〇〇〇から二万八〇〇〇の住民がいると述べている。一七四〇年から一七四六年にかけて同国に住んだウロアは、そこには五万以上の住民がいるといっている。チリやペルーにおける他のいくつかの主要な都市の人口にかんするかれらの計算の間にも、ほぼこれくらいの開きがある。そしていずれの情報も疑う理由がないと思われるから、この開きは、イングランド領植民地におけるのとほとんど同じくらいの人口の増加があったことを示している。それゆえ、アメリカは自国の銀山の生産物の新しい市場であり、その需要はヨーロッパの最も隆盛な国々よりもずっと急速に増大しているにちがいない。

第三に、東インド[5]はアメリカの銀鉱山の生産物にとってのもう一つの市場であり、この市場は、これらの鉱山がはじめて発見されて以来、ますます多量の銀を吸収しつづけてきた。その時から、アカプルコ船[6]によって行なわれるアメリカと東インドとの直接貿易は増大しつづけてきたし、ヨーロッパ経由の間接の交易はさらに大きな割合で増大してきた。十六世紀中はポルトガル人が、東インドと規則正しい通商を行なった唯一のヨーロッパ国民であった。この世紀の末年にオランダ人がこの独占を蚕食しはじめて、数年とたたぬうちにポルトガル人をインドにおけるかれらの主要な定住地から追い出してしまった。前世紀の大部分を通じてこれら二国民が東インド貿易の最大部分を山分けにしていたのである。オランダ人の貿易は、ポルトガル人の貿易が衰退してゆく程度よりもさらに大きい割合で増大しつづけた。イングランド人やフランス人も、前世紀に東インドといくらか貿易を行なっていたが、それが大きく増大したのは今世紀を通じてである。スウェーデン人やデンマーク人の東インド貿易は今世紀中に始まった。ロシア人でさえ今日では、陸路シベリアとタタールを経由して北京に向う隊商を組んでシナと規則的に貿易を行なっている。これらすべての国民の東インド貿易は、最近の戦争〔一七五六～六三年の七年戦争〕でほぼ全滅したフランス人の貿易を除けば、ほとんど間断なく増大してきた。ヨーロッパにおける東インド商品の消費はたいへんな勢いでふえているので、これらすべての国民の事業もまたますます発展することが可能であるように思われる。たとえば、茶は前世紀の中葉以前にはヨーロッパではほとんど使われない薬種だった。現在では、イングランドの東インド会社が自国民用のために年々輸入する茶の価値は年一五〇万ポンド以上に達している。さらにこれでも足り
205 なくても多量のものがホラントの諸港から、スウェーデンのゴーゼンバーグ〔エイテボルクのこと〕から、またフランスの東インド会社が繁栄していたあいだはフランスの海岸からも、たえずこの国に密輸入されてきているのである。シナの磁器、モルッカ群島の香料、ベン

ガルの布地、その他無数の物品の消費もほとんど同じ割合で増大してきた。したがって、東インド貿易に使われたすべてのヨーロッパの船舶のトン数は、前世紀のどの時期をとっても、おそらく最近の船舶削減以前のイングランド東インド会社の所有トン数を大きく上回るものではなかったであろう。

しかし東インド、とくにシナやインドでは、貴金属の価値は、ヨーロッパ人がはじめてこれらの国と貿易を開始した当座はヨーロッパにおけるよりもずっと高かったし、また今でもそうである。一般に年二毛作、ときには三毛作でもある米作国では、毎回の収穫が小麦の普通の収穫よりずっと多いので、食物は、同一面積のどの小麦生産国におけるよりもはるかに豊富であるにちがいない。だから、そういう国々では人口がいっそう稠密である。またそういう国々では、富者は自分たちが消費できるよりもずっと多くの食物を持っているので、小麦生産国におけるよりもずっと多量の他人の労働を購買する手段をもっている。それゆえ、だれの話を聞いても、シナやインドの高官の従者は、ヨーロッパの最も富んだ人たちのそれにくらべて数がはるかに多いし、華美でもある。かれらが自由に処分できる食物がこんなにもありあまっているので、自然がごくわずかな量しか供給しないすべての特異で稀少な生産物、すなわち富者の競争の一大目的である貴金属や宝石のようなものを手に入れるために、かれらはこのありあまった食物を他の小麦生産国にくらべてより多く提供することができる。それゆえ、東インドの市場に商品を供給した鉱山は、ヨーロッパ市場に供給した鉱山と同じくらい多産的であったとしても、このような商品は当然ヨーロッパでよりも東インドにおけるほうがより多量の食物と交換されたであろう。ところが、東インド市場に貴金属を供給した諸鉱山は、ヨーロッパ市場に供給した諸鉱山にくらべてかなり産出力が劣り、東インド市場に宝石を供給した諸鉱山は後者に供給したそれにくらべてかなり産出力が勝っていたようにみえる。それゆえ東インドでは、貴金属は当然ヨー
206 ロッパでよりもいくらか多量の宝石と、そしてはるかに多量の食物と、交換されたであろう。世の不要物中の最大のものであるダイヤモンドの貨幣価格は、東インドではヨーロッパよりもいくらか低く、あらゆる必需品中の筆頭である食物の貨幣価格はヨーロッパよりもはるかに低かったであろう。しかし労働の真の価格、すなわち労働者に与えられる生活の必需品の実際の量は、すでに述べたとおり、東インドの二大市場であるシナとインドでは、ヨーロッパの大部分におけるよりも低い。そこでは労働者の賃銀はより少量の食物しか購買できない。そして食物の貨幣価格はヨーロッパよりも東インドでのほうが低いから、労働の貨幣価格は、そこでは二重の理由で、すなわちそれが購入する食物が少量であることと、その食物が安いこととの二つの理由で、ヨーロッパにおけるよりも低い。しかし、技術と勤勉が同等の国々では、大部分の製造品の貨幣価格は労働の貨幣価格に比例するだろうし、製造業の技術と勤勉さについてはシナとインドはヨーロッパのどの地方とくらべても劣ってはいるが、はなはだしく劣っているとは思われない。したがって、大部分の製

造品の貨幣価格は、これらの大帝国でのほうがヨーロッパのどこよりも当然はるかに低いだろう。そのうえ、ヨーロッパの大部分を通じて陸上運送の費用は、大部分の製造品の真の価格と名目上の価格との双方をはなはだしく増大させる。市場にまず原料を、そして後に完成品をもたらすには、より多くの労働を要し、したがってより多くの貨幣を必要とする。シナとインドでは、内陸航行の広がりとその多様性のために、こうした労働、したがってこうした貨幣の大部分が節約でき、それによってかれらのたいていの製造品の真の価格と名目上の価格との双方をさらに低く引き下げている。これらすべての理由から、貴金属はヨーロッパから東インドへ運べばいつもたいへんに儲《もう》かる商品であったし、いまでもそうなのである。東インドでは、貴金属以上によい値段で売れる商品は滅多にない。すなわちヨーロッパで費やした労働および商品の量よりも多量の労働および商品の量を東インドで購買または支配できる商品は、貴金属よりほかには滅多にない。またそこへ銀を運ぶほうが、金を運ぶよりも有利である。なぜなら、シナおよび他の東インドのたいていの市場では、純銀と純金とのあいだの比価は一〇対一またはせいぜい一二対一にすぎないのにたいし、ヨーロッパでは一四または一五対一だからである。シナや東インドのたいていの他の市場では、一〇オンスまたはせいぜい一二オンスの銀が一オンスの金を購買するだろうが、ヨーロッパでそうするのには一四または一五オンスの銀を必要とする。したがって、
207 東インドに向けて航行する大部分のヨーロッパ船の積荷のなかで、一般に銀が最も貴重な

物品の一つであった。またマニラに向けて航行するアカプルコ船でも、銀は最も貴重な物品なのである。このように新大陸の銀は、それによって旧大陸の両端間で通商が行なわれる主要商品の一つであるように思われるし、世界のこれら遠隔地がたがいに結びつけられているのも、銀の媒介によるところがたいへん大きいのである。

銀の供給は、鋳貨や食器の増加はもとより、それらの損耗をも充足するものでなければならない

このようにはなはだしく拡大した市場を充足するために年々銀鉱山からもたらされる銀の量は、すべての繁栄している国々で必要な鋳貨と銀器の双方の不断の増加を維持するに足りるばかりでなく、銀が使用されているすべての国で生じる銀の不断の損耗と消費を補《ほ》塡《てん》するに足りるものでもなければならない。

貴金属が、鋳貨としては磨滅によって、また金・銀食器としては磨損と手入れによって不断に消費される量は非常に大きなものであり、このように用途が大きく広がっている商品では、これだけでも大量の年々の供給を必要とするだろう。ある特定の製造業におけるこれら金属の消費は、全体としてみると、こうしたなしくずしの消費よりもおそらく大きくはないだろうが、しかしはるかに急速であるだけにいっそう目立つものである。バーミンガムの製造業だけでも、年々金銀の鍍金や被金に使われ、したがってその後永久に原形にもどることのない金銀の数量は英貨五万ポンド以上にものぼるといわれている。このこ

とからわれわれが想像できるのは、世界のあらゆる地方での、バーミンガムと同種の製造業、レース、刺繍《ししゅう》、金・銀糸の織物、書物の装釘《そうてい》、家具などにおける年々の消費がいかに大きなものにならざるをえないかということである。また、これらの金属をある地方から別の地方に海路また陸路で輸送するにあたってもかなりの量が年々失われるにちがいない。そのうえアジア諸国の大部分では、財宝を地中に隠匿する習慣がひろく行なわれており、それを隠匿した人の死とともにしばしばその秘密も消えてしまうので、これからくる金銀の損失はなおいっそう大きいにちがいない。

　カディスとリスボンとに輸入される金銀の量は（登録されて輸入されるものだけでなく密輸されると推定されるものをも含めて）、最も確実な計算によれば、年額にして英貨六〇〇万ポンドにのぼる。

　メゲンス氏[4]によれば、当該年をふくむ一七四八年から一七五三年までの六年間にスペインに年々輸入された貴金属と、同じく一七四七年から一七五三年までの七年間にポルトガルに年々輸入された貴金属との年平均は、銀で重量一一〇万一一〇七封度《ポンド》、金で重量四万九九四〇封度に達した。この銀は、一トロイ封度〔貴金属、宝石に用いられる衡量の単位〕あたり六二シリングとすれば、英貨で三四一万三四三一ポンド一〇シリングにあたる。この金は、一トロイ封度あたり四四ギニー半とすれば、英貨で二三三万三四四六ポンド一四シリングにあたる。両方を合計すると英貨で五七四万六八七八ポンド四シリングに達する。登録されて輸入さ

れたものの額は正確だ、とかれは保証している。かれは、金銀の特定の輸出地と、登記簿
による各金属の輸出地別の特定の数量との細目を示している。さらにかれは、各金属につ
いて密輸されたと想像される数量を斟酌している。こうした賢明な商人の豊富な経験は、
かれの所見にかなりの重みを加えている。

『東西両インドにおけるヨーロッパ人の定住および貿易の哲学的・政治的歴史』の著者、〔7〕
雄弁かつ事情通のこの著者によれば、当該年をふくむ一七五四年から一七六四年までの一
ヶ年の平均で、スペインに年々輸入された金銀の登録高は、一〇リーアルを一ピアスト
ルとして、一三九八万四一八五ピアストル四分の三にのぼった。しかし、密輸されたもの
もあるだろうから、年々の輸入総額は一七〇〇万ピアストルにのぼっていたろうとかれは
推測している。これは一ピアストルを四シリング六ペンスとして英貨に換算すれば、三八
二万五〇〇〇ポンドにあたる。またかれは、金銀の特定の輸出地と、登記簿による各金属
の輸出地別の特定の数量との細目を示している。さらにかれはこういう報告を行なってい
209 る。すなわち、もしわれわれがブラジルからリスボンに年々輸入された金の量を、標準金
属の五分の一と思われるポルトガル王に支払われた税額から判断するなら、それを一八〇
〇万クルセード、つまり仏貨では四五〇〇万リーブル、これは英貨約二〇〇万ポンドに等
しいと判断してよいだろうというのである。しかし、密輸されたものもあるだろうから、
この金額にさらにその八分の一、すなわち二五万ポンドを加えてもさしつかえないとかれ

はいっている。そうすると、総額は二二五万ポンドに達する。したがってこの計算によると、スペインおよびポルトガル両国への貴金属の年々の輸入総額は六〇七万五〇〇〇ポンドにのぼることになる。

私の確認したところでは、まだ手稿だが他のいくつかのきわめて確実な記録は、この年々の輸入総額を、ときとして上下に多少の開きがあるにせよ、平均で約六〇〇万ポンドとする点で一致している。

たしかにカディスやリスボンへの貴金属の年々の輸入額はアメリカの諸鉱山の年々の総生産額と一致しない。その一部はアカプルコ船でマニラに年々送られるし、また一部はスペイン領植民地が他のヨーロッパ諸国民の植民地と行なう密貿易に使われている。そして一部は疑いもなく国内に残る。そのうえ、アメリカの鉱山だけが世界の金銀鉱山というわけではけっしてない。それにしても、アメリカの鉱山は産出力の点でずばぬけている。アメリカの諸鉱山の生産とくらべて、他のすべての既知の鉱山の生産が微々たるものであったことはよく知られている。アメリカの諸鉱山の生産物の圧倒的大部分が年々カディスやリスボンに輸入されていたことも、同様によく知られている。しかし、一ヶ年に五万ポンドという割合のバーミンガムの消費額だけでも、一ヶ年に六〇〇万ポンドという割合のこの年々の輸入額の一二〇分の一に等しい。したがって、金銀を使用する世界のすべての国々でのこれら金属の年々の消費総額は、おそらくその年々の生産総額に近いであろう。

だから、その残額は、すべての繁栄しつつある国のますます増大する需要をみたすのに足りる程度のものでしかないかもしれない。いや、こういう需要をみたすにさえ足りなくて、ヨーロッパ市場におけるこれらの金属の価格を幾分引き上げているのかもしれない。

金属とりわけ金銀の価値が年々変動することが少ないのは、耐久性があるためである

年々鉱山から市場に供給される真鍮《しんちゅう》や鉄の量は、金銀のそれよりも比較にならないほど多い。だからといってわれわれは、これらの卑金属が需要を超えて増すだろう、いいかえると次第に安くなっていくだろう、とは考えない。では、なぜわれわれは貴金属の場合はそうなるだろうと考えるのだろうか。いかにも卑金属は貴金属よりも硬くて、より堅牢な用途に用いられ、しかもその価値が貴金属よりも小さいので、その保存に払われる注意も少ない。けれども貴金属はかならずしも卑金属に比して不滅性があるともいえないのであって、ややもすれば紛失消耗したり、また多方面にわたって消費されやすいのである。

すべての金属の価格はゆっくりと漸次的に変動しがちであるが、土地の原生産物中の他のたいていのものにくらべると、その年々の変動は少ない。ことに貴金属の価格は、卑金属のそれにくらべていっそう突発的に変動するということが少ない。金属の耐久性が価格のこの異常な堅実性の基礎なのである。前年度に市場にもたらされた穀物は、その全部またはほとんど全部が今年度末よりはるか前に消費されてしまうであろう。しかし、いまから二、三〇〇年前に鉱山からもってこられた鉄の一部はいまもなお使用に供されているだろうし、おそらく二、三〇〇〇年前にもたらされた金の一部も同じくそうであろう。相異なる年度に世界の消費をみたすべき相異なる量の穀物は、つねにこれらの相異なる年度のそれぞれの生産高にほぼ比例するであろう。しかし二つの相異なる年度に使用しうる鉄の量の割合は、これら両年度における鉄鉱山の生産高のある偶然的な差異からはほとんどわずかな影響しかこうむらないだろう。金の量のあいだの割合となると、金鉱山の生産高の偶然的な差によって影響されることはもっと少ないだろう。それゆえ、大部分の金属鉱山の生産高は、大部分の穀物畑の生産高よりおそらく年々の変動は大きいにしても、これらの変動が前者の種類の商品価格に及ぼす影響は、後者の種類の商品に及ぼす影響と同一ではないのである。

（1）Lowndes's Essay on the Silver Coin, p. 68.〔ウィリアム・ラウンズ『銀貨の改鋳を論ず』一六九五年〕
（2）Tracts on the Corn Trade; Tract 3d. を参照。〔第四篇第五章訳注〔1〕参照〕
（3）Solorzano, vol. ii.〔Solorzano-Pereira, 初版にはこの注なし〕
（4）Universal Merchant の補遺一五、一六ページ〔N. Megens, ed. by Horsley, 1753〕。この補遺は、この書物が出版された三年後の一七五六年まで印刷されなかった。また同書は再版されなかった。それゆえ、この補遺が載っている部数はあまりない。補遺は同書のいくつかの誤りを訂正している。

〔1〕「私が後に説明し吟味する一見解の原理からすれば」という語句は初版にはない。キャナンは、この「一見解」については第四篇第五章の「奨励金」とりわけ穀物にかんするそれを取り扱った箇所が参照さるべきであるとしている。この第四篇第五章はとくに初版出版以後、『増補と訂正』ならびに第三版になってはじめて追加されるパラグラフがいちじるしく多いことにも関係していると思う。

〔2〕三二分の一九は三二分の九の誤りであることをキャナンは指摘している。したがって本章の末尾の数字は訂正されるべきだろう。

〔3〕キャナンは英国国会議事録の記録を典拠に、この「年」は明らかに「月」の誤りであることを指摘している。

〔4〕神聖ローマ帝国の皇帝（在位一五一九～五六）で、ローマ法王から王冠を授けられた最後の皇帝。スペインのカルロス一世のこと。

〔5〕東インドについては第四篇第七章第一節の地図を参照。以下原文にインドスタンとあるのはインドと訳出し、原文にインディアとある場合に東インドと訳出し用語の混乱をさけることにした。

〔6〕この「アカプルコ船」は、アメリカ発見以来、銀山の生産物にたいする市場が拡大された各種の要因の一つとして、スミスが指摘しているものである。これについてキ

ヤナンは以下のように記している。――「最初は一隻の船、そして一七二〇年以後は二隻の船がメキシコのアカプルコとフィリピン群島とのあいだを航行することをゆるされた」

〔7〕 G. T. F. Raynal, *Histoire philosoplique et politique des établissements et du commerce des Européens dans ies deux Indes*, Amsterdam, ed., 1773, tom. iii, p. 310.

金銀の比価の変動

アメリカの鉱山が発見されてから、銀の価値は金の価値に比して低落した

アメリカの諸鉱山の発見前は、純金の純銀にたいする価値はヨーロッパのさまざまな造幣局において一対一〇ないし一対一二と定められていた。すなわち、純金の一オンスは純銀の一〇ないし一二オンスに値すると考えられていた。ところが前世紀の中葉ごろになると、金銀の比価は一対一四ないし一対一五と定められるようになった。すなわち純金一オンスは純銀一四ないし一五オンスに値するものと考えられるようになった。金の名目上の価値が上ったのである。つまり金と引換えに与えられる銀の量が殖えたのである。金、銀
211 ともにその真の価値、すなわちそれが購買しうる労働量は低落したが、銀は金にくらべて

いっそう低落したのである。アメリカの金山も銀山も、産出力においては従来知られていたすべての鉱山に比して卓越していたが、銀鉱山の産出力のほうが金鉱山のそれよりも、さらにいっそう大きかったように思われる。

ヨーロッパからインドへ年々多量の銀が運ばれるので、いくつかのイングランド植民地では、金にたいする銀の価値が次第に低落した。カルカッタの造幣局では、ヨーロッパなみに、純金一オンスが純銀一五オンスに値するものと考えられている。この造幣局での評価は、ベンガルの市場での金の価値からすると、あまりに高すぎる。シナではあいかわらず金銀比価は一対一〇または一対一二にとどまっている。日本では一対八であるといわれている。

メゲンス氏は金銀間の価値の比を、年々ヨーロッパに輸入されるそれらの量の比と混同している

メゲンス氏の計算によると、年々ヨーロッパに輸入される金銀の量の比は約一対二二である。すなわち金一オンスの輸入にたいし、銀は二二オンス強輸入される。ところが銀は年々東インドへ大量に送られるので、ヨーロッパに残る金銀の量の割合は一対一四または一五となって、これがそのまま金銀の比価となっている、とかれは考えている。つまりかれの考えでは、金銀の価値の比はそれらの量の比と必然的に一致するのであって、さきのような銀の大量輸出がなければ、金銀の比価は一対二二になるであろうというのである。

だが、二種の商品のおのおのの価値の通常の比率は、ふつう市場にあるそれらの量の比率とかならずしも一致はしない。一〇ギニーと算定される牛一頭の価格は、三シリング六ペンスと算定される小羊一頭の価格の約六〇倍である。だからといって、市場には牛一頭にたいし六〇頭の小羊が通常出回っていると推論するのは馬鹿げたことである。同じように、一オンスの金が一四から一五オンスの銀を通常購買するからといって、ふつう市場には金一オンスにたいして一四オンスないし一五オンスの銀しかないと推論するのもまた馬鹿げたことである。

市場に通常ある銀の量の金の量にたいする比率のほうが、一定量の金の価値にたいする同量の銀の価値の比率よりもはるかに大きいだろう。市場にもたらされる安価な商品の全量は、高価な商品の全量にくらべて、ふつうは量も大きいばかりか価値も大きい。年々市場へもたらされるパンの全量は食肉の全量より大きいばかりでなく、価値もまた大きい。また食肉の全量は家禽の全量よりも、そして家禽の全量は野鳥の全量よりも大きいのである。安価な商品にたいしては高価な商品よりも多くの買手があるものだから、安価な商品の売上げは、数量ばかりか価値においても多い。それゆえ、安価な商品の全量の、高価な商品の全量にたいする比率のほうが、一定量の高価な商品の価値の、これと同量の安価な商品の価値にたいする比率よりも通常大きいにちがいない。貴金属をたがいに比較してみると、銀は安価な商品であって金は高価な商品である。そこで、市場にある銀はつねに金よりも、量だけでなく価値においても大きいはずであると考えるのは当然である。金、銀の双方を少しずつ持っている人にかれ自身の金器と銀器とを比較させてみるなら、きっとかれは銀器のほうが金器より、量だけでなく価値においても大きいことを見出すだろう。それればかりか、金器は持っていなくても銀器はたくさん持っているという人は多い。また金器を持っている人でさえ、それはふつう懐中時計のわく、嗅煙草《かぎタバコ》の箱、その他この種の装身具に限られ、その全量をもってしても大きい価値になることはまれである。もっとも、大ブリテンの鋳貨では金貨の価値は銀貨の価値をずっと上回っているが、他の多くの国の鋳貨ではそうではない。イングランドと合邦する以前のスコットランドの鋳貨では、同国造幣局の報告にあるように、その差はわずかではあったけれど、[1]金のほうが少しばかり優位を占めていた。[1]多くの国々の鋳貨では、銀が優位を占めている。たとえばフランスでは、最大の金額はふつう銀貨で支払われており、われわれがふところに入れてもち歩く程度以上に金を手にすることはむずかしい。世界を通じて、銀器の価値が金のそれより高いということは、二、三の国で金貨の価値が銀貨の価値を上回ることを相殺してあまりあるものだろう。

金はスペイン国王の課税方針によって銀よりも低く課税されており、最低価格に接近しているが、銀にたいしては現行の租税政策はいっそう軽減する必要がある

213

ある意味では、銀は金よりもつねに安かったし、またこれからもつねにそうであろうが、別の意味では金はおそらく、スペイン市場の現状からすると、銀よりもいくらか安いといえるだろう。商品が高価であったり安価であったりするのは、その普通価格の絶対的な大きさによるだけでなく、かなりの期間にわたってそれを市場に供給しうる最低価格を幾分か上回るその程度によっても、そういえるのである。この最低価格こそ、その商品を市場にもたらすのに用いられねばならぬ資本《ストック》を、穏当な利潤とともにかろうじて回収するぎりぎりの価格なのである。それは、地主にはなにも提供せず、地代はそのいかなる構成部分にもなることなく、賃銀と利潤にそっくり分配されてしまうような価格である。スペイン市場の現状では、金は銀よりも明らかにこの最低価格に近い。金にたいしてスペイン国王が課する租税は標準金のわずか二〇分の一、つまり五パーセントでしかないのにたいし、銀にたいする課税は一〇分の一、すなわち一〇パーセント〔初版では「五分の一すなわち二〇パーセント」となっていた〕に達している。これらの租税のなかには、スペイン領アメリカの金鉱山、銀鉱山の大部分の地代がすべて含まれており、しかも銀にくらべれば金にたいする租税のほうが納入状態がよくないことは、すでに述べたとおりである。金鉱山の企業家は銀鉱山の企業家よりも資産をなすことがまれなので、一般に金鉱山の企業家の利潤は銀鉱山経営者の利潤より少ないにちがいない。それゆえスペインの金の価格は銀の価格よりも、与える地代と利潤が少ないために、スペインの市場では、金の価格は銀の価格にくらべてそれをそこにもたらすのに必要な最低価格に幾分近いにちがいない。すべての費用を計算してみると、スペイン市場で金の全量を銀の全量のように有利に売りさばくわけにはいかないように思われる。もっとも、ブラジルの金にたいしてポルトガル国王の課する租税は、スペイン国王のメキシコまたはペルーの銀にたいする往時の租税と同じく標準金の五分の一である。それゆえ、ヨーロッパの一般市場にあらわれるアメリカ産の金の全量が、アメリカ産の銀の全量の場合に比して、その金をこの一般市場にもたらすことのできる最低価格にいっそう接近した価格になっているかどうか、この点は確かではない。

ダイヤモンドその他の宝石類の価格は、金にくらべてさえ、市場にもたらされうる最低価格に多分より近いであろう。

銀に課する租税は、最も適当な課税対象の一つといえる単純な奢侈品、贅沢品に課する租税であるだけでなく、きわめて重要な収入を生む租税でもあるから、その支払が可能である以上は、放棄されるようなことなど、けっして考えられないことである。にもかかわらず、一七三六年に銀にたいする租税を五分の一から一〇分の一に引き下げざるをえなくしたのと同じ事情、つまり支払不能という事情から、銀にたいする租税もやがてさらに引き下げざるをえなくなってくることであろう。これはちょうど金にたいする租税を二〇分の一に引き下げざるをえなくなったのと同様である。スペイン領アメリカの銀鉱山では、他のすべての鉱山におけると同じく、作業の遂行に必要な深度がますます高まってきていることと、坑底における排水と換気に必要な経費が増大していることのため、採掘費用がますます高くつくようになってきているということは、これらの鉱山の実状を調査した人のすべてが認めているところである。

これらの原因は、銀がだんだん稀少になってくることを意味するから（というのは商品は、その一定量を集める困難がふえて費用が多くかかるようになると、ますます稀少になっているといえるのだから）、やがて次の三つの事態のどれかをひきおこすにちがいない。すなわち、経費の増大は第一に、それに比例するその金属価格の上昇で全部うめあわされるか、第二に、銀にたいする租税を採掘費用の増加に比例するように軽減してうめあわされるか、または第三に、一部は右の二つの手段のうちの前者によって、また一部は後者によってうめあわされるか、そのどれかでなければならない。このうち第三の場合が大いにありそうなことである。金にたいする租税が大幅に軽減されたにもかかわらず、金の価格が銀の価格に比して上ったのと同じように、銀の価格も銀にたいする租税の同じような大幅な軽減にかかわらず、労働および他の財貨の価格に比して上昇することであろう。

ところで、租税のこうした連続的な軽減によって、ヨーロッパの市場における銀の価値の高騰は、全面的に防止されないにせよ、多少ともその速度を遅らすにちがいない。そうした軽減の結果として、以前は旧税が支払えなかったために採掘できなかった多数の鉱山が採掘できるようになるだろう。そこで年々市場にもたらされる銀の量は、そうでない場合よりつねにいくらか多くなり、したがって、その一定量の価値もそうでない場合よりいくらか減少せざるをえない。一七三六年の租税軽減の結果、ヨーロッパ市場での銀の価値は、今日でこそこの軽減以前にくらべて低くはないにしても、かりにスペインの宮廷が旧税の取立てを続行した場合にくらべれば、少なくとも一〇パーセントは低いであろう。

だが、右にあげた事実や議論から、私は、こうした軽減があったにもかかわらず、銀の価値が今世紀のうちにヨーロッパ市場で幾分上昇しはじめたということを信じたくなるし、またもっと適切にいえば、そうではないかと疑ったり推測したくなる。というのは、この問題にかんして私がもちうる最上の見解ですら、おそらく所信などという言葉には値しないだろうからである。銀の価値の上昇は、たとえあったにせよ、いままでのところあまりに微々たるものなので、委曲をつくして説明したつもりだが、たぶん多くの人にとっては、実際にその上昇が起ったのか、それとも反対のことが起ったのか、つまり銀の価値はヨーロッパ市場で依然として下落しつづけているのかどうか、どれも不確かに思われることであろう。

しかし次のことは注意されなければならない。すなわち、予想される金銀の年々の輸入額がどれだけであろうと、金銀の年々の消費額が年々の輸入額に一致するような時期がかならずあるということである。金銀の消費額は、それらの量がふえるにつれて増加するにちがいない。いやむしろずっと大きな割合で増加するにちがいない。それらの量がふえるにつれて、それらの価値は減少する。それらは従前よりも多く使われるようになり、従前よりも大事にされなくなる。その結果、それらの消費額はその存在量の増大する割合以上に増大する。かくして、一定の期間がたつと、これらの金属の年々の消費額は、その年々の輸入額に等しくなるにちがいない。ただし、年々の輸入額が不断に増加してはいないと仮定しての話であり、また現在のところでは増加しているとも思えない。

年々の消費額が年々の輸入額に等しくなったとき、もしも年々の輸入額が次第に減少してゆくなら、年々の消費額はしばらくのあいだ年々の輸入額を超えることになるだろう。すると金銀の存在量は知らぬ間に少しずつ減少するだろうし、その価値は知らぬ間に少しずつ上昇するだろう。そしてついには年々の輸入額がふたたび減少しなくなるから、年々の消費額も次第におのずから年々の輸入でまかなわれる程度のものに適応することになるであろう。

（1）Anderson's Diplomata, & c. Scotiae へのラディマンの序文を参照。〔なおラディマンについては、本章過去四世紀間における銀の価値の変動にかんする余論、第一期の原注（1）および訳注を参照〕

〔1〕「合邦」以前のスコットランドの鋳貨では金が優位を占めたというスミスの所見にたいして、キャナンは次のように注記している。この説は、「一六〇二年十二月十六日か

ら一六〇六年七月十九日までと、一六一一年九月二十日から一六一三年四月十四日までとの期間に鋳造された金貨の価値のほうが、これと同じ期間に鋳造された銀貨の価値よりも大きかったという事実だけにもとづくものにすぎず、この事実は当時の鋳貨の全存在量の割合についてはなにごとも証明してはいない」と。同様のスミスの主張は、第二篇第二章（「この種の銀行操作……」の小見出し参照）に述べられている。なお、ここまでは、第二版および『増補と訂正』と第三版で、大幅の加筆修正と削除が行なわれた。

銀の価値は依然として減少し続けているのではないかという疑問の根拠

金銀の価値はいまなお低落しつつあると考えられるかもしれないが、貴金属の数量の増加がその価値を低下させることはないし、また家畜などの価格の上昇も銀の価値の低落を示すものではない

ヨーロッパ諸国の富の増大と、次のような俗見、すなわち貴金属の数量は富の増大とともに自然に増大するからその価値は数量の増加につれて減少するという俗見との両者から、多くの人々は、ヨーロッパ市場で貴金属の価値が依然として低落しつづけていると信じたくなるかもしれない。また土地の原生産物の多くのものの価格が次第に上昇しているため

に、かれらはますますこの見解を確信するようになるかもしれない。

しかし、これまで説明につとめてきたとおり、貴金属の数量の増加はどの国でも富の増大にもとづくものであって、この数量の増加そのものには価値を減少させる傾向はないのである。金や銀が富んだ国に自然に集まるのは、あらゆる種類の贅沢品や珍奇な品がそこに集まるのと同じ理由からである。すなわち富んだ国でのほうが貧しい国よりも金銀が安価であるからではなく、高価だから、つまりそれらにたいしてよりよい値段が支払われるからである。それらをひきつけるのは価格の優越性であり、ひとたびこの優越性がなくなれば、それらはかならず富んだ国へは行かなくなるのである。

穀物その他およそ人間の勤労で栽培される野菜などを別にすると、家畜、家禽、各種の狩猟の獲物、地中から出る有用な化石や鉱物など、すべての種類の原生産物は、社会が富み進歩するにつれて自然に高価になってくるものであって、このことは私がすでに明らかにしようとつとめてきたところである。という次第で、これらの商品は以前よりも多量の銀と交換されるようになるけれども、このことから銀が真に安価になったとか、銀で買える労働量が以前より少なくなったとかいうことはできない。そうではなくて、そのような商品が真に高価になった、または以前より多くの労働量を購入するようになった、といえるだけである。改良の進歩につれて上昇するのはこれら商品の名目上の価格だけではなく、真の価格もまた上昇するのである。これらの名目上の価格の上昇は、銀の価値の低落の結果ではなく、それらのものの真の価格の上昇の結果なのである。

改良の進歩が三種の原生産物に及ぼすさまざまな効果

―あらゆる種類の原生産物は三つに分類することができる―

上にあげたいろいろな原生産物は三つの種類に分けられるだろう。第一は、その数量を増そうにも人間の勤労の力ではほとんどどうにもならないものである。第二は、需要に応
217
じて増産できるものであり、第三は、勤労の影響に限度があるか、またはそれが不確実であるか、いずれかのものである。富と改良と進歩につれて、第一の種類の原生産物の真の価格は途方もなく上昇するだろうし、それにはなんら特定の限界がないように思われる。第二のものの真の価格は大いに上昇するかもしれないが、長い期間にわたって、それを超えて上昇できない一定の限界がある。第三のものの真の価格は、その自然的傾向として改良の進歩とともに上昇するはずであるが、しかし改良の程度が同じであるなら、さまざまの偶然事がこの種の原生産物の増産のさいに人間の勤労の努力をどの程度成功させるかに応じて、ある時は下落することもあるし、またある時は同じままのこともあり、さらにまたある時は多少とも上昇することもある。

第一の種類

第一類は、たとえば野鳥・野獣のように、人間の勤労によっては増殖できないものであり、その価値は富の増大や社会の進歩につれて上昇する

第一の種類の原生産物は、改良の進歩につれて価格が上昇するものであって、人間の勤労の力ではほとんどまったく増産のできないものである。それは、自然が一定量しか産出しないもの、また非常に腐敗しやすいので異なった季節の産物を貯蔵することができないようなものからなっている。たとえば、大部分の珍しい鳥や魚、いろいろな種類の狩猟の獲物、ほとんどすべての野鳥、とりわけ渡り鳥、その他いろいろのものがある。富とそれにともなう奢侈が殖えてくると、それにともなって右のようなものにたいする需要も増大するであろうが、人間がどんなに勤勉に努力しても、この需要の増大以前にくらべて大きくその供給をふやすことはできないであろう。それゆえ、このような商品の量は同一であるかまたはほとんど同一にとどまっているのに、一方それらを購買するための競争は不断に増大するので、それらの価格は法外に上昇するであろうし、しかもそれには一定の限度というものがないように思われる。たまたま山しぎが珍重され一羽二〇ギニーで売られる

ようになっても、人間の努力で市場に供給される数を現在よりいちじるしくふやすことはできない。ローマの最盛期にローマ人たちが珍しい鳥や魚にたいして高い値段を支払っていたのも、このように考えれば簡単に説明できる。こういう高価格は当時の銀の価値が低かったことの結果ではなく、人間の勤労で随意に増殖できないような珍奇なものの価値が高かったためであった。ローマにおける銀の真の価値は、ローマ共和国没落前後のしばらくのあいだ現在のヨーロッパの大部分におけるよりも高かった。英貨約六ペンスにあたる三セステルティウスというのが、このローマ共和国がシシリーの一〇分の一税である小麦一モディウス、つまり一ペックに支払った価格であった。けれどもこの価格はたぶん平均市場価格より低かったであろう。小麦をこの率で引き渡す義務は、シシリーの農業者にたいする一種の租税とみなされていたからである。それゆえローマ人が小麦の一〇分の一税以上の穀物の納付を命じる必要を感じたときには、この超過分にたいして一ペックあたり四セステルティウス、つまり英貨八ペンスの率で支払うべきものと付帯条件で義務づけられていた。そしてこれがおそらく穏当で妥当な価格、すなわち当時の普通で平均的な契約価格とみなされていた。それは一クォーターにつき約二一シリングにあたる。最近の凶作以前は、一クォーターあたり二八シリングがイギリス産小麦の一般的契約価格であった。このイギリス産の小麦はシシリー産のものより品質が劣り、一般的にヨーロッパ市場ではシシリー産より安く売られていた。それゆえローマ共和国当時の銀の価値は、現在の銀の価値にたいして三対四の逆比例となっていたにちがいない。すなわち、現在四オンスの銀が購買できる労働および商品の同一量を、当時は銀三オンスで購買しえたのであろう。だから、われわれがプリニーのものを読んで、セイウス[1]がアグリッピーナ女帝への贈物として、一羽の白いナイチンゲールを六〇〇〇セステルティウス、すなわち現在のわが貨幣約五〇ポンドで買ったとか、またアシニウス・セラー[2]が紅魚《ひめじ》を八〇〇〇セステルティウス、つまり現在のわが貨幣六六ポンド一三シリング四ペンスで買ったとかというのを見ると、その途方もない値段に驚かされるが、それでもなお現実に支払われたものよりも三分の一も低いのである。それらの真の価格、すなわちそれらにたいして与えられる労働および生活資料の量は、今日それらの名目上の価格がふつう表わすよりも約三分の一多かったのである。セイウスはナイチンゲールにたいして現在の六六ポンド一三シリシグ四ペンスが購買できるだけの労働および生活資料の支配力を与えたのである。またアシニウス・セラーは紅魚にたいして、八八ポンド一七シリング九ペンス三分の一が購買するはずの量に等しい労働および生活資料の支配力を与えた。こうした途方もない高い価格をもたらしたのは、銀の豊富さというよりもむしろ労働および生活資料の豊富さであって、ローマ人たちは自分たちの必要とする以上のものを自由に処分できたのであった。かれらが自由に処分できた銀の量は、現在の同一量の労働および生活資料にたいする支配力で得られる銀の量よりもずっと少なかったのである。

（1）Lib. x. c. 29.〔ここにスミスが「セイウス」Seius という固有名詞を記しているのは、プリニーの文章の冒頭にあるScio（「私は知る」という意味の動詞）を読みちがえた結果と思われる、とキャナンは注記している〕

（2）Lib. ix. c. 17.

219

第二の種類

第二類は、家畜・家禽のように、需要に比例して人間の勤労が増殖させうるものであり、一定の限度まではその価値が富の増大や社会の進歩につれて上昇する

原生産物の第二の種類は、改良の進歩につれてその価格が上昇するものであって、需要に比例して増産することが人間の勤労で可能なものである。この種類に入るのは、未耕作の国々において自然によって産出される有用な動植物であり、それらはあまりにも豊富なのでほとんどまったく価値がなく、したがって耕作が進むにつれていっそう有利な生産物にとってかわられざるをえなくなるようなものである。改良がすすむ長い期間を通じて、これらのものの数量は連続的に減少し、一方これらにたいする需要は同時にたえずふえて

ゆく。それゆえこれらの真の価値、すなわちそれらが購買または支配する労働の量は次第に増加してゆき、ついにその価値は、最も肥沃で最もよく耕作された土地において人間の勤労で生産できる他の生産物と同じように有利な生産物となるくらいの高さにまで達する。この真の価値は、この高さまで達すると、それ以上に上昇することなどありえないはずである。もしそれ以上に上昇するなら、もっと多くの土地と勤労がその数量を増加するためにやがて使用されるからである。

たとえば畜牛の価格が高騰して、飼料を生産するために耕作することが、人間の食糧を生産するのと同じくらい有利になったなら、畜牛の価格はそれ以上高くなることはありえない。もしそれ以上に高くなるなら、多くの穀産地がやがて放牧地に転換されるだろう。耕作が拡張されると野生の牧草の量が減ってくるので、労働や耕作なしに土地が自然に生産する食肉の量が減少する。また反面では、食肉と交換に与えられる穀物、または同じことになるが、穀物の価格のどちらかを所有する人の数がふえて、食肉にたいする需要が増大する。こうして食肉の価格、したがって畜牛の価格は次第に上昇するにちがいなく、ついには最も肥沃で最もよく耕作された土地を畜牛の飼料の生産に用いるのが穀物の生産に用いるのと同じくらい有利になるところまで上昇するようになる。もっとも、畜牛の価格をこの高さにまで引き上げるほど耕作が拡張されるのは、つねに改良の進歩がなされたあとのことにちがいなく、そしてその国が少しでも進歩しているかぎり、畜牛の価格はこの高さに達するまで上昇しつづけるにちがいない。おそらくヨーロッパには、畜牛の価格がこの高さにまで到達していない地方もあることだろう。合邦以前のスコットランドでは、どの地方もこの高さにまで達していなかった。スコットランドでは、畜牛の飼育以外の目的には用いようのない土地がその他の目的に用いる土地に比して圧倒的に多いので、もしスコットランドの畜牛が自国の市場だけに限られていたとするなら、畜牛の飼育のために土地を耕作するのが有利となるほどの高さに畜牛の価格が上昇しうるなどということは、
220 おそらくほとんど不可能であっただろう。イングランドでは畜牛の価格は、すでに述べたように、ロンドンの周辺では前世紀のはじめごろ右の高さにまで達したようにみえる。しかし、遠方の諸州の大部分を通じてこの高さにまで達したのはおそらくずっと後のことであったろう。これらの二、三の州では、おそらくいまだにこの高さに達していないであろう。しかし原生産物のこの第二類に属するさまざまなもののうち、改良の進歩につれて価格がこの高さにいちばん早く達するのはおそらく畜牛であろう。

牛は、この第二類のものの中で、飼育を続けるのに必要な価格をもたらす最初のものである

なるほど、畜牛の価格がこの高さに達するまでは、最高度に耕作の可能な土地でさえ、その大部分が完全に耕作されることはほとんどありえないように思われる。都会から離れすぎていて肥料を運んでくることのできないすべての農地、つまり広大な土地の大部分の

ところでは、よく耕作された土地の広さはその農場の自給肥料の量に比例するにちがいない。また肥料の量はその農場で飼育される畜牛の数に比例するにちがいない。土地に肥料を施すには、その土地で畜牛を放牧するか、または畜舎で畜牛を飼ってその糞《ふん》をそこから運び出せばよい。しかし、畜牛の価格が耕地の地代と利潤を支払うに足りるようでなければ、農業者はそこで放牧をするだけの余裕がないし、畜舎で飼育する余裕などはなおさらありえない。畜舎で畜牛を飼育することができるのは、もっぱら耕作の改良された土地の生産物を用いる場合だけである。というのは、未耕の荒れ地に散在する乏しい生産物を集めるのはあまりに多くの労働を要し、経費がかかりすぎるからである。それゆえ畜牛の価格が、改良され耕作された土地で放牧されるときでさえその土地の生産物を償うに足りないとすれば、もっと多量の追加労働によって生産物を集めて畜舎の牛に与えなければならない場合には、その価格は、なおさらこの荒れ地の生産物を償うに足りないであろう。だから、こうした事情のもとでは、耕作に必要とされる以上の畜牛を畜舎で飼育して利益をあげることはできない。ところがこれだけの畜牛では、耕作可能なすべての土地をいつも良好な状態にしておくのに十分な肥料をもたらすことはけっしてできない。これらの畜牛がもたらす肥料では全農地に与えるのに不十分だから、その肥料は最も有利に、または最も便利に施しうる土地に、すなわち最も肥沃な土地に、または多分農場の近隣の土地に施肥するために当然とっておかれることになるだろう。それゆえ、こういう土地だけはつねに良好な状態におかれ、耕作に適するであろう。残りの土地の大部分は荒れたままに放置され、少数の落伍《らくご》した餓死寸前の畜牛がやっと生きていくだけの牧草しか生産しないよう
221 になる。そうした農地は、それを理想的に耕作するのに必要な畜牛の数にははるかにおよばないが、その現実の生産物の割には畜牛が多すぎるわけなのである。しかしこの荒地の一部は、こうしたみじめな状態で六、七年も続けて放牧された後、耕作されるようになることもあるだろう。そうした場合には多分、質のわるい燕麦《えんばく》その他の粗末な穀類の貧弱な収穫が一、二回あったきりで完全に地力が枯渇してしまい、以前のように休耕地にして放牧しなければならなくなる。他の部分もまた同じように耕作され、地力が枯渇し、そして休耕地になる。こうしたことが合邦前のスコットランド低地地方《ロウ・カントリー》のどこでもいつも行なわれていた一般的な農地経営方式であった。いつもよく施肥され良好な状態におかれた土地は全農場の三分の一から四分の一を超えたことは滅多になく、ときには五分の一から六分の一にも達しないこともあった。残りの部分はぜんぜん施肥されなかったけれど、そのうちのある部分は交互に規則的に耕作されては地力が枯渇する状態をくり返した。こうした経営のやり方では、スコットランドの土地のうち優良な耕作のできる部分でさえ、生産可能な量を下回ったことは明白である。しかしこのやり方がどんなに不都合に見えようと、合邦前では、畜牛の低価格のためにそれはほとんど不可避なことだったように思われる。かりに畜牛の価格が大いに上昇したにもかかわらず、スコットランドのかなりの地方であ

222

いかわらずこうした経営法が広く行なわれるとすれば、それは多くの地域での無知と旧習への執着とに起因することは疑いないが、しかしたいていの地域では、事物自然のなりゆき上、よりよい経営法の迅速な確立を阻止するような避けられない障害が横たわっているからである。すなわち、第一に借地農の貧しさ、つまりかれらがその土地をもっと完全に耕作するに足りるだけの畜牛を手に入れる余裕をもたないことによるものである。畜牛の価格騰貴によって借地農はより多くの畜牛を飼育することが有利となるが、一方同じ価格騰貴によってかれらはそれを手に入れることがいっそう困難になるからである。第二は、借地農は畜牛を入手できたとしても、かれらが自分たちの土地をより多くの畜牛の飼育に適するような状態にするだけの余裕がまだないことである。家畜の増加と土地の改良とはかならず手に手をとって進まなければならぬ二つの事柄であり、どのようなところでも、一方が他方に大きく先んずるというようなことはできない。家畜がいくらかでも増加しなければ、土地の改良はほとんどありえない。だが、土地のかなりな改良にもとづくことなしに、家畜のいちじるしい増加はありえない。なぜなら、改良なしには土地は家畜を養えるものではないからである。よりよい経営法の確立にたいするこうした自然的障害は、長い期間にわたる節約と勤勉によるほかには除去できるものではない。そして、次第にすたれつつあるこの旧方式がスコットランド全土を通じて完全に廃止されるようになるまでにはおそらく半世紀も一世紀もかかることであろう。スコットランドがイングランドとの合邦によって手に入れたすべての商業上の利益のうちで、この畜牛の価格の上昇こそは多分その最大のものであろう。この価格の上昇により、ハイランドの全所有地の価値が高まったばかりでなく、この上昇はおそらくスコットランド低地地方《ロウ・カントリー》の改良の主要な原因にもなったのである。

すべての新しい植民地では、数年間畜牛の飼育以外の目的にはぜんぜん使えないような荒れ地がたくさんあるために、やがて畜牛はたいへん豊富になる。そしてなにはともあれ非常に安価だということは、豊富さの必然的な帰結である。ヨーロッパ諸国のアメリカ植民地の牛はもともとヨーロッパから運びこまれたものであるが、やがてそこで大いに繁殖し、ほとんど価値がなくなってしまって、ついには馬ですら森の中を野放しのまま走るにまかせ、所有者はだれも自分の持ち物だと主張するに値しないと考えたほどである。こうした植民地がつくられてから、耕作地の生産物で牛を飼育して利益があがるようになるまでには長い歳月を必要とするにちがいない。したがって、肥料の不足、耕作に用いられる資本と耕作されるはずの土地との不均衡といったスコットランドの場合と同じ原因によって、植民地では、スコットランドの多くの地方でいまだにずっと行なわれているものと変らない農業経営法が採用されるだろう。スウェーデンの旅行家カルム氏は、一七四九年に北アメリカを見て、その地のいくつかのイングランド領植民地における農業を説明するにあたって、農業のあらゆる部門にあれほど熟達しているイングランド人の特性をそこに見つけ出すのが困難だったと述べている。かれがいうには、植民地の人々は自分たちの穀物畑のための肥料をほとんどまったく作らずに、一区画の土地が収穫の連続によって地力を枯渇してしまうと、そこを片づけて別の新たな区画の土地を耕作し、そしてそこも地力が枯渇するとまた第三の区画へと進む。かれらの牛は森の中その他の未耕地をさまようにまかせてあり、半ば餓死しかけている。というのも、すべての一年生の草は、花をつけたり種を落すひまもない早春に刈りとられて、ずっと前から根絶されてしまっているからである。[1]一年生の草は北アメリカのこの地方では最良の天然生の草であったらしい。そしてヨーロッパ人がはじめてそこに定住したとき、そうした草はよく生い茂っていて、三、四フィートの高さに達するのがふつうだった。カルム氏が旅行記を著わした当時、一頭の牝牛《めうし》さえ養えなかった一区画の土地は、以前には四頭もの牝牛を養っており、そしてその各一頭から、当時の一頭分のミルクの四倍ものミルクがとれた、とかれは確聞している。かれの意見によれば、当時は牛が弱体化して、一代毎に退化してゆくが、これは牧草地がやせているせいであった。こうした牛はいまから三、四〇年前にスコットランド全土でふつうに見られた発育不良の品種と多分あまり変らないものだったろう。この品種は今日ではスコットランドの低地地方《ロウ・カントリー》の大部分を通じて大いに改良されている。これは品種の改良——この方法はいくつかの地方で行なわれてきたが——によるというよりも、むしろ牛にもっと十分な飼料を与えるという方法によったものである。

それゆえ、畜牛の飼育をめざして土地を耕作することが有利になるほどに畜牛の価格が高まりうるのは、改良が進歩したあとになってのことではあるが、それにしても畜牛は、原生産物の第二類に属するもののうち最もはやくこういう高い価格に達するものであろう。なぜなら、畜牛がこの高い価格に達するまでは、ヨーロッパの多くの地方で農業の改良が到達している程度にさえ近づくことは不可能であるように思われるからである。

――鹿の肉は必要な価格をもたらす最後のものであり、その他たとえば家禽、豚、酪農品などは牛と鹿の中間に位するものである――

畜牛がこの種の原生産物のうちで最初にこのような高い価格に達するものであるとするなら、多分鹿肉がこれらのうちでいちばん最後にこの価格に達するものであろう。今日大ブリテンの鹿肉の価格は、それがどんなに法外なものに見えようと、鹿猟園の経費を償うのに十分でないということは、鹿の飼育に経験のある人ならだれでもよく知っていることである。もしそうでなかったら、鹿の飼育は、古代ローマ人のあいだでトゥルディとよばれる小鳥の飼育がそうであったのと同じように、やがて一般的農業経営の一品目となることだろう。ウァロとコルメラの確言するところによると、この小鳥の飼育は非常に有利な農芸品目の一つであった。フランスのいくつかの地方では、やせて渡ってくるオルトランという渡り鳥を肥育することも同じく有利であるといわれている。もしも鹿肉の流行が続き、しかも大ブリテンの富と奢侈が過去にそうであったと同じように増加するなら、その価格は現在よりもっと高まることは大いにありそうなことである。

改良の進歩につれて畜牛のような必需品の価格がこの高さに達する期間と、鹿肉のような一種の贅沢品の価格がそこに達する期間とのあいだには、長い合間があり、その合間のなかに原生産物中の他の多くの種類が、事情に応じてあるものは早く、またあるものは遅く、それぞれの最高の価格に漸次に到達するのである。

どんな農場でも、納屋や畜舎からの廃物によって一定数の家禽を飼うことができる。こ
224
の家禽は、そういうことでもなければ棄ててしまうもので飼うのだから、一種の廃物利用にほかならない。農業者にとってはほとんどなんの費用もかからないから、かれはこの家禽を非常に安く売ることができる。かれの取得するものはほとんどそっくり純利得であり、その価格はかれがそれだけの数の家禽の飼育を思いとどまるほど低くなることは滅多にない。ところが、耕作がよく行なわれておらず、したがって人口も稀薄な国々では、このように費用をかけずに育てた家禽で全体の需要を満たしてあまりあるような場合がしばしばある。したがって、こうした事態にあっては、家禽が、肉牛その他の動物性食物と同じように安いことがしばしばある。しかし、このような方法で費用をかけずに農場で飼育される家禽の全量は、そこでつくられる食肉の全量にくらべると、つねにはるかに少ないにちがいない。そして富と贅沢の時代になると、同じ程度のメリットをもつものならば、つねに稀少なもののほうがありふれたものよりも好まれる。それゆえ、改善や耕作の結果とし

て富と贅沢が増すにつれて、家禽の価格は次第に食肉の価格を上回り、ついには家禽を飼う目的で土地を耕作することが有利になるほどまでに高くなる。そしてひとたびこの高さに達すると、それ以上には高くなりえない。もし高くなるなら、もっと多くの土地がまもなくこの目的にふりむけられることになるだろう。フランスのいくつかの州では、家禽の飼育は農業経営の非常に重要な一部門とみなされており、農業者がこの目的のために大量のとうもろこしと蕎麦《そば》をつくろうとするほど十分に利益があるものと考えられている。そこでは、中流の農業者なら自分の農場内に四〇〇羽の鶏を飼うことがしばしばある。イングランドでは家禽の飼育はいまなお一般にそれほど重要なこととは考えられていないように思われる。だがイングランドがフランスからかなりな量の家禽の供給を受けていることからみると、それはフランスよりもイングランドのほうが高価であることはたしかである。改良の進歩につれて、すべての特定の種類の動物性食物が最も高価になる時期は、当然、それをつくるための土地の耕作が一般に行なわれる直前の時期であるにちがいない。というのは、それが広く行なわれるようになる少し前の時期には、そうした動物性食物の不足は必然的にその価格を引き上げるにちがいないからである。それが一般に行なわれるようになると、飼育の新しい方法が工夫され、それによって農業者は、以前と同一面積の土地でこの種の動物性食物をずっと多量に生産することができるようになる。その量が豊富になるので、かれは安く売らざるをえないというだけでなく、こうした改良の結果として以前より安く売るだけの余裕をもちうるようになる。かれがそうした余裕をもちえないなら、このような豊富な状態も長続きしないだろうからである。クローヴァー、かぶら、人参、キャベツなどがつかわれて、ロンドン市場における食肉の一般価格を前世紀初頭ごろよりもいくらか低下させるのに寄与したというのも、多分このようにしてであったろう。

豚は、汚物の中に自分の食物を見つけ、他のすべての有用動物がしりぞけたたくさんのものを貪欲に食うので、家禽に似て、元来は廃物利用として飼われたものである。このようにわずかな費用で、またはほとんどまったく費用をかけずに飼育しうる動物の数が需要を十分に満たしうるかぎり、この種の肉は他のどんな肉よりもずっと安い価格で市場に提供される。しかし、もし需要が高まってこの量で満たせなくなると、すなわち、他の家畜を飼育したり肥育したりするのと同じように豚を飼育したり肥育したりする目的で食物をつくることが必要となってくると、豚肉の価格は必然的に上昇し、その国の自然と農業の状態により豚の飼育が他の家畜の飼育より費用がかかるかそうでないかに応じて、豚の価格は他の食肉の価格より高くなったり低くなったりするようになる。ビュッフォン氏によれば、フランスでは豚肉の価格は牛肉の価格とほとんど同じである。大ブリテンのたいていの地方では現在のところ、豚肉のほうがいくらか高い。

大ブリテンで豚と家禽の価格が暴騰したのは、小屋住み農《コッティジャー》や他の小土地占有者の数が減少したせいだとしばしばいわれている。この減少は、ヨーロッパのどこでも改良とよい耕作との直接の先駆となった出来事であるが、同時にまた、これらのものの価格がさもない場合より幾分早く、または幾分急速に上昇するのに寄与したかもしれない出来事である。最も貧しい家庭でもしばしば猫や犬の一匹ぐらいは費用をかけずに飼うことができるように、最も貧しい土地占有者でも通常二、三羽の家禽または牝《めす》豚一頭と子豚二、三頭ぐらいはほとんど費用をかけずに飼うことができる。かれらの食卓のわずかな残りもの、乳漿《にゅうしょう》、脱脂乳および牛酪乳《バターミルク》は、これらの動物にその食物の一部を供給するものであるし、そして他の部分は動物自身がだれにもさしたる損害をかけることなしに近くの畑から得てくる。それゆえ、これらの小土地占有者の数の減少によって、ほとんどまったく費用をかけずにつくられるこの種の食料品の量は明らかにかなり減ったにちがいなく、これらの価格もその結果として、そうでなかった場合よりも早くそして急速に上昇したにちがいない。しかし、改良が進むにつれて遅かれ早かれ、ともかくもその価格は上昇しうる最高の価格、すなわちこれらの動物に食物を供給する土地の耕作に必要な労働と費用とを償える価格――他の耕作地の大部分にたいして償えるものと同じように――まで上昇するにちがいない。

酪農業は、豚や家禽の飼育のように、もともと一種の廃物利用として営まれたものである。畜牛はかならず農場で飼われ、そのミルクは、仔牛《こうし》を養ったり農業者の家族が消費したりする以上に生産されるものであり、しかもある特定の季節に最も多く生産される。ところで、あらゆる土地生産物のうちで牛乳はおそらくいちばん腐敗しやすいものであろう。

最も豊富に生産される暖かい季節には、二四時間ともつことはまずない。農業者はそれで新鮮なバターをつくって、その一部を一週間貯《たくわ》える。またそれで塩バターをつくって一年間貯える。さらにまたそれでチーズをつくって大部分を数年間貯える。これらのものの一部はかれ自身の家族の使用のためにとっておかれる。残りは可能なかぎりよい価格で売るために市場に出されるのであって、その価格は、農業者がその家族の使用分以外のものを市場に出す気がなくなるほど低くなるということはほとんどありえない。もしもその価格がそれほどまでに低くなるなら、かれは搾乳場をひどく不精で不潔なやり方で管理するようになるであろうし、多分そのための特別な部屋や建物をつくるに値すると考えることはほとんどなく、自分の台所の煙や汚物や不潔物の中で仕事をするのを気にかけないだろう。こうした状態が三、四〇年前のスコットランドの農業者の搾乳場であったし、その多くはいまもそうなのである。食肉の価格を次第に引き上げるのと同じ原因、すなわち需要の増大と農業の改良の結果とは、ほとんどまったく費用をかけずに飼育される家畜の数の減少とともに、食肉の価格と同様に、酪農業の生産物の価格を騰貴させる。この価格は、食肉の価格、つまり畜牛を飼育する費用と当然関連しているからである。この価格の上昇はより多くの労働、世話、そして清潔さのための費用を償ってくれる。酪農業は農業者の注意をよりいっそうひくようになり、その生産物の品質も次第に改善されてくる。そしてついにはその価格は、最も肥沃で最もよく耕作された土地の若干を酪農の目的だけで家畜を飼うのに用いるに値するほどの高さにまで達するのであって、ひとたびこの高さに達すると、それ以上に高まることはありえない。もしそうなったなら、もっと多くの土地がまもなくこの目的にふりむけられるだろう。イングランドの大部分の地方では価格はこの高さに達しているように思われる。そこでは多くのよい土地が通常このように使用されている。スコットランドでは、二、三の大きい都市の近隣を除けば、まだどこでもこの高さに達しているところはないように思われる。そこではふつうの農業者は、非常によい土地をたんに酪農のためだけに用いて畜牛の食物をつくるということは滅多にしない。スコットランドの酪農生産物の価格は、ここ数年のうちに大いに上昇したけれども、いまだにこうしたことが可能になるほど高くはない。たしかにイングランドの酪農生産物とくらべると品質が劣っているし、それに準じて価格も安い。しかし、品質がこのように劣るのは価格が低いことの原因ではなく、むしろその結果である。だが品質がずっとよくなったとしても、現在のこの国の状態では、市場に供給されるこの酪農生産物の大部分がはるかによい
227 価格で処分されることはありえないだろうと思う。そして多分、現在の価格はよい品質をつくるのに必要な土地と労働の費用を償わないだろう。イングランドの大部分を通じて酪農は、価格が高いにもかかわらず、農業の二大目的である穀物生産や家畜の肥育より以上に利益のあがる土地の使用法だとはみなされていない。それゆえスコットランドの大部分では、酪農業はまだイングランドほどに有利なものとはなっていないのである。

土地生産物の価格の上昇は良好な耕作にとってつねに望ましいものであるが、この上昇は銀の価値の低落にもとづくものではない

人間の勤労でその土地の上でつくらざるをえないすべての生産物の価格が、完全な改良と耕作の費用を償うほどの高さにまで達したあとでなければ、どんな国の土地も完全に耕作され改良されることはありえない、ということは明白である。この費用を償うためには、個々の生産物の価格は、第一に良好な穀産地の地代を償うに足りるものでなければならない。というのは、この地代こそが他の大部分の耕作地の地代を規定しているからである。またこの価格は第二に、農業者がふつう良好な穀産地で支払われているのと同様に、農業者の労働と経費を支払うに足りるものでなければならない。いいかえると、かれらが穀物の生産に投じる資本をその通常の利潤とともに回収するに足りるものでなければならない。個々の生産物の価格のこうした上昇は、明らかにその生産にあてられるはずの土地の改良と耕作に先行するものでなければならない。利得こそはすべての改良の目的なのであり、損失がその必然的な結果であるようなものは改良の名に値しないであろう。ところが、価格が経費を償えないような生産物のために土地の改良を行なえば、その必然的結果は損失であるにちがいない。もし国の完全な改良と耕作が公共的利益の中の最大のものであるなら――これは最もたしかなことであるが――、原生産物のあらゆる種類の価格がこのように上昇することは、公共の災難とみなされるべきではなく、いっさいの公共的利益の中の

最大のものの必然的な先駆であり、必然的な付随物とみなされるべきである。

さらにまた、これらすべての種類の原生産物の名目上の価格、すなわち貨幣価格のこの上昇も、銀の価値のなにほどかの低落の結果ではなくて、それらの真の価格の上昇の結果であった。つまりそれらはより多量の銀に値するようになっただけでなく、以前よりも多量の労働と生活資料にも値するようになった。それらを市場にもたらすのに以前よりも多量の労働と生活資料がかかるので、市場にもってこられると、以前よりも多量の労働と生活資料を代表する、すなわちそれらのより多くの量と等価になるのである。

（1） Kalm's Travels, vol. i. p. 343, 344. 〔ピータ・カルム『北アメリカ旅行記』一七七〇年〕

第三の種類

第三類は、羊毛や獣皮のように、勤労の効果に限度があり、不確実なもので、その価格は社会の進歩とともに上昇する傾向にあるものの、偶然の作用が大きいために、さまざまに変動する

第三の、そして最後の種類の原生産物は、その価格が改良の進歩につれて自然に上昇す

るものであって、その数量をふやそうとしても人間の勤労の効果に限度があったり、その効果が不確実であったりするものである。それゆえ、この種の原生産物の真の価格は改良の進歩につれて自然に上昇する傾向があるが、しかしさまざまな偶発的な出来事が生じて、その数量をふやそうとする人間の勤労の効果に多かれ少なかれ影響を与えるものである。この影響の度合に応じて、その真の価格はあるときは低落することさえあるかもしれないし、あるときは改良のさまざまな時期を通じてひきつづき同一であるかもしれないし、またあるときは同じ時期に多少とも上昇するかもしれない。

原生産物のある種のものには、自然によって他の種のものの一種の付属物にされているものがある。ある国が産出するこうした付属物の量は必然的に前者の量によって限定される。たとえば、ある国が産出しうる羊毛や生皮の量は、その国で飼われている家畜の数の多少によって必然的に限定される。そして、その国の改良の状態や農業の性格もまた必然的にこの数を左右する。

改良の進歩につれて食肉の価格を次第に高めるその原因が、羊毛や生皮の価格にたいして同じ効果をもち、それらの価格をほぼ同じ割合で高めるのだと思われるかもしれない。もしも改良が始まったばかりの初期に、羊毛や生皮の市場が食肉の市場と同じように狭い範囲に限られているならば、おそらくそうであろう。しかし、両者の市場の大きさは、ふつう非常に異なっている。

食肉の市場は、たいていどこでも、それを生産する国内に限られている。もっとも、アイルランドと大ブリテン領アメリカのいくつかの地方では、たしかに塩漬食料品についてかなりの量の貿易を営んでいる。しかし、これらの国は商業世界でこの種の貿易を行なっている唯一の国、つまり自国産の食肉のかなりの部分を他国に輸出している唯一の国である、と私は信じている。

羊毛や生皮の市場は、これに反して、改良が始まったばかりの初期のころでも、それらを産する国に限定されることはまれである。それらは遠方の国々へ、羊毛はそのまま、生皮はいくらか加工して、たやすく輸送できる。そしてそれらはさまざまな製品の原料であるから、たとえその産出国の産業からの需要はなくても、他の国々の産業からの需要がある。

229 耕作があまりよく行なわれず、したがって人口が少ない国々では、改良がはるかに進み人口が多く食肉にたいする需要が多い国々とくらべると、羊毛や獣皮の価格は、つねにまる一頭の獣全体の価格にたいしてははるかに大きい割合を占めている。ヒューム氏の考察によれば、サクソン時代には、一頭分の羊毛は一頭の羊全体の価値の五分の二と評価され、そしてこれは現在の評価をずっと上回る割合だそうである。スペインのいくつかの州では、羊はただ羊毛と羊脂のためにだけつぶされる場合が多いと確聞している。その屍体《したい》はしばしば地上で腐るにまかせ、また猛獣や猛禽《もうきん》の食うにまかせておくという。このようなことがときどきスペインでさえ起るとするなら、チリやブエノスアイレスその他のスペイン領アメリカの地方ではほとんどいつもこうしたことが行なわれていることだろう。そこでは有角の家畜がただ皮と脂だけの目的でほとんどたえまなく殺されている。ヒスパニオラ島でも、海賊がこの島を荒し回っていたあいだは、そしてフランス領植民地（いまではこの島のほぼ西側全域の海岸に沿って広がっている）の建設、改良、そして人口増大がスペイン人――いまでも東部海岸ばかりでなく、この島の内陸地方や山岳地方の全部を領有している――の飼う家畜にいくらかの価値を与えるようになる以前には、こうしたことがほとんどつねに行なわれていたのである。

改良が進み人口がふえるにつれて、まる一頭の獣の価格は必然的に上昇するけれど、この上昇によって羊毛や獣皮の価格よりもっと多く影響を受けがちなのは、屍体すなわち食肉の価格である。この屍体の市場は、社会が未開の状態にあっては、つねにその生産国に限られているから、その国の改良や人口に比例して必然的に拡大されるにちがいない。しかも、羊毛と生皮の市場は、野蛮国産のものでさえ、しばしば全商業世界に広がっているから、右と同じ割合で拡大することはごくまれである。全商業世界の状態はある国の進歩によって大きく影響されることはごくまれにしかありえないのであって、羊毛や生皮の市場はこうした改良の後も、以前と同じか、またはほとんど同じままであるかもしれない。しかしながら、事物自然の成行きとしては、この結果、市場はむしろ全体としていくらか拡大するものである。とりわけ、これらの商品を原料とする製造業がその国で盛んになってくるようなことでもあれば、その市場は、たとえ大きく拡大されえないとしても、少なくとも以前よりは生産地にずっと近づくことになるだろう。そして、これらの原料の価格は、少なくとも通常それらを遠方の国々に輸送する費用であった分だけ増大するだろう。
230 それゆえ、この価格は食肉の価格と同じ割合では上昇しないとしても、当然にいくらか上昇するはずであり、低落することはまずないであろう。

イングランドでは羊毛の価格は一三三九年以来下落したが、これは輸出禁止などの人為的規制によるものである

しかし、イングランドでは毛織物製造業が盛んになったにもかかわらず、イングランド産の羊毛の価格はエドワード三世の治世以来大きく低落してきている。この王の治世下では、（つまり十四世紀の中葉、一三三九年に）一トッドすなわち二八封度《ポンド》あたりのイングランド産羊毛の穏当で妥当な価格とみなされていたものが、当時の貨幣で一〇シリング以下でなかったことを示すたくさんの信頼すべき記録がある。[1] 当時の一〇シリングは、一オンスあたり二〇ペンスの割合で換算すると、現在のわが貨幣で約三〇シリングに相当するタワー衡の銀六オンスを含んでいた。今日では、一トッドあたり二一シリングというのが非常に上等なイングランド産羊毛の適当な価格とみなしてさしつかえない。それゆえ、エドワード三世治下での羊毛の貨幣価格は、今日のそれにたいして一〇対七であった。その

真の価格となるとさらにもっと高かった。その当時は小麦一クォーターあたり六シリング八ペンスの割合であったとしてみると、一〇シリングというのは、当時の一二ブッシェルの小麦の価格だったわけである。小麦一クォーターあたり二八シリングの割合とすると、二一シリングは今日の小麦わずか六ブッシェルの価格にあたるにすぎない。だから、昔と今日の真の価格の比は一二対六つまり二対一である。あの当時では一トッドの羊毛は、今日それが購買しうる倍の量の生活資料を購買しえたであろう。またしたがって、労働の実質的報酬が昔も今も同じだとすれば、今日の倍の量の労働を購買しえたであろう。

　羊毛の真の価値と名目上の価値のこうした低減は、事物自然の成行きの結果としてはけっして起りえなかったはずである。だから、それは暴力と策略の結果なのである。すなわち、第一は、イングランドからの羊毛の輸出の完全な禁止、第二は、スペインからの無税での輸入の許可、第三は、アイルランドからイングランド以外のいかなる国にも輸出することの禁止、がこれである。こうした規制の結果、イングランド産の羊毛の市場は、イングランドの改善の結果としていくらか拡大されるどころか、かえって国内市場に限定され
231
てしまった。しかもその国内市場では、他の数ヶ国の羊毛がイングランド産のそれと競争することを許されており、またアイルランド産羊毛はイングランド産と競争することを強いられているのである。またアイルランドの毛織物製造業も、正義と公正な取引と両立するぎりぎりのところまで大きく妨害を受けているので、アイルランド人は、自国産の羊毛

のわずかに一部分を国内で加工しうるだけで、その大部分は、かれらに許されている唯一の市場である大ブリテンへ送ることを義務づけられているのである。

獣皮の価値は現在のほうが十五世紀よりも幾分低いが、今世紀を通じての平均価格はおそらく幾分高いであろう

往時の生皮の価格にかんしては、このように信頼できる記録はなにひとつ見つけられなかった。羊毛はふつう国王にたいする一種の税として支払われたので、この税としての評価から、少なくともある程度はその通常の価格がどれほどであったかを確かめることができる。しかし、生皮の場合はそのようなわけにはいかなかったようにみえる。もっとも、フリートウッドは、オックスフォードシャーのバースター[1]の小修道院長とその教団の会士の一人とのあいだでつくられた一四二五年の記録をもとにして、少なくともこの特定の場合に表示された生皮の価格を示している。それによると、牡牛《おす》の生皮が五枚で一二シリング、牝牛《めす》の皮が五枚で七シリング三ペンス、二歳の羊の皮が三六枚で九シリング、子牛の皮が一六枚で二シリングとなっている。一四二五年の一二シリングは現在のわが貨幣で二四シリングとほぼ同一量の銀を含んでいた。それゆえ、この記録からすると、牡牛一頭の生皮は現在のわが貨幣の四シリング五分の四が含んでいるのと同一量の銀に値するものと評価されていたわけである。その名目上の価格は現在よりもかなり低かった。しかし小麦一クォーターあたり六シリング八ペンスの割合としてみると、当時の一二シリングは一四

ブッシェル五分の四の小麦を購買しえたであろう。小麦一四ブッシェル五分の四は、一ブ
ッシェルあたり三シリング六ペンスの割合としてみると、今日では五一シリング四ペンス
に相当する。それゆえ、牡牛一頭の皮はその当時では、今日の一〇シリング三ペンスが購
買するのと同じだけの穀物を購買しえたであろう。だから牡牛一頭の真の価値は現在のわ
が貨幣の一〇シリング三ペンスに相当する。そうした昔の時代には、家畜は、冬期の大部
分を通じて半ば餓死するばかりの状態であったので、大きな体軀《たいく》であったとは思えない。
一ストーンが常衡で一六封度にあたるとすれば、四ストーンの重さの一頭の牡牛の皮は今
日でも悪いものとはみられていないが、こういう昔の時代にはきっと非常に上等なものと
みなされていたことだろう。ところで、一ストーンあたり半クラウンは現在（一七七三年
二月）の通常価格だと私は理解しているが、この割合からすると、そのような牡牛の皮は
今日ではわずか一〇シリングにしかあたるまい。したがって、その名目上の価格はその当
時より今日のほうが高いにせよ、それが購買または支配できる生活資料の実際の量は、む
232 しろいくらか低いのである。牝の牛皮の価格は、上記の記録に示されているように、牡の
牛皮の価格にたいしてほとんど通常の割合をたもっている。羊皮の価格はずっと高い割合
である。おそらく羊の皮は羊毛付きで売られたのであろう。これと反対に、子牛の皮の価
格はずっと低い割合になっている。畜牛の価格が非常に低い国々では、子牛は、畜牛の頭
数を維持するために飼育するわけではないので、一般に非常に若いうちに殺されてしまう。

二、三〇年前のスコットランドがこのような状態であった。こうすればミルクの節約になる。子牛の価格は子牛に与えるミルク代を償わないからである。だから、子牛の皮はふつうはほとんど役に立たないのである。

生皮の価格は、数年前にくらべていまでは大いに安くなっている。これはおそらく、あざらしの皮に課された税が取り除かれたためと、一七六九年にアイルランドや各植民地からの生皮の無税の輸入が期限つきで許可されたためであろう。今世紀全体を通じて平均をとると、生皮の真の価格はおそらく昔よりいくらか高くなっているだろう。この商品の性質からして、羊毛のように遠方の市場に送るには適さない。保存すれば羊毛にくらべていっそう傷んでしまう。塩漬けにした皮は新鮮なものより劣るとみなされ、より安い価格で売られる。こうした事情から必然的に、生皮を加工せずに輸出しなければならない国でつくられた生皮の価格は下り、それにひきかえ生皮を加工する国でつくられたものの価格は上る傾向が多少ともあるにちがいない。また同じ事情から、野蛮な国では生皮の価格は下り、改善された製造工業国ではその価格が上る傾向が多少ともあるにちがいない。したがって、昔は生皮の価格は下り、今日ではそれが上る傾向があるにちがいない。そのうえわがなめし皮業者は、国民の叡知に訴えて国家の安全はかれら製造業の繁栄によるものだと確信させるのに、織物業者ほどには成功しなかった。それゆえ、かれらは優遇されることもずっと少なかった。たしかに生皮の輸出は禁止され、不法行為と宣言されたが、しかし諸外国からの生皮の輸入には税が課せられた。そしてこの税は、アイルランドや各植民地からの輸入にたいしては（わずか五ヶ年という期限つきで）撤廃された。けれどもアイルランドは、余剰の生皮や国内で未加工の生皮の販売についての市場を大ブリテンだけに限られてはいなかった。植民地のふつうの畜牛の皮が植民地の本国以外のどこにも送ること 233 のできない商品のうちに数えられるようになったのは、やっとここ数年来のことである。またこの場合に、アイルランドの貿易が大ブリテンの製造業を支援するために圧迫を受けたということも、これまでのところないのである。

耕作の行きとどいた国では、羊毛や獣皮の価格を引き下げる規制は食肉の価格を引き上げるが、遅れた国ではそうはならない

たとえ、どんな規制でも、羊毛または生皮の価格をその自然の動き以下に引き下げがちな規制は、改良されよく耕作された国では、かならず食肉の価格を引き上げる傾向があるにちがいない。改良されよく耕作された土地で飼育される大きい家畜〔羊および一歳駒以外の大型家畜のこと〕の価格も小さい家畜の価格も、地主と農業者が、その改良されよく耕作された土地から当然期待する地代と利潤とを支払うに足りるものでなければならない。そうでなければ、かれらはただちに家畜の飼育をやめてしまうだろう。だから、この価格のうち羊毛や羊皮で支払われない部分のすべては、その体軀すなわちその肉で支払われなければならない。前者に支払われる分が少なければ少ないほど、後者に支払われる分は多くなる。この価格が

まるまる支払われるなら、それがこの動物の各部分にどのように配分されるかは、地主や農業者にとってはどうでもよいことである。それゆえ、改良されよく耕作された国では、地主や農業者としての利害関係が、そうした規制によって大きく影響されることはありえないのである。もっとも、消費者としてのかれらの利害関係は、食料品価格の上昇によって影響をこうむるだろうが。[2] しかし改良も耕作もされていない国では、事情はまったく異なるだろう。そこでは、土地の大部分は家畜の飼育以外の目的には用いられず、羊毛や皮がこうした家畜の価値の主要な部分を占めていたからである。この場合には、地主や農業者としての利害関係は、そのような規制によって非常に深く影響を受けることになり、一方、消費者としての利害関係はほとんど影響を受けることがない。羊毛や皮の価格の低下は、この場合、体軀すなわち肉の価格を引き上げないだろう。なぜなら、その国の土地の大部分は家畜の飼育以外のどんな目的にも用いられないために、依然として同数の家畜が飼育されつづけるだろうからである。そして同一量の食肉が依然として市場にやってくることだろうし、それにたいする需要も従前と変らないだろう。したがって食肉の価格も従前と同じであろう。したがってまた、家畜全体の価格は下落するだろうし、それにつれて、家畜が主要な産物であるようなすべての土地、つまりその国の大部分の土地の地代と利潤はともに低落するだろう。羊毛の輸出の永久的禁止は、ふつうひどく誤ってエドワード三

世のせいだとされているが、この国の当時の諸事情のもとで考えうる最も破壊的な規制で

あったろう。この規制は、王国の大部分の土地の実際の価値を引き下げただけでなく、最も重要な種類の小家畜の価格を引き下げて、王国のその後の改善を大いに遅らせてしまったのである。

スコットランドの羊毛の価格は、イングランドとの合邦の結果、はなはだしく低落した。この合邦によってイングランドの羊毛はヨーロッパの大市場から閉め出され、大ブリテンという狭い市場に限られてしまったからである。スコットランド南部の諸州は主として羊毛の生産地であるが、その大部分の土地の価値は、もし食肉の価格の上昇が羊毛の価格の低落を完全に償わなかったなら、この出来事によって非常に深刻な影響を受けたであろう。

羊毛や生皮の数量を増加しようとする人間の勤労の効果は、それがこの勤労の行なわれる国の生産物に依存するかぎりおのずから限度があるように、それが他の国々の生産物に依存するかぎり、不確実なものである。他の国々の生産に依存する点では、それらの国が生産するものの数量に依存するよりもむしろ、それらの国が加工しないものの量に依存し、またそれらの国がこの種の原生産物の輸出にたいして課するのが適当または不適当と考える諸制限に依存している。このような事情はすべて国内の勤労とは無関係なものであるから、必然的に勤労の努力の効果を大なり小なり不確実なものにする。だから、この種の原生産物の量をふやそうという点については、人間の勤労の効果に限度があるだけでなく、不確実なものでもある。

漁獲も自然的・地理的事情に依存しているので、勤労の効果には限度があり不確実である。漁獲の成否は社会進歩の状態と直接の関係はない

もう一つのきわめて重要な種類の原生産物、すなわち市場にもたらされる魚類の量をふやそうとする人間の勤労の効果も、同じように限度があり、不確実なものである。それは、その国の地理的状態、その国のさまざまな地方の海からの距離の遠近、その国の湖水や河川の数、さらにまたこれらの海、湖水、河川がこの種の原生産物に恵まれているか否かによって制約されている。人口が増大し、その国の土地と労働の年々の生産物がますます多くなるにつれて、魚類の買手は増加するようになり、そしてこれらの買手はまた、魚を買うためにより多量で多様な他の財貨、または同じことだが、より多量で多様な他の財貨の価格を提供するようになる。しかし、この大きく拡大した市場に供給するには、狭くて限定された市場に供給するのに必要であったよりも多量の労働を使用することなしには、一般に不可能であろう。わずか一〇〇〇トンの魚類しか必要としなかったある市場が、年々一万トンの供給を必要とするようになったとすると、この市場は、これまでその需要を満
235 たすのに十分であった労働量の一〇倍以上を雇用しなければ、その市場の需要を満たすことはできないだろう。漁場は従前よりも一般に遠くなるだろうし、もっと大きな船舶が用いられなければならないし、またあらゆる種類のより高価な機械が使用されねばならない。

それゆえ、魚類の真の価格は、社会の改良が進むにつれて自然に上昇する。私が信じるところでは、事実どこの国でも多かれ少なかれこの通りであった。

ある特定の日の漁獲の成否はいたって不確実なことであるかもしれないが、その国の地理的状態が一定だとするなら、一定量の魚を市場にもたらす勤労の一般的効果は、一年間または数年間を通してみると、おそらく十分に確実なものと思われるであろうし、またたしかにそうである。しかしこの勤労の効果は、その国の富と産業の状態よりもその国の地理的状態により多く依存している。この理由からその効果は、国が異なり改善の時期が非常にちがっていても同一であったり、時期は同じでも非常に異なることがありうるので、人間の勤労の効果と改良の状態との関係は不確実なのである。そして私がここで述べるのは、この種の不確実さについてなのである。

鉱物については、勤労の効果に限度はないが、効果は不確実である。国の貴金属の量は産業の状態と鉱山の豊度に依存するが、両者はかならずしも関係はない

地底から掘り出される各種の鉱物や金属の量、とくに貴金属や宝石の数量をふやす点では、人間の勤労の効果には限度があるとは思えないが、それはいたって不確実なものであるといえる。

どこの国でも、国内にある貴金属の量は、自国の鉱山が豊かか貧しいかといった地域的

事情によって限定されるものではない。こういう金属は、鉱山をぜんぜんもたない国に豊富に存在することがよくある。あらゆる国の貴金属の量は二つの異なった事情に依存するように思われる。第一に、その国の購買力、その国の産業の状態、その国の土地および労働の年々の生産物の量に依存するように思われる。そしてこういう事情の結果として、金や銀のような贅沢品を自国の鉱山または他国の鉱山から運んだり購買したりするのに多量または少量の労働や生活資料を使用することができるのである。第二には、ある特定の時期にこれらの金属を商業世界に供給しうる鉱山が豊かか貧しいかに依存するように思われる。これらの鉱山から最も遠方にある国々の金属の数量でさえ、この鉱山が豊かか貧しいかによって多かれ少なかれ影響されざるをえない。それは、こうした金属の輸送が容易でしかも安価であり、またその容積が小さいのに価値が大きいからである。シナやインドにおけるこれらの金属の量は、アメリカの諸鉱山が豊かであるということによって多かれ少なかれ影響をこうむってきたにちがいない。

ある特定の国における貴金属の量がこれら二つの事情のうち前者（購買力）に依存するかぎり、貴金属の真の価格は、他のすべての奢侈品や贅沢品と同じように、その国の富と
236 改良とともに上昇し、その国の貧困と不振とともに低落しがちである。過剰な労働と生活資料をもっている国々は、それらをわずかしかもたない国々にくらべて、より多くの労働および生活資料を費やしてこれらの金属のある特定量を購買しうるからである。

ある特定の国での貴金属の量がこれら二つの事情のうち後者（商業世界に供給する鉱山が豊かか貧しいかということ）に依存するかぎり、それらの真の価格、すなわちそれらが購買または交換しうる労働と生活資料の実際の量は、疑いなく、それら鉱山の豊かさに比例して多かれ少なかれ低下し、貧しさに比例して上昇するだろう。

しかし、ある特定の時期に商業世界に貴金属を供給しうる鉱山が豊かか貧しいかは、明らかにある特定の国の産業状態とはなんの関係もないことである。それは世界一般の産業の状態ともなんの必然的なつながりをもっていないようにさえみえる。たしかに技術や商業が次第に地球上のより広い地域に広がってゆくにつれて、新しい鉱山の探査は、より広い地球の表面に広がり、狭い境界内にとじこめられていた時にくらべて多かれ少なかれ成功の好機に恵まれるであろう。だが、旧鉱山が次第に枯渇してゆくとしても、新鉱山の発見は極度に不確実なことであるし、いかなる人間の熟練や勤勉をもってしてもこれを保証しうるものではない。新鉱山発見についてのあらゆる徴候はあやしげなものであることは周知のことである。新しい鉱山が実際に発見され、その採掘に成功してはじめて、その鉱山の真価、いやその鉱山の存在さえもが確かめられるのである。こうした探査にあたって人間の勤労が果して成功をもたらすか、それとも失望に終るか、この可能性についてはきまった限界というものがぜんぜんないように思われる。一、二世紀のうちに、それまで知られたもののどれよりも豊かな新しい鉱山が発見されるかもしれないし、反対にまた、当

237

時知られている最も豊かな鉱山がアメリカの諸鉱山の発見以前に採掘されていたどの鉱山よりも産出力において貧しいものになってしまうかもしれない。これらはいずれも同じくありうることである。こうした二つの出来事のうちどちらが起ろうと、それは世界の真の富と繁栄にとって、つまり人類の土地と労働の年々の生産物の真の価値にとって、ほとんど重要性をもたないことである。年々の生産物の名目上の価値、すなわちこの年々の生産物を表示または代表しうる金銀の量は、たしかに非常に異なるであろうが、しかしその真の価値、すなわちそれが購買または支配しうる労働の実際の量は正確に同一であろう。一シリングは前者の場合には今日一ペニーが代表するよりも多くの労働を代表することはないだろうし、後者の場合には、一ペニーは今日一シリングが代表するのと同じだけの労働を代表するであろう。しかし前者の場合には自分のポケットに一シリングをもっている人は、今日一ペニーをもっている人よりもけっして富んでいるということはないし、また後者の場合に、一ペニーをもっている人は今日一シリングをもっている人とちょうど同じように富んでいるということになろう。金器銀器の安価と豊富さこそ、前者の出来事から世界が引き出しうる唯一の利益であり、またこういうつまらぬ贅沢品の高価と稀少さこそ、後者の出来事から世界がこうむることのある唯一の不利益であろう。

（1）Smith's Memoirs of Wool, vol. i. c. 5, 6 and 7 ならびに vol. ii. c. 176 を参照。〔この

著作は John Smith, *Chronicon Rusticum-Commerciale, or Memoirs of Wool, etc.* であり、一七四七年に公刊された。ジョン・スミスについては第四篇第八章訳注〔3〕参照〕
〔1〕バースター（Burcester）は今日のビスター（Bicester）のことである。
〔2〕この章句の最初からここまでの文章は、後に第四篇第八章「重商主義の結論」「その結果、羊毛の……」の小見出しでそのまま引用される。

銀の価値の変動にかんする余論のむすび

貴金属の価値が高く穀物の価格が低いのは、貧困や野蛮の証拠ではなく、穀物に比して家畜・家禽・野鳥の価格が低いのは、その証拠である

往時におけるいろいろな物の貨幣価格の記録を集めた著述家たちの多くは、穀物および一般商品の貨幣価格が低いということ、いいかえると、金や銀の価値が高いことを、それら金属の稀少性の証拠とみなしたばかりでなく、そうした事態の生じたときに、その国が貧困で野蛮であったことの証拠とみなしているようである。こういう考えは、国民の富とは金銀の豊富さにあり、国民の貧困はこれらの不足にあると主張する政治経済学の体系と関係があるのであって、この体系については本研究の第四篇で詳細に説明し、検討するつ

もりである。ここではただ、貴金属の価値が高いことは、そうした事態の生じたときにある特定の国が貧困で野蛮であったということのなんの証拠にもなりえないことを述べるだけにとどめておこう。それは、たまたまそのときに商業世界に供給していた諸鉱山の産出力が乏しかったことの証拠でしかない。貧しい国というものは、金銀をより多く買うだけのゆとりがないのと同じく、富んだ国にくらべて金銀に高く支払うだけのゆとりがない。だから、これらの金属の価値が、貧しい国のほうが富んだ国よりも高くなることはありそうにもないことである。シナはヨーロッパのどの地域よりもはるかに富んだ国であるが、貴金属の価値はヨーロッパのどこよりもはるかに高い。ヨーロッパの富はたしかにアメリカの諸鉱山の発見以来大いに増加したが、金銀の価値は次第に減少してきた。しかし金銀の価値のこうした減少は、ヨーロッパの実質的富、すなわち土地と労働の年々の生産物の増加によるのではなくて、それまで知られていたどの鉱山よりも豊富な諸鉱山が偶然に発見されたことによるものである。ヨーロッパにおける金銀の量の増大と製造業や農業の発
238 展とは、ほぼ同じ時期に起ったものではあるが、きわめて異なる原因から生じ、相互にほとんどなんの自然的関連のない二つの出来事なのである。前者は単なる偶然から生じたものであって、それにはなんの叡知も政策も関与しなかったし、そうした関与の可能性もなかった。後者は封建制度の崩壊から生じたものであり、産業にたいして必要な奨励だけを与える政府、すなわち産業にその労働の果実を享受させるかなりの保証を与える政府が確

立したことから生じたものなのである。いまも封建制度が依然として行なわれているポーランドは、今日もアメリカの発見以前と同じくらいみじめな国である。けれども、そこでも穀物の貨幣価格が上昇し、貴金属の真の価値が低落した点では、ヨーロッパの他の地域におけると同じであった。だから、貴金属の量はこの国でも他の諸地域と同じ割合で増大し、その土地と労働の年々の生産物とほぼ同じ割合で増大したにちがいない。しかしながら、これらの金属の量の増大は、その年々の生産物を増加させたとも思えないし、この国の製造業や農業を改良させたとも、またその住民の生活状態を改善させたとも思えないのである。スペインとポルトガルは鉱山をもっている国ではあるが、多分ポーランドに次いでヨーロッパで最もみじめな二つの国である。けれども、貴金属の価値はヨーロッパの他のどの地方よりもスペインとポルトガルのほうが低いにちがいない。なぜなら貴金属は、この二つの国からヨーロッパの他のすべての地方へと、運賃や保険料ばかりか密輸の費用をも負担して送られるからであって、これは貴金属の輸出が禁止されるか課税されるかしているからである。それゆえ、土地と労働の年々の生産物との割合からすると、貴金属の量はこの両国ではヨーロッパのどの地方よりも多いにちがいない。ところが、両国はヨーロッパの大部分の国より貧しい。スペインとポルトガルでも封建制度は廃止されたが、それは、もっと良い制度によってひきつがれたわけではなかったのである。

それゆえ、金銀の価値が低いことはその国の富と繁栄の状態のなんの証拠にもならない

239

ように、金銀の価値が高いということ、すなわち財貨一般あるいはとくに穀物の貨幣価格が低いということは、その国の貧困と野蛮の証拠にはならないのである。

しかし財貨一般、あるいはとくに穀物の貨幣価格が低いということは、その時代の貧困と野蛮の証拠にはならないにしても、ある特定の種類の商品、たとえば家畜、家禽、すべての種類の狩猟の獲物などの貨幣価格が穀物の貨幣価格に比して低いということは、そのことの最も決定的な証拠である。それは第一に、穀物に比してこれらのものが非常に豊富であること、したがってまた穀物の占める土地に比してこれらのものの占める土地が非常に広大であることを明白に示している。また第二に、穀産地に比してこれら特定の種類の商品をつくる土地の価値が低く、したがって、その国の圧倒的大部分の土地が耕作も改良もされない状態におかれていることを明白に示している。すなわちそれは、その国の資本と人口が、国の領土の大きさにたいして、文明国でふつう見られるような割合になっていないこと、そしてその時期には、その国の社会がまだ幼稚な状態にあったことを明らかに示している。財貨一般、あるいはとくに穀物の貨幣価格が高かったり低かったりすることからは、そのときにたまたま商業世界に金銀を供給していた諸鉱山が豊鉱であったか貧鉱であったかを推論できるだけであって、その国が富んでいたか貧しかったかということは推論できるものではないのである。ところが、ある種の財貨の貨幣価格が他の種のそれに比して高かったか低かったかということからは、ほとんど確実といってよい確かさで、われわれはその国が富んでいたか貧しかったか、その国の土地の大部分が改良されていたかどうか、そしてまたその国が多少とも未開の状態にあったか文明の状態にあったか、ということを推論できるのである。

最近百数十年間の穀物価格の変動の原因を調べると、銀の価値が不断に減少しているという見解は周到な観察にもとづいてはいないように思われる

銀の価値の低減からもっぱら生じる財貨の貨幣価格の上昇は、どのようなものであれ、あらゆる種類の財貨にひとしく影響するであろうし、たとえば銀が以前の価値より三分の一、四分の一、五分の一下れば、それに応じて財貨の価格はどれもみな三分の一、四分の一、五分の一ほど高まるだろう。しかし、こんなにも多くの推論や時の話題になってきた食料品の価格の上昇は、あらゆる種類の食料品にたいしてひとしく影響するものではない。今世紀を通じた平均をとってみると、穀物価格の上昇が他の種類の食料品の価格の上昇に比してはるかに小さかったことは、この上昇を銀の価値の低落によって説明する人でさえ認めるところである。それゆえ、こうした他の種類の食料品の価格の上昇は、銀の価値の低落だけに起因するものとはいえない。なにか他の諸原因が考慮にいれられるべきであるが、前に指摘した諸原因は、おそらく銀の価値の低落などということを想定するまでもなく、このような特定種類の食料品の価格が穀物に比して現実に上昇したことを十分に説明

するであろう。

穀物そのものの価格についていえば、今世紀の最初の六四年間および最近の異常に不順な季節前は、前世紀の終りの六四年間に比べていくぶん低かった。この事実は、ウィンザー市場の記録からだけでなくスコットランドのあらゆる州の公定穀価からも、またメッサンス氏やデュプレ・ドゥ・サン・モール氏がきわめて勤勉かつ忠実に集めたフランスの数
240
ヶ所の市場の記録からも証明される。この証拠は、確認することが性質上きわめて困難な事柄についてわれわれが期待できるよりもいっそう完全なものである。

最近の一〇年ないし一二年間における穀物の高価格についていえば、これは銀の価値の低減などを仮定しなくても、気候の不順によって十分に説明できるものである。

したがって、銀の価値が不断に低下しているという意見は、穀物の価格または他の食料品の価格にかんしての十分な観察を根拠としているものではないように思われる。

財貨の真の価値の変動と銀の価値の変動とを区別するのは有用なことで、一国の繁栄を見定めるうえにも、その国の下層使用人の賃銀を定めるうえにも役立つ

おそらく次のようにいう人がいるかもしれない。ここに述べられた説明にしたがったとしても、同一量の銀によって今日購買できるいくつかの種類の食料品の量は、前世紀のある時期に購買できたであろう量にくらべてずっと少ないであろう。そしてこの変化が、そ

れらの財貨の価値の上昇にもとづくものなのか、それとも銀の価値の低落にもとづくものなのかを確かめることは、いたずらに空虚で無益な区別を設けるだけのことであって、一定量の銀だけをもって市場に出かける人または定額の貨幣収入しかない人にとっては、そうした区別はなんの役にも立たないではないか、と。もちろん私も、この区別が分れば物がより安く買えるようになるなどとはいわない。しかし、それだからといって、こうした区別がぜんぜん無用なものだということにはならないだろう。

それは、国の繁栄状態についてわかりやすい基準を提供する点で、公共社会にとっていくらか役に立つだろう。もしもある種類の食料品の価格の上昇がすべて銀の価値の低落にもとづくものだとするなら、そのことから推測できるのは、アメリカの諸鉱山が豊かであるということだけなのである。その国の真の富、すなわちその土地と労働の年々の生産物は、この事情のあるなしにかかわらず、ポルトガルやポーランドにおけるように次第に減衰するか、またはヨーロッパの他の大部分の地域におけるように次第に発展するかするであろう。しかし、もしある種の食料品の価格の上昇が、それを生産する土地の真の価値の上昇に、つまりその土地の産出力の増進にもとづくものであるならば、いいかえると改良や良好な耕作のよりいっそうの拡大の結果としてこの土地が小麦の生産に適するようになったことにもとづくものであるなら、それこそ、最も明白にその国の繁栄と進歩の状態を示す事情なのである。広大な国ではどこでも、土地というものがその国の富のなかでこのうえもなく大きく、最重要な、そしてまた最も耐久性のある部分である。だから、このような公共社会の富のうち、このうえもなく大きく、最重要な、そしてまた最も耐久性のある部分の価値の増大についてこれほど決定的な基準をもつということは、まちがいなくその社会にとってなにほどか役に立つであろうし、少なくとも公共社会にいくらかの満足を与えることになるであろう。

241 この区別はまた、公共社会にとって、その下層の労働者たちのあるものの金銭上の報酬を規定するのに多少とも役立つであろう。もしもある種の食料品の価格の上昇が銀の価値の低落にもとづくものであるならば、かれらの金銭上の報酬は――それがこれまで過大でなかったとすると――当然この低落の度合に比例して増加されるべきはずのものである。もしこれが増加されないなら、かれらの実質的報酬は明らかにそれだけ減少したことになる。ところが、もしもこの価格の上昇が、そうした食料品を生産する土地の豊度の増進による土地の価値の増大にもとづくものであるならば、どんな割合で金銭上の報酬を増すべきであるか、またはいったい増すべきものなのかどうかを判断するのは、はるかにむずかしい問題になる。改良と耕作が拡大すると、穀物の価格に比して各種の動物性食品の価格が多かれ少なかれ必然的に引き上げられるが、同じくまたあらゆる種類の植物性食品の価格が必然的に引き下げられる、と私は信じている。動物性食品の価格が引き上げられるのは、それを生産する土地の大部分が穀物の生産に適するようになったため、その土地が、地主と農業者に穀産地の地代と利潤を与えなければならなくなるからである。植物性食品の価格が引き下げられるのは、土地の豊度が増して、植物性食品が豊富になるからである。農業上の諸改良もまた、多くの種類の植物性食品——穀物よりも少ない土地と少ない労働を必要とし、市場にずっと安く出される——をもたらすものである。たとえば、馬鈴薯やとうもろこし、つまりインディアン・コーンとよばれているものはこれであり、それらは、ヨーロッパの農業、おそらくヨーロッパ自身が商業と航海の偉大な拡張によって獲得した二つの最も重要な改良品である。そのうえ、農業の未開な状態のもとでは菜園だけに限られ、手鍬《てくわ》だけで耕作されていたたくさんの種類の植物性食品は、農業の改良された状態のもとでは普通の畑にもちこまれるようになり、牛馬にひかせた犂《すき》で耕作されるようになる。たとえば、かぶ、人参、キャベツなどがそうである。それゆえ、もしも改良の進歩につれてある種類の食物〔動物性食物〕の真の価格が必然的に上昇すれば、他の種類の食物〔植物性食物〕の真の価格は必然的に低下するのであって、一方の上昇がどの程度まで他方の低落によって償われるかを判断するのは、なかなかむずかしい問題である。いったん食肉の真の価格がこの高さ（おそらく豚肉を除いてあらゆる種類の食肉は一世紀以上も前にイングランドの大部分を通じてこの高さに達していたように思われるが）に達したなら、その後におこるどんな他の種類の動物性食品の価格の上昇も、下層階級の人々の暮し向きに大きく影響を与えるものではない。なぜなら、イングランドの大部分を通じて貧民の暮し向きは馬鈴薯の価格の低落で楽になるが、それを相殺するほどに家禽、魚類、野鳥または鹿肉の価格が上昇してかれらを苦しめるようなことはおそらくないからである。

242 今日のような凶作の季節には、穀物の高い価格はまちがいなく貧民を苦しめる。しかし適度に豊富な時代には、つまり穀物が通常または平均的価格にある時期には、他のどんな種類の原生産物の価格が自然に上昇しても、かれらに大きく影響するものではない。おそらくかれらは、たとえば塩、石鹸、皮革、蠟燭《ろうそく》、麦芽、ビール、そしてエールのような若干の製造品の価格にたいする課税から生じる人為的騰貴によって、もっとひどい影響をこうむるものなのである。

改良の進歩が製造品の真の価格に及ぼす効果

原料品の騰貴による少数の例外はあるが、一般に改良の自然的効果として製造品の価格は低下する

しかしながら、改良の自然的効果として、ほとんどすべての製造品の真の価格は次第に低減する。製造業の製品の真の価格も、おそらく例外なくすべて低下する。より良い機械、よりすぐれた技巧、そしてより適切な作業の分割と配分、これらはすべて改良の自然的効

243

果であるが、これらの結果、ある特定の仕事を仕上げるのに要する労働量ははるかに少なくなってくる。そして、社会の繁栄状態の結果として、労働の真の価格がいちじるしく上昇することがあっても、労働量の大幅な減少はその価格にたまたま生じる最大の騰貴を償ってもなおあまりあるものであろう。

なるほど、原料の真の価格の必然的な上昇が、改良によって仕事にもたらされるいっさいの利益を相殺してなおあまりあるような二、三の製造業もある。たとえば、大工や建具屋の仕事、雑な部類のたんす製造業では、土地の改良にもとづく用材の真の価格の必然的な上昇は、最良の機械、最高の技巧、そして最も適切な作業の分割と配分から引き出されるいっさいの利益を相殺してあまりあるであろう。

十七世紀以降、卑金属を原料とする製造品の価格はいちじるしく低下したが、織物類はそれほどではなかった

しかし、原料の真の価格がぜんぜん上昇しないか、または大きく上昇しないような場合にはすべて、製造品の真の価格ははなはだしく低落する。

価格のこの低下は、今世紀と前世紀を通じて、卑金属を原料とする製造品の場合に最も顕著であった。前世紀の中ごろに二〇ポンドで買えたものより精巧な懐中時計でも、今日ではおそらく二〇シリングで買えるだろう。刃物師や錠前師の製品、卑金属でつくられた装身用小間物や金具類、またバーミンガムものやシェフィールドものという名で一般に知られているいっさいの財貨についても、右と同じ期間に、懐中時計の場合ほどではないにせよ、非常に大幅な価格の下落があった。これはこの国以外のヨーロッパ各地の職人たちを驚かすに十分であった。かれらは多くの場合、この国の二倍の価格または三倍の価格でも、この国の製品に匹敵するような上等な品質のものをつくりえないことを自認している。おそらく、卑金属を原料とする製造業以上に分業を進めることのできる、または用いられる機械に種々の改良をほどこす余地のあるような製造業は、ほかにはないのであろう。

織物製造業では、同期間内にそれほど目立った価格の低落はなかった。それどころか、極上の毛織物の価格は、ここ二五年ないし三〇年のうちに、その品質のわりにいくらか上昇した、と私は確信している。これは、もっぱらスペイン産の羊毛からなる原料の価格がかなりの程度騰貴したためだといわれている。もっとも、すべてイングランド産の羊毛でつくられるヨークシャーの毛織物の価格は、今世紀を通じてその品質のわりに大きく低落した、とたしかに聞いている。だが、品質というものは大いに議論の余地のある事柄だから、私はこの種のあらゆる情報をいくらか疑わしいものだとみている。織物製造業では、分業は一世紀前におけるとほとんど同じであり、使用されている機械類もあまり違ってはいない。けれども、両者ともにわずかな改良は行なわれ、そのために価格のいくらかの低落も生じたことであろう。

244

十五世紀末葉と比較してみると、織物類の価格もいちじるしく低下し、上製品は三分の一以下、並製品は二分の一以下に下落している

しかしながら、このような製造品の価格をずっと昔の時期、すなわちおそらく労働が細分化されることが現在よりはるかに少なく、使用される機械も現在よりずっと不完全であった十五世紀の末葉ごろの価格と比較してみるなら、この低下はずっと顕著であり、否定すべくもないようにみえる。

一四八七年、ヘンリー七世の治世第四年に、「緋色に染めた最上製の毛織物または他の最上製の染色毛織物を広幅一ヤードにつき一六シリング以上で小売するものはだれでも、その売上げ一ヤードごとに四〇シリングの罰金を科せられる」という規則が制定された。それゆえ、現在のわが貨幣で二四シリングとほぼ同一量の銀を含んでいる一六シリングが、当時においては最上製の毛織物一ヤードの価格として不当とはみなされていなかったのだ。それに、この法律は一種の贅沢禁止法なので、このような毛織物が通常これよりも幾分高く売られていたということもありそうなことである。一ギニーが今日ではその最高価格だとみてよい。したがって、毛織物の品質を同一だと仮定しても、――今日のもののほうがほとんどまちがいなくずっと上等ではあるが、しかもなおこのように仮定しても――最上製の毛織物の貨幣価格は十五世紀末以来いちじるしく低落してきているようにみえる。だ

が、その真の価格はもっと大きく低落している。というのは、六シリング八ペンスはその当時、そしてその後長い間、小麦一クォーターの平均価格とみなされていた。したがって、一六シリングは小麦の二クォーター三ブッシェル強の価格だったわけである。今日の小麦一クォーターを二八シリングだとすると、上等の毛織物一ヤードの真の価格は、その当時、少なくとも現在のわが貨幣で三ポンド六シリング六ペンスに等しかったにちがいない。当時それを買った人は、今日この金額で購買できる量に等しい労働と生活資料にたいする支配権をそれと交換に手放したことになるのである。

並製品の毛織物の真の価格の低落はかなりのものだったけれど、上製品におけるほど大きな低落ではなかった。

一四六三年、エドワード四世の治世第三年に「農業に従事する使用人、普通の労働者、都市または自治都市外に居住する工匠の使用人はだれも、広幅一ヤードにつき二シリング以上の毛織物を衣服に使用または着用してはならない」という規則が制定された。エドワード四世の治世第三年における二シリングは、現在のわが貨幣で四シリングとほぼ同一量の銀を含んでいた。しかし、今日一ヤード四シリングで売られているヨークシャー産の毛織物は、当時の最も貧しい階級の普通の使用人の着衣用に作られたどんな織物よりも、おそらくずっと上等であろう。したがってかれらの衣服の貨幣価格でさえ、品質のわりには今日のほうがいくらかその当時よりも安いと思う。その真の価格はもちろん大いに安くなっている。一〇ペンスは当時では、小麦一ブッシェルのいわゆる穏当で妥当な価格とみなされていた。だから、二シリングというのは当時では小麦二ブッシェル二ペック弱の価格だったわけで、これだけの量の小麦は、一ブッシェルあたり三シリング六ペンスという今日の価格からすれば、八シリング九ペンスに値することになる。この毛織物一ヤードと引換えに、その当時の貧しい使用人たちは、今日八シリング九ペンスで購買できるものと等しい量の生活資料にたいする購買力を手放したにちがいない。この規定もまた、貧民の贅沢と浪費を抑制する一種の贅沢禁止法なのである。それゆえ、かれらの衣服はふつう、これよりもずっと高価だったのである。

　これと同じ階級の人々は、同じ法令によって、一足の価格が一四ペンス以上の長靴下を用いることを禁止されていた。当時の一四ペンスは現在のわが貨幣で約二八ペンスにあたる。しかし一四ペンスはその当時小麦一ブッシェル二ペック弱の価格であった。これだけの小麦は今日では、一ブッシェルにつき三シリング六ペンスとすれば、五シリング三ペンスの値段になる。今日ではこの価格は、最も貧しく最も下層の階級の使用人にとっての長靴下一足の価格にしては、非常に高い価格とみなされるはずのものである。にもかかわらず、当時の使用人は、長靴下にたいして実質的にはこの価格に等しいものを支払ったにちがいないのである。

　エドワード四世の時代には、長靴下を編む技術はヨーロッパのどの地方にもおそらく知られていなかったにちがいない。当時の長靴下は普通の毛織物でつくられていたので、これが長靴下が高価であった原因の一つだったかもしれない。イングランドで長靴下をはいた最初の人はエリザベス女王だといわれている。女王はそれをスペイン大使からの贈物として受けとったのである。〔1〕

――毛織物機械が大いに改良されたことが、このような価格の低下を説明するものである――

並製および上製の毛織物の製造に使用された機械は、当時のほうが今日よりもずっと不完全であった。その後、この機械は三つの非常に重要な改良を施された。そのほかにも数多くの小さい改良が加えられたが、その数や重要度をたしかめるのは困難であろう。その三つの重要な改良とは、第一に、紡車を糸巻き棹と紡錘にとりかえたことで、このために同一量の労働で二倍以上の仕事が行なえるのである。第二は、ウーステッド毛糸の巻取りの作業を、つまり経《たて》糸と緯《よこ》糸とを織機にかける前に正しくそろえる作業を大幅に容易にし、または短縮するいくつかの非常に精巧な機械が使用されるようになったことである。こうした作業は、これらの機械が発明される以前はひどく退屈でやっかいなものだったにちがいない。第三は、織物に厚みをつけるために、水の中でそれを踏むかわりに、縮絨機《しゅくじゅうき》を
246
使用するようになったことである。どんな種類の風車や水車も、十六世紀の初頭のような初期イングランドでは知られていなかった。また私の知るかぎり、アルプス以北のヨーロ

ッパのどの地方でも知られていなかった。イタリーで風車や水車が導入されたのは、これより少し前のことであった。

こうした事情を考えてみると、その当時の並製品および上製品の真の価格がどうしていまよりそれほど高かったかということがある程度まで理解できるだろう。その当時、これらの財貨を市場にもたらすのにはいまよりも多量の労働を要したため、財貨が市場にもたらされたときには、それはより多量の労働の価格とひきかえに購買されたり交換されたりしたにちがいないのである。

粗製品は家内工業で織られ、精巧な製品はフランダースで織られていて、これは両製品の価格の開きを説明する

粗製品の製造はおそらくイングランドでも、昔は、技術と製造業が幼稚な状態にある国々においてつねに行なわれていたのと同じやり方で行なわれていたのであろう。それは多分、家内工業であり、作業の各部分は、ほとんど家族全員の手で個々別々に折にふれて行なわれていたのであろう。だがそのために、それはかれらが他になにもする仕事がないようなときにだけ行なわれる仕事になっていたのであって、かれらの生活資料の大部分がそれから引き出されるような主要な仕事にはなっていなかったのである。すでに述べたことであるが、こうしたやり方でつくられる製品は、職人の生活資料の主要なまたは唯一の元本であるようなものにくらべると、つねにずっと安く市場にもたらされる。これに反し

て、上製品の製造はその当時イングランドではなくて、富んだ商業国フランダース〔フランドルの英語名、フランスからベルギー北部におよぶ北海に面した一帯〕で営まれていた。しかもその当時、今日と同じやり方で、そこから自分の生活資料の全部または主要部分を得ている人々によって営まれていたらしい。そのうえ、それは外国製品であったため、国王に若干の税、すなわち少なくとも往時の慣例のトン税、ポンド税[2]を支払わねばならなかった。もっとも、この税はあまり多額なものではなかっただろう。当時のヨーロッパ諸国の政策としては、高率の税を課して外国製品の輸入を抑制する政策はとってはおらず、むしろ商人たちが高貴な人々に、かれらが欲しがってはいても自国の産業が提供する余裕のない便益品や贅沢品をできるかぎり安い相場で供給できるように、むしろその輸入を奨励していたのである。

こうした事情を考えてみると、並製品の真の価格が、上製品に比して、なぜ今日よりも低かったかということが、ある程度まで理解できるだろう。

〔1〕ハウエル博士（Dr. Howell）はその著『世界の歴史』（*History of the World*）のなかで、こう述べている、すなわち「エリザベス女王はその治世第三年に、彼女の御用絹物商のモンタギュー夫人から黒色の絹糸で編んだ長靴下一足の提供を受けた。それからというもの、彼女は毛織地でつくられたものはけっして着けなかった」と。この高名な著者は、これにつけ加えて、「あの豪華で贅沢屋の君主ヘンリー八世は、日ごろは毛織

地の肌つきズボンをはいていたが、たまたまスペインから一足の絹の長靴下が到来した時だけは例外的にそれを用いた。それというのもスペインでは非常に早くから絹が豊富だったのである。ヘンリー八世の息子のエドワード六世は、自分の御用商人のサー・トマス・グレシャムからスペイン製の絹の長靴下の提供を受けた。この贈物は当時多くの注目を集めたものである」と。こういう次第で、編んだ絹の長靴下という発明はもともとスペインからやってきたものであるらしい。ほかに次のような説もあるという。すなわち、ロンドン・ブリッジの一徒弟ウィリアム・ライダという者が、あるイタリー商人の家で、マントゥワから到来した一足の梳毛糸《そもうし》編みの長靴下を見て、それとまったく同じものを見事につくりあげた。そしてこれを一五六四年にペムブルック伯ウィリアムに贈った。これがイングランドで着用されたこの種のものの最初であった、とアダム・アンダーソンはその著書『商業の起源にかんする史的推論』(Adam Anderson, *Historical and Chronological Deduction of the Origin of Commerce*) のなかで語っている。――キャナンの注による。

〔2〕トン税、ポンド税ともに十四世紀中葉以来イングランドの輸出入貿易に課税された臨時税。トン税は一三五〇年、輸入葡萄酒にたいし一トン（容量単位）あたり二シリングの徴収からはじまる。ポンド税は一三四七年から一般の輸出入商品にたいし価格の五パーセントを徴収したもので、いずれも国王収入となった。第四篇第四章「重商主義の輸出……」の小見出し、五章「穀物輸出商は、在荷……」の小見出しを参照。

247

本章の結論

すべての改善は、直接または間接に地代を引き上げて地主の富を増加させる。これと反対の事情は地代を低下させる

私は、以上のたいへん長い章を閉じるにあたって、次のことを述べておきたい。それは、社会状態におけるあらゆる改善は、直接にか間接にか、土地の真の地代を引き上げ、地主の真の富を、つまり、他の人々の労働または労働の生産物にたいするかれの購買力を増加させる傾向がある、ということである。

改良と耕作の拡大は土地の地代を直接に引き上げる傾向がある。土地の生産物にたいする地主の分け前は、生産物が増加するにつれて必然的に増加する。

土地の原生産物のうち、次のような部分の真の価格の上昇は、最初は改良と耕作の拡大の結果であり、のちには改良と耕作のなおいっそうの拡大の原因となる。その部分とは、たとえば家畜の場合であって、その価格の上昇はまた直接に、しかもいっそう大きい割合で、土地の地代を引き上げる傾向がある。地主の分け前の真の価値、他の人々の労働にたいするかれの真の支配が、生産物の真の価値とともに上昇するだけでなく、全生産物にた

いするその分け前の比率も、それとともに高まっていく。この生産物は、真の価格が上昇したあとも、それを生産するのにいままで以上に多くの労働を必要とするわけではない。だから、その労働を用いる資本を通常の利潤といっしょに回収するには、生産物のうちの比較的小さい割合で十分であろう。そうなると、このうちの比較的大きい割合が、地主に帰属するにちがいない。

労働生産力のあらゆる改善は、直接には製造品の真の価格を引き下げる傾向があるが、間接には、土地の真の地代を引き上げる傾向がある。地主は、かれの原生産物のうち自分自身の消費を満たしてあまる部分、または同じことになるが、その部分の価格を、製造された生産物と交換する。後者の真の価格を引き下げるものはすべて、前者のそれを引き上げることになる。それによって、前者の等しい量が後者のより大きい量と等価になり、そして地主は、自分が必要とする便益品、装飾品または奢侈品をいっそう多量に購買できるようになる。

社会の真の富が増加するごとに、すなわち、社会内で用いられる有用労働の量が増加するごとに、土地の真の地代は間接に引き上げられる傾向がある。この労働の一定の割合は当然に土地にむけられる。いっそう多数の人間と家畜が土地の耕作に用いられ、生産物は、このようにしてそれを生産するのに用いられる資本の増加とともに増加し、そして地代は生産量とともに増加する。

これと反対の諸事情、すなわち、耕作と改良を放置しておくこと、土地の原生産物のうち、どの部分でもその真の価格が低下すること、製造技術や産業の衰退によって製造品の真の価格が上昇すること、社会の真の富が衰えること、これらはすべて、他方において土地の真の地代を低下させ、地主の真の富、すなわち、他人の労働または労働生産物にたいするかれの購買力を減少させる傾向がある。

土地と労働の年々の生産物は地代、賃銀および利潤の三部分に分れるものであり、あらゆる文明社会はこれらの収入によって生活する三つの本源的階級から構成され、他の階級の収入はこれら三階級の収入から派生する

あらゆる国の土地と労働の年々の全生産物、または同じことだが、この年々の生産物の全価格は、すでに述べたように、土地の地代、労働の賃銀、資本の利潤という三つの部分に自然に分れ、三つのちがった階級の人々、すなわち、地代で生活する人々、賃銀で生活する人々、利潤で生活する人々の収入を構成する。これらは、あらゆる文明社会の三つの大きな基本的構成要素をなす階級であって、他のあらゆる階級の収入は、終局的には、これらの三つの階級の収入から引き出されるのである。

土地所有者の利害と賃銀労働者の利害とは社会の一般的利害と不可分に結びつくが、利潤によって生活する人々の利害はそうではない

これら三大階級のうちの第一の階級の利害は、いま述べたところから明らかなように、社会の一般的な利害と密接不可分にむすびついている。一方の利害を促進もしくは妨害するものはすべて、必然的に他方の利害を促進もしくは妨害する。公共社会が、商業または行政にかんするなんらかの規制について審議するという場合に、土地の所有者たちが、自分たち特定階級の利益を促進する目的で公共社会を誤り導くということは、少なくとも、かれらがその利益について一応の知識をもっているかぎりは、けっしてありえないことである。もっとも、かれらは、こうした一応の知識をあまりにも欠いている場合が多い。土地の所有者たちは、これら三つの階級のうち、その収入が自分たちの労働も配慮も費やすことなく、いわばひとりでに、かれら自身の計画や企画とはおよそ無関係に、自分たちの手に流れこむ唯一の階級なのである。その怠惰は、かれらの地位が安易で安全であることの当然の結果であるが、そのためにかれらは、あまりにもしばしば無知になるばかりか、公共社会の一定の規制の結果を予想し理解するための思考能力にも欠けることになるのである。

第二の階級の利害、すなわち賃銀によって生活する人々の利害も、第一の階級のそれと

同じように、社会の利害と緊密にむすびついている。すでに明らかにしたとおり、労働者
の賃銀は、労働にたいする需要がひきつづき上昇しているときに、つまり雇用量が毎年か
なり増大しているときに最も高い。社会のこの真の富が静止状態になると、まもなくかれ
の賃銀は、かれが家族をやっと維持できるところまで、すなわち労働者という種族をやっ
249 と存続させうるところまで、引き下げられる。社会が衰退している場合は、賃銀はそれよ
り低い点にまでも下落する。土地所有者の階級は、おそらく社会の繁栄によって、労働者
の階級よりもいっそう多く利得するであろうが、社会の衰退によって、労働者の階級くら
いひどく苦しむ階級はほかにはない。ところで、労働者の利害は、社会のそれと緊密にむ
すびついているにしても、労働者は、その利害がなんであるかを知ることもできないし、
また、それが自分自身の利害とどうむすびついているかを理解することもできない。労働
者の生活状態は、必要な情報を得るための時間をかれに与えないし、またかれの教育と習
慣は、たとえかれが十分な情報を得たとしてもそれを判断する力のない者にしてしまうの
が普通なのである。したがって、公共的なものの審議にあたっては、労働者の声はほとん
ど聞かれず、その声はあまり尊重もされない。ただ、ある特定の場合は例外である。その
場合というのは、労働者の抗議の叫びが、かれらの雇主によって、しかもかれら労働者の
ためにではなしに雇主自身の特定の目的のために、鼓舞され、扇動され、支持されるとい
う場合だけである。

かれらの雇主たちは、第三の階級、つまり利潤によって生活する人々の階級を構成する。すべての社会の有用労働の大部分を活動させるのは、利潤をめざして用いられる資本《ストック》である。資本《ストック》の使用者たちの計画や企画が、労働の最も重要なはたらきをすべて規制し指導する。そしてそのようなすべての計画や企画のめざす究極の目標は、利潤である。だが、利潤の率は、地代や賃銀のように、社会の繁栄とともに上昇し、その衰退とともに低落するというものではない。むしろ反対に、利潤の率は富裕な国では低く、貧しい国では高いのが自然であり、また、急速に破滅に向いつつある国では、それはつねに最も高いのである。したがって、この第三の階級の利害は、社会の一般的利害の点では、他の二つの階級と同じではない。商人と親方製造業者とは、この階級のなかで、最大の資本をふつう使用し、またかれらの富のゆえに社会的尊敬をいちばん多くかちえている二種類の人々である。商人と親方製造業者とは、その全生涯をつうじて計画や企画にたずさわっているので、農村のたいていの郷紳《ジェントルメン》たちよりも理解力においていっそうすぐれている場合が多い。けれども、かれらは、社会の利害よりも、むしろかれら自身の特定部門の事業の利害について思考をめぐらすことが多いので、かれらの判断は、たとえそれがこのうえなく公平無比になされた場合でさえも（これまでいつもそうであったわけではないが）、かれら自身の事業にかんするもののほうが、社会にかんするものよりもずっと信頼できるのである。商人と親方製造業者とが農村の郷紳たちよりもすぐれている点は、公共社会の利害についての知識をもっているということではない。それよりもむしろ、農村の郷紳が自分の利害についてもっている以上のすぐれた知識を、かれらが自分自身の利害についてもっているということである。自身の利害についてこういうすぐれた知識をもっていたからこそ、かれらは、農村の郷紳の利害ではなしにかれらの利害がとりもなおさず社会公共の利害でもあるという、きわめて単純ではあるが率直な信念から、しばしば農村の郷紳の寛大さに乗じてかれらを
250 説きふせ、農村の郷紳自身の利害と公共社会の利害とをともに放棄させることに成功してきたのである。しかしながら、商業や製造業のどんな特定部門でも、商人たちの利害は、つねにいくつかの点で公共社会の利害とちがっているし、それと対立することさえある。市場を拡大しかつ競争を制限することは、つねに商人たちの利益である。市場を拡大することは、公共社会の利益と十分に一致することがしばしばあるが、競争を制限することは、つねに公共社会の利益に反するにちがいないし、またそれは、商人たちが、自然の率以上に利潤を引き上げることによって、自分たちの利益のために、他の同胞市民から不合理な税を取り立てるのに役立つだけである。商業上のなにか新しい法律か規制について、この階級から出てくる提案は、つねに大いに警戒して聞くべきである。また、その提案を採用するにあたっては、最も周到な注意ばかりか、最も疑いぶかい注意をもはらって、長く念入りに検討しなければならない。こうした提案は、その利害が公共社会の利害とけっして正確には一致しない人々、しかも一般に公共社会をあざむき、抑圧さえすることを利益と

している人々、したがって、これまで多くの場合に社会をあざむきもし抑圧もしてきた人々、そのような階級から出てくるものなのである。

12ヶ年	各年の小麦１クォーターの価格〔1〕			同年のさまざまの価格の平均			今日の貨幣に換算した各年の平均価格〔2〕		
	£.	s.	d.	£.	s.	d.	£.	s.	d.
1202	—	12	—	—	—	—	1	16	—
	—	12	—						
1205	—	13	4	—	13	5	2	—	3
	—	15	—						
1223	—	12	—	—	—	—	1	16	—
1237	—	3	4	—	—	—	—	10	—
1243	—	2	—	—	—	—	—	6	—
1244	—	2	—	—	—	—	—	6	—
1246	—	16	—	—	—	—	2	8	—
1247	—	13	4	—	—	—	2	—	—
1257	1	4	—	—	—	—	3	12	—
	1	—	—						
1258	—	15	—	—	17	—	2	11	—
	—	16	—						
1270	4	16	—	5	12	—	16	16	—
	6	8	—						
1286	—	2	8	—	9	4	1	8	—
	—	16	—						
						合　計	35	9	3
						平均価格	2	19	$1\frac{1}{4}$

〔1〕本書の第一篇第十一章（「しかし通説は、……」の小見出し参照）で説明されているように，1202年から1597年までの価格はフリートウッド（*Chronicon Preciosum*, 1707, pp.77–124）から収集されている．また1598年から1601年までの価格はイートン・カレッジの記録から収集されているが，この数字は，ウィンザー・クォーターの容積や小麦の品質を考慮したうえで換算したものではないから，後出501ページの表の数字と一致する．この表の数字についてはそのページの注を参照——キャナン注．

〔2〕往時の貨幣を18世紀の本位に換算するにあたり，スミスはマーティン・フォークスの *Table of English Silver Coins*, 1745, p.142 にしたがったらしい．そのさい近似数で示すのが目標とされており（たとえば，3という係数は，2.906 のかわりもすれば，2.871のかわりもしている），したがって誤謬は必ずしもつねに一様ではなく，たとえば1464年から1497年のあいだの金額のあるものは近似数$1\frac{1}{2}$を乗じて得られているのに，他のものは正確に1.55を乗じて得られているようだ——キャナン注．

12ヶ年	各年の小麦1クォーターの価格			同年のさまざまの価格の平均			今日の貨幣に換算した各年の平均価格		
	£.	s.	d.	£.	s.	d.	£.	s.	d.
1287	—	3	4	—	—	—	—	10	—
	—	—	8						
	—	1	—						
	—	1	4						
1288	—	1	6	—	3	—$\frac{1}{4}$〔1〕	—	9	—$\frac{3}{4}$
	—	1	8						
	—	2	—						
	—	3	4						
	—	9	4						
	—	12	—						
	—	6	—						
1289	—	2	—	—	10	1$\frac{2}{4}$	1	10	4$\frac{2}{4}$〔2〕
	—	10	8						
	1	—	—						
1290	—	16	—〔3〕	—	—	—	2	8	—
1294	—	16	—	—	—	—	2	8	—
1302	—	4	—	—	—	—	—	12	—
1309	—	7	2	—	—	—	1	1	6
1315	1	—	—	—	—	—	3	—	—
	1	—	—						
1316	1	10	—	1	10	6	4	11	6
	1	12	—						
	2	—	—						
	2	4	—						
	—	14	—						
1317	2	13	—〔4〕	1	19	6	5	18	6
	4	—	—						
	—	6	8						
1336	—	2	—	—	—	—	—	6	—
1338	—	3	4	—	—	—	—	10	—
						合　計	23	4	11$\frac{1}{4}$
						平均価格	1	18	8

〔1〕これは2s.7$\frac{1}{4}$d.とすべきである．この誤謬は明らかに1287年の3s.4d.が誤って加算されたことから生じたものである――キャナン注．

〔2〕各版とも，加算のさいに原数字どおりこうなっている．$\frac{1}{2}$にするよりは，このままのほうが不慣れな眼には好都合だからである――キャナン注．

〔3〕また，あるときはH.ナイトンがいうように20シリングだった――Fleetwood, *Chronicon Preciosum*, p.82. ――キャナン注．

〔4〕写しまちがいである．Fleetwood, *op. cit.*, p. 92 には，£2 13s. 4d.とある――キャナン注．

12ヶ年	各年の小麦1クォーターの価格			同年のさまざまの価格の平均			今日の貨幣に換算した各年の平均価格		
	£.	s.	d.	£.	s.	d.	£.	s.	d.
1339	—	9	—	—	—	—	1	7	—
1349	—	2	—	—	—	—	—	5	2
1359	1	6	8	—	—	—	3	2	2
1361	—	2	—	—	—	—	—	4	8
1363	—	15	—	—	—	—	1	15	—
1369	1	—	—	1	2	—	2	9	4〔1〕
	1	4	—						
1379	—	4	—	—	—	—	—	9	4
1387	—	2	—	—	—	—	—	4	8
1390	—	13	4	—	14	5	1	13	7
	—	14	—						
	—	16	—						
1401	—	16	—	—	—	—	1	17	4
1407	—	4	$4\frac{3}{4}$	—	3	10	—	8	11
	—	3	4						
1416	—	16	—	—	—	—	1	12	—
						合計	15	9	4
						平均価格	1	5	$9\frac{1}{3}$

1423	—	8	—	—	—	—	—	16	—
1425	—	4	—	—	—	—	—	8	—
1434	1	6	8	—	—	—	2	13	4
1435	—	5	4	—	—	—	—	10	8
1439	1	—	—	1	3	4	2	6	8
	1	6	8						
1440	1	4	—	—	—	—	2	8	—
1444	—	4	4	—	4	2	—	8	4
	—	4	—						
1445	—	4	6	—	—	—	—	9	—
1447	—	8	—	—	—	—	—	16	—
1448	—	6	8	—	—	—	—	13	4
1449	—	5	—	—	—	—	—	10	—
1451	—	8	—	—	—	—	—	16	—
						合計	12	15	4
						平均価格	1	1	$3\frac{1}{2}$〔2〕

〔1〕明らかに£2 11s. 4d.の誤りである――キャナン注.
〔2〕初版は$3\frac{1}{3}$になっている.

12ヶ年	各年の小麦1クォーターの価格			同年のさまざまの価格の平均			今日の貨幣に換算した各年の平均価格		
	£.	s.	d.	£.	s.	d.	£.	s.	d.
1453	—	5	4	—	—	—	—	10	8
1455	—	1	2	—	—	—	—	2	4
1457	—	7	8	—	—	—	—	15	4
1459	—	5	—	—	—	—	—	10	—
1460	—	8	—	—	—	—	—	16	—
1463	—	2	—	—	1	10	—	3	8
	—	1	8						
1464	—	6	8	—	—	—	—	10	—
1486	1	4	—	—	—	—	1	17	—
1491	—	14	8	—	—	—	1	2	—
1494	—	4	—	—	—	—	—	6	—
1495	—	3	4	—	—	—	—	5	—
1497	1	—	—	—	—	—	1	11	—
					合　　計		8	9	—
					平均価格		—	14	1
	£.	s.	d.	£.	s.	d.	£.	s.	d.
1499	—	4	—	—	—	—	—	6	—
1504	—	5	8	—	—	—	—	8	6
1521	1	—	—	—	—	—	—	10	—
1551	—	8	—	—	—	—	—	2	—
1553	—	8	—	—	—	—	—	8	—
1554	—	8	—	—	—	—	—	8	—
1555	—	8	—	—	—	—	—	8	—
1556	—	8	—	—	—	—	—	8	—
	—	4	—						
1557	—	5	—	—	17	$8\frac{1}{2}$〔1〕	—	17	$8\frac{1}{2}$
	—	8	—						
	2	13	4						
1558	—	8	—	—	—	—	—	8	—
1559	—	8	—	—	—	—	—	8	—
1560	—	8	—	—	—	—	—	8	—
					合　　計		6	0	$2\frac{1}{2}$
					平均価格		—	10	$0\frac{5}{12}$〔2〕

〔1〕これと右の欄とは17s.7d.とすべきである．初版と第二版では12s.7d.になっているが，これは加算のさいに1ポンドの誤算があったためである．

〔2〕これは明らかに10s. $\frac{5}{24}$d.とすべきである．初版と第二版は，合計を£6 5s. 1d.とし，平均を10s. 5d.としているが，それはまえの注で述べた誤算の結果である——〔1〕〔2〕ともキャナン注．

12ヶ年	各年の小麦1クォーターの価格			同年のさまざまの価格の平均			今日の貨幣に換算した各年の平均価格		
	£.	s.	d.	£.	s.	d.	£.	s.	d.
1561	—	8	—	—	—	—	—	8	—
1562	—	8	—	—	—	—	—	8	—
1574	{ 2	16	— }	2	—	—	2	—	—
	1	4	—						
1587	3	4	—	—	—	—	3	4	—
1594	2	16	—	—	—	—	2	16	—
1595	2	13	—〔1〕	—	—	—	2	13	—
1596	4	—	—	—	—	—	4	—	—
1597	{ 5	4	— }	4	12	—	4	12	—
	4	—	—						
1598	2	16	8	—	—	—	2	16	8
1599	1	19	2	—	—	—	1	19	2
1600	1	17	8	—	—	—	1	17	8
1601	1	14	10〔2〕	—	—	—	1	14	10
						合　計	28	9	4
						平均価格	2	7	$5\frac{1}{3}$〔3〕

〔1〕写し間違いである．Fleetwood，*Chronicon Preciosum*，p.123には，£2 13s. 4d.とある――キャナン注．

〔2〕496ページ訳注〔1〕を参照．

〔3〕初版と第二版では£2 4s.$9\frac{1}{3}$d. になっている．これは平均を算出するさいに，まず£28を12で割ったのこりの£4をシリングに換算し，9s.を加えて89s. とし，これを12で割るべきところを，不注意にも20で割ったことから生じた誤りである――キャナン注．

ウィンザー市場における9ブッシェルで1クォーターあたりの最良すなわち最高値の小麦の価格．当該年をふくむ1595年から1764年までの，お告げ祭（Lady-Day）と聖ミカエル祭のもので，各年の価格はこの二つの市日の最高価格間の中位の数．〔1〕

年次		£	s.	d.
1595,	—	2	0	0
1596,	—	2	8	0
1597,	—	3	9	6
1598,	—	2	16	8
1599,	—	1	19	2
1600,	—	1	17	8
1601,	—	1	14	10
1602,	—	1	9	4
1603,	—	1	15	4
1604,	—	1	10	8
1605,	—	1	15	10
1606,	—	1	13	0
1607,	—	1	16	8
1608,	—	2	16	8
1609,	—	2	10	0
1610,	—	1	15	10
1611,	—	1	18	8
1612,	—	2	2	4
1613,	—	2	8	8
1614,	—	2	1	$8\frac{1}{2}$
1615,	—	1	18	8
1616,	—	2	0	4
1617,	—	2	8	8
1618,	—	2	6	8
1619,	—	1	15	4
1620,	—	1	10	4
	26)	54	0	$6\frac{1}{2}$
		2	1	$6\frac{9}{13}$

年次		£	s.	d.
1621,	—	1	10	4
1622,	—	2	18	8
1623,	—	2	12	0
1624,	—	2	8	0
1625,	—	2	12	0
1626,	—	2	9	4
1627,	—	1	16	0
1628,	—	1	8	0
1629,	—	2	2	0
1630,	—	2	15	8
1631,	—	3	8	0
1632,	—	2	13	4
1633,	—	2	18	0
1634,	—	2	16	0
1635,	—	2	16	0
1636,	—	2	16	8
	16)	40	0	0
		2	10	0

〔1〕この価格表は，時期区分をのぞいて，明らかにチャールズ・スミスの *Tracts on the Corn Trade*, 1766, pp.97–102, p.43, 104 を写したものだとキャナンは述べている．

年次		小麦1クォーターにつき £	s.	d.
1637,	—	2	13	0
1638,	—	2	17	4
1639,	—	2	4	10
1640,	—	2	4	8
1641,	—	2	8	0
1642,	記録なし．1646年は司教フリートウッドによっておぎなう．	0	0	0
1643,		0	0	0
1644,		0	0	0
1645,		0	0	0
1646,	—	2	8	0
1647,	—	3	13	8
1648,	—	4	5	0
1649,	—	4	0	0
1650,	—	3	16	8
1651,	—	3	13	4
1652,	—	2	9	6
1653,	—	1	15	6
1654,	—	1	6	0
1655,	—	1	13	4
1656,	—	2	3	0
1657,	—	2	6	8
1658,	—	3	5	0
1659,	—	3	6	0
1660,	—	2	16	6
1661,	—	3	10	0
1662,	—	3	14	0
1663,	—	2	17	0
1664,	—	2	0	6
1665,	—	2	9	4
1666,	—	1	16	0
1667,	—	1	16	0
1668,	—	2	0	0
1669,	—	2	4	4
1670,	—	2	1	8
	右の欄へ繰り越す	79	14	10

年次		小麦1クォーターにつき £	s.	d.
	左の欄から繰入れ	79	14	10
1671,	—	2	2	0
1672,	—	2	1	0
1673,	—	2	6	8
1674,	—	3	8	8
1675,	—	3	4	8
1676,	—	1	18	0
1677,	—	2	2	0
1678,	—	2	19	0
1679,	—	3	0	0
1680,	—	2	5	0
1681,	—	2	6	8
1682,	—	2	4	0
1683,	—	2	0	0
1684,	—	2	4	0
1685,	—	2	6	8
1686,	—	1	14	0
1687,	—	1	5	2
1688,	—	2	6	0
1689,	—	1	10	0
1690,	—	1	14	8
1691,	—	1	14	0
1692,	—	2	6	8
1693,	—	3	7	8
1694,	—	3	4	0
1695,	—	2	13	0
1696,	—	3	11	0
1697,	—	3	0	0
1698,	—	3	8	4
1699,	—	3	4	0
1700,	—	2	0	0
	60)	153	1	8
		2	11	$0\frac{1}{3}$

年次		小麦1クォーターにつき £	s.	d.
1701,	—	1	17	8
1702,	—	1	9	6
1703,	—	1	16	0
1704,	—	2	6	6
1705,	—	1	10	0
1706,	—	1	6	0
1707,	—	1	8	6
1708,	—	2	1	6
1709,	—	3	18	6
1710,	—	3	18	0
1711,	—	2	14	0
1712,	—	2	6	4
1713,	—	2	11	0
1714,	—	2	10	4
1715,	—	2	3	0
1716,	—	2	8	0
1717,	—	2	5	8
1718,	—	1	18	10
1719,	—	1	15	0
1720,	—	1	17	0
1721,	—	1	17	6
1722,	—	1	16	0
1723,	—	1	14	8
1724,	—	1	17	0
1725,	—	2	8	6
1726,	—	2	6	0
1727,	—	2	2	0
1728,	—	2	14	6
1729,	—	2	6	10
1730,	—	1	16	6
1731,	—	1	12	10
1732,	—	1	6	8
1733,	—	1	8	4
	右の欄へ繰り越す	69	8	8

年次		小麦1クォーターにつき £	s.	d.
	左の欄から繰入れ	69	8	8
1734,	—	1	18	10
1735,	—	2	3	0
1736,	—	2	0	4
1737,	—	1	18	0
1738,	—	1	15	6
1739,	—	1	18	6
1740,	—	2	10	8
1741,	—	2	6	8
1742,	—	1	14	0
1743,	—	1	4	10
1744,	—	1	4	10
1745,	—	1	7	6
1746,	—	1	19	0
1747,	—	1	14	10
1748,	—	1	17	0
1749,	—	1	17	0
1750,	—	1	12	6
1751,	—	1	18	6
1752,	—	2	1	10
1753,	—	2	4	8
1754,	—	1	14	8
1755,	—	1	13	10
1756,	—	2	5	3
1757,	—	3	0	0
1758,	—	2	10	0
1759,	—	1	19	10
1760,	—	1	16	6
1761,	—	1	10	3
1762,	—	1	19	0
1763,	—	2	0	9
1764,	—	2	6	9
	64)	129	13	6
		2	0	$6\frac{19}{32}$〔1〕

〔1〕これは$\frac{9}{32}$とすべきであろう――キャナン注.

年次		小麦1クォーターにつき		
		£	s.	d.
1731,	—	1	12	10
1732,	—	1	6	8
1733,	—	1	8	4
1734,	—	1	18	10
1735,	—	2	3	0
1736,	—	2	0	4
1737,	—	1	18	0
1738,	—	1	15	6
1739,	—	1	18	6
1740,	—	2	10	8
	10)	10	12	8
		1	17	3$\frac{1}{5}$

年次		小麦1クォーターにつき		
		£	s.	d.
1741,	—	2	6	8
1742,	—	1	14	0
1743,	—	1	4	10
1744,	—	1	4	10
1745,	—	1	7	6
1746,	—	1	19	0
1747,	—	1	14	10
1748,	—	1	17	0
1749,	—	1	17	0
1750,	—	1	12	6
	10)	16	18	2
		1	13	9$\frac{4}{5}$

第二篇　資本《ストック》の性質、蓄積、用途について

序論

一 資本の蓄積が分業を推し進め、それが労働の生産力を高める 一

分業がなく、交換が滅多に行なわれず、すべての人が自分でいっさいの物を調達している未開状態の社会では、この社会の仕事を遂行してゆくうえに、いかなる資本《ストック》も、あらかじめ蓄積され、または貯《たくわ》えられている必要はない。すべての人は、自分自身の勤労によって、そのときどきに起る欲望を満たそうと努力する。空腹のときは狩をしに森へゆき、衣服がすりきれてしまうと、まず仕止めた大きい動物の皮を身にまとう。また小屋がこわれかかると、手近の木や芝草で、できるだけうまくそれを修理する。

ところが、いったん分業が導入され行きわたるようになると、一人の人間の労働の生産物は、そのときどきのかれの欲望の、ごくわずかの部分しか充足できない。欲望の大部分は、他の人々の労働の生産物によって満たされるのであって、かれはこれを、かれ自身の労働の生産物で、または同じことであるが、その生産物の価格で、購買することになる。しかしこの購買は、かれの労働の生産物が、ただ仕上がったというだけでなく、それが売

られたのちにはじめて可能となるのである。それゆえ、少なくとも右の二つのことがなしとげられるまで、かれを扶養し、かれにその作業の材料と道具を供給するのに十分なだけのさまざまな種類の財貨のストックがどこかに貯えられていなければならない。織布工が、自分の特殊な仕事に専念できるのは、かれがその織物を仕上げるだけでなく売却してしまうまでのあいだ、かれを扶養し、仕事の材料と道具をかれに供給するのに十分なだけのストックが、かれ自身の所有であれ他人の所有であれ、ともかくどこかにあらかじめ貯えられている場合にかぎられる。この蓄積[1]は、明らかに、かれが自分の勤労で、長期間にわたってこのような特殊な仕事に専念するにさきだって行なわれていなければならない。

資本《ストック》の蓄積は、ことの性質上、分業に先行せざるをえないのであるから、資本《ストック》が先行的にますます多く蓄積されるのに比例してのみ、労働もますます細分化されうる。同数の人々が加工する材料の量は、労働が細分化されてくると、ますます大きい割合で増加する。また各職人の作業がいっそう単純化されてゆくのにつれて、そうした作業を容易にしたり簡略化したりするために、さまざまの新しい機械が発明されるようになる。だから、分業が進むにつれて、等しい数の職人に恒常的な仕事を与えるためには、等しい量の食料品のストックと、未開な状態において必要とされたよりも多くの材料と道具のストックとが、
259 あらかじめ蓄積されていなければならない。ところが、すべての職業部門における職人の数は、一般にその部門における分業とともに増加する。いやむしろ、かれらの数の増加こ

そ、かれらが自分自身をこのような具合に分化し細分化することを可能にするのである。資本《ストック》の蓄積は、労働の生産力のこのように大きな改善をおしすすめるためにあらかじめ必要なものであるから、その蓄積は自然にこうした改善を誘導することになる。労働者の雇用のために自分の資本《ストック》を用いる人は、製品をできるだけ多量に生産するようなやり方でそれを用いることをかならず望むものである。したがってかれは、自分の職人たちに仕事の最も適当な配分を行ない、かれが発明または購入することのできる最良の機械を職人たちに提供しようと努力する。この二つの点についてのかれの能力は、一般に、その資本《ストック》の大きさ、または資本《ストック》が雇用する人々の数に比例する。それゆえ勤労の量は、すべての国において、それを用いる資本《ストック》の増加とともに増加するばかりか、その増加の結果として、同一量の勤労から、はるかに多量の製品が生産されるのである。

資本《ストック》の増加が勤労とその生産力に及ぼす効果は、一般的にいって以上のとおりである。以下、この篇において、私は、資本《ストック》の性質、それがさまざまな種類の資本《キャピタル》として蓄積される効果、それらの資本がさまざまな用途に使われる効果、を説明するようにつとめた。

260 この篇は五つの章に分れる。第一章で私は、資財が――一個人のものであれ、一大社会のものであれ――自然に分れてゆくさまざまな部分または部門とはどんなものであるかを明らかにしようとつとめた。第二章で私は、社会の総資財の特殊部門と考えられる貨幣の性質とその機能を説明しようとつとめた。蓄積されることによって一個の資本《キャピタル》に転化した資本《ストック》は、それを所有する人によって使用されることもあれば、だれか他の人に貸し付けられることもあろう。第三章と第四章で、私は、こうした二つの状態のもとで、それがどのように作用するかを検討しようとつとめた。最後の第五章では、資本のさまざまな用途が、国民の勤労の量と、土地および労働の年々の生産物の量とに直接に影響するさまざまな効果を取り扱っている。

〔1〕マルクス『資本論』(*Das Kapital*, Bd. I, 1867) の有名な「本源的蓄積」(第一巻第七篇第二十四章) の冒頭に掲げられている次の文章は、この「序論」の叙述を念頭に書かれたものである。――「資本の蓄積は剰余価値を前提し、剰余価値は資本主義的生産を前提し、資本主義的生産はまた、商品生産者の手に比較的多量の資本および労働力が存在することを前提とする。だからこの全運動は、循環論法のように堂々めぐりをするかにみえるのであって、それから逃れるためには、われわれは、資本主義的蓄積に先行する『本源的』蓄積 (アダム・スミスのいう『先行的蓄積』) を、すなわち資本主義的生産様式の結果ではなくその出発点にある蓄積を想定するほかはないのである」

第一章　資本《ストック》の分類について

総資財には直接の消費にあてられる部分とそうでない部分とがあり、人がそれから収入を期待する後者は資本とよばれる

人が所有する資財で、数日または数週間その人間の生活を維持するにすぎないような場合には、かれはその資財から収入を得ようなどとは考えも及ばない。かれは、できるだけ節約しながらそれを消費し、またそれが消費しつくされてしまうまでに、なにかそのかわりになるものを自分の労働によって獲得しようと努力する。この場合、かれの収入は、もっぱらかれの労働から得られる。これが、すべての国における大多数の労働貧民の状態なのである。

だが、この人間が数ヶ月または数ヶ年間、自分を維持するのに十分な資財を所有する場合には、とうぜんかれはその大部分から収入を得ようと努力し、この収入がはいりはじめるまで自分を維持するだけのものを自分の直接の消費用に留保するのである。したがって、かれの全資財は二つの部分に区別される。この収入を自分にもたらすとかれが期待する部

分は、資本《キャピタル》とよばれる。他の部分は、かれの直接の消費を充足するものであって、それは第一に、かれの全資財のうちで、もともとこの目的のために留保されていた部分であるか、または第二に、たとえどんな源泉から引き出されるにせよ、順次にはいってくるかれの収入であるか、または第三に、右のどちらかによってこれまでに購入されて、しかもまだ消費しつくされていないもの、たとえば、衣服、家具、その他これに類するもののストックであるか、そのどれかから構成される。人々が自分自身の直接の消費のためにふつう留保する資財は、以上の三つの項目のどれか一つまたはそれらのすべてからなりたっている。

――資本には流動資本と固定資本とがあり、職業の異なるにつれてその割合は異なる――

資本がその使用者に収入または利潤をもたらすように用いられるのには、二つの異なった方法がある。

第一に資本は、農産物をつくり、工業品を製造し、またはこれらを購買し、そして利潤を得てふたたび売却するために用いられる。こういうふうに用いられる資本は、その使用者の所有に属するあいだは、またはそれが同一の形態をとりつづけているあいだは、その
262 使用者になんの収入も利潤ももたらさない。商人の財貨は、かれがそれを貨幣と引換えに売却するまでは、かれに収入も利潤ももたらさない。またこの貨幣も、それがふたたび財貨と交換されるまでは、やはりかれに収入も利潤ももたらさない。かれの資本は、たえず

一つの形態でかれの手から離れ、たえず別の形態でかれの手に復帰するものであって、その資本がかれに利潤をもたらしうるのは、もっぱらこのような流動、すなわち継続的交換によってなのである。それゆえ、このような資本は、流動資本とよぶのがきわめて適切であろう。

第二に資本は、土地の改良に用いられ、有用な機械や事業上の用具の購入に用いられる。いいかえると、持主を換えることなしに、つまり、それ以上は流通することなしに、収入または利潤をもたらすようなものに用いられるのである。それゆえ、このような資本は、固定資本とよぶのがきわめて適切であろう。

職業が異なると、それに用いられる固定資本と流動資本の割合も大いに異なってくる。[1]たとえば、商人の資本は全部が流動資本である。かれは、機械や事業上の用具をぜんぜん必要としない。ただし、かれの店舗や倉庫をそのたぐいとみない場合のことである。あらゆる親方手工業者や製造業者の資本のある部分は、かれの事業上の用具に固定していなければならない。けれども、この部分は、ある事業ではたいへん小さく、他の事業でははたいへん大きい。仕立屋の親方は、一包みの縫い針のほかにはなにも事業上の用具を必要としない。靴屋の親方の用具は、ほんのわずかではあるが、それよりもやや高価である。織布工の用具となると、靴屋のそれにくらべてはるかに高価である。けれども、すべての親方手工業者の資本の最大部分は、かれらの職人の賃銀か材料の価格かのどちらかとして流通し、製品の価格という形で、利潤をともなって回収されるのである。

他の事業の場合には、ずっと大きい固定資本が必要とされる。たとえば、大製鉄所では鉱石をとかすための溶鉱炉、塊鉱炉、截鉄機《せってつき》は、巨額の費用を投じることなしには建設できない事業上の用具である。炭鉱や、あらゆる種類の鉱山では、排水用およびその他の目的に必要な機械類は、なおいっそう高価である場合が多い。

農業者の資本のうち、農業用具に用いられる部分は固定資本であり、またかれの農事使用人たちの賃銀の生活維持費に用いられる部分は流動資本である。かれは、前者を自分の所有として手元におくことによって、また後者を手放すことによって利潤をあげる。かれらの役畜の価格または価値は、農耕用具のそれと同じように固定資本であり、役畜の維持費は、労働使用人のそれと同じように流動資本である。農業者は、役畜を手元におくことによって、またその維持費を手放すことによって利潤をあげる。働かせるためではなしに
263 販売するために購入され肥育される家畜の価格と維持費とは、ともに流動資本である。農業者は、それらの家畜を手放すことによって利潤をあげる。ある畜産地方で、働かせるためでもなく販売するためでもなく、その羊毛やミルクや養畜だけで利潤をあげるために購入される羊の群れや牛の群れは、固定資本である。利潤は、それらを手元におくことによって得られる。それらの維持費は、流動資本である。利潤は、その流動資本を手放すことによって得られるのであって、この資本は、維持費自身の利潤と、家畜の価格全体にたい

する利潤とをともなって、羊毛とミルクと養畜との価格というかたちでもどってくる。種子の全価値も、適切にいえば固定資本である。種子は、土地と穀倉とのあいだをいったりきたりするけれども、けっして持主を換えることはなく、したがって、ほんとうは流通するのではない。農業者は、種子を売ってではなく、それを増殖させて利潤をあげるのである。

社会の総資財も、同じく直接の消費にあてられる部分、固定資本および流動資本の三つの部分からなる。第一のものは利潤をまったく生じない

どんな国、どんな社会でも、そこにある総資財《ストック》は、そのすべての住民または成員の資財と同じであって、おのずから同じ三つの部分に分れ、そのおのおのは別個の機能や役目をもつのである。

第一は、直接の消費のために留保される部分であって、その特徴は、それが収入または利潤を生まないということである。これは、本来の消費者によって購入されはしたものの、まだ消費しつくされていない食物、衣服、家庭用器具などのストックである。あるとき一国に存在する住宅そのものの全ストックも、この第一の部分の一部をなす。家屋に投じられる資財は、もし、それが所有者の住宅になるのであれば、その瞬間から資本の機能を果すことをやめる。いいかえると、その持主に収入をもたらすことをやめてしまう。このよ

264

うな住宅は、その居住者の収入にはなにも貢献しない。すなわち、住宅はかれにとって疑いもなく大いに有用ではあるが、それはちょうど衣服や家具がかれにとって有用でありながら、かれの収入の一部ではなく経費の一部をなすのと変りはないのである。もし、住宅が家賃と引換えに借家人に貸し出されるのであれば、その家屋自体はなにも生産できないのであるから、借家人はその家賃を、つねに労働、資本《ストック》、土地のどれかから引き出すなにか他の収入のなかから支払わなければならない。だから家屋というものは、その所有者に収入をもたらすことによって、かれにとって資本の機能を果しはするが、公共社会にとってはなんの収入ももたらしえないし、また、資本の機能も果しえないのであって、人民全体の収入がそれによって少しも増加することなどありえないのである。同様に、衣服や家具なども収入をもたらし、それによって特定の人たちにたいして資本の機能を果すことがある。仮装舞踏会が普及している国では、仮装用の衣裳を一晩だけ賃貸しすることがひとつの職業となっている。室内装飾業者は、しばしば、家具を月決めまたは年決めで賃貸しする。葬儀屋は日決めまたは週決めで、葬儀用の調度品を賃貸しする。多くの人々は、家具付きの家屋を賃貸しして、その家屋の使用にたいしてだけでなく、その家具の使用にたいしても賃料をとっている。それにしても、このような物から引き出される収入は、結局はつねに他のなにかの収入源から支払われなくてはならない。個人のものであろうと社会のものであろうと、直接の消費のために留保された資財のすべての部分についていえば、このうち家屋に投じられる部分がいちばんゆるやかに消費される。衣服という資財は数年間はもつだろうし、家具という資財は、半世紀か一世紀にわたって長もちする。だが家屋という資財となると、うまく建造され、適切に管理されれば、幾世紀も存続するだろう。しかしながら、家屋は、たとえ消費しつくされるまでに比較的長い期間がかかるにしても、やはり実際上は、衣服または家具と同じように、直接の消費のために留保された資財なのである。

社会の総資財が分れる三つの部分のうちの第二は固定資本であって、その特徴は、それが流通しないで、いいかえると持主を換えないで収入または利潤をもたらすという点にある。固定資本は、おもに次の四つの項目からなる。

第一は、労働を容易にし、また短縮するすべての有用な機械や事業上の用具からなる。

第二は、利益のあがるすべての建築物からなっていて、それらは、家賃と引換えに賃貸しする所有者にたいしてばかりか、それを借りて家賃を支払う人にたいしても、収入を得る手段となるものである。たとえば店舗、倉庫、仕事場、農舎、およびそれらに必要な畜舎や穀倉などの建築物がそれである。これらは、たんなる住宅とは非常に異なっている。これらは一種の営業用の用具であり、それと同じものとみてさしつかえないのである。

第三は、土地の改良、すなわち土地を開墾し、排水し、囲い込み、施肥を行なって、耕作や栽培に最もふさわしい状態にするために、利益をめざして投じられたものからなる。

改良された農場というものは、次のような有用な機械と同じものと考えてもまちがいはないだろう。すなわち、労働を容易にし、また時間を節約し、それによって等量の流動資本がその使用者に以前よりもはるかに大きい収入をもたらすような機械である。改良された農場は、そうした機械のどれとくらべても同じように有利であり、またどれよりも耐久性があって、その農場の耕作に用いられる農業者の資本を最も有利に運用する以外には、なんの修理も必要としない場合が多い。

第四は、社会の全住民または全成員が獲得した有用な能力からなる。そのような能力の獲得には、教育、研究または徒弟修業の期間中、それを獲得する者の生活維持ということ
265 があるために、つねに実際の経費がかかるのであって、いわば、かれの一身に固定され、実現されている資本なのである。そうした才能は、かれの財産の一部をなすのと同じように、かれが属する社会の財産の一部をなすものである。職人の習熟した技能は、労働を容易にし、時間を短縮し、また一定の経費がかかりはするが、その経費を利潤とともに回収するような機械、または事業上の用具と同じようなものと考えてさしつかえないのである。

社会の総資財が自然に分れる三つの部分のうちの第三、すなわち最後のものは、流動資本であって、その特徴は、それが流通することによってのみ、いいかえると持主を換えることによってのみ収入をもたらすという点である。これもまた次の四つの部分からなる。

第一は、貨幣であり、これによって他の三つのものが流通し、そしてそれぞれ本来の消

費者の手に分配される。

第二は、食料品のストックからなっていて、これは、肉屋、牧畜業者、農業者、穀物商人、醸造業者などが所有し、そしてかれらはそれらの販売によって利潤を得ることを期待している。

第三は、衣服・家具・建物の未加工の材料、または多少とも加工された材料のうち、そうした三つの形態のどれにもまだ仕上げられていなくて、栽培者、製造業者、織物商、服地商、材木商、大工、指物師《さしものし》、煉瓦《れんが》作りなどの手にとどまっているものからなる。

第四すなわち最後は、すっかり仕上げられて完成品となってはいるが、まだ商人や製造業者の手にあって、本来の消費者に売却されたり分配されたりしていない製品からなる。たとえば、われわれが、鍛冶屋《かじや》、家具屋、金匠、宝石商、陶器商などの店に既製品としてしばしば見かける完成品のごときものである。流動資本は、このようにして、それぞれの商人の手元にあるすべての種類の食料品、材料、完成品、およびそれらを流通させて最終使用者または最終消費者に分配するために必要な貨幣、からなっている。

以上四つの部分のうちの三つ、すなわち食料品と材料と完成品とは、年々、または一年内外のあいだに、流動資本のなかから規則的に引き出されて、固定資本か、または直接の消費のためにとっておかれる資財かのどちらかに組み入れられる。

あらゆる固定資本は流動資本から生じ、それによって維持される。固定・流動両資本の目的は直接の消費にあてられる資財を維持、増加することにある

あらゆる固定資本は、もともと流動資本から引き出されるものであり、また流動資本によってたえず維持されることが必要である。すべての有用な機械や事業上の用具は、本来それらのもとになる材料と、それらを作る職人の生活資料とを提供する流動資本から引き出される。そしてまた、たえず修理しておくために、同様な流動資本が必要である。

266

どんな固定資本も、流動資本によらないで収入をもたらすことはありえない。最も有用な機械や事業上の用具でも、その加工する材料と、その使用者である職人の生活資料とを提供する流動資本がなければ、なにものも生産しないだろう。土地は、どんなに改良されても、土地生産物の耕作と収穫にあたる労働者の生活を維持する流動資本がなければ、なんの収入ももたらさないだろう。

直接の消費のためにとっておかれる資財を維持し増加することが、固定資本および流動資本にとって、唯一の目的であり目標である。このような資財こそ、人々に衣食住の資を供するものである。人々の貧富は、直接の消費のための資財にたいするこの二様の資本の供給が、潤沢か不足かによって定まるのである。

社会全体の資財中の他の二部門に組み入れられるために、流動資本のうちから右のよう

に大きい部分がたえず取り去られるので、流動資本は他方においてたえず補給を必要とするにちがいない。この補給がなければ、まもなく流動資本はなくなってしまうだろう。この補給は、土地、鉱山、漁場の生産物という三つの源泉から主として確保される。これらのものは食料品と材料をたえず補給し、その一部はやがて完成品に仕上げられる。そして流動資本からたえず取り去られる食料品と材料と完成品とは、この補給によって置き換えられる。鉱山からはまた、流動資本のうちの貨幣を維持し増加するために必要なものが供給される。というのは、事業が通常の経過をたどっている場合には、この貨幣部分は、流動資本の他の三つの部分のように、社会全体の資財《ストック》を補給するために、流動資本のなかから必然的に引き出されるということはない。だが、それにしてもこの部分は、他のすべてのものと同じように、最終的には消耗し磨滅するにちがいないし、ときには紛失したり海外に送られたりすることもあるにちがいないから、はるかに少量ではあるが、不断の供給を必要とするにちがいない。

土地、鉱山、漁場を経営するには、すべての固定資本と流動資本との双方が必要である。そしてその生産物は、これらの資本ばかりかその社会の他のすべての資本を、利潤をともなって回収する。こうして農業者は年々あらたに、製造業者にその前年に消費した食料品と加工した材料を供給し、また製造業者は、農業者にたいして、かれが同じ期間に消耗し磨損した完成品を供給する。これが、この二つの階級のあいだで年々行なわれる真の交換

267
である。ただし、一方の原生産物と他方の製造品とが直接たがいに物々交換されることは滅多にない。というのは、農業者がその穀物、家畜、亜麻、羊毛を、自分の望んでいる衣服、家具、事業上の用具を買うその当の相手にたいして販売するということは、滅多にないからである。だから、農業者は自分の原生産物を販売して貨幣を獲得し、その貨幣で、自分の必要とする製造品を入手できるところであればどこででも購買することができる。土地は、漁場や鉱山を経営する資本をさえ、少なくともその一部は、回収する。すなわち、土地の生産物をもって海から魚を獲り、また、地上の生産物をもって地中ふかくから鉱物を採掘する。

　土地、鉱山、漁場の生産物は、それらの自然の豊度が等しい場合には、そこで用いられる資本の大きさと、資本の運用の適否とに比例する。資本の大きさが等しく、また、その運用が同じように適切な場合には、生産物はそれらの自然の豊度に比例する。

　生命財産がいちおう保証されているすべての国では、普通の理解力のある人ならだれでも、自分が支配しうる資財がどんなものであろうと、現在の楽しみか将来の利潤かのどちらかを手に入れるために、その資財を用いようとつとめるだろう。もしそれが現在の楽しみを手にするために用いられるなら、それは直接の消費のためにとっておかれる資財である。もしそれが将来の利潤を手に入れるために用いられるなら、その資財はかれのもとにとどまるか、かれのもとを離れるか、そのどちらかによって、利潤を手に入れるにちがいない。かれのもとにとどまる場合には、それは固定資本であり、離れる場合には、流動資本である。生命財産がいちおう保証されているところで、自分の支配するすべての資財を、自分のものであろうと他人から借りたものであろうと、以上の三つの方法のうちのどれか一つの方法で用いないとすれば、その人は正気な人間とは言えない。

もっとも、人々が自分より目上の者の暴力をいつもおそれているような不幸な国では、人々はその資財の大部分を埋めたり隠したりする場合が多い。これは、自分たちが四六時中さらされていると思う災厄のどれかにおびやかされたさいに、どこか安全な場所にその資財が運べるように、つねに手元においておくためである。こうしたことは、トルコやインドでは普通に行なわれているといわれるが、アジアのたいていの国々でもたしかにそうだと思う。わが祖先たちのあいだでも、封建的な統治が狂暴に行なわれていた時代には、これは普通の慣わしであったように思われる。その当時は、埋蔵されていた財宝は、ヨーロッパの強大な主権者たちの収入の馬鹿にできない部分とみなされた。それは、地中に隠してあるのを発見され、それにたいしてはどんな人も権利を証明することができないような財宝からなっていたのである。このような財宝は、当時は非常に重要な物件とみなされていたために、つねに主権者に属するものと考えられており、主権者の特許状に明記された条項によって、それにたいする権利が、発見者またはその土地の所有者に譲渡されるのでないかぎり、発見者または土地の所有者に属するものとは考えられなかった。つまりその財宝類は、金銀の鉱山と同じ扱いをされたのだが、これらの鉱山は、特許状の特別条項がなければ、けっして、その土地の一般的譲渡許可のなかにいれられるものとは考えられなかった。もっとも、鉛、銅、錫《すず》、石炭の鉱山は、金・銀鉱山よりも重要性が少ないというので、この土地譲渡許可のなかにふくまれるものとされていた。

〔1〕経済学において今日広く用いられている固定資本と流動資本の区別は、スミスによって規定されたものとされている。スミスの規定は、ケネー（François Quesnay, 1694-1774）などの重農主義の学説にヒントを得たと思われる。重農主義者たちは、農業に用いられる資本について、「原前払」（avancés primitives）と「年前払」（avancés annuelles）の区別をもうけた。農業では資本の回転時間は一年が通例であり、ほかに一年以上の回転時間のものもある。このように農業に由来する年々の投資と多年の投資との区別を一般化して、時間的に異なる回転の一般的区別を考えだし、これを農業のみならず工業をふくめた産業一般の区別として展開したのは、ケネーにまさるアダム・スミスの一進歩である。かくて、固定資本の一回転はつねに流動資本の数回転をふくむ、という命題が現われる。ところがスミスは、せっかくケネーの「年前払」を流動資本として一般化することに成功したけれども、その反面では流動資本を、流通過程にあって商品や貨幣の形をとっている「流通資本」と混同してしまって、「商人の

資本はすべて流動資本である」などという混乱した命題をうちたててしまった。流動資本は貨幣、食料品、材料および完成品などからなる、というのもその一例である。次の第二章でスミスは「総収入」と「純収入」を論じて、そのなかで一社会の流動資本が一個人の流動資本と異なる点を指摘している。すなわち社会の流動資本は個々の流動資本の総額にほかならないが、個々の企業家の流動資本はけっしてかれの収入の一部をなすものではない。これにたいし社会の流動資本の一部は同時に社会の収入の一部をなすものであるという。ここでもスミスの考える流動資本は、流通過程にあって商品の形をとった資本のことと混同されているのであるが、混同を伴いながらも個々の資本と社会全体の資本との関連、ひいては社会の再生産の問題に眼をむけているのは、スミスの功績だということができる。なおスミスが重農主義の学説をどのように評価しているかについては、第四篇第九章を参照。

第二章　社会の総資財の一特定部門とみなされる貨幣について、すなわち、国民資本の維持費について

商品の価格が賃銀・利潤・地代の三部分に分れるように、年々の総生産物もこの三部分に分れて国民の収入を形成する

第一篇で明らかになったことは次のとおりである。すなわち、大部分の商品の価格は三つの部分に分れて、その一つは、商品を生産し市場にもたらすのに用いられた労働の賃銀を支払い、他の一つは、それに用いられた資本《ストック》の利潤を支払い、そして第三は、それに用いられた土地の地代を支払う。もっとも、商品によっては、その価格がこれらの部分のうちの二つ、すなわち労働の賃銀と資本《ストック》の利潤だけからなるものもあるし、ごく少数の商品は、その価格がただ一つ、すなわち労働の賃銀だけからなるものもあるが、あらゆる商品の価格は、前者のように賃銀と利潤とに、あるいは後者のように賃銀だけに、さもなければこれら三つのすべてにかならず分れる。そして、地代にも賃銀にもならない部分は、かならずことごとくだれかの利潤になる。

すでに述べたように、以上のことは、個々の商品のどれをとっても、すべてにわたってみられる事実であるから、あらゆる国の土地と労働の年々の生産物全体を構成する商品のすべてを、全体としてみた場合も、そうであるにちがいない。そうした年々の生産物の全価格、すなわち全交換価値は、同じ三つの部分に分れて、その国のさまざまな住民のあいだに、かれらの労働の賃銀、資本《ストック》の利潤、または土地の地代として、配分されるにちがいない。

ところが、たとえすべての国の土地と労働の年々の生産物の全価値が、その国のさまざまな住民のあいだに右のように分割されて、かれらにとっての収入を構成するとしても、個人の所有地の地代の場合に、総地代と純地代とを区別しているように、一国の住民のすべての収入についても、同様な区別をすることができる。

個人の所有地の総地代のなかには、借主の農業者が支払うすべてのものがふくまれている。純地代とは、経営や修理の費用、その他すべての必要経費を差し引いたあと、地主の自由な処分に残されるもののことである。つまり、地主が自分の所有地を保全し、それを
270 直接の消費のための資財として使えるもの、すなわち、かれが自分の食卓、什器《じゅうき》、家屋や家具の装飾品、自分の楽しみや娯楽のために使うことができるいっさいのもののことである。だからかれの実質的な富は、総地代ではなく純地代に比例する。

一国の全住民の総収入には、かれらの土地と労働の年々の生産物のすべてがふくまれる。

純収入には、第一にかれらの固定資本の、第二にかれらの流動資本の、維持費を差し引いたあとに手元にのこり自由に処分できるものがふくまれる。いいかえると、かれらが自分たちの資本に食いこむことなしに直接消費のためにとっておかれる資財で、自分たちの生活資料、便益品および娯楽品として消費できるもののことである。だから、かれらの実質的富も、その総収入ではなしに純収入に比例する。

固定資本の維持費はその全額を社会の純収入から除外しなければならない

固定資本の維持費は、その全額を社会の純収入から除外しなければならないことは明らかである。有用な機械や事業上の用具、営業用の建物などを維持するのに必要な原料も、これらの原料を適当な形にこしらえ上げるのに必要な労働の生産物も、どれも純収入の一部になることは絶対にありえない。なるほど、労働の生産物でなしに、そういう労働の価格の方は、純収入の一部になることもありうる。固定資本の維持のために働く職人が、自分たちの賃銀の価値全部を、直接消費のために取って置くかれらの貯《たくわ》えに繰り入れることもありうるからである。しかし、固定資本の維持以外の種類の労働の場合なら、労働の価格だけでなしに労働の生産物もともに、直接消費のために取って置かれる貯えになる。つまり労働の価格は職人たちの貯えに、労働の生産物の方は他の一般国民の貯えになるのであって、国民の生活資料、便益品、娯楽品が増加するのは、この後者の種類の職人の労働によってなのである〔前出、本篇第一章「あらゆる固定資本は……」の小見出し参照〕。

固定資本の目的は、労働の生産力を増加させること、すなわち、同数の労働者でもいっそう多くの量の仕事を達成できるようにすることである。必要な建物、垣根、排水路、通路などのすべてが完備している農場では、同数の労働者と役畜によって、大きさと地味はこれと同等だが、その便益において劣る農場にくらべて、はるかに多量の生産物が産出されるだろうし、製造業においても、最良の機械の助けを借りると、仕事の上のもっと不完全な用具を用いる場合にくらべて、同数の人手でもはるかに多量の財貨が仕上げられるものである。どんな種類の固定資本でも、適切にそれに費やされた経費は、つねに大きな利潤をともなって回収され、しかも年々の生産物の価値は、この改良のために必要な経費よりもはるかに上回って増加される。けれども、こうした維持にも生産物の一定部分がどうしても必要になる。衣食住、すなわち、社会の生活物資と便益品を増加させるのに直接用
271 いられるはずの一定量の材料と一定数の職人の労働とは、双方とも、年々の生産物の価値を増大させるのにたいへん有利ではあるが、それとは別の用途へ両方ともに転用される。ともあれ、同数の職人が等量の仕事を、これまでよりも安価で簡単な機械設備で遂行することができるような機械技術上のすべての改善が、つねにあらゆる社会にとって有益だとみなされるのはまさにこのような理由からである。もっと複雑で高価な機械設備を維持するのにこれまで用いられていた一定量の材料と一定数の職人の労働とは、今後は、新しい

機械設備または他の種類の機械設備で仕事の量をふやすのに用いられることになる。一ヶ年に一〇〇〇ポンドを機械設備の維持に用いるある大製造所の企業家がいて、もしかれがこの経費を五〇〇ポンドに引き下げることができるなら、かれはとうぜん残りの五〇〇ポンドで、職人数を追加し材料の追加量を購買するのにそれを用いるであろう。したがって、かれの機械設備が作業の遂行上もたらす仕事の量は、とうぜん増加するであろうし、またそれにともなって、その仕事から社会がうける利益と便宜も、増加するであろう。

一国における固定資本の維持費は、個人の所有地の修理費にたとえてみるのが適切であろう。つまり修理費は、所有地の生産物の量を維持するために、したがってまた、地主の総地代と純地代との双方を維持するために、つねに必要であろう。けれども、いっそう適切な管理によって、生産物の減少をひきおこさないで修理費を減少させることができるなら、総地代のほうは少なくともいままでどおりであるが、純地代はとうぜん増加することになる。

社会の流動資本のうち固定資本の維持に使われない部分は社会の純収入を形成する

固定資本の全維持費は、以上のように社会の純収入から除外されるにしても、流動資本の維持費はこれとは事情がちがう。流動資本を構成する四つの部分、すなわち貨幣、食料品、材料、完成品のうち、あとの三つは、すでに述べたように、流動資本から規則的に取り去られて、その社会の固定資本か、直接の消費のための資財かのいずれかに組み入れられる。これら消費可能な財貨のうちで、前者つまり固定資本の維持に用いられないものはすべて、後者つまり直接の消費のための資財にはいり、社会の純収入の一部をかたちづくる。したがって、流動資本の右の三つの部分を維持することは、固定資本を維持するのに必要なものを別にすれば、年々の生産物の一部たりとも社会の純収入から取り去ることを意味しない。

272 社会の流動資本は、この点で、個人のそれとはちがっている。個人の流動資本は、かれの純収入のどの部分をも構成するものではない。かれの純収入は、すべてかれの利潤からなりたっていなければならない。ところが、すべての個人の流動資本は、その人が所属する社会の流動資本の一部をなすが、だからといってかれの流動資本が、同じように、社会の純収入の一部を構成しないとは言えない。商人の店舗にある全財貨は、かれ自身の直接の消費のための資財のなかに組み入れられることはけっしてありえないにしても、それらが他の人々の直接の消費のための資財に組み入れられることはありうるからである。つまりこれらの人々は、他の源泉から引き出される収入によって、これらの財貨の価値をその利潤とともに、規則的にこの商人にたいして回収させることができる。しかもこの場合、この商人の資本にも、他の人々の資本にも、なんの減少も生じないのである。

したがって、社会の流動資本のうち、それを維持することによって社会の純収入が減少するのは、貨幣だけだということになる。

社会の流動資本中の貨幣は三つの点で固定資本に似ている。第一に、貨幣の維持費は総収入の一部ではあっても純収入の一部ではない

固定資本と、流動資本のうちの貨幣からなる部分とは、それらが社会の収入に与える影響にかんするかぎり、たがいに非常によく似ている。

第一に、機械や事業上の用具などは、まず最初の設備にも、そのあとの維持にも、一定の費用を必要とし、そしてそれらの費用は両方とも、社会の総収入の一部を構成するが、純収入からは除かれなければならないものである。これと同じように、一国に流通する貨幣のストックは、まずそれを集め、その後それを維持するのに、一定の費用を必要とするにちがいない。そのための費用は両方とも、社会の総収入の一部を構成はするが、純収入からは控除される点では、同様である。非常に高価な材料である金銀の一定量と、非常に精巧な労働の一定量とが、直接の消費のための資財、つまり個人の生活資料、便益品、娯楽品を増加させるために使用されないで、偉大ではあるが高価な商業上の用具を維持するために使用されることになる。この用具を媒介として、社会のあらゆる個人は、その生活資料、便益品、娯楽品をそれぞれ適切な割合で規則的に分配されるのである。

第二に、流通の大車輪としての貨幣それ自体は、けっして総収入にも純収入にもならない

第二に、個人または社会の固定資本を構成する機械や事業上の用具などは、個人の場合も社会の場合も、総収入の一部でもなければ純収入の一部でもない。これと同じく、貨幣は、それ自体は、社会の収入のいかなる部分でもない。しかも、この貨幣を媒介として、社会の全収入がさまざまな成員のあいだに規則的に分配されるのである。流通のこの大車
273
輪は、それを媒介として流通する財貨とはまったく別のものである。社会の収入は、すべてこれらの財貨からなりたっていて、これらを流通させる車輪からなりたっているのではない。どんな社会でも、その総収入または純収入を算定するにあたっては、つねに、社会の貨幣と財貨との年々の流通総額から、貨幣の価値総額を控除しなければならないのであって、貨幣はただの一ファージング〔第一篇第四章「最初は耐久性……」の小見出しの割注参照〕といえども、これらのどの収入の一部ともなりえないのである。

右の命題が疑わしいものにみえたり、または逆説的にみえたりするのは、もっぱら言葉のあいまいさによるのである。適切に説明され理解されれば、これはほとんど自明のことなのである。

われわれは、ある一定額の貨幣について語る場合に、その貨幣を構成する金属片しか意味しないこともあるし、またそれと交換に入手できる財貨、あるいは貨幣の購買力を暗に

ふくめることがある。たとえば、イングランドの流通貨幣が一八〇〇万ポンドと算定されたという場合には、ある著述家たちがこの国に流通していると算定、いや想像した金属片の総額のことを、われわれはもっぱら考えるのである。しかし、ある人の年収が五〇ポンドまたは一〇〇ポンドだという場合には、普通われわれは、年々かれに支払われる金属片の額ばかりでなく、年々かれが購買または消費することのできる財貨の価値を普通考えるだろう。われわれは、かれの暮し向きがどうであるか、またはどうあるべきかということ、つまり、かれが適切に享受できる生活の必需品と便益品の量と質がどうであるか、またはどうあるべきか、を普通たしかめようとするのである。

われわれが、ある一定額の貨幣という言葉で、その貨幣を構成する金属片の額をあらわすばかりでなく、それと交換に入手できる財貨を暗に示すことをその意味にふくめようとする場合には、それが表示する富または収入は、同じ言葉によって、このようにややあいまいに表示されている二つの価値の一方にだけ等しい。いっそう適切にいえば、前者よりも後者に、すなわち貨幣そのものよりも貨幣の値打に、等しいのである。

たとえば、ある人の俸給が毎週一ギニーであるとすれば、かれは一週間のうちに、その一ギニーで一定量の生活資料、便益品、娯楽品を購買することができる。この量が大きいか小さいかに比例して、かれの真の富、実質上の週収入も大きかったり小さかったりする。かれの週収入は、この一ギニー貨と、それで購買できるものとの両方の合計に等しくない

274 ことはたしかであって、これら二つの等しい価値のどちらか一方にだけ等しい。いっそう適切にいえば、前者よりも後者に、すなわち一ギニー貨よりも一ギニー貨の値打に等しいのである。

もしこの人の俸給が、金《きん》ではなくて毎週一ギニーの手形で支払われているにしても、かれの収入が、正しくは、紙片からなるというよりも、それと引換えに入手できるものからなることはたしかである。この場合の一ギニーは、その近隣のすべての商人にあてて振り出された、一定量の必需品と便益品にたいする手形とみてさしつかえない。その支払を受ける人の収入は、正しくは、金属片からなるというよりもむしろ、この金属片と引換えに入手できるもの、つまり、かれがそれと交換に得られるものからなっているのである。もし、それがなにものとも交換できないなら、それは破産者あてに振り出された手形と同じく、役にも立たない紙きれほどの価値しかもたない。

一国のさまざまな住民すべての週収入または年収入は、これと同じく、かれらに貨幣のかたちで支払われてもよいし、また実際支払われる場合が多いが、それにしても、かれらの真の富、すなわちその実質上の週収入または年収入の総額の多いか少ないかは、全体としてみると、すべてこの貨幣で購入することのできる消費可能な財貨の量に比例するにちがいない。かれらの収入の総額は、貨幣と消費可能な財貨との両方の合計には等しくないのであって、それら二つの価値のどちらか一方だけに、いっそう適切にいえば、前者より後者に等しいことは明らかである。

したがって、われわれは、ある人の収入をあらわすのに、その人に年々支払われる金属片をもってすることがしばしばあるけれど、これは、それら金属片の額によって、この人の購買力の大きさ、すなわち、かれが年々消費することのできる財貨の価値の大きさが定まるからである。この場合にもわれわれは、かれの収入が、この購買力または消費力にあると考えるので、こういう力をもたらす金属片にあるとは考えないのである。

ところでこのことが、個人にかんして十分に明白だとすると、社会にかんしてはなおさら明白である。ある個人に年々支払われる金属片の額はかれの収入に正確に等しいことが多い。だから、この金属片の額はかれの収入の価値を端的に最もよく表現する。ところが、ある社会に流通している金属片の額がその成員全部の収入に等しいということは、けっしてありえないのである。ある人の週払の給与《ペンション》に今日支払われるそのギニー貨は、明日は別の人のそれに支払われ、明後日はさらに第三の人のそれに支払われるかもしれないので、ある国で年々流通している金属片の額は、年々それで支払われる貨幣給与《ペンション》の総額よりも、つねにはるかに少ない価値であるにちがいない。だが購買力は、いいかえると、この貨幣
275 給与《ペンション》の総額が支払われてゆくにつれてそれでそのつど購買される財貨は、つねにその給与《ペンション》と正確に同じ価値であるにちがいない。これと同じく、それらの給与《ペンション》の支払を受けるさまざまな人の収入とも同じ価値であるにちがいない。要するに人々の収入は、額にお

いてその収入の価値にはるかに達しない金属片のうちにあるのではなく、購買力、すなわち、手から手へとその金属片が流通するうちに買われてゆく財貨の総体の価値額のうちにあるのである。

そういうわけで、流通の大車輪であり商業の偉大な用具である貨幣は、事業上の他のすべての用具と同じように、資本の一部、しかもそのきわめて貴重な一部をなすけれども、それが所属する社会の収入のいかなる部分をもなすものではない。またこの貨幣を構成する金属片は、その年々の流通の過程で、とうぜん各人に属すべき収入をその人々に分配するが、その金属片自身は、その収入のいかなる部分をもなすものではない。

第三に、貨幣の維持費の節約は社会の真の収入を増大させる。それゆえ、金属貨幣のかわりに紙券を用いるのは一つの改善である

第三に、固定資本を構成する機械や事業上の用具などは、流動資本のうち貨幣からなる部分と、なお次のような点で類似している。すなわち、労働の生産力を減退させないで、そうした機械を備えつけ維持する経費の節約が行なわれるなら、それはすべて、社会の純収入の増大となるが、これと同じく、流動資本のうち貨幣を集めそれを維持する経費が節約されるなら、それはすべて、これとまったく同様に社会の純収入の増大となるという点である。

固定資本の維持費のあらゆる節約が、いったいどのようにして社会の純収入を増すことになるかは、きわめて明白なことであるし、また一部はすでに説明したところでもある。あらゆる事業の企業家の全資本は、かならず固定資本と流動資本とに分れる。かれの全資本が一定であれば、その一方の部分が小さければ小さいほど、他方はとうぜん大きくなるにちがいない。材料と労働賃銀とを提供して産業を活動させるのは、流動資本である。それゆえ、労働の生産力を減退させないで、固定資本の維持費に節約が行なわれるなら、それはすべて、産業を活動させる基金《ファンド》を増大させるにちがいない。またしたがって、土地と労働の年々の生産物、すなわち、あらゆる社会の真の収入を増大させるにちがいない。

金・銀貨のかわりに紙券[2]を代位させることは、きわめて高価な商業上の用具を、経費のずっとかからない、同じように便利な用具でおきかえることである。流通は新しい車輪で行なわれるようになるのであって、この車輪は、建造にも維持にも、古い車輪にくらべて経費がかからないのである。しかしこの新しい車輪がどのようにはたらくのか、またそれが社会の総収入と純収入のどちらをどのように増加させるのかは、それほど明らかなこととはかならずしもいえないので、さらに立ち入った説明をしておく必要があろう。

276

銀行の手形である銀行券は金属貨幣の流通に代位するので、金・銀貨はそれだけ節約される

紙券にはいくつかの種類があるが、銀行や銀行業者の流通手形は、最もよく知られた種類のものであって、これは、右の説明にいちばんよく適しているように思われる。

ある特定地域の人々が、ある特定の銀行業者の財産、誠実さ、慎重さに深い信頼をよせていて、自分の約束手形をいつなんどき提示しても、この銀行業者がつねに要求におうじて支払ってくれる用意がある、と信じているとしよう。その場合にはこの手形は、それと引換えにいつでも金銀貨が入手できるという信頼から、金・銀貨と同一の通用性をもつようになるのである。

ある銀行業者がその顧客とのあいだに自分の約束手形で一〇万ポンドを限度とする貸付を行なうと仮定しよう。この手形は、貨幣としてのあらゆる目的にかなうものであるから、かれの債務者たちは、ちょうどそれと同額の貨幣が貸し付けられる場合と同一の利子を支払う。この利子が、銀行業者の利得の源泉なのである。これらの手形のうちのあるものは、支払を求めてかれの手元にたえずもどってはくるが、また一部は、数ヶ月、数ヶ年のあいだ、ずっと流通しつづけるのである。したがって、かれが一〇万ポンドを限度とする手形を広く流通させていても、金銀のかたちで二万ポンドもあれば、そのときどきの請求におうじるための準備としては十分であろう。だから、この操作によって、金銀のかたちでの二万ポンドは、そうでない場合に一〇万ポンドの金・銀貨が遂行したはずのすべての機能を遂行する。一〇万ポンドの価値をもった約束手形のおかげで、これと等しい価値の金・銀貨による場合と同一の交換が行なわれ、また同じ量の消費可能な財貨が流通させられて、その本来の消費者たちに分配されるというわけである。したがって、八万ポンドの金・銀貨が、このようにしてその国の流通界から節約できるのである。もし、これと同時に、多数の銀行や銀行業者の手で、これと同じ種類のさまざまな操作が行なわれるならば、全流通は、そうでない場合に必要とする金銀のわずか五分の一で処理されるであろう。

――銀行券によって代位され節約された貨幣は、金銀の形で海外に送られ、国内消費用の外国財貨の購買にあてられる――

たとえば、ある特定の国の全流通貨幣が、ある時期に英貨一〇〇万ポンドに達し、そしてこの額が、その国の土地と労働の年々の全生産物を流通させるのに十分であったとしよう。さらに、その後、種々の銀行や銀行業者が一〇〇万ポンドを限度として持参人払の約束手形を発行して、そのときどきの請求におうじるために二〇万ポンドの金・銀貨を各自の金庫に準備したとしよう。そうすると、流通界には、金銀で八〇万ポンド、銀行券で一〇〇万ポンド、すなわち紙券と貨幣を合せて一八〇万ポンドがとどまるであろう。しかし、
277
その国の土地と労働の年々の生産物を流通させて、それを本来の消費者たちに分配するのには、以前には一〇〇万ポンドしか必要でなかった。しかも、この年々の生産物は、銀行業のそうした操作によってただちに増加するわけのものでもない。したがって、そうした銀行操作の開始後でも、この生産物を流通させるためには一〇〇万ポンドで十分であろう。売買される財貨は、まさしくいままでと同一量なのであるから、その売買のためには、いままでと同一量の貨幣で十分であろう。流通の水路という表現を用いてさしつかえないな

ら、この水路はまさしくいままでと同じままであろう。一〇〇万ポンドあれば、その水路を満たすのに十分だとわれわれは仮定してきた。だから、この額を超えてその水路に注ぎこまれたものはなんであれ、水路内を流れることはできなくて、あふれでるにちがいない。水路に現に注ぎこまれているのは、一八〇万ポンドである。だから、八〇万ポンドは、この国の流通界で使用されうる額を上回るために、あふれでるにちがいない。しかしこの額は、国内では使用されえなくとも、いたずらに遊休させておくのにはあまりに貴重である。そこで、国内では見出せない有利な用途をもとめて、海外に送られるであろう。だが、紙券のほうは海外に送るわけにはいかない。というのは、紙券を発行した銀行から、また紙券での支払を法律で強制しうる国から遠く離れたところでは、それは日常の支払に授受されないだろうからである。それゆえ、金銀で八〇万ポンドに達する額が海外に送られるだろうし、国内流通の水路は、以前にそれを満たしていた一〇〇万ポンドの金属のかわりに、一〇〇万ポンドの紙券で満たされることになるだろう。

しかし、こんなに大量の金銀がこのようにして海外に送られるにしても、それが無償で送られるとか、その所有者たちがそれを海外諸国民に贈与するなどと考えてはならない。かれらは、ある外国か自国かの消費にあてるために、この金銀を、さまざまな種類の外国の財貨と交換するのである。

もしその所有者が金銀を、ある外国で財貨を購買するために使用し、それをもう一つ別の国の消費にあてようとするならば、いいかえると、いわゆる仲継《なかつぎ》貿易にそれを使用するならば、かれらのあげる利潤はすべて、自国の純収入への追加分となるであろう。これは、ある新しい事業を運営するために創設された新しい基金のようなものである。というのは、いまや国内事業のほうは、紙券によってとり行なわれ、金銀はこの新しい事業の基金にきりかえられるからである。

もしかれらが、国内消費用の外国の財貨を購買するのに金銀を用いるならば、かれらは第一に、なにも生産しない怠惰な人々が消費しそうな財貨、たとえば外国産葡萄酒《ぶどうしゅ》、外国製絹織物などを購買するかもしれない。あるいはまた第二に、自分たちが年々消費する価値を利潤とともに再生産する勤勉な人々を多数雇用するために、いっそう多くの材料、道具、食料品のストックの追加分を購買するかもしれない。

第一の方法で用いられるかぎり、それは浪費を促進し、経費と消費を増大させはするが、生産を増進することはない。いいかえると、この経費をまかなうための恒久的な基金の方は準備しないのだから、これはあらゆる点で社会にとって有害である。

第二の方法で用いられるかぎり、それは勤労を促進する。すなわち、それは社会の消費を増加させるにしても、その消費をささえるための恒久的な基金を用意するのである。なぜなら、消費する人々は、かれらが年々消費する全価値を利潤とともに再生産するからである。その社会の総収入、いいかえると、その土地と労働の年々の生産物は、そうした職人が用いる材料にかれらの労働が付加する全価値だけ増加することになる。また社会の純収入は、道具や事業上の用具をささえるために必要な額を、この価値から差し引いたあとに残る額だけ増加されることになる。

銀行業の右のような操作によっていやおうなしに海外に送られて、国内消費用の外国財貨の購買に用いられる金銀の大部分は、この第二の種類の財貨を購買するのに現に使用されているし、また使用されざるをえないが、これは、ありそうなことだというばかりでなく、ほとんど不可避なことに思われるのである。人によっては、収入がふえもしないのに支出を大幅にふやすことがあるかもしれないが、一階級または一階層の人々全部がそのようなことをすることはけっしてない、と確言してさしつかえないだろう。というのは、思慮分別の原則は、あらゆる個人の行動をかならずしも律するとはかぎらないが、あらゆる階級または階層の大多数の人々の行動にはつねに影響を与えるものだからである。だが、一階級または一階層としてとらえられた怠惰な人々の収入は、銀行業の右のような操作によっていささかもふえるものではない。かれらのなかで少数のものの支出は増加するかもしれないし、また実際に増加することがあるにしても、一般にかれらの支出が銀行業のそうした操作によって大幅に増加することはありえない。怠惰な人々の、外国財貨にたいする需要は、いままでと同一、またはほぼ同一であろう。だから、銀行業の右のような操作によっていやおうなしに海外に送られ、国内消費用の外国財貨の購買に用いられる貨幣のうちで、怠惰な人々の利用のための財貨の購買に使用されることになりそうなのは、そのごく小部分である。貨幣の大部分は、おのずから勤勉な人々の雇用にあてられて、怠惰な人々の維持にあてられることにはならないだろう。

279

紙券が金属貨幣に代位されると、材料、道具、生活資料などの流動資本がふえ、雇用される労働の量は、それだけ増加される

ある社会の流動資本が用いる勤労の量を算定する場合には、つねに流動資本のうち食料品、材料、完成品からなる部分だけを勘定に入れなければならない。これらの三つのものを流通させるだけに役立つ貨幣は、つねに流動資本から除外されなければならない。勤労を活動させるためには、三つのものが必要である。すなわち、加工する材料、作業のための道具、仕事の目的である賃銀または報酬である。貨幣は、加工する材料でもなければ、作業のための道具でもない。職人の賃銀は貨幣のかたちで支払われるのが普通であるが、かれの実質上の収入は、他のすべての人のそれと同じく、貨幣そのものではなくてその値打にある。いいかえると、金属片ではなくて、それと引換えに入手できるものにあるのである。

ある資本が用いうる勤労の量は、明らかに、この資本が仕事の性質に適した材料、道具、生活資料を供給しうるだけの職人の数に等しいにちがいない。仕事の材料と道具を買うためには、職人を雇い入れる場合と同様に、貨幣が必要であろう。しかし、もちろんのこと

だが、全資本が用いうる勤労の量は、購買する貨幣と、それで購買される材料、道具、生活資料との両方に等しいのではなくて、それら二つの価値のどちらか一方にだけ等しい。もっと適切にいえば、前者よりも後者に等しいのである。

金・銀貨のかわりに紙券が代位されると、全流動資本が供給できる材料、道具、生活資料の量は、それらを購買するのにいつも用いられていた金銀の全価値だけ増加するだろう。流通と分配の偉大な車輪の全価値が、それを媒介にして流通させられ分配される財貨に追加されるのである。この操作は、次のような操作の場合とある程度類似している。すなわち、ある大きい事業の企業家が、ある機械工学上の進歩の結果、かれの古い機械設備をとりはずして、その価格と新しい機械の価格との差額を、かれが職人たちに材料と賃銀を供給する基金である流動資本に付け加える、という場合である。

ある国の流通貨幣が、それによって流通させられる年々の生産物の全価値とどのような割合にあるかは、おそらく決定不可能なことであろう。それはさまざまな学者によって、その価値の五分の一、一〇分の一、二〇分の一、また三〇分の一だと算定されている。けれども、流通貨幣が年々の生産物の全価値にたいして占める割合がどんなに小さかろうと、その生産物の一部が、しかも多くの場合はほんの小さい部分が、勤労の維持にいつもあてられるのであるから、その部分にたいしては、流通貨幣はつねにかなり大きい比率を占めるにちがいない。そこで、紙券でおきかえられる結果、流通に必要な金銀が、たまたま以前の量の五分の一に引き下げられるという場合に、残りの五分の四のうちの大部分の価値が、勤労の維持にあてられた基金に追加されるならば、それだけでも、それは、この勤労の量、すなわち土地と労働の年々の生産物の価値にたいして、かなり大きい追加となるにちがいない。

この種の銀行操作はスコットランドで成果をあげた。スコットランドの商業はエディンバラに公開銀行が設立されてから四倍以上になった

この種の操作は、ここ二五年ないし三〇年間に、スコットランドで行なわれてきたのであって、ほとんどすべてのめぼしい都市や、さては田舎の村々で、銀行業の新会社の設立というかたちで実現された。そしてその効果はまさしく以上述べたとおりであった。この国の商取引は、ほとんどすべて、そうしたさまざまな銀行《バンキング・カンパニー》の紙券によって行なわれ、あらゆる種類の購買と支払は、それでなされるのが普通である。銀貨は、二〇シリングの銀行券を小さくくずすとき以外は滅多にみられないし、金貨となると、なおいっそうまれである。ところで、さまざまな銀行のそうした行動がすべて申し分のないものというわけではなかったし、それを規制するために議会の法令を必要としたほどである。それにもかかわらず、この国がこういう銀行の営業から大きい利益を獲《え》たことは明白である。私が確聞したところでは、グラスゴウ市の商業は、そこにはじめて銀行が設立されてから約一五

281

年のうちに、二倍になったということであるし、またスコットランドの商業は、エディンバラにはじめて二つの公開銀行が設立されてから、四倍以上になったという。これらの公開銀行のうちひとつは「スコットランド銀行」とよばれ、一六九五年に議会の条例によって創立され、もうひとつは「ロイヤルバンク」とよばれ、一七二七年に国王の特許状にもとづいて創立されたものである。スコットランド全体の商業にしても、または、とくにグラスゴウ市の商業にしても、それが事実、こんなにも短期間に、かくも大幅に増加したかどうかについては、私見を述べる用意はない。この両者のどちらかが、かりにこんなにも大幅に増加したとしても、その原因を銀行の設立という働きだけに帰してしまうには、これはあまりにも大きすぎる結果であるように思われる。それにしても、スコットランドの商業と工業が、この時期にいちじるしく増進し、そして銀行がこの増進に大いに貢献したことは疑う余地もない。

一七〇七年の合邦以前にスコットランドに流通し、合邦直後に改鋳のためにスコットランド銀行にもちこまれた銀貨の価値は、四一万一一一七ポンド一〇シリング九ペンスに達した。金貨については記録が入手できない。だが、スコットランド造幣局の古い記録を見ると、年々鋳造された金貨の価値は、銀貨の価値をいくらか超えていたらしい。(1) この場合にも、払い戻しにたいする不安から、自分の銀貨をスコットランド銀行にもちこもうとしなかった人が多数いた。またこのほかに、回収されなかったイングランドの鋳貨もいくらかあった。だから、合邦以前のスコットランドで流通していた金・銀貨の全価値は、正貨で一〇〇万ポンド以下だったとは考えられないのである。これが、その国の通貨のほぼ全部だったと思われる。というのは、当時は競争相手もいなかったスコットランド銀行の銀行券の流通高はかなり多かったのではあるが、同国通貨の全体と比較すると、ごく小さい部分にしかすぎなかったように思われるからである。現在、スコットランドの全通貨が二〇〇万ポンド以下だとは考えられない。このうち金・銀貨からなる部分は五〇万ポンドに達しないとみてよい。ところで、スコットランドで流通する金・銀貨はこの時期に大きく減少したけれども、この国の真の富と繁栄は少しも減少しなかったように思われる。それどころか反対に、この国の農業、製造業、商業は発展し、その土地と労働の年々の生産物は明らかに増大しているのである。

銀行券は主として手形の割引によって発行されるが、スコットランドの銀行は、これに加えてキャッシュ・アカウントという特殊な制度を採用した

たいていの銀行や銀行業者がその約束手形を発行するのは、主として為替手形を割り引くことによってである。いいかえると、為替手形が満期になるまえに、手形にたいして貨幣を前払する方法によるのである。これらの銀行や銀行業者は、前払する額がどれだけであろうと、つねにその金額にたいする為替手形の満期日までの法定利子を差し引くのであ

る。満期となって手形が支払われると、前払されたものの価値は、利子という純利潤といっしょに銀行に回収されることになる。銀行業者が商人の手形を割り引いて、かれに金・銀貨ではなく、自分の約束手形を前払する場合には、この銀行業者は、通常の流通量が経験上わかっている自分の約束手形の全価値額までは余分に割り引くことができるという利益をもつ。かれはこうすることによって、それだけ余分の金額にたいする、利子という純利得をあげることができるのである。

スコットランドの商業は現在でも非常に大きいとはいえないが、最初の二つの銀行が設立された当時には、それはもっと微々たるものであった。そしてもしこれらの銀行の業務が為替手形の割引だけにかぎられていたならば、それこそほんのわずかな取引しか行なわれなかったことであろう。そこでこれらの銀行は、自分の約束手形を発行するもう一つ別の方法を発明した。いわゆるキャッシュ・アカウントを認めるという方法がそれである。これは、どんな人にたいしてでも、次のような場合に一定額（たとえば、二〇〇〇または三〇〇〇ポンド）までの信用を与えるという方法である。すなわち、ある人が、確実な信用と申し分のない土地財産とをもった二人の保証人を立て、そのうえ右の信用の限度内の
282 金額であれば、どれだけ借りようと、要求のあり次第法定利子といっしょにそれを返済するということを、この二人がかれに保証してくれる、という場合である。この種の信用は、世界中いたるところの銀行や銀行業者がふつう与えているものと思われる。しかし、スコ

ットランドの銀行が容認している返済条件の簡易なことは、私の知るかぎりでは、かれらに特有なものであって、これらの銀行の取引高が大きくなったことも、この国がそのような取引から受けた利益が大きいことも、おもな原因はおそらくそこにあったのであろう。たとえば、これらの銀行の一つからこの種の信用を得て、それにもとづいて一〇〇〇ポンドを借りた場合、だれでもこの借りた金額を、一回に二〇ポンドとか三〇ポンドとかいうように、少しずつ返却すればよい。そのような少額が返済されるたびに、その当日から、全額にたいする利子のうち返却分の利子を差し引いてゆき、やがてはその全部が償還されるまで、こういうやり方がつづくわけである。そういうわけで、すべての商人やほとんどすべての実業家は、これらの銀行にこのキャッシュ・アカウントをもつのが便利だと考えるようになるので、かれらは、これらの銀行の手形をすべての支払のさいによろこんで受け取ったり、自分たちの勢力下にある人々に同じようなことをするように勧めたりして、銀行の取引が促進されることに関心をよせるのである。銀行は、その顧客から貨幣の借用を申し込まれると、たいてい自分の約束手形で貸し付ける。この手形を、商人は財貨と引換えに製造業者に支払い、製造業者は、材料品や食料品と引換えにそれらを農業者に支払い、農業者は地代として、それらを地主に支払い、地主は自分に供給される便益品や奢《しゃ》侈品《しひん》と引換えにそれらを商人に払い戻し、そして商人は、自分のキャッシュ・アカウントを決済するために、つまり自分が銀行から借りたものを返済するために、それをふたたび銀行に返すのである。このようにして、この国の貨幣取引のほとんど全部がこうした手形を媒介として処理される。これらの銀行の取引が大きいのはこのためである。

　このキャッシュ・アカウントのおかげで、あらゆる商人は無謀に走らず、それのない場合よりも多額の取引をすることができる。かりに二人の商人がいて、一人はロンドンで、もう一人はエディンバラで、等額の資本《ストック》を同一の事業部門に用いるとすると、エディンバラの商人は、危険をおかさずに、ロンドンの商人よりもいっそう多額の取引を行ない、またいっそう多数の人に雇用の機会を与えることができる。ロンドンの商人はかなりの額の貨幣を、自分自身の金庫か、またはそれにたいして利子をつけない銀行業者の金庫かにいつも保有しておかなければならない。それは、ロンドンの商人が信用で購買した財貨の代金支払にたいする不断の請求におうじるためである。この金額の大きさが五〇〇ポンドだと仮定しよう。かれの倉庫にある財貨の価値は、ちょうどこれだけの額を無理に遊休させ
283 ておく必要のなかった場合にくらべて、つねに五〇〇ポンドだけ少ないにちがいない。かれが手持ちの在庫品全部、つまり手持ちの在庫品全部の価値に等しい財貨を通例年に一回売りさばくとしよう。こんなにも大きい金額を無理に遊休させておかなければならない関係上、一年間の販売量は、そうでない場合にくらべて、五〇〇ポンドだけ少ないにちがいない。かれの年々の利潤は、五〇〇ポンドだけ価値の多い財貨を販売してあげえたはずの利潤の額だけ少ないにちがいないし、またかれの財貨を市場に供給するのに雇用される

人々の数は、五〇〇ポンドだけ大きい資本《ストック》が雇用することのできたはずの人数だけ少ないにちがいない。ところが、これに反して、エディンバラの商人の場合には、こうしたときどきの請求におうじるために貨幣を遊休させておくことがまったくない。実際にそうした請求がやってくると、かれは銀行にある自分のキャッシュ・アカウントからそれに応じ、そして自分の財貨のそのときどきの販売からあがってくる貨幣または紙券で、借り入れた金額をだんだんと返済する。そういうわけで、かれは、同じ資本《ストック》によって、危険をおかさずに、いつもかれの倉庫に、ロンドンの商人にくらべていっそう多量の財貨を保有することができる。そうすることによって、ロンドンの商人よりもいっそう多くの利潤をあげることができるし、また、そのような財貨を市場に供給するいっそう多数の働き手に、恒常的な雇用の機会を与えることもできる。この国がこの種の取引から獲得した利益が大きいのは、このためなのである。

なるほど考えてみると、為替手形の割引という便宜も、スコットランドの商人のキャッシュ・アカウントと同じ便宜をイングランドの商人に与えている、といえるかもしれない。けれども、留意しなければならないのは、スコットランドの商人も、イングランドの商人と同様に、容易に為替手形を割り引くことができ、そのうえにまた、かれらにはキャッシュ・アカウントという余分の便宜がある、ということなのである。

284

紙券の流通額は、それがない場合に流通しうる金・銀貨の価値を超えることはできない。この額を超えると、過剰分は金・銀貨との兌換のために銀行に還流する

どんな国でも、そこで容易に流通しうるあらゆる種類の紙券の総額は、それがとってかわる金・銀貨の価値、いいかえると、（取引量は同一と仮定して）紙券がぜんぜんない場合にそこで流通するはずの金・銀貨の価値をけっして超えることはできない。たとえば、もし二〇シリング券がスコットランドで流通する最低額の紙券だとすると、その国で容易に流通しうるその通貨の総額は、国内でふつう取引される二〇シリングおよびそれ以上の価値の年々の交換を処理するのに必要な金・銀貨の額を超えることはできない。もし、ある時期に流通紙券がこの額を超えると、この超過分は、海外に送ることもできなければ、この国の流通界で用いることもできないから、金・銀貨と兌換《だかん》されるために、ただちに銀行に還流するにちがいない。すなわち、多くの人々は、国内で自分たちの取引を処理するのに必要とする以上の紙券があることにただちに気づくであろう。しかもかれらは、それを海外に送ることができないので、ただちにその支払を銀行に請求するであろう。こうした余分の紙券が金・銀貨に換えられるならば、かれらは、この金銀を海外に送ることによって容易にその用途を見出せるだろうが、紙券のかたちのままでは、なんの用途も見出せないだろう。したがって、この場合には、たちまちその銀行にこの余分な紙券全額についての取付けが起るだろう。そしてもし銀行が、支払に難色やためらいを示すならば、取付けはさらにいちだんと大規模なものとなるだろう。というのは、これでひきおこされる恐怖が取付けを必然的に大きくするからである。

すべての事業部門に共通な経費、たとえば家賃、使用人・事務員・会計係などの賃銀のような経費以外に、銀行に特有な経費としては、主として、次の二項目がある。第一は、銀行券を所持する人たちのそのときどきの請求におうじるために、多額の貨幣を銀行の金庫のなかにいつでも保有するための経費である。この貨幣については銀行は利子を損する。第二は、このようなときどきの請求におうじることによって金庫が空《から》になってきたとき、できるだけすみやかにそれを補充するための経費である。

ある銀行が、その国の流通界では使用しきれないほどの紙券を発行し、その過剰分がたえず支払をもとめて銀行に還流してくるならば、その銀行は、いつもその金庫に保有する金銀の量を、この流通過剰分の増加の割合においてばかりか、それよりもずっと大きい割合で増加させておかなければならない。というのは、銀行の発行する銀行券は、その量の過剰分に比例するよりもずっと急速に銀行に復帰するからである。それゆえこのような銀行は、右の第一項目の経費を、自分の業務がいやおうなしに拡大するのに比例して増加させるばかりか、それよりもずっと大きい割合で増加させなければならないのである。

そのうえ、この種の銀行の金庫は、その業務が手がたく行なわれている場合よりもずっと充実しておくべきであるにもかかわらず、かえって急速に空《から》になってゆくにちがいない。そこで金庫は、それを補充するためにいっそう大きな経費を支出する必要にせまられるばかりか、いっそうたえまなくこのための経費を支出する必要にせまられるであろう。また、このようにしてたえず銀行の金庫から大量に引き出される鋳貨は、この国の流通界では用いるわけにはいかない。この鋳貨は、その流通界で用いられる額を上回る余分の紙券にとってかわるものであるから、その国の流通に用いられる額を上回るものである。だが、その鋳貨は遊ばせておくことはゆるされないだろうから、国内では見出せない有利な用途を見つけるために、なんらかの形で、海外に送られるにちがいない。こうして、金銀が不断に輸出されると、こんなにも急速に空になってゆく銀行の金庫を補充するために、あらたに金銀をかき集める仕事はますます困難となり、それによって銀行の経費は、当然のことながらなおいっそう増加するにちがいない。したがって、このような銀行は、その業務が
285 こうしていやおうなしに拡大するのに比例して、この経費の第二項目を第一項目以上に、なおいっそう増加させるにちがいない。

その国の流通界が容易に吸収し使用しうる、ある特定の銀行の紙券全部がちょうど四万ポンドにのぼると仮定しよう。そして、そのときどきの請求におうじるために、この銀行が、いつもその金庫内に金銀で一万ポンドを保有しなければならないと仮定しよう。もしこの銀行が四万四〇〇〇ポンドの紙券を流通させせようとすると、流通界が容易に吸収し使

用しうる額を超える四〇〇〇ポンドは、それが発行されるや、ほとんどすぐに銀行に復帰するだろう。したがってこの銀行は、ときどきの請求におうじるために、いつもその金庫内に、一万一〇〇〇ポンドではなく一万四〇〇〇ポンドを保有しなければならなくなる。こうしてその銀行は、過剰流通高の四〇〇〇ポンドの利子からはなにひとつ利得しないだろう。しかもその銀行は、金庫内にもちこまれてもまもなくそこから出ていってしまう四〇〇〇ポンドの金銀をたえずかき集めるための経費を、全部負担しなければならない。

もしも、すべての銀行がつねに各自の利害をよく理解し、そしてそれにたいして注意を向けているなら、流通界はけっして紙券の供給過剰におちいることはなかったはずである。だが、すべての銀行は、かならずしも各自の利益をよく理解したり、また注意を払ったりしていなかったので、流通界はしばしば紙券の供給過剰におちいったのであった。

イングランド銀行もスコットランドの諸銀行も銀行券を過剰に発行し、その後始末のために多額の出費を余儀なくされた

〔3〕イングランド銀行は、あまりにも多量の紙券を発行し、その過剰分が金・銀貨と兌換されるためにたえず還流してきたので、何年にもわたって年額八〇万ポンドないし一〇〇万ポンド、平均すると約八五万ポンドにのぼる金貨を鋳造することを余儀なくされた。こうした巨額の鋳造のために、同銀行は——数年来、金貨が磨損し、品位低下の状態におちいっていた結果として——しばしば金地金を一オンスにつき四ポンドという高い価格で購買

286

することを余儀なくされ、しかも購買するや日を経ずして、その地金を一オンスにつき三ポンド一七シリング一〇ペンス二分の一の鋳貨として発行したのである。このようにして同銀行は、こんなにも巨額の貨幣鋳造について、二・五パーセントないし三パーセントの損失をこうむったのであった。したがってイングランド銀行は、適切にも政府が鋳造費を負担したので造幣手数料をぜんぜん支払わないですんだのだが、政府のこうした寛大な処置をもってしても、その失費を完全には防げなかった。

スコットランドの諸銀行は、これと同じ種類の過剰発行をした結果、どの銀行も、自分たちのために貨幣を集める代理人を恒常的にロンドンにおく必要に迫られた。そしてその経費は、一・五ないし二パーセントをくだることはまれであった。この貨幣は、大型四輪馬車で輸送され、運送業者によって保険をつけられて、四分の三パーセント、すなわち、一〇〇ポンドにつき一五シリングという追加的経費がかかったのである。しかもこれらの代理人たちは、その雇主たちの金庫が空になったとき、すぐさまそれを補充できるとはかぎらなかった。この場合に、スコットランドの諸銀行が考えだした方策は、ロンドンにいるかれらの取引先にあてて、かれらが必要とする金額の為替手形を振り出すことであった。ところが、取引先がそのあとで、この金額の支払を利子および手数料とともに請求するために銀行にあてて手形を振り出す段になると、これらの銀行のうちのあるものは、自分たちの過剰発行によって苦境におちいっているために、この手形を決済する手段としては、ときとして、ロンドンの同じ取引先かまたは別の取引先にあてて、二度目の手形を振り出すよりほかなかったのである。このようにして、同一金額が、というより同一金額の手形が、ときには二度、三度と両地のあいだを往復し、債務者である銀行は、この累積した全金額にたいして、いつも利子と手数料を支払わなければならなかった。スコットランドの諸銀行のうち、無茶をやりすぎるという悪名をはせたことのなかったものでさえ、ときとしてこうした破滅的な術策を用いざるをえなかったのである。

イングランド銀行なりスコットランドの諸銀行なりのどちらかが発行した紙券のうち、国内流通に用いられる額を超える部分と引換えに支払われた金貨は、同じように、国内流通で用いられる額を超えているので、鋳貨のかたちで海外に送られたこともあり、鎔解《ようかい》されて地金のかたちで海外に送られたこともあるし、また鎔解されて一オンスにつき四ポンドという高い価格でイングランド銀行に売却されたこともある。最も新しく最も重く、そして最良の鋳貨片だけが金鋳貨のなかから慎重に選び出されて、海外に送られるか、または鎔解されるかしたのである。そうした重い鋳貨も、国内でそれが鋳貨のかたちのままでいるあいだは、軽い鋳貨と同じ価値をもっている。だがそれらは、海外では、または国内でも、鎔解されて地金になれば、軽い鋳貨以上の価値をもつものになる。イングランド銀行は、年々多額の鋳造をしたにもかかわらず、驚いたことに、前年と同一の鋳貨の不足が毎年あらわれたということ、また年々多額の優良な新鋳貨を発行したにもかかわらず、鋳

287

貨の状態が良くなってゆくどころか、年々ますます悪化していったということが明らかになったのである。毎年、イングランド銀行は、その前年に鋳造したのとほぼ同一量の金貨を鋳造しなければならなかった。また鋳貨の磨損や盗削がたえず行なわれた結果、金地金の価格が不断に上昇するために、年々のこうした大規模な鋳造の経費は毎年ふえる一方であった。ここで注意しなければならないのは、イングランド銀行が自行の金庫に鋳貨を供給すれば、同銀行は間接に、王国全体に鋳貨を供給しなくてはならなくなるということであって、鋳貨はその金庫から王国全体に、非常にさまざまな経路をとって、たえまなく流れこんでいくのである。したがって、スコットランドの紙券とイングランドの紙券との両方の過剰流通を維持するのに必要とされる鋳貨の額がどれほどであろうと、また、こうした過剰流通のために王国が必要とする鋳貨にどれほどの不足が生じようと、イングランド銀行は、なんとしてでもそれを満たさなければならなかった。たしかにスコットランドの諸銀行は、みな自分たちの無謀と不注意にたいして、大いに高い代価を払ったのであった。けれどもイングランド銀行は、自分の行なった無謀にたいしてばかりか、スコットランドのほとんどすべての銀行が行なったもっとひどい無謀にたいしても、大いに高い代価を払ったのである。

銀行の貸付が、それがなければ企業家が支払準備のため現金で保有しなければならぬ資本部分を超えない限り、過大取引は生じない

紙券のこうした過剰流通の根本原因となったのは、連合王国の両地方における幾人かの大胆な投機的企業家の過大取引であった。

銀行が商人または企業家にどの程度の貸付をするのが適当であるかといえば、それは、その商人または企業家が取引する資本の全額ではなく、またその資本の大部分というのでもなくて、このうち、もし貸付がなされなければ、そのときどきの請求におうじるために遊休させたまま現金で保有しなければならない部分、ということになる。もし銀行の貸し付ける紙券が、この価値を超えないなら、その紙券は、それがない場合にこの国で必然的に流通するはずの金・銀貨の価値をけっして超えることはない。すなわち紙券は、その国の流通界が容易に吸収し使用しうる分量を超えることができないのである。

ある銀行が、ある商人の求めにおうじて、真の債権者が真の債務者にあてて振り出した真の為替手形を割り引くとしよう。そしてその手形が、満期になるやいなや、その債務者によってまちがいなく支払われるとしよう。このような場合には、銀行が商人に貸し付けるのは、もし貸付がなければ、そのときどきの請求におうじるために遊休させたまま現金で保有しておかなければならない価値の一部分にすぎない。この手形が満期になって支払

288

われると、それは、銀行が貸し付けていた価値を利子といっしょに銀行に償還するのである。銀行の金庫は、銀行の取引がこのような顧客たちにかぎられているあいだは、ちょうど次のような池に類似している。つまりその池は、そこからたえず水が流れ出ているけれども、流出する水の分量にまったく等しいもうひとつの流れが、たえず流れこんでいるような池である。だからとりたてて注意しなくても、その池は、いつも同じか、またはほとんどまったく同じ分量の水をたたえているわけである。このような銀行の金庫を補充するのには、経費はほとんど、いやまったくかからない。

過大取引などしない商人であって、割り引いてもらえる手形を持たない場合でも、一定額の現金を必要とすることがよくある。もしもある銀行が、こういう商人の手形を割引するばかりか、このような場合に、スコットランドの銀行がとっているような簡便な条件で、商人の所要金額をかれのキャッシュ・アカウントで貸し付け、そして商人がかれの財貨のときどきの販売からあがってくる貨幣でなしくずし的に返却してゆくことを認めるとしよう。それによって商人は、ときどきの請求におうじるために資本《ストック》の一部を遊休させたまま現金で保有する必要から完全にまぬがれることになる。もし、このような請求が実際にかれにたいしてなされても、かれは自分のキャッシュ・アカウントで十分にそれにおうじることができる。けれどもその銀行は、このような顧客と取引するさいには、（たとえば、四ヶ月、五ヶ月、六ヶ月、または八ヶ月というような）ある短期間のうちに顧客から通例受け入れる返済の額が、顧客にたいしてふつうなされる貸付の額に完全に等しいかどうか、ということを、非常に注意ぶかく観察していなければならない。もしもこのような短期間のうちに、ある顧客からの返済額が、その貸付額に完全に対応するならば、銀行はこのような顧客とは大いに安心して取引をつづけてもよい。この場合、銀行の金庫からたえず出てゆく流れがたとえ非常に大きくても、そこにたえずはいってくる流れも、少なくともこれと同じように大きいにちがいない。だから、とりたてて注意しなくても、この金庫はおそらくいつも、同じかまたはほとんどまったく同じに満たされていて、それを補充するのに、なにも特別の経費を必要としないのである。これに反して、もし、ある顧客からの返済額が、その顧客にたいしてなされる貸付額より非常に少ない場合には、銀行は、そのような顧客と安心して取引をつづけることはできない。少なくとも、顧客がこのようなかたちで取引をつづけるかぎりそうである。この場合、銀行の金庫からたえず出てゆく流れは、そこへたえずはいってくる流れよりもとうぜんずっと大きいのであるから、その金庫は、惜しみなく経費をかけて補充されないかぎり、まもなく空《から》になってしまうにちがいない。

スコットランドの諸銀行は慎重な貸出を行なってきたので、債務者たちの業態を判断できたし、過大な発行にもおちいらずにすんだ

したがって、スコットランドの銀行は、長いあいだ非常に注意ぶかく、すべての顧客に

289

むかって、頻繁《ひんぱん》で規則的な返済をしてくれるように要求していた。またどんなに財産があり、どんなに信用があろうと、かれらのいわゆる頻繁で規則的な取引をしてくれないような人とは、けっして取引しようとはしなかった。こうした注意をはらったために、これらの銀行は、その金庫を補充するための特別の経費をまるまる節約したうえに、さらに二つの、かなり大きい別の利益をおさめたのである。

　第一に、これらの銀行は、このような注意をはらったために、自分たちの債務者の営業状態の良否について、自分たちの帳簿が提供する以外には別に苦心して証拠を探さなくても、ある程度の判断をくだすことができた。というのは、人は、その営業状態の良否にしたがって、返済を規則的にしたりしなかったりするのが、ふつうだからである。一個人が数人または十数人の債務者に自分の金《かね》を貸すのであれば、自分自身なり、その代理人なりで、各債務者の行動と状態をたえず注意して観察し調査することもできるだろう。ところが、銀行の場合には、おそらく五〇〇人ものさまざまの人に貨幣を貸し付け、しかも、さまざまな種類のことがらにたえず気を配っている関係上、大部分の債務者の行動や状態にかんする規則的な情報は、会社自身の帳簿が提供する以外にはなにも得られない。スコットランドの銀行が、そのすべての顧客に頻繁で規則的な返済を要求したのは、おそらくこうした利益を念頭においていたからであろう。

　第二に、これらの銀行は、このような注意をはらったために、この国の流通界が容易に吸収し使用しうる額以上の多額の紙券を発行する危険をまぬがれることができた。もしこれらの銀行が、かなりの期間にわたって、ある特定の顧客からの返済額が、たいていの場合、かれにたいして行なった貸付額と完全に等しいということをみてとったならば、かれらは次のようなことを確信することができよう。すなわち、これらの銀行がこの顧客に貸し付けた紙券の額が、貸付がなされない場合にそのときどきの請求におうじるためにこの顧客が手元に保有しなければならなかった金・銀貨の量をいつも超えなかった、ということである。また、その結果として、銀行がその顧客をとおして流通させた紙券は、もし紙券がなかった場合にその国に流通したはずの金・銀貨の量をいつも超えなかった、ということである。顧客からの返済が頻繁であり、規則的であり、そしてその額が大きいということから十分に読みとれるのは、次のことである。すなわち、これらの銀行の貸付の額が、顧客の資本のうち、貸付がなされない場合にかれがそのときどきの請求におうじるために、いいかえると、かれの資本の他の部分をいつでも使用できるようにしておくために、自分の手元に遊休させたまま現金で保有しなければならなかった資本部分をいかなるときにも超えなかったということである。かなりの期間にわたって、紙券であろうと鋳貨であろうと、貨幣というかたちであらゆる商人のもとにたえず復帰し、また同じかたちでかれの手元からたえず出てゆくのは、もっぱらかれの資本中のこの部分なのである。もしも、この銀行の貸付額が借主の資本中のこの部分を超えるのが普通であったなら、かれの返済の通

290 例の金額は、ほどほどの期間内に、銀行の通例の貸付額に等しくなることはありえなかったであろう。かれの取引を媒介として銀行の金庫内にたえずはいってくる流れは、同じ取引を媒介としてたえず出てゆく流れに等しくなることはありえなかったであろう。銀行《バンク》紙幣《ペーパー》の貸付額は、もしこのような貸付がなかったなら、借主がそのときどきの請求におうじるために手元に保有しなければならなかったはずの金・銀貨の量を超えることになるために、紙券がなかった場合に（取引高は同一であると仮定して）この国に流通したはずの金・銀貨の総量をまもなく超えるようになるかもしれない。したがってまたこの貸付額は、その国の流通界が容易に吸収し使用しうる分量を超えるようになるかもしれない。そしてこのような紙券の過剰分は、金・銀貨と交換されるためにただちにその銀行に復帰したであろう。こうした第二の利益は、第一のそれと同じように現にあるはずなのに、スコットランドのどの銀行も、おそらく第一の利益ほどにはこれをよく理解しなかったようである。

銀行本来の貸付は、商人たちの支払上の準備金に限られるべきであって、固定資本はもとより流動資本の大部分にたいしてすらも貸し付けられるべきではない

どんな国でも、その国の信用ある商人たちは、一部は手形割引という便宜により、また一部はキャッシュ・アカウントという便宜によって、自分たちの資本《ストック》の一部を、ときどきの請求におうじるために遊休させたまま現金で保有しておくというような必要からまぬがれることができるならば、かれらが銀行や銀行業者から、それ以上の援助を期待しえないのは当然である。つまり、銀行や銀行業者は、手形割引やキャッシュ・アカウントという便宜を提供する以上に業務を広げようとすれば、自分たちの利益と安全をそこなうことになる。銀行というものは、自分の利益に忠実であろうとすれば、一人の商人に、かれが営業するさいの流動資本の全部、またはその大部分ですらも貸し付けることはできない。というのは、その資本は貨幣のかたちでたえずかれのもとに復帰し、また同じかたちでかれのもとから出てゆくけれども、還流の総額は流出の総額からあまりにもかけはなれているからであり、またかれの返済額が、銀行の便宜と合致するような適当な期間内に、その貸付額に等しくなることはありえないからである。まして銀行が、かれにその固定資本のかなりの部分を貸し付ける余地などあるはずがない。たとえば、鉄工場の企業家が、塊鉄炉、溶鉱場、作業場、倉庫、職人たちの住宅などを建設するのに用いる資本、鉱山の企業家が竪坑《たてこう》を掘り、排水用の機関を設置し、道路や鉱車道をつくることに用いる資本、また土地改良に着手する人が、不毛の原野を開墾し、排水し、囲いを作り、施肥し、犂《すき》で耕作し、農場の建物やそれに必要な畜舎、穀倉などのすべての付属物を建造するのに用いる資本など、これらのかなりの部分を貸し付ける余地はありえないのである。固定資本の回収は、ほとんどすべての場合に、流動資本の回収よりもはるかに緩慢である。だから、右にあげたような経費は、慎重な配慮と判断のかぎりをつくして投じられた場合でも、何年もの期

291 間がたったあとでなければ、企業家の手元に滅多に回収されない。それではあまりに長すぎて、銀行の便宜に合致しない。商人その他の企業家が、事業企画のきわめて大きい部分を借入金で運営しても結構適切にやっていけるものだということは、もちろんありうることである。けれども、かれらの債権者たちのために公平を期するなら、かれら自身の資本は、この場合、債権者たちの資本を、もしこういってさしつかえなければ、保証するに足りるものでなければならない。すなわち、その事業企画の成果が、それを企画した人たちの期待にはるかに及ばないということがあっても、それによって債権者たちが損害をこうむるようなことは絶対に起らないようにするのに足りるものでなければならない。それにまた、債務者である商人や企業家がこの点に気をつけるにしても、借用する貨幣が数年後でなければ返済されないようなものであるなら、それは銀行から借り入れるべきでなくて、借用証書か抵当証書にもとづいて、私人から借り入れるべきものである。すなわち、資本を用いることのわずらわしさを自分で負担しないで、自分の貨幣の利子で生活したいと思う人々で、自分の資本を数年間も維持してくれそうな十分に信用のある人たちに、よろこんでそれを貸そうとするような私人から借りるのがよい。なるほど銀行が印紙の費用や借用証書や抵当証書の作成にあたる弁護士の手数料を取らないで貨幣を貸し付け、しかもスコットランドの銀行のような簡便な条件での返済を承知するならば、たしかに銀行は、この種の商人や企業家にとってはたいへん好都合な債権者であろう。しかし、この人々は、銀行にとっては大いに不都合な債務者であろう。

スコットランドの企業家たちは手形の振出と逆振出という便法で事業の継続を図ったが、これが銀行業全体に及ぼす影響については当事者すら理解しなかった

スコットランドのさまざまな銀行によって発行された紙券が、この国の流通界によって容易に吸収し使用されうる大きさに完全に等しくなったのは、いやむしろ、いくらかそれ以上になったのは、いまから二十五年以上も前のことである。だから、これらの銀行は、ずっと以前から、銀行や銀行業者の利益をそこなうことなしに与えることのできる最大限の援助を、スコットランドの商人やその他の企業家に与えていたことになる。いや銀行は、それ以上のことをすらしていたのである。つまりかれらは、多少とも過大取引をしていたのであって、そのために、銀行業という特殊な事業の場合にはほんのわずかな過大取引でもかならずつきまとうような損失、あるいは少なくとも利潤の減退をまねいたのであった。ところが、商人やその他の企業家は、銀行や銀行業者からこれほど多くの援助を受けていながら、なおいっそう多くの援助を得ようとした。銀行というものは数連の紙以外には別になんの経費もかけないで、要望されればいくらでも信用を拡大することができるとでもかれらは考えていたらしい。かれらは、銀行の重役たちの考えがせまく、精神が卑劣だ、と不平を鳴らし、この国の事業の拡大に比して自分たちの信用が拡大しないのはそのため

292 だ、といった。かれらがここで事業の拡大といっているその意味は、いうまでもなく、自分たちの資本であろうと、借用証書や抵当証書という通例の方法で私人から信用借りしたものであろうと、そのどちらかで運営のできる限度を超えて、かれらの事業計画を拡大することなのである。銀行は、面目にかけてもこの不足分をおぎない、かれらが事業に用いたいと思う資本のすべてを提供してくれなければならない、などとかれらは考えていたらしい。ところが、銀行のほうはこれとちがった意見をもっていて、信用の拡大を拒否したのである。その結果、商人のあるものは、一種の便法に訴えることになった。それは、はるかに多額の経費がかかるものではあったが、銀行の信用が最大限に拡張される場合と同じぐらい有効に、一時はかれら商人や企業家の目的に役立ったのである。この便法こそ、手形の振出および逆振出という世間周知の窮余の策にほかならないのであって、不運な商人たちが破産の瀬戸際でときどきとる手段なのである。このやり方で貨幣を調達する慣行は、イングランドでは、ずっと以前から知られていて、最近の戦争〔一七五六〜六三年の七年戦争〕中に事業の高い利潤が過大取引にたいする大きい誘因になったときに、大規模に行なわれたといわれている。この慣行は、イングランドからスコットランドへもちこまれた。スコットランドでは、商取引はきわめて制限されており、また国内の資本もそれほど大きいものではなかったが、そのわりには、この慣行はまもなく、イングランドでかつて行なわれたよりもはるかに大規模に行なわれるようになった。

手形の振出および逆振出という慣行は、企業家であればみなよく承知しているものであるから、説明を加える必要も多分ないと思われるかもしれない。しかし本書は、企業家でない多くの人々の手に渡るかもしれないし、またこの慣行が銀行取引に及ぼす影響については、企業家自身ですら、おそらく一般にはよく理解していないであろうから、以下できるだけ明瞭《めいりょう》に説明するようにつとめたい。

293　ヨーロッパの野蛮な法律が商人たちに契約の履行をまだ強制しなかった当時に確立され、過去二世紀のあいだに、ヨーロッパのすべての国民の法律のなかにとりいれられたこの商慣習によって、為替手形は、次のように大きい特権を与えられるようになった。つまり、為替手形にもとづく貨幣の貸付の場合は、他のどの種類の債務にもとづく場合よりも貨幣の貸付がいっそう容易になされ、しかもこの手形が日付後二、三ヶ月というような短期に支払われる場合にはとくにそうであった、ということである。この手形が満期になったとき、引受人がそれを提示されてすぐに支払わなければ、かれはその瞬間から破産者となる。この手形については支払拒絶証書がつくられて、振出人に返還される。もしこの振出人がすぐさまその支払をしなければ、かれも同じように破産者となる。もしこの手形が、支払を求めてこれを引受人に提示する最後の人の手に渡るまえに、他の数名の人の手を経て、そしてそれらの人が貨幣または財貨のかたちでその額面金額だけのものを次々と貸し付け、各自が順々に受け取ったということを表明するために、かれらのおのおのが順次に裏書きをし、いいかえると、その手形の裏面に署名するような場合には、それぞれの裏書人は順々にこの手形の所有者にたいして、額面金額の支払におうじる債務を負うことになる。そして、もしその支払ができなければ、かれもその瞬間から破産者となる。たとえ手形の振出人、引受人、裏書人がすべて信用の疑わしい人物であるとしても、手形の期限が短期であれば、手形の所有者にはいくらかの安心感を与える。かれらのすべてが、かりに破産者となるおそれが大いにあるとしても、みながそれほど短い期間内にそうなるというようなことは、まずありえないことである。疲れはてた旅人は、次のようなひとりごとをいうものである。この家はがたがきていて、あまり長もちはしないだろう。だが、今晩くずれ落ちるということは、まずありえないだろうから、今晩はひとつここで眠ることにしよう。

エディンバラの商人Aが、ロンドンのBにあてて日付後二ヶ月払の手形を振り出すと仮定しよう。じつをいうとロンドンのBは、エディンバラのAにたいしてなんの債務も負っていないのであるが、しかしBは、手形の支払期限がくるまえに、エディンバラのAにあてて、同一金額に利子と手数料を加えた別の手形を、同様に日付後二ヶ月払で逆振出してもよいという条件で、Aの手形を引き受けることに同意するのである。そこでBは、最初の二ヶ月が満了となるまえに、エディンバラのAにあてて、逆振出する。Aはまた、第二の二ヶ月が満了となるまえに、ロンドンのBにあてて、同様に二ヶ月払の第二の手形を振り出し、さらに第三の二ヶ月が満了となるまえに、ロンドンのBはエディンバラのAにあてて、やはり日付後二ヶ月払の別の手形を逆振出するのである。こうしたやり方は、ときには数ヶ月どころか数ヶ年にわたってつづけられる。この場合、手形はつねに、それ以前に振り出された全手形の累積された利子と手数料をともなって、エディンバラのAのもとに復帰するのである。その利子は、年に五パーセントであったし、またその手数料はそれぞれの手形振出について、〇・五パーセント以下ということは、けっしてなかった。この手数料は年に六回以上くりかえされるのであるから、Aがこの便法で調達できる紙券がどれだけであろうと、それにはかならず年八パーセント以上がかかったにちがいない。また、手数料がたまたま上るとか、あるいはかれが、それ以前の手形の利子と手数料にたいして複利を支払わなければならないとか、といった場合には、それよりずっと多くかかることもあったにちがいない。この慣行は、融通《サーキュレーション》による資金調達とよばれた。

大多数の商業上の企業に用いられる資本《ストック》の通常利潤がだいたい六パーセントから一〇パーセントと推定されるような国では、たいへん幸運な投機事業は別として、事業の収益が、右にみたような方法によってその経営に必要な資金を調達するための巨額の経費を償い、そのうえこの投機的企業家に十分な余剰利潤を提供する、というようなことはありえないはずである。しかしながら、実際には多くの大規模な企画が、こうした巨額の費用をかけて調達された借入資金のほかにはなんの維持資金もなしに着手されて、数年にわたって営まれた。投機的企業家たちは疑いもなく、この大利潤を黄金の夢のなかにはっきりとみてとったのであろう。しかし、かれらが、その事業企画の終り近くに、またはこの事業をこれ以上続行できなくなったときに、目がさめてみると、この大利潤を見出す幸運にめぐまれている場合は滅多になかった、と私は確信している。(2)

融通手形にもとづく貸出は、多くの場合、法外な企画を推進するために予定された資金の大部分にまで及んだ結果、破綻がきた

295 エディンバラのAがロンドンのBにあてて振り出した手形を、Aは、満期前二ヶ月に、エディンバラのある銀行、または銀行業者に規則的に割り引いてもらった、またロンドンのBがエディンバラのAにあてて逆振出した手形を、Bは、イングランド銀行かロンドンの他の銀行業者かのどちらかに規則的に割り引いてもらった、とする。このような融通手形にもとづいて貸し付けられた金額がどれほどあろうと、エディンバラではスコットランドの諸銀行の紙券で貸し付けられ、ロンドンでは、それがイングランド銀行でも割引されたときには同銀行の紙券で貸し出された。手形でこうした紙券が貸し出された分は、どれもみな期日がくるやいなや次々に返済されたのではあるが、第一の手形にもとづいて現実に貸し付けられた価値は、それを貸し出した銀行のもとには、現実には復帰しなかった。というのは、それぞれの手形が満期になるまえに、まもなく支払われるはずのその手形よりもいくらか大きい額で、もうひとつの手形がつねに振り出されたからであり、この別の手形を割り引くことが、まもなく満期になる手形の支払にとって、どうしても必要であっ

たからである。そういうわけで、この支払はまったく架空のものであった。そのような融通為替手形を媒介として、ひとたび銀行の金庫から出てゆくように仕向けられた流れは、その金庫にじっさいに流れこむどの流れによっても、けっしてうめられることはなかったのである。

このような融通為替手形にもとづいて発行された紙券は、多くの場合、農業、商業、または製造業のある巨大で手広い事業企画を推進するために予定された資金の一部分、すなわち、もしこの紙券がなかったならば企業家がそのときどきの請求におうじるために遊休させたまま現金で保有せざるをえなかったであろう資金部分だけにとどまるものではなくて、じつに右の資金の全額にまで及んだのであった。その結果として、このような紙券の大部分は、もしその紙券がなかったならこの国で流通したであろう金・銀貨の価値を、上回ることになった。だから紙券の大部分は、この国の流通界が容易に吸収し使用しうる額を超えるものになった。そこで、この紙券は金・銀貨と兌換されるためにただちに銀行に復帰し、銀行は全力をつくして金・銀貨を見つけださなければならなかった。この紙券は、投機的事業家たちが巧妙にたくらんで銀行から引き出した資本であって、銀行としては、その知識もなければ、熟慮のうえで同意したものでもなく、それどころか、おそらくそれを実際に貸し付けたことについて、しばらくのあいだは、なんの疑いさえ抱かなかったのである。

おたがい同士たえず手形の振出と逆振出とをしあっている二人の人間が、つねに同じ銀行業者のところで自分たちの手形を割り引いてもらっている場合には、この銀行業者は、かれらがなにをしているかということをただちに見抜いてしまうにちがいないし、またかれらが取引を行なっているのは、かれら自身の資本によってではなく、自分がかれらに貸し付けた資本によってであるということをはっきりとみてとるにちがいない。ところが、この二人がその手形をときにはある銀行で割り引き、またときには別の銀行で割り引く場合とか、この同じ二人がたえずたがいに手形の振出と逆振出をしあうのではなくて、かれらが投機的企業家の仲間をつくって時におうじて手形のたらいまわしをするような場合には、この発見はけっしてそんなにやさしいものではない。というのは、これらの企業家たちは、このような資金調達法によって相互に助けあうことが、またこうして、為替手形のほんものとにせものとの区別、つまり、真の債権者が真の債務者にあてて振り出した手形と、それを割り引いた銀行以外には真の債権者も、またその資金を利用した企業家以外には真の債務者もいないような手形との区別、をできるだけむずかしくしてしまうことが、自分たちの利益になると思っているからである。ある銀行業者がこのことを発見したところで、すでに手遅れである場合もあろうし、またこれらの投機的企業家たちの大量の手形を割り引いてしまっているために、もしこれ以上の割引を拒絶すれば、必然的に企業家たちをみな破産させてしまうし、またこうしてかれらを破滅させれば、自分自身も破滅するおそれがある、ということに気づく場合もあろう。そこで銀行業者は自分たちの利益と安全のために、こうした危険このうえもない状況のもとでしばらくのあいだは取引をつづけるが、だんだんと手を引くように努力することが必要だと気づくであろう。そしてこのために、かれらは毎日のように割引について多くの文句をつけ、企業家たちが別の銀行業者か他の資金調達の方法かにだんだんとたよらざるをえないようにしむけ、それによって自分自身がなるべく早くこの集団から脱出できるようにしようとするのである。したがって、イングランド銀行や、ロンドンの一流の銀行業者や、もっと思慮ぶかいスコットランドの諸銀行さえもが、しばらくたって、どれもがすでに深入りしすぎてしまってから割引について文句をつけだしたことは、これらの企業家たちを驚かせたばかりか、極度に憤激させた。企業家たちがおちいった困惑は、たしかに銀行の側のこうした思慮ぶかい当然の自制がその直接原因であったが、企業家たちはこれを国難だなどと叫んだのである。そして、この国難こそは、この国を美化し改善し富裕にしようと励んでいる人たちの活気に満ちた事業にたいして、十分な援助を思うままに与えることをしなかったこれら銀行の側の無知と無気力とまちがった行為とにもっぱらもとづくものである、とかれらは主張した。かれらが借りたいと思うだけ、またできるだけ長期に貸し出すのが銀行の任務である、とかれらは考えていたらしい。しかしながら銀行としては、自分たちの信用と国の公信用をできるだけ救済しようとするなら、この場合、すでにあまりにも多額の信用を与えている人にそれ以上の信用を与えることを拒絶するよりほかに、可能な方法はひとつもなかったのである。

この事態の救済のためにスコットランドにエア銀行が設立されたが、これも資金を放漫に融通し、かえって国の災難を増大させることになった

こうしたさわぎと困惑のさなかに、新しい一銀行[4]が、国難の救済を旗印に、スコットランドで設立された。この構想は高邁《こうまい》であった。だが、業務のやり方は思慮を欠いていて、この銀行が救済しようとした国難の性質と原因はおそらく十分に理解されていなかったのであろう。この銀行は、キャッシュ・アカウントを与える点でも、為替手形を割り引く点でも、ともにいままでのどの銀行よりも寛大であった。為替手形の割引についていえば、本当の手形と融通手形とをほとんど識別しないままに、すべてを一様に割り引いていたらしい。たとえば、土地の改良のように、収益があがるのが最も緩慢な諸改良には、なにか適当な担保さえあれば、それに使用される全資本を貸し付けるということを、この銀行は主義として公言していた。そのような改良事業を促進することが、銀行設立のための、公共精神にあふれた目的のおもなものであるとさえいわれたのである。キャッシュ・アカウントを放漫に与え、為替手形を放漫に割り引いたのだから、この銀行はもちろん大量の銀行券を発行した。しかし、それらの銀行券は、その大部分がこの国の流通界が容易に吸収し使用しうる額を超えていたために、発行されるやいなや、金・銀との兌換を求めてこの銀行に復帰した。同銀行の金庫はけっしていっぱいにはならなかった。二回にわたる別々の募集でこの銀行に申し込まれた資本額は一六万ポンドに達したのであるが、このうち払い込まれたのは八〇パーセントにすぎなかった。しかも、この額は、数回の分割払で払い込まれるはずのものだった。株主の大部分は、第一回の払込をしたときに、その銀行にキャッシュ・アカウントを開いた。ところが重役たちは、これら自行の株主を他のすべての人々と同じ寛大さで遇すべきだと考えて、多数の株主に、このキャッシュ・アカウントで第二回目以後の分割払込に必要な金額を貸し出すことを認めた。したがって、そのような払込は、ひとつの金庫から取り出されたばかりのものを、そのまま別の金庫に入れるだけのことであった。しかし、この銀行の金庫がたとえ十分に満たされていたとしても、この銀行の紙券が過剰に出ているのだから、どんな便法を用いて補充しようとしても、金庫が空になるほうが早かったにちがいない。ただ窮余の策といえば、それは、ロンドンあての手形を振り出し、その手形が満期になると同地あてに別の為替手形を振り出して、利子と手数料をふくめて最初の手形を決済する、といった破滅的な便法であった。この銀行の金庫は中身が乏しかったので、同銀行は業務を開始してから数ヶ月もたたないうちに、はやくもこの緊急手段にたよらざるをえなくなったといわれている。同銀行の株主たちの資産は数一〇〇万ポンドの値打ちがあり、そして、かれらがこの銀行の原証書である設立契約

298 書に署名したことで、かれら株主たちの資産は、事実、銀行のあらゆる債務におうじるための担保になっていたのである。これだけ大きい担保にたいして必然的に与えられる大きい信用のおかげで、この銀行は、あまりにも放漫な行動をとったにもかかわらず、二年以上にわたってその業務を継続することができたのであった。同銀行が閉鎖のやむなきにいたったとき、その銀行券流通高は約二〇万ポンドに達していた。しかも、発行されるやいなや銀行に次々とかえってくるこれらの銀行券の流通を維持するために、同行は、ロンドンあての為替手形を振り出すという慣行をたえずとっていた。そこで、手形の数と価値とはふえつづけて、同行閉鎖のさいは、実に六〇万ポンドを上回っていたのである。それゆえ、この銀行は、二年あまりのあいだに、八〇万ポンド以上を五パーセントでさまざまな人に貸し付けていたことになる。この銀行が銀行券で流通させた二〇万ポンドにたいする五パーセントの利子は、営業費以外には何も差し引く必要のない純利得とみなしてよいだろう。だが、この銀行がロンドンあての為替手形をたえず振り出していた六〇万ポンド以上については、利子および手数料のかたちで八パーセント以上支払っていたので、その総取引高の四分の三以上について、三パーセント以上の損失となっていたわけである。

この銀行の操作によって生じた結果は、同銀行を計画し指揮した特定の人たちの意図とはまったく正反対のものであったと思われる。かれらは、当時この国のさまざまな地方で行なわれていた事業を活気あるものと考えて、これを支持しようと意図していたらしい。

同時にまたかれらは、銀行業務の全体を自分たちの手元に引き寄せることによって、スコットランドの他のすべての銀行、とくに為替手形の割引が消極的であるということで多少の反感をかっていたエディンバラの諸銀行にとってかわろうと意図したらしい。疑いもなくこの銀行は、これらの投機的企業家たちを一時的には救済した。そして、この救済がなかった場合よりも約二ヶ年長く、かれらの事業の継続を可能にしたのである。けれども、そのためにかれらはますます負債の深淵へと落ちこむだけであったから、ひとたび破局がやってくると、それはかれらにとってもその債権者たちにとっても、非常に深刻な打撃となった。したがって、この銀行の操作は、企業家たちが自分たち自身と自分の国との両方にもたらした困難を救済するどころか、その実、結局は悪化させたのである。もしも、かれらの大部分が実際よりも二年早く業務停止のやむなきにたちいたっていたならば、かれら自身にとり、その債権者にとり、また国にとって、そのほうがずっとよかったことであろう。しかしながら、この銀行がこれらの企業家たちに与えた一時的な救済は、スコットランドの他の諸銀行にとっては本当の永久的な救済であった。というのは、他の諸銀行は融通為替手形の割引については非常に消極的になっていたので、そうした手形でやっていた事業家《ディーラー》たちはこの新しい銀行をたよりにし、また新しい銀行のほうでも両手を広げてか

299

れらを受けいれたからである。したがって、他の諸銀行は、あの致命的な圏内から楽々と脱出することができた。もしも新銀行による救済がなかったなら、かなりの損失をこうむ

ることなしに、おそらくある程度の不信すらまねくことなしに、その圏内から脱出することはできなかったことであろう。

それゆえ、結局、右の銀行の操作は、それが救済しようとしたこの国の本当の困難を増加させたのであり、またこの銀行がとってかわろうとした競争相手たちを大きな困難から効果的に救済したのであった。

――また借主の提供する担保にもとづいて資金を調達しようという計画もあったが、これも資金の不健全な移転をもたらすにすぎない――

この銀行の発足当初、ある人々は、同銀行の金庫がたとえどんなに早く空になろうと、紙券の貸付を受けた人たちの担保をもとに資金を調達すれば、容易に金庫を補充することができるだろう、という見解をいだいていた。しかし、実際にやってみて、この人々はまもなく次のことをなるほどと考えるようになったのだと思う。すなわち、このような資金調達の方法は、かれらの目的の達成にはあまりにも時間がかかりすぎるということ、また、もともと中身が足りなくてたちまち空になってしまうような金庫を補充するには、あの破滅的な便法、すなわち、ロンドンあてに手形を振り出し、それが満期になると、利子と手数料の累積分を加えた同地あての別の為替手形によってそれを決済するという便法以外にはなにもないということである。だが、かれらは、この方法で望みどおりに資金をすみやかに調達することができたとはいえ、利益をあげるどころか、そのような操作のたびごとに損失をこうむらざるをえなかった。その結果、商事会社としては、おそらく手形の振出および逆振出というういっそう経費のかかるやり方による場合ほど早くはなかったろうが、結局において自滅せざるをえなかったのである。そのうえ、この人々は、自分たちの発行する紙券の利子からなんの利益もあげえなかった。というのは、紙券はこの国の流通界が吸収し使用しうる額を超えていて、発行されるやいなや金・銀貨との兌換を求めて自分たちのもとへ復帰してきたからであり、またそれの支払のために、かれらは資金の借入を次々と余儀なくされたからである。利益をあげるどころか、こうした借入の全経費、すなわち、貸し付けられる貨幣をもっている人々を見つけだすための代理人を雇い、その人々と交渉し、しかるべき借用証書または譲渡証書を作成する、という費用は、すべてかれらの負担にならざるをえなかったのであって、かれらの勘定残高の上では、それだけ大きい赤字を計上することになったのである。このようなやり方で金庫を補充しようという計画は、たとえていうなら、たえずひとつの流れが出るばかりで、はいってくる流れはぜんぜんないような池をもっている人が、それをつねに満水にしておくために多数の人を使用し、数マイルはなれた井戸までバケツをかかえて補充用の水汲みにゆかせる、という計画と似ている。

だが、この操作が、一商事会社としての銀行にとって、実行可能であるばかりか利益のあるものだということがわかったとしても、国としてはこれによってなんの恩恵も引き出することはできなかったのみか、非常に大きい損害をこれからこうむったに相違ないのである。この操作で、貸し付けるべき貨幣量が少しもふえたわけではなかった。この操作は、銀行を国全体にたいする一種の一般貸付局のようなものに仕立てただけにすぎなかった。金《かね》を借りたいと思った人たちは、銀行に金を貸した私人に申し込むかわりに、この銀行に申し込んだにちがいない。しかし、一私人が、事情もよく知っているし、真面目《まじめ》で節約家だから十分信用してさしつかえないと考える少数の人たちに自分の貨幣を貸し付ける場合にくらべると、五〇〇人ものさまざまな人々に銀行が貨幣を貸し出す場合は、銀行としては重役たちがこれらの大部分の人々についてごくわずかしか知らないのであるから、その債務者を十分に思慮ぶかく選択しているとはいえないのである。銀行の行動について、私はこれまで多少とも説明をしてきたが、銀行の債務者たちは、大部分が誇大妄想的な投機的企業家であって、融通為替手形の振出人でもあれば逆振出人でもあったと思われる。かれらが貨幣を使用しようとしたのは、どのような援助が与えられようと、おそらく完成することができないような途方もない事業、また、もし完成されたとしても、実際に要した費用はけっして回収できないような、いいかえると、使用されたのと等しい労働量を維持できる基金をけっして生みださないような、途方もない事業なのであった。これと反対に、私人の地道で質素な債務者たちのほうは、そのようなことよりも、次のような地道な事業に借入貨幣を用いると思われる。その事業とは、かれらの資本につりあったもので、壮大とか驚異的とかという点では劣るかもしれないが、堅実で利益があるという点ではまさっていて、費やされた額がどれほどであろうと、大きい利潤をともなってそれを回収するような、したがってまた、それに使用されたよりもずっと多量の労働を維持しうる資金を提供できるような事業なのである。だから、銀行のこうした操作の結果は、この国の資本をほんの少しも増加させないで、ただその大部分を、思慮に富んでいて利益のある事業から、思慮を欠いた利益のない事業へと移動させるだけのことであったろう。

——最近の資金不足におうじようとする銀行業の行過ぎも、あのロー氏の幻想的な着想に根ざすものだった——

スコットランドの産業は、使用できる貨幣の不足のために衰微した、というのが有名なジョン・ロー氏[5]の意見であった。かれは特殊な種類の一銀行を設立することを提案して、貨幣のこの欠乏を救済しようとした。この銀行は、その国の全土地の価値総額に達する紙券を発行してもさしつかえないのだ、とかれは考えたらしい。スコットランドの議会は、かれがはじめてこの事業企画を提案したとき、これを採用するのは適当でないと考えた。
301 この計画は、後になって、当時フランスの執政であったオルレアン公〔一六七四～一七二三。オルレアン公フィリップ、ルイ十四世の甥。ルイ十五世の執政。〕の手で多少の修正をほどこされて採用された。紙券をいくらでも発行することができるという構想が、いわゆるミシシッピ計画[6]、すなわち、銀行業および株式売買についての、おそらく世界でもまたとないような、途方もない事業企画の真の基礎であった。この計画のさまざまな操作は、デュ・ヴェルネ氏によって、その著『デュ・トー氏著「商業および財政にかんする政治的考察」の検討』[7]のなかで、非常に詳細に、非常に明白に、また非常に順序よくきちんと説明されているので、私はそれについてなにも説明しないでおこう。この計画の基礎となった原理については、ロー氏が自分の計画をはじめて提案したさいにスコットランドで発表した貨幣および貿易にかんする論文のなかで、自分で説明している。この著作や、同じ原理にもとづく他の諸著作のなかには、壮大ではあるが幻想的な考えが述べられている。それはいまなお多くの人々に感銘を与えており、スコットランドその他の諸地方でも近ごろ苦情の種となってきている銀行業務の行過ぎに、おそらくある程度影響を与えているであろう。

これにたいして、イングランド銀行はヨーロッパ最大の発券銀行であり、その安定性は大ブリテンの安定性に勝るとも劣ることがない

イングランド銀行[8]はヨーロッパ最大の発券銀行である。同銀行は、議会の条例にしたがって、一六九四年七月二十七日付の国印を押された特許状により、法人として設立された。当時、同銀行は、一〇万ポンドの年金、すなわち、八パーセントの利子率で年額九万六〇〇〇ポンドの利子と年額四〇〇〇ポンドの経営費とを政府から受け取って、それと引換えに一二〇万ポンドの金額を政府に貸し出した。こんなに高い利子で借入れをしなければな

らなかったとすれば、あの革命〔一六八八年の名誉革命〕によって樹立された新政府の信用はたいへん低かったにちがいない、とわれわれは信じてよさそうである。

一六九七年に、同銀行は、一〇〇万一一七一ポンド一〇シリングの増資によって、その株式資本をふやすことが認められた。したがって、その株式資本の総額は、この当時二二〇万一一七一ポンド一〇シリングに達した。この増資は公的な信用を維持するためだったといわれる。それというのも、一六九六年には、割符〔第五篇第三章訳注〔1〕参照〕は四〇パーセント、五〇パーセント、六〇パーセントも割り引かれ、銀行券は二〇パーセント割り引かれた。[3]この当時進行していた銀貨の大改鋳のあいだ、同銀行は、銀行券の兌換の停止を適当と考えたのだが、これが必然的に銀行券にたいする不信をひきおこしたのである。

アン女王治世第七年の条例第七号にしたがって、この銀行は総額四〇万ポンドを貸し出して国庫に払い込んだ。このために、同銀行がもとの年金、すなわち、利子九万六〇〇〇ポンドと経営費四〇〇〇ポンドと引換えに政府に貸し出した金額は、いまでは総額一六〇万ポンドになった。これで、一七〇八年には、政府の信用もようやく私人の信用なみになったわけである。政府は六パーセントの利子、つまり当時の普通の法定市場利子率で借り入れることができたからである。同じ条例によって、同銀行は、一七七万五〇二七ポンド一七シリング一〇ペンス二分の一にのぼる国庫証券を六パーセントの利子をとって引き受け、その代り、その資本を倍にするための増資を行なうことを許された。したがって一七

○八年には、この銀行の資本は、四四○万二三四三ポンドに達し、また政府にたいする貸付は、総額三三七万五○二七ポンド一七シリング一○ペンス二分の一になったのである。一七○九年には一五パーセントの払込の請求によって六五万六二○四ポンド一シリング九ペンスが払い込まれ、一七一○年には一○パーセントの別の払込請求によって五○万一四四八ポンド一二シリング一一ペンスが払い込まれて、ともに株式資本になった。そこで、この二回の払込請求の結果、同銀行の資本は五五五万九九九五ポンド一四シリング八ペンスに達したのである。

ジョージ一世〔在位一七一四～二七〕治世第三年の条例第八号にしたがって、この銀行は市場で国庫証券二○○万ポンドを買いとって政府に引き渡した。そこで、このとき政府にたいする同銀行の貸付高は、五三七万五○二七ポンド一七シリング一○ペンスにのぼった。ジョージ一世治世第八年の条例第二十一号にしたがって、この銀行は南海会社〔一七一一年に創設、二○年に南海すなわちスペイン領中南米との貿易独占権を英国議会により認められた〕から四○○○万ポンドにのぼる株式を買い入れた。そして、この買入れができるようにするために資金を募集した結果、一七二二年には、その株式資本は三四○万ポンドだけ増加した。したがって銀行は、このとき、政府にたいして九三七万五○二七ポンド一七シリング一○ペンス二分の一を貸し出してあったが、その株式資本は八九五万九九九五ポンド一四シリング八ペンスにしか達していなかった。この銀行が利子と引換えに政府に貸し出した金額が、同銀行の株式資本、すなわち、同銀行が株主に配当を支払う株式資本の総額をはじめて超えるようになったのは、この当時からのことである。つまり、この銀行が配当を行なう資本を上回る無配の株式資本をもつようになったのは、この当時からのことである。このときからずっと、同銀行は、これと同じ種類の配当を行なわない資本をもちつづけている。[9]一七四六年には、この銀行は数回にわたって、一一六八万六八〇〇ポンドを政府に貸し出し、また同銀行の株式に分割された資本は、数回の払込請求と募集によって、一〇七八万ポンドに引き上げられた。これら二通りの金額は、これ以来ずっと同じである。ジョージ三世〔在位一七六〇～一八二〇〕治世第四年の条例第二十五号にしたがって、この銀行は、その特許状を更新してもらうのと引換えに、一一万ポンドを無利子、無償還で政府に支払うことに同意した。だからこの金額は、右の二通りの金額のどちらをも増加させなかった。

303

イングランド銀行の配当は、政府に貸し出した貨幣にたいして、この銀行が種々の時期に受け取った利子率の変化にしたがって変動してきたが、また同じように、他の諸事情にしたがっても変動してきた。この利子率は八パーセントから三パーセントへとだんだん引き下げられた。ここ数年間、この銀行の配当は五・五パーセントであった。

イングランド銀行の安定性は、大ブリテン政府の安定性に勝るとも劣らない。同銀行の債権者は、政府に貸し出したいっさいの資金がなくならないうちは、いかなる損失をもこうむることはない。イングランドでは、議会の法令で設立されたり、六名以上のメンバーで構成されたりするような銀行はほかにはないのである。イングランド銀行は、普通銀行として活動するばかりか、国家の一大機関としても活動している。同銀行は、政府の債権者にたいして、満期になった大部分の年金を受払いする。同銀行は、国庫証券を流通させる。また同銀行は、数年後になるまでは払込が完了しないことがよくある地租および麦芽税の年収入額を政府に前貸しする。そうしたさまざまな活動のさいに、同銀行は、ときには紙幣を流通界に氾濫《はんらん》させざるをえなかったこともあったが、これは政府にたいする義務上やむをえないことであって、かならずしも重役の責任とはいえなかった。同銀行は商業手形の割引もしたし、イングランドばかりか、ハムブルクやホラントの主要商館の信用を維持したこともたびたびあった。これもそういう場合の一つであるが、一七六三年には、同銀行はこうした目的のために、一週間に約一六〇万ポンドを、大部分地金のかたちで貸し出したこともあったといわれる。けれども、この金額の大きさについても、期間の短さについても、私はそれに確定的なことをいうつもりはない。またある場合には、この大銀行も、六ペンス銀貨で支払をする必要にせまられたこと〔一七四五年のジャコバイト反乱のときのことを指す〕もあったのである。

銀行業の機能は金・銀貨を紙券に置き換え遊休資本を活動させることにあるが、過剰発行におちいらぬことが肝要である

銀行業の最も賢明な操作によって一国の産業は増進するものであるが、それは、国の資

304

本が増加するからではなくて、銀行のこうした操作がない場合よりも、その資本のいっそう大きい部分が活動的で生産的なものになるからである。商人がときどきの請求におうじるために遊休させたまま現金で保有しなければならない資本部分は、それだけの額の死んだ資本《ストック》であって、このままの状態にあるかぎり、それは商人にとっても、その国にとっても、なにものも生まない。銀行業の賢明な操作は、商人がこのような死んだ資本《ストック》を活動的で生産的な資本《ストック》、すなわち、加工される材料、作業のための道具、作業の目的である食料品その他の生活資料へと、つまりかれ自身にとっても、かれの国にとっても、なにものかを生産する資本《ストック》へと、転換させることを可能にするのである。ある国のなかで流通し、その国の土地と労働の生産物が年々流通させられて本来の消費者たちのもとに分配されるのを媒介する金・銀貨は、商人の現金と同じように、すべて死んだ資財である。それは、この国の資本中のきわめて貴重な部分ではあるが、国にとってはなにものも生産しない。銀行業の賢明な操作は、こうした金・銀貨の大部分を紙券でおきかえることによって、この国がこのような死んだ資財の大部分を活動的で生産的な資財へと、つまりこの国にとってなにものかを生産する資財へと、転換させることを可能にするのである。ある国に流通している金・銀貨は、公道《ハイウェイ》にたとえてみるのがいちばん適切かもしれない。公道は、国の牧草や穀物のすべてを流通させて市場に運搬するけれど、それ自身は、このどちらのひとかたまりも生産しはしない。銀行業の賢明な操作は、私のたいへん乱暴な比喩《ひゆ》がゆるされるなら、空中に一種の車道を敷設することによって、この国が、それ自体としてはなにものも生産することのない公道の大部分を立派な牧草地や穀物畑に転換させることを可能にし、またそうすることによって、この国の土地と労働の年々の生産物を大いに増加させることを可能にするのである。けれども、次のことを承認しておかなければならない。すなわちこの国の商業や工業は、たとえ銀行業の操作によっていくらかは増進するにしても、以上のように、いわば紙券というダイダロスの翼〔10〕で吊《つ》り下げられているのだから、金・銀貨という堅固な地面の上を歩きまわる場合にくらべて、絶対安全ということはありえない、ということである。商工業は、この紙券の管理人が未熟なために、予期せぬ種々な出来事にさらされているばかりか、そうした管理人がどんなに思慮ぶかく、また練達であっても、とうてい防ぎきれないほどの他のいくつかの出来事にさらされているのである。

たとえば、戦争に敗れて敵が首都を占領し、その結果、紙券の信用をささえていた財宝が占領されたという場合を考えると、それは、流通界の大部分が金・銀貨で営まれていた国よりも、その全部が紙券で営まれていた国のほうに、ずっと大きい混乱をひきおこすだろう。商取引の日常の用具がその価値を失ってしまうのだから、物々交換によるか信用にもとづくかのどちらか以外には、交換の起りようはない。すべての租税はふつう紙券で支払われていたから、君主は、自分の軍隊に給料を支払うのにも、軍需品を調達するのにも、そのための手段を失うだろうし、またその国の状態も、通貨の大部分が金・銀貨であった場合にくらべて、ずっと回復しにくいであろう。だから君主は、自分の領土を最も防衛しやすい状態にいつも維持しようと念願するなら、こうした理由から、紙券を発行するその銀行自体を破滅させるような紙券の過剰増発を抑止しなければならないが、そればかりでなく、銀行がこの国の流通界の大部分を紙券でいっぱいにさせるような紙券の増発をも防止しなければならないのである。

305

国内流通には、商人間の流通と商人と消費者間の流通の二つがあるが、銀行の機能は、大きい準備金を要する前者の領域で主として発揮される

すべての国の流通は、二つの異なった部門に分れているものと考えることができる。それは、商人たち相互のあいだの流通と、商人たちと消費者たちとのあいだの流通である。〔11〕紙券であろうと金属貨幣であろうと、同一の貨幣片が、あるときは一方の流通に用いられ、またあるときは他方の流通に用いられるが、しかもこの両方の流通はたえず同時に進行しているのであるから、それぞれ、その流通のためには、どちらかの種類の一定量の貨幣の蓄積が必要である。種々の商人たちのあいだを流通する財貨の価値は、商人たちと消費者たちとのあいだを流通する財貨の価値をけっして超えることはありえない。商人たちの買うものがなんであろうと、それは結局、消費者たちに売られるものだからである。商人たちのあいだの流通は卸売で行なわれるから、その取引のたびごとに、一般にかなり大きい

金額を必要とする。これに反して、商人たちと消費者たちとのあいだの流通は、普通は小売で行なわれるので、ごく小額のものしか必要としない場合が多く、一シリング貨か半ペニー貨さえあればことたりる場合が多い。だが、小さい額のほうが、大きい額のものよりもずっとすみやかに流通する。一シリング貨のほうが一ギニー貨よりも、半ペニー貨のほうが一シリング貨よりも、持主を換える回数は多い。したがって、たとえ消費者全体の年々の購買が、少なくともその価値において商人全体の購買に等しいにしても、一般に前者の購買は後者のそれよりもずっと少量の貨幣で取引できるのである。これは、同一の貨幣片でも、前者では、後者よりもその流通がすみやかであるから、購買の用具としていっそう多く役立つからである。

紙券は、商人たちのあいだの流通面にもっぱら限定されるように規制することもできるが、あるいはまた、商人たちと消費者たちとのあいだの流通面の大部分にも、それを拡大するように規制することもできる。たとえばロンドンの場合のように、一〇ポンド以下の銀行券が流通していないところでは、紙券は、商人たちのあいだの流通面にもっぱら限定される。一〇ポンドの銀行券が消費者の手に渡ると、たいていは小さくくずさないと困るので、たまたま五シリングの買物をしに立ち寄ったその店で小さくしてもらう。だから、この銀行券は、消費者がその四〇分の一も使うか使わないうちに、商人の手にもどってくる場合が多い。ところが、スコットランドの場合のように、二〇シリングという小額の銀行券が発行されているところでは、紙券の流通は、商人たちと消費者たちとのあいだのかなりの部分にまで拡大する。議会の条例〔ジョージ三世治世第五年条例第四十九号〕によって、一〇シリング券と五シリング券の流通が停止されるまでは、紙券はこの流通面のもっと大きい部分を満たしていた。北アメリカの通貨の場合は、一シリング紙幣のような小額のものが発行されるのが普通であって、それが商人と消費者のあいだの流通のほとんど全体を占めていた。ヨークシャーのある種の紙券の場合には、六ペンスというような小額のものさえ発行されたことがある。

306
　このように小額の銀行券の発行がゆるされていて、これが一般に流通しているところでは、多くの資力の乏しい連中も銀行家になることができるし、またそうなりたいという気持になる。五ポンドどころか二〇シリングの約束手形ですらだれからも拒絶されるような人でも、六ペンスといった小額のものなら、ためらうことなしに受け取ってもらえるだろう。だが、こんな貧弱な銀行家はしばしば破産におちいるにちがいないから、そのために、かれらの銀行券で支払を受けた多くの貧しい人たちはたいへんな迷惑をこうむり、またときには、非常に大きい災難すらこうむるであろう。

　おそらく、この王国のどの地方でも、五ポンド以下という小額の銀行券は発行しないことにしたほうがよかったであろう。そうしたなら、たぶん紙券は、王国のどの地方をとってみても、現に一〇ポンド以下の銀行券が発行されていないロンドンのように、商人たちのあいだの流通面に限定されることであろう。というのは、五ポンドという金額は、王国内の多くの地方では、たしかにそれで購買できる財貨の量ではかると、たぶんロンドンの一〇ポンドの半分に及ばないだろうが、それが重要視される点では、またいちどきには使い果されないという点では、惜しげなく金《かね》を使うロンドンの一〇ポンドに優に匹敵するからである。

ここで注意すべきことは、ロンドンにおけるように、紙券が商人たちのあいだの流通だけにかなりよく限定されているところでは、つねに豊富に金銀が存在するということである。スコットランドにおけるように、また北アメリカではなおさらそうであるように、商人と消費者とのあいだのかなりな部分にまで紙券の流通範囲が拡大しているところでは、国内商業の通常取引のほとんど全部がこのように紙券で行なわれるから、紙券はこの国から金銀をほとんど駆逐してしまう。一〇シリングと五シリングの銀行券の廃止は、スコットランドにおける金銀の不足をいくらか緩和したのであって、二〇シリングの銀行券が廃止されれば、おそらくなおいっそう不足を緩和することであろう。アメリカでは、その紙券のうちのあるものが廃止されて以来、いっそう潤沢になったといわれている。紙券の制度が導入されるまえには、金銀はもっと潤沢であったともいわれている。

たとえ紙券が商人と商人とのあいだの流通面にだけ主として用いられるようになっても、銀行や銀行業者は、紙券が流通のほとんど全部を占めていた場合に与えていたのとほぼ同じような援助を、国の工業と商業にやはり与えることができるだろう。商人がときどきの請求におうじるために手元に保有しておかなければならない現金というのは、すべてかれ
307 自身とかれが財貨を買う他の商人たちとのあいだの流通にあてられるものである。かれは、自分と消費者たちとのあいだの流通のためには、なにも手元に用意しておく必要はない。消費者たちは、じつはかれの顧客であり、現金を商人から取りあげるどころか、逆にそれをかれにもたらすのである。だから、商人と商人とのあいだの流通面にだけ主として用いられるような金額だけしか紙券の発行がゆるされなかったとしても、銀行や銀行業者はやはり、一部は真の為替手形を割り引くことによって、また一部はキャッシュ・アカウントにもとづく貸出を行なうことによって、これらの商人の大部分がそのときどきの請求におうじるために資本《ストック》のかなりな部分を遊休させたまま現金で保有しなければならないという必要からまぬがれさせてやることができるであろう。こうして、銀行や銀行業者は、かれらがあらゆる種類の商人たちに適切に与えることのできる最大限の援助を依然として与えることができるであろう。

次のようにいう人がいるかもしれない。すなわち、私人たちは銀行業者の約束手形を、金額の如何《いかん》を問わずよろこんで受領しようとするのに、これが抑制するとか、あるいはまた銀行業者の仲間すべてが、これらの手形を引き受ける意思があるのに、銀行業者にたいしてこのような手形を発行するのを抑制するとかというのは、自然的自由の冒瀆《ぼうとく》であって、

この自由を侵害しないでこれを支持することこそ、法律の本来の職分である、と。疑いもなくこのような規制は、ある点では自然的自由の侵害とみなすこともできよう。しかし、少数の人の自然的自由の行使は、もし、それが全社会の安全をおびやかすおそれがあるなら、最も自由な政府であっても、最も専制的な政府の場合と同じように、政府の法律によって抑制されるし、また抑制されるべきものなのである。火災が広がるのを防ぐために隔壁を作るのを義務づけることも一つの自然的自由の侵害であって、それはここで提案されている銀行業の規制とまさしく同じ種類の侵害なのである。

紙券の増加は通貨量を増大させ、物価を高めるといわれるが、紙券はかならずしも全通貨の量を増大させるとは限らない

銀行券からなる紙券が、信用の確実な人々によって発行され、要求があれば無条件で支払われるものであり、そして実際に、提示され次第、いつもただちに支払われている場合には、それはあらゆる点からみて金・銀貨と価値において等しい。なぜなら、いつでもそれと引換えに金・銀貨が入手できるからである。そのような紙券と引換えに売買されるものがなんであろうと、それはかならず、金・銀貨と引換えに売買された場合と、値段において変りはない。

紙券の増加は、全通貨の量を増大させ、その結果その価値を減少させて、必然的に商品の貨幣価格を高める、といわれてきた。しかし、通貨のなかから取り去られる金・銀貨の

308

量は、通貨に付け加えられる紙券の量とつねに等しいのであるから、紙券はかならずしも全通貨の量を増大させるとはかぎらない。前世紀の初めから今日にいたるまで、スコットランドでは、食料品が一七五九年のときよりも安かったことはなかったが、当時この国には、一〇シリングと五シリングの銀行券が流通していたので、現在よりも多くの紙券があったのである。スコットランドの食料品価格とイングランドのそれとの比は、スコットランドで銀行が大増加をみた今日とそれ以前とで変りはない。イングランドには多量の紙券があり、フランスにはそれがほとんどないにもかかわらず、穀物はたいていの場合、イングランドでもフランスとまったく同様に安価である。一七五一年と、ヒューム氏[12]がその著『政治経済論集』を公刊した一七五二年と、スコットランドで紙券を大増発した直後とに、食料品の価格がめだって騰貴したことがあった。しかし、これはおそらく、気候が不順であったためであって、紙幣の増加のためではないだろう。

だが次のような場合には、たしかに事情がちがうだろう。それは、紙券が約束手形からなっていて、その即時の支払がそれを発行した人の好意にもっぱら依存する場合とか、そうした支払に、手形の所持人がかならずしも自分の力だけで履行できるとはかぎらないような条件がついている場合とか、あるいは一定年数がたたなければ支払請求のできない、そのあいだ利子がぜんぜんつかないという場合とか、である。そのようなさいには、紙券は疑いもなく、金・銀貨の価値以下に多少とも下落するであろう。そして、その下落の程度は、即時の支払を受けることについて予想される困難さや不確実さが大きいか小さいかに、またその支払が要求できるまでの期間が長いか短いかによる。

兌換の制限によって紙券が金・銀貨の価値以下に低落した事例としては、スコットランド、ヨークシャー、北アメリカ植民地がある

数年前、スコットランドの諸銀行は、その銀行券《バンク・ノート》に選択条項と称するものを書きこむことにした。この条項によってかれらは、銀行券が提示され次第に支払うか、あるいはまた提示後六ヶ月たってからその間の法定利子をそえて支払うかを、重役の選択にゆだねる旨を、銀行券の持参人にたいして約束したのである。ある銀行の重役たちは、ときにはこうした選択条項を利用したが、ときにはまた、かなりの量の銀行券と引換えに金・銀貨の兌換を請求する人たちにむかって、請求額の一部で満足しないなら選択条項を利用することにしよう、といっておどしたこともある。当時これらの銀行の約束手形は、スコットランドの通貨の非常に大きい部分を占めていたので、支払のこういう不確実さが、必然的にこれらの通貨を金・銀貨の価値以下に低落させたのである。このような約束手形の濫用がつづいていたあいだ（それは主として一七六二年、一七六三年および一七六四年に広く行なわれた）、ロンドンとカーライルとのあいだの為替相場は平価であったのに、ロンドンとダムフリースとのあいだのそれは、ダムフリースに四パーセントも不利なことがときどき

309 あった。この町がカーライルから三〇マイルしか離れていないにもかかわらず、そうだったのである。これは、カーライルでは手形は金・銀貨で支払われたのにたいし、ダムフリースではスコットランドの銀行券で支払われたので、この銀行券と金・銀鋳貨《コイン》とを兌換できるかどうかが不確かであったため、この銀行券は金・銀鋳貨よりも四パーセントがた低落したのである。一〇シリングおよび五シリングの銀行券を禁止したのと同じ議会の条例〔本章「国内流通には……」の小見出し参照〕によって、このような選択条項も廃止され、またそれによって、イングランドとスコットランドのあいだの為替相場は、その自然率に、すなわち取引と送金為替の情況によって定まる率に復帰した。

ヨークシャーの紙券《ペーパー・カレンシーズ》の場合には、六ペンスというような小額の支払を受けるのにも、この銀行券《ノート》の所持人はその発行者のもとに、一ギニー分の紙券を両替のために持参しなければならない、という条件がつけられたこともあった。この条件は、そのような銀行券の所持人がそれを履行するのに困難を感じる場合が多かったはずなので、こうした通貨は金・銀貨の価値以下に低落せざるをえなかった。そこで、議会の条例〔ジョージ三世治世第十五年条例第五号十二〕によってこの条項はすべて違法だと宣言され、スコットランドの場合と同じ仕方で、二〇シリングの価値以下の持参人払の約束手形はすべて廃止されたのである。

北アメリカの紙幣《ペーパー・カレンシーズ》〔本章訳注〔2〕参照〕は、持参人一覧払の銀行券ではなく、発行後数年たってからでなければ支払請求ができないような政府紙幣からなっていた。そして植民地の各政府は、この紙幣《ペーパー》の所持人になんの利子も支払わなかったにもかかわらず、これをその発行額面どおりに通用する支払上の法貨だと宣言し、実際にそういうものとして扱った。

しかしながら、植民地政府の支払保証は完全であることを認めるにしても、たとえば、いまから一五年たって支払われる一〇〇ポンドは、利子が六パーセントの州では、現金で四〇ポンド以上には値しない。したがって、実際に現金で貸し付けられた一〇〇ポンドの負債を完済するものとしてこの紙幣を受け取るように、と債権者に義務づけるのは、乱暴きわまる不正行為であって、そのようなことは、かりにも自由を主張する他のどんな国の政府によっても、おそらくこれまで企てられたことはなかったであろう。正直で率直なダグラス博士[13]が確言しているところによると、これはもともと詐欺的な債務者がその債権者をだまそうというたくらみであり、それについての明白な証拠があるという。たしかにペンシルヴァニアの政府は、一七二二年にはじめてその紙幣を発行するにあたり、その紙幣を金・銀貨と等価にすると主張し、そのために、自分の財貨を植民地紙幣と引換えに売ると
310 きと、金・銀貨と引換えにそれを売るときとで、多少とも財貨の価格に差をつけようとするすべての人たちにたいして罰則を設けた。この罰則は、政府紙幣と金・銀貨とを等価にしようとする規制と同じように圧制的であるが、効果の点ではこれよりはるかに劣るものである。成文法を設けて、一シリングを一ギニーの法貨とすることもできる。なぜなら、法は、裁判所に命じて、それで支払をした債務者の債務を免除することができるからであ

る。しかし、どんな成文法も、財貨を売る人にたいして、また売るも売らないも自分の思うままにできる人にたいして、財貨の価格として一シリングを一ギニーの等価として受け取るように義務づけることなど、できるものではないのである。この種の規制がいろいろあったにもかかわらず、大ブリテンとの為替相場の動きからわかったところでは、英貨一〇〇ポンドがある植民地では一三〇ポンドの通貨と等価だとみなされ、また他の植民地では一一〇〇ポンドというような巨額な通貨と等価だとみなされたこともあった。こうした価値の差異は、さまざまな植民地で発行された紙幣の量の差異と、その最終的な決済および償還の期限の、長短と確実さの差異から生じたものである。

そういうわけだから、種々の植民地であのように不当に非難された議会の条例〔ジョージ三世治世第四年条例第三十四号〕、すなわち、将来植民地で発行されるどんな紙幣も支払上の法貨であってはならない、と宣言したあの条例以上に公正さの点でまさる法律は、ありえない。

紙券が節度ある仕方で発行される場合や、紙幣が租税支払に充当される場合には、その価値はある程度維持され高められる

ペンシルヴァニアは、紙幣の発行という点では、わが植民地のなかで他のどこよりもつねにひかえめであった。だから、その紙幣は、それがはじめて発行されるまえにその植民地で流通していた金・銀貨の価値以下にはけっして下落したことがないそうである。この植民地は、その発行にさきだって、その鋳貨の呼称価値《デノミネーション》をひきあげ、州議会の条例によっ

て、英貨五シリングは植民地では六シリング三ペンスに通用することを命じ、さらにその後六シリング八ペンスとした。したがって植民地通貨の一ポンドは、その通貨が金・銀貨であった当時にも、英貨一ポンドの価値を三〇パーセント以上も下回っていたが、その通貨が紙幣に切り換えられてからも、その価値を三〇パーセント以上も大きく下回ることは滅多になかったのである。この鋳貨の呼称価値をひきあげるための口実とされたのは、等量の貴金属を、母国においてよりもこの植民地において、より大きい金額で通用させ、そうすることによって金銀の流出を防止するということであった。ところが、母国から輸入されるすべての財貨の価格は、植民地がその鋳貨の呼称価値をひきあげた率に正しく比例して上昇し、その結果、植民地の金・銀貨は従来と同じように急速に輸出されるということがわかってきたのである。

各植民地の紙幣は、地方税の支払のさいに発行額面どおりに使われたので、紙幣には必
311 然的に、税の支払によってある追加的な価値が生じた。すなわち、その紙幣がいよいよ最終的に弁済、償還されるまでの期間の長短――これはきまっていることもあり、想像にとどまることもある――によって生じるはずの価値以上に、納税用からくる価値が生じたのである。この追加的価値の大小は、発行された紙幣の量が、それを発行した個々の植民地の税の支払に用いられる量よりも、どれだけ多いか少ないかに対応したのである。すべての植民地において、この発行量は、納税用に用いられる量をはるかに超えていた。

　ある君主が、かれの租税の一定部分はある一定種類の紙券で支払うべきである、という法令を出すならかれはそれによって、この紙券に一定の価値を与えることができよう。たとえ、それの最終的な弁済、償還の期限がまったく君主の意思にかかっているにしても、そういうことは可能である。もし、この紙券を発行した銀行が、つねにその量を、このように納税用に使用されうるよりもいくらか少なめにしておくように注意するならば、この紙券の需要は多いから、打歩《プレミアム》さえつくようになるかもしれない。いいかえると、紙券は、それが代役をしている金・銀貨の量よりも市場でいくらか高く売れるようになるかもしれない。ある人たちは、このようにしていわゆるアムステルダム銀行の打歩《アジォ》〔つまりプレミアム〕、つまり通貨にたいする銀行貨幣《バンク・マネー》の優位格差を説明する。だが実はこの銀行貨幣は、かれらが誤って主張しているように、持主の意思次第で銀行から引き出すというわけにはいかないものである。かれらは次のように主張する。大部分の外国為替手形は銀行貨幣で、すなわち銀行の帳簿上の振替で支払われなければならない。そして、この銀行の重役たちは銀行貨幣の全量を、つねにこの用途にもとづく需要量よりも少なめにしておくように注意しているのだ、と。また、かれらは次のようにもいう。それだからこそ、銀行貨幣は打歩《プレミアム》つきで売られるのである、つまり、この国の同一名目額の金・銀通貨にたいして、四ないし五パーセントの打歩がつくのである、と。しかしながら、アムステルダム銀行についてのこのような説明は、のちに明らかになるように〔第四篇第三章のアムステルダム銀行にかんする「余論」を参照〕、大部分は妄想である。

紙券が金・銀鋳貨の価値以下に低落したからといって、これらの金属の価値は下落しはしない。いいかえると、紙券の低落前と同量の金・銀貨で買える財貨の分量が少なくなるはずはない。金銀の価値と他財の価値との比は、いかなる場合にも、ある特定の国で流通している特定の紙券の性質や量に依存しているのではなく、たまたまある特定の時期に商
312
業世界という大市場にこれらの金属を供給している鉱山が豊かか乏しいかということに依存しているのである。それは、一定量の金銀を市場にもたらすために必要な労働の量と、一定量の他の種類の財貨をそこへもたらすために必要な労働の量との割合に依存しているのである。

小額銀行券の発行を禁止することと、すべての銀行券を兌換可能なものにすることとの二つだけが、銀行業にたいする必要な制限である

もし銀行業者たちが一定金額以下の流通銀行券、すなわち持参人払の銀行手形を発行することを禁じ、そしてかれらに、このような銀行券が提示された場合、即時無条件に支払うという義務を負わせるならば、銀行業者たちの営業は、これ以外のすべての点では完全に自由であってもかまわないし、そのために、公共社会の安全がそこなわれることもない。連合王国の両地方で銀行が最近増加したことは、多くの人々に大きな不安を与えたが、こ

れによって公共社会の安全は、減退するどころか、かえって増進している。銀行の数がふえると、どの銀行もいっそう慎重な行動をとらざるをえなくなる。かれらは、銀行券を自分たちの正貨との正当な比率を超えて拡大しないようにすることによって、多数の競争者との対抗上、つねに起るおそれのある悪意の取付けにたいして自衛せざるをえなくなる。また銀行の数がふえると、それぞれの銀行の紙券の流通は比較的狭い圏内に局限されて、その流通銀行券の数はいちだんと少なくなる。こうなると、全流通界は細分されるので、ある一つの銀行が破綻しても――事業をやっているうちに、ときとして起る災難であるが――、公共社会に与える打撃は小さくてすむ。また、こうした自由競争によって、すべての銀行業者は、顧客と取引するにあたって競争者から顧客を奪われないようにするために、いっそう寛大にならざるをえなくなる。一般的にいうと、もしある事業部門またはある分業が社会にとって有利なものであるならば、競争が自由で、一般化すればするほど、それは公共社会にとってますます有利なものになる。

（1）Anderson's Diplomata, &c. Scotiae に付されたラディマンの序文を参照。

（2）これらの冒険者たちがここに述べた「融通による資金調達方法」によって資金を獲《え》るやり方は、ごく普通のものでもなければ、最も経費のかかるものでもなかった。エディンバラのAは、かれの第一の為替手形をロンドンのBが決済できるようにするために、その手形の期限数日前に、日付後三ヶ月払の第二の手形をロンドンのBあてに振り出す、ということがよくあった。この第二の手形は、Aの指図人に支払われるべきものであるから、Aはこれをエディンバラで平価で売却し、その手取金で、Bを指図人とするロンドンあての一覧払の手形を買ってBに郵送した。このまえの戦争の終りごろには、エディンバラ・ロンドン間の為替相場はエディンバラにとってしばしば三パーセント不利だったので、これらの一覧払の手形を、しばしばAはこの三パーセントの打歩をつけて買い上げなければならなかった。この取引は、年に少なくとも四回は繰り返され、毎回少なくとも〇・五パーセントの手数料がかけられたために、その当時Aは一年間に少なくとも一四パーセントの費用を要した。また他の場合には、Aは、Bが第一の為替手形を決済できるようにするために、その手形の期限の数日前に、日付後二ヶ月払の第二の手形を、こんどはBにではなく、だれか他の第三の人、たとえばロンドンにいるCにあてて振り出すこともあった。この第二の手形は、Bの指図人に支払うべきものであったから、BはCにそれを引き受けてもらい、それをロンドンのある銀行業者に割引してもらった。そしてAは、Cがその手形を支払えるように、その手形の期限の数日前に、同じく日付後二ヶ月払の第三の手形を、あるときは第一の取引先Bに、またあるときは他の第四か第五の人、たとえばDまたはEあてに振り出した。この第三の手形は、Cの指図人に支払うべきものであったから、Cはその引受けがあるやいなや、ロンドンのある銀行業者に同様の方法で割引してもらった。こうした操作は、年に少なくとも六回は繰り返され、毎回少なくとも〇・五パーセントの手数料と五パーセントの法定利子とがかけられたので、この資金調達法は、本文で述べた場合と同様に、Aにとって八パーセント以上の失費となったに違いない。しかし、この方法は、エディンバラ・ロンドン間の為替相場の費用を節約するので、この注の前段に述べた方法よりも安上りではあるが、当時この方法を用いるのには、ロンドンで数軒の店舗に確実な信用を博していることが必要だったから、冒険者たちの多くはいつもたやすく便宜を受けるというわけにはいかなかった。〔この注は第二版で加えられた〕

（3）James Postlethwaite's History of the Public Revenue, page 301.

〔1〕このパラグラフはかなり難解だが、これはおそらく次の二点からくるものであろう。㈠社会的再生産の複雑な諸関係を、スミスが未熟なカテゴリーと不十分な表現で、いわば圧縮して説明しようとしたこと、㈡『国富論』全巻を通じて見られるように、「職人」（workman）という表現で、無産の賃労働者から独立生産者、さらには「利潤」を獲得する事実上のマニュファクチャー資本家までを一括する場合がしばしばあること（したがって、ここでも固定資本の維持のために働く「職人」の場合には「労働の価値」はその全額が「直接消費用の資財」にふり向けられるとは限らないものと想定されている）。

それにもかかわらず、スミスは、「固定資本」を維持するために働く労働の生産物は、社会の「純収入」に入らないが、「直接消費用の資財」を維持するための労働の場合には、賃銀も生産物も「直接消費用の資財」に入り、「純収入」を形成する、という言い方で両部門の再生産の仕方の相違をとらえ、いわゆる二部門分割を示唆するに至っている。これはスミス以前の通説的な農工二部門分割、ケネーの三部門分割からの巨大な前進であり、マルクスはこの示唆を批判的に深化させてみずからの再生産論を構築する一素材とした。

〔2〕これには二種類あって、企業の手形、および銀行の発行する手形すなわち銀行券（スミスの当時は兌換銀行券）である「紙券」（**paper notes**）と、政府が発行する「紙幣」（**paper money**）とがある。前者は後者とともに「紙幣」として総称されることが多く、スミスもこの両者を混用している。本章においては、大部分が手形や銀行券などの「紙券」の説明であるので、**paper, paper money, paper currencies** のいずれの場合も「紙券」という訳語を用いた。ただし、アメリカを事例に植民地政府の紙幣を説明している箇所（本章「兌換の制限によって……」の小見出し参照）は「紙幣」（ペーパー・カレンシーズ）とした。

〔3〕経済学の父といわれるように、スミスの学説には幾通りかの異なった見解が同時に与えられている場合が多く、それがスミス以後の経済学の歴史の上で幾通りかの学問の系譜を形づくっている。「イングランド銀行は」にはじまるこのパラグラフもその一つであって、ここではリカードォ（David Ricardo, 1772-1823）とブキャナンが、イ

ングランド銀行券の減価をめぐるスミスの説明の中からたがいに対立した立場をとりだしている。スミスはイングランド銀行券の減価を二通りの原因から説明しようとしている。一つは銀行券の過剰発行であり、それによってイングランド銀行券が減価し、したがってまた地金価格が騰貴し、その結果兌換請求がふえてイングランド銀行の出費が増大したという。もう一つは、五五六ページの挿入句が示すように、流通金貨の磨損による量目不足がすでに存在していて、これが原因となって銀行券の減価と地金価格の騰貴とが生じたという。ブキャナンは一八一四年に『国富論』の翻刻版を刊行し、そのブキャナン版『国富論』の中でこの文章に注記して、後のほうの原因に同意する見解を述べてスミスの叙述の混乱を指摘している。ところが、それから三年たった一八一七年に、リカードォはその著『経済学および課税の原理』(*On the Principles of Political Economy and Taxation*) の中で「ブキャナン氏は明らかに全通貨が必然的に磨損貨幣片の価値の水準にまで引き下げられなければならないと考えている。しかし通貨の数量を減少させれば、残っている全通貨は確実に最上の貨幣片の価値にまで引き上げることができるのだ」と述べて、前のほうの原因を自分の立場とする数量説的見解を述べている。スミスの貨幣理論には、このように、スミス―ソーントン―ブキャナン―トゥック、フラートン、J・S・ミルなどの銀行学派の系譜と、スミス―リカードォ―オーヴァストーン（本章訳注〔11〕参照）などの通貨学派の二つの流れの想源の系譜とその発展とが存在していたことがわかる。

〔4〕エア銀行（The Ayr Bank）倒産の経緯にかんする『国富論』の叙述は正確で詳細であるばかりか、スミスが深く内部の事情にも通じていたことを思わせる。親友のウィリアム・ポウルトニー（William Pulteney, 1729–1805）あて、一七七二年九月五日付のスミスの手紙には、「ご返事がひどく遅れて申しわけありません。いま評判の災難には私自身なんの関係もありませんが、きわめて関係の深い友人が何人か、深くまきこまれています。そのため私は、かれらを救う最上の方法を考えてそれにすっかり気を奪われておりました」とあり、かれが事態の収拾に心を砕いていたことが明らかである。文中の「関係の深い友人」のうちに、スミスがその家庭教師としてフランス旅行をともにし、また生涯かわることなく親交を保ちつづけたバックルー公とその一族がふくまれていたことは誤りないものとして推定されている。バックルー公は、エア銀行（ダグラス・アンド・ヘロン会社）の大株主で、しかもこの銀行は無限責任制をとっていたから、その苦境は察するにあまりあり、スミスが深入りせざるをえなかった、むしろおそらくは進んで相談に乗ったであろうことは想像にかたくない。同時に、こうした個人的つながりだけでなしに、すでに当時、『国富論』の少なくとも第一次草稿を書きおえていたスミスが、経済学者としてこの問題に取り組むことを自らに課したであろう、という推測も十分に成り立つ。この恐慌は、スミス理論にたいする現実の挑戦でもあったからである。事実、デイヴィッド・ヒュームは、右のポウルトニーあての手紙に先立つこと二ヶ月以上前の六月二十七日に、その点を指摘する手紙をスミ

スにあてて書いている。ヒュームは、エディンバラとロンドンの惨状を報じたあと、「こういった出来事は、どうしたって君の理論に影響をおよぼすんじゃないのか。それとも〔『国富論』の〕いくつかの章は書き直しになるんじゃないか」と書いている（*The Letters of David Hume*, edited by J. Y. T. Greig, 1932, vol. ii, pp. 262–4）。アメリカの思想史家パッテン（S. N. Patten, 1852–1922）は、七二年恐慌の試練をくぐることによってスミスの資本理論が確立したのだ、という大胆な想定をその著書『経済思想史』（*A History of Economic Thought*, 1899）のなかで行なっているが、たしかに、一七七〇年には早くも刊行のスケデュールに入ったかと思われるまで進行していた『国富論』が、さらにその後六年の間上梓されなかった一半の理由は、この恐慌だったのかもしれない。

〔5〕ジョン・ロー（John Law, 1671–1729）。スコットランド出身の財政家。エディンバラの金匠銀行家の子として生れ、若くしてロンドンに出て社交と賭博《とばく》にふけり、一六九四年に決闘で相手を殺し死刑の宣告を受けたが、判決前に脱獄してヨーロッパ大陸に逃亡し、アムステルダムで銀行業務に従事してアムステルダム銀行の信用機構に興味をもった。一〇年後、信用にかんする厖大《ぼうだい》な資料を携えてスコットランドに帰国、故国の経済的復興に力をつくして、『貨幣と交易にかんする考察、および国民に貨幣を供給するための一提案』（*Money and Trade considered, with a Proposal for Supplying the Nation with Money*）を書きあげてスコットランド議会に提出した。本書はローの唯一

の著作で、一七〇五年に匿名で出版された一二〇ページほどの小冊子である。だが議会はこのローの提案を否決したために、ローはふたたび大陸に向い、イタリーの諸都市をはじめオーストリア、ハンガリー、ドイツの諸都市を遍歴して経済復興のための同趣旨の提案を唱えつづけた。右の主著『貨幣および交易論』（略称）の骨子は、通貨の不足こそが国の貿易を不利にし、貧困者の雇用をさまたげているのだから、なによりもまず貨幣の供給、とりわけ土地を保証とする紙幣の発行を行なうことが最良の方策だ、というのである。ローはやがてフランスで活動を開始し、摂政オルレアン公の知遇を得て一七一六年に株式組織の発券銀行を設立し、翌一七年にはルイジアナ会社を設立してミシシッピ計画に着手し、一八年にはそれを王立銀行に改組し、ミシシッピ河流域の広大なフランス領植民地の開発を独占したので、ローの財政体系はフランスでブームをひきおこした。二〇年ローは蔵相に就任。しかしそのころすでに反落がはじまり、開発計画は泡沫と化していった。ローは紙幣乱発と投機の責任を問われてフランスから追放され、一七二九年ヴェニスで客死した。次のミシシッピ計画の訳注（〔6〕）をも参照。

〔6〕フランスにおける「ミシシッピ泡沫事件」または「ジョン・ロー体制の崩壊」ともよばれる。一七一五年、ジョン・ローはその独特の企画と創意にもとづいて、フランス領植民地の北米ミシシッピ河沿岸の植民と開拓をめざした植民会社を設立し、その株式への支払の四分の一を貨幣、残りを国債で行なうことを求めた。これは、一七一

一年に設立されたイングランドの「南海会社」が出資または増資のさいに一定の国債をもって払い込むことをきめたのと同じやり方である。ローの植民会社は、ミシシッピ河沿岸地帯に金・銀鉱が発見されたというニュースが流れて株価は昂騰を開始し、一七一九年十月にはついに額面の三六倍ないし四〇倍にすら及んで、パリを中心に全ヨーロッパが投機ブームのなかにまきこまれるにいたった。国債も大幅の値上りとなり、国も国債の発行額を増加した。しかし、まもなく反動がやってきた。一九年末には投機業者が株の売りへとまわり、公債価格は急落していった。思惑からの高値が消えて泡沫事件が終りを告げたとき、銀行は支払停止におちいり、国は債権者にたいし総額三億四〇〇〇万ドルまでその損害を補償することになった。ジョン・ローは一七二〇年末にフランスから逃亡した。なお南海会社については、第五篇第一章第三節「合本会社の外国……」の小見出しを参照。

〔7〕スミスは、デュ・ヴェルネのこの著作の表題を誤って記している。第Ⅲ巻第五篇第三章原注（1）に付した訳注参照。

〔8〕イングランド銀行は一六九四年、スコットランド人ウィリアム・パタソンの着想とウィッグ系の商人の要望により、議会の条例と特許状にもとづき設立された私企業で、当初は国立銀行ではなかった。十八世紀の初頭までは政府の財政資金調達のための銀行、ロンドンの銀行という性格がつよかったが、その後産業革命の進行する過程で、地方諸銀行との取引上の関連を深めて、次第にイングランド金融制度の中核的地位を

確立していった。すなわち、地方諸銀行は取引の決済にあたってたがいに共通に取引する中央の銀行の銀行券をもって行なうようになり、中央の銀行であるイングランド銀行の銀行券が個々の銀行の銀行券にとってかわっていった。こうしてイングランド銀行は、銀行の銀行としての中央銀行となっていったのであって、制度上は一八四四年のピール条例（Peel's Bank Act）によって、発行権を独占する権限を公けに付与され、保証準備発行直接制限制度を確立するにいたった。第一次大戦後は実質的な兌換停止が行なわれたが、一九二五年にはふたたび金本位に復帰した。けれども大恐慌によって三一年についに金本位制を離脱し、三九年には大部分の金準備が為替平衡勘定に移されて管理通貨制が採られるにいたった。第二次大戦後、一九四六年に、半官半民を特徴としたイングランド銀行は、当時の労働党内閣の手で国有化された。資本の国有化、総裁、副総裁および理事会の政府任命、大蔵省のイングランド銀行にたいする指令権、同行の市中銀行にたいする指令権が認められた。現在イングランド銀行の表むきの目的は、設立当初に下付されて現在もなお有効な「特許状」に示されているように、「公共の利益とイングランド国民の福祉」を増進することにある。これ以外に、目的として公けに定められているものはどこにもないが、これまでの長い伝統と慣例によって、次のようないくつかの実際上の目的ができあがっている。すなわち、(1)適正量の銀行券を供給すること、(2)銀行その他、金融制度の信用と名誉の保護者たること、(3)正常な金融、為替市場を発達させること、(4)通貨価値を擁護すること、(5)資本市場での資本の正常な流れを助長すること、(6)最終の貸手となること、(7)政府にたいし信頼ある練達の日常的助言者であること、(8)法令および法文書によって特別に規定されている国債の登録機関であること、など。政策決定には右の理事会があたることになっていて、中央銀行業務にかんする練達者をふくむ広範な経験を積んだ人々によって理事会が構成されるが、その理事のいずれも大銀行の役員でないこと、また少なくとも理事一名は労働組合と密接な関係にある者であることが慣例となっている。現在イングランド銀行の本店はロンドンにあり、支店はバーミンガム、ブリストル、リーズ、リヴァプール、マンチェスター、ニューカースル、サザンプトンおよびロンドン市内の裁判所内（Law Courts）の八ヶ所にある。イングランド以外には支店はない。これは一つには、スコットランド銀行とアイルランド銀行がそれぞれ銀行券を発行しているからである。もっとも、これらの銀行券は法貨ではなく、ロンドンのイングランド銀行にたいする法貨による預金で、ほぼ全額保証されている。なおスコットランド銀行は、イングランド銀行より一年おくれて一六九五年に発行権を独占して創設された。だが一七一五年以降は独占権は更新されず、そのためスコットランドの諸銀行は発券の自由をもちつづけたが、一八四五年のスコットランド銀行券条例は、おそらく四四年のピール条例の影響を受けて、銀行券発行に一定額の金準備を必要とすることを定めた。二十世紀に入って金貨が流通界から姿を消してゆくにつれて、イングランド銀行券が金にかわってスコットランドにおける銀行券発行の準備とされて今日にいたっている。

〔9〕これはイングランド銀行が、国債などの政府の債務を担保にして、それに相当する資金を創造して政府に貸し上げていたことを意味する。この場合の政府貸上げは、通常、銀行券を交付する形で行なわれた。

〔10〕ダイダロスはギリシャ神話に登場するアテネの名工匠。かれは迷宮の建築家として有名で、その迷宮のなかにその子のイカロスとともにミノス王によって幽閉された。そこで脱出をはかり、蠟《ろう》の翼を作ってイカロスといっしょに空に飛んだが、イカロスは高く昇りすぎて日光で翼がとけてしまい海中に落ちて死んだという。

〔11〕「すべての国の流通は」にはじまるこの章句は、後にイギリス銀行学派の代表トマス・トゥック（Thomas Tooke, 1774–1858）によってその理論的支柱の一つとされた有名な箇所である。トゥックはこのスミスの区別を踏襲して、商人と消費者との交換（賃銀の流通をふくむ）には、鋳貨や比較的小額の銀行券が用いられるのにたいし、卸売取引の大部分をふくむ商人と商人とのあいだの交換は主として債権債務の清算、相殺によって処理されることを明らかにして、後者は「資本の移転または流通」の領域、前者は「所得の流通」の領域として区別した。さらにまたトゥックは、この区別をもとにして銀行の業務を二つの部門、すなわち一つは、資本をさしあたり使用しない人々の手から集めてこれを使用する人々に渡す部門、もう一つは、顧客の所得を預金として受け入れて顧客の消費上の支出にかかる金額を払い出す部門とに区別した。こ

のようにしてトゥックは、流通に資本の流通と通貨の流通という二つの領域があることを確定し、これをもってオーヴァストーン（Overstone, Lord〔Loyd, Samuel Jones〕1796–1883）などの通貨学派の素朴な貨幣数量説に対抗する立場を築いて、みずからは一種の所得数量説を展開した。後にマルクスは『資本論』第三巻においてこのトゥックの理論をとりあげてさらに検討を加え、通貨はある場合には資本の形をとり、またある場合には所得の形をとって同じく流通するものだから、問題はトゥックのいうように、通貨と資本のあいだの区別ではなく、正しくは所得の貨幣形態と資本の貨幣形態とのあいだの区別にほかならないということを明らかにした。

〔12〕デイヴィッド・ヒューム（David Hume, 1711–76）はスコットランド人でイギリス啓蒙《けいもう》哲学の代表的思想家である。『イングランド史』（*The History of England*, 1754–62）を著わして歴史家としても著名。またスミスをふくむいわゆるスコットランド歴史学派の先駆者でもある。その著『政治経済論集』（*Political Discourses*, 1752）は、政治と経済にかんする一七の論説からなっている。このうち経済については、「商業」、「奢《しゃ》侈《し》」（第五版からは「技芸の洗練」と改称）、「貨幣」、「利子」、「貿易差額」、「租税」、「公信用」などがある。これらのヒューム経済論の特徴の一つに、ロック、モンテスキュー（Montesquieu, 1689–1755. 第二篇第四章訳注〔1〕参照）から継承された貨幣数量説があり、これは後にステュアートやタッカー（Josiah Tucker, 1713–99）からの批判をうけることになった。ところで、キャナンはこの箇所に注記して、ヒュームは

物価騰貴、とりわけ食料品価格の騰貴の原因として紙幣の増発を非難している、と述べている。なおスミス自身は本文にあるように、『政治経済論集』の公刊された一七五二年の食料品の価格騰貴は「気候が不順であったためであって、紙幣の増加のためではない」とことわっている。

〔13〕大ブリテンの北アメリカ植民地の沿革を記述したダグラス博士（William Douglass）は、キャナンの注記するところによると、一七六〇年のその著作のなかで、「詐欺的な債務者が金を借りる場合に用いるごろつきのような策略は、借りた金を著しく減価した価値で返済するということである」と述べている。

313

第三章　資本の蓄積について、すなわち、生産的労働と不生産的労働〔1〕について

労働には生産的労働と不生産的労働の二種類があり、この両者の比率如何は翌年の生産の規模を決定する

労働には、それが投じられる対象の価値を増加する種類のものと、そのような効果を生じないもう一つの種類のものとがある。前者は、価値を生産するのであるから、これを生産的労働とよび、後者はこれを不生産的労働〔1〕とよんでさしつかえない。たとえば製造工の労働は、一般に、かれが加工する材料の価値に、自分自身の生活維持費の価値と雇主の利潤の価値とを付け加える。これに反して、家事使用人〔2〕の労働は、いかなる価値をも付け加えない。製造工は、その賃銀を雇主から前払してもらってはいるけれども、その賃銀の価値は、一般に、かれの労働が投じられた対象の価値が増大し、利潤をともなって回収されるのであるから、製造工は実際には、雇主にとってなんの費用もかからないものである。ところが、家事使用人の生活維持費はけっして回収されることがない。人は、多数の製造

工を雇用することによって富むが、多数の家事使用人を維持することによって貧しくなる。もとよりこの後者の労働にも価値があり、前者のそれと同じようにその報酬を受けるべきものであることは当然である。しかし、製造工の労働は、ある特定の対象や販売商品のかたちに固定し具体化するのであって、この商品は、労働が投ぜられたあとも、少なくともしばらくのあいだは、存続する。それはいわば、一定量の投下労働が、その後必要におうじて使用されるために蓄積され貯《たくわ》えられているものなのである。その対象、または同じことであるが、その生産物の価格は、のちに、もともとそれを生産したのと等しい量の労働を、必要におうじて活動させることができる。これに反して、家事使用人の労働は、ある特定の対象または販売しうる商品のかたちで固定されたり具体化されたりはしない。かれのサーヴィスは、それが行なわれるその瞬間に消滅してしまうのがふつうであって、それだけのサーヴィスと引換えになにかを入手できるだけのもの、つまり価値をあとに残すことは、滅多にない。

社会の最も尊敬すべき階級中のある者の労働は、家事使用人たちの労働と同じように、なんの価値をも生産しないし、また、労働が終ってしまったあとも持続し、あとになってからそれと引換えに等量の労働を獲得しうるような、ある永続的な対象または販売しうる商品のかたちで、固定されたり具体化されたりはしない。たとえば主権者、かれのもとで働く司法官や軍将校のすべて、また全陸海軍などは、ことごとく不生産的労働者である。

かれらは公共社会の使用人であって、他の人々の勤労の年々の生産物の一部によって扶養されている。かれらのサーヴィスは、どんなに名誉あるものであろうと、社会にとってどんなに有用なものであろうと、またどんなに必要なものであろうと、あとになって等量のサーヴィスをそれと引換えに入手できるような物を生産することはない。国家の保安、安全、防衛、つまり不生産的労働者の労働の今年度の成果は、来年一年間の国家の保安、安全、防衛をまかなうものではないだろう。すなわち、最も荘重で最も重要な職業のいくつかと、最もとるに足らぬ職業のいくつかとの両方が、この同じ範疇《はんちゅう》のなかにはいる。聖職者、法律家、医師、あらゆる種類の文人、俳優、道化師、音楽家、オペラ歌手、オペラ・ダンサーなどがそれである。これらのうちで最も下賤な者の労働にも一定の価値があって、この価値は、他のあらゆる種類の労働の価値を規制するのと同じ原理によって規制される。また、これらのうち最も高貴で最も有用な者の労働も、等量の労働をあとで購買または取得できるようななにものも生産しない。俳優の朗読、雄弁家の熱弁、あるいは音楽家の演奏と同じように、これらすべての人たちの仕事は、それが生産される瞬間に消滅してしまう。

生産的労働者も不生産的労働者も、またぜんぜん労働しない人たちも、すべてその国の土地と労働の年々の生産物によってひとしく維持されている。この生産物は、たとえどんなに大きくても、けっして無限ではありえず、かならず一定の限界をもっている。だから、ある年に、この生産物が不生産的労働者を維持するのに用いられる割合が小さいか大きいかにしたがって、それが小さければいっそう多くの生産物が、それが大きければいっそう少ない生産物が、生産的労働者のためにのこされるであろうし、またこれにおうじて、その翌年の生産物も、より大きかったり、より小さかったりするだろう。というのは、年々の生産物の全体は、大地の野生の産物を除けば、すべて生産的労働の成果だからである。

年々の生産物のうち一部は投下資本を回収して生産的労働者を維持し、他の一部は利潤および地代としてそれぞれの階級の収入になる

あらゆる国の土地と労働の年々の生産物の全体は、疑いもなく結局は、その国民の消費を満たすためのものであり、また、国民に収入を与えるためのものであるが、それがまず最初に土地または生産的労働者の手から出てきたときには、自然に二つの部分に分れる。その一つは、これはしばしば最大の部分であるが、まず第一に資本を回収するためのものである。すなわち、さきに資本のなかから引きあげられた食料品、材料、完成品を更新するためのものである。また、もう一つの部分は、この資本の所有者にたいしてかれの資本《ストック》の利潤というかたちで収入となるか、または他の人に土地の地代というかたちで収入となるものである。こういうわけで、土地の生産物についていえば、一部は農業者の資本を回収し、他の部分は、かれの利潤と地主の地代とを支払い、かくして、資本の所有者には

資本《ストック》の利潤というかたちで、また土地の所有者には地代というかたちで収入となる。大工場の生産物についていえば、同じように、一部は、これはつねに最大の部分であるが、その事業の企業家の資本を回収し、もう一つの部分はかれの利潤を支払い、かくして、この資本の所有者にとって収入となるのである。

ある国の土地と労働の年々の生産物のうち、資本を回収する部分は、直接には生産的労働者以外の人を維持するために用いられることはけっしてない。それは生産的労働の賃銀だけを支払う。利潤または地代のどちらかのかたちでただちに収入となる部分は、生産的労働者であろうと不生産的労働者であろうと、どちらでも維持することができる。

人は、自分の資財のどの部分を資本として用いようと、つねに資本が利潤をともなって回収されることを期待する。したがってかれは、生産的労働者だけを維持するのにそれを用いる。そして資本は、かれにたいして資本の機能を果したのちに、生産的労働者にとっての収入になる。かれがその資財の一部をある種の不生産的労働者を維持するために使用するときには、この部分は、その瞬間にかれの資本から取り去られて、直接消費用の資財のなかに繰り入れられるのである。

――不生産的労働者や労働しない人々は収入によって、とりわけ地代収入と利潤収入によって維持される――

不生産的労働者やぜんぜん働かない人たちはすべて、収入によって維持される。すなわ

316

ち、かれらが維持されるのは、第一に、年々の生産物のうち、土地の地代と資本の利潤とのどちらかのかたちである特定の人にとっての収入となることが最初からきめられている部分によってである。また第二に、資本を回収し生産的労働者だけを維持するのにもともとあてられた部分でありながら、ひとたび生産的労働者の手にはいると、そのなかからかれらに必要な生活維持費を超える部分があれば、それはすべて、生産的労働者でも不生産的労働者でも差別なく維持するのに用いられる。こういうわけで、大地主や富裕な商人ばかりか、普通の職人でさえ、もしかれの賃銀がかなりの額にのぼるなら、家事使用人の一人ぐらいは維持できるし、また場合によっては、芝居や人形芝居を見にゆくこともできる。かくして労働者といえども、一群の不生産的労働者を維持するために自分の所得である賃銀を使う。あるいは、普通の職人でも、いくらかの租税を払うこともでき、そうすることによって、なるほど、いっそう名誉であり有用でもあるが、ひとしく不生産的である別の一群の人々を維持するのに寄与することもできる。しかしながら、年々の生産物のうちで、最初から資本を回収するためにあてられていた部分は、それを用いて予定された方法ですべての生産的労働者を働かせてしまうまでは、けっして不生産的労働者の維持にふりむけることはできない。この職人は、自分の賃銀のある部分をこのような方法で使うまえに、まず働いて賃銀を稼いでおかなければならない。しかもこの部分は、一般に小さなものにすぎない。それは、もっぱらかれの余分の収入であって、生産的労働者にそのような余分がたくさんあるはずはない。けれども、かれらはふつうそれをいくらかはもっていて、租税の支払のうえでは、かれらの数が多いために、一人一人の納税額の少ないのをある程度おぎなうことができる。したがって、土地の地代と資本《ストック》の利潤とは、どこでも、不生産的労働者がその生活維持費を引き出す主要な源泉なのである。これら二種の収入は、所有者がふつう最も多く余分なものに使う種類の収入である。これらの収入は、生産的労働者と不生産的労働者とを差別なしに維持することができるだろう。けれども、通例、大領主や富裕な商人たちは、不生産的労働者のほうをいくらか愛好しているように思われる。大領主の支出は、一般に勤勉な人々よりも怠惰な人々を、より多く養うものである。富裕な商人は、かれの資本では勤勉な人々だけしか維持しないが、かれの支出では、つまり、かれの収入の使用においては、この大領主とまさに同一の不生産的労働者を養うのが普通である。

それゆえ、生産的労働者と不生産的労働者との割合は、どこの国でも、年々の生産物のうち、土地または生産的労働者の手から出てくるやいなや資本の回収にあてられる部分と、地代または利潤のかたちで収入にあてられる部分との割合に依存するところが非常に大きい。この割合は、富んだ国と貧しい国とでは著しく異なっている。

収入としての地代と利潤は現在よりも昔のほうが生産物のなかで大きい割合を占めていた

こういうわけで、現在、ヨーロッパの富裕な国々では、土地の生産物の非常に大きい部
分、しばしば最大の部分が、富んだ自営農業者の資本を回収するためにあてられ、他の部
分が、かれの利潤と地主の地代を支払うためにあてられている。ところが、むかし封建政
治が広く行なわれていた時代には、生産物のごく小さい部分で、耕作に用いられた資本を
317 回収するのに十分であった。資本といっても、ふつうは数頭の貧弱な家畜からなっていて、
未耕作地の野生の生産物だけでもっぱら維持されていたのであるから、これらの家畜もそ
うした野生の生産物の一部とみなされていたのかもしれない。この資本はまた、ふつうは
領主《ランドロード》に属していて、領主から土地の占有者に貸し付けられた。その他の生産物も、かれ
の土地にたいする地代か、この貧弱な資本にたいする利潤かのどちらかのかたちで、とり
あげられてしまった。土地の占有者は一般に農奴であって、その身体も持ち物もひとしく
領主の財産であった。農奴でない占有者は、随意解約小作人〔3〕であって、かれらが支払う地
代は、名目的には、賦役免除地代〔4〕をほとんど超えない場合が多かったが、実質的には、そ
の土地の生産物全部に近いものであった。領主はいつでもかれらに、平時には労働を、戦
時には軍務を命じることができた。かれらは領主の館《やかた》から離れた場所に住んでいたが、そ
の館に住んでいた従者たちと同じように、領主に従属していた。ところで、土地の全生産
物は疑いもなく領主に属しており、領主はその生産物で維持されるすべての人々の労働と
役務を意のままに処分できたのである。ヨーロッパの現状では、地主の分け前は、土地の

全生産物の三分の一、ときには四分の一を超えることは滅多にない。けれども、この国の改良されたすべての地方における土地の地代は、昔の地代からすると、三倍にも四倍にもなっているのであり、しかもこの年々の生産物の三分の一ないし四分の一は、以前の生産物全体よりも三倍も四倍も大きいように思われる。改良が進展するにつれて、地代は、土地の面積に比例して増加するが、その生産物にくらべると減少するのである。

ヨーロッパの富裕な国々では、現在、大量の資本が商業や製造業に用いられている。昔は、小規模の商業が活動し、少数の粗末な家内工業が行なわれていて、それらはごく小さい資本しか必要としなかった。けれども、それらは非常に大きい利潤を生んだにちがいない。利子率はどこでも一〇パーセントをくだらなかったし、またこの大きな利潤は、高額の利子を支払うのに十分であったにちがいない。現在、ヨーロッパの進歩した諸地方では、利子率はどこへいっても六パーセントより高いところはなく、最も進歩したいくつかの地方では、四パーセント、三パーセント、二パーセントというふうにきわめて低い。住民の収入のうちで資本《ストック》の利潤から獲《え》られる部分は、つねに富んだ国のほうが貧しい国よりずっと大きいのであるが、それは資本《ストック》がはるかに大きいからであって、資本《ストック》にたいする割合では、利潤は一般にずっと小さいのである。

318
したがって、年々の生産物のうちで、土地または生産的労働者の手から出るやいなや資本を回収するためにあてられる部分は、富んだ国のほうが貧しい国よりもはるかに大きいばかりでなく、地代または利潤のどちらかのかたちで直接収入となる部分にたいしても、はるかに大きい割合を占めている。生産的労働の維持にあてられる基金《ファンド》は、富んだ国のほうが貧しい国よりはるかに大きい。そればかりかこの基金は、生産的、不生産的のいかんを問わず労働者の維持に用いてさしつかえないが、一般に不生産的な労働者を愛好する基金とくらべてはるかに大きい割合を占めているのである。

生産的労働を維持する基金と不生産的労働を維持する基金のあいだの割合は、国民の勤勉と怠惰を決定し、その富を増減させる

これら二つの基金のあいだの割合は、あらゆる国において、その住民の一般的性格が勤勉であるか怠惰であるかを必然的に決定するものである。われわれは、われわれの先祖よりも勤勉である。というのは、現代では、二、三世紀まえとくらべて、勤労の維持にあてられる基金が、怠惰の維持に用いられうる基金に比してはるかに大きいからである。われわれの先祖たちが怠惰であったのは、勤労にたいする十分な刺激が不足していたからである。労して虚しければ労せずに如《し》くはなし、という諺《ことわざ》がある。商業都市や工業都市では、下層階級の人々は主として資本の使用によって維持されていて、かれらは一般に勤勉で真面目《まじめ》で、そして豊かである。イングランドの多くの都市やホラントのたいていの都市の場合がそうである。恒久的または臨時に宮廷の所在地になり、そのおかげでもっぱらささえられ、下層階級の人々が上層の人々の収入の消費によって主として維持されているような都市では、ローマ、ヴェルサイユ、コンピエーニュ、フォンテンブローにおいてのように、かれらは一般に怠惰で放縦で貧乏である。ルーアンとボルドーをのぞけば、フランスの高等法院〔一七九一年以前における各地方の高等裁判所〕のどの所在都市[5]でも、商業や製造業はほとんどない。そして下層階級の人々は、裁判所員や訴訟のために出てくる人たちの支出する費用のおかげで主として生活しているから、一般に怠惰で貧乏である。ルーアンやボルドーの商業が盛んなのは、これらの都市がもっぱら地の利を得ているからだと思われる。ルーアンはいうまでもなく、パリという大都市の消費をめざして外国またはフランスの沿海諸州からもたらされるほとんどすべての財貨の集散地になっている。ボルドーも同じように、ガロンヌ河やそれに流入する諸河川の岸辺に産する葡萄酒《ぶどうしゅ》の集散地であり、世界きっての豊富な葡萄酒産地の一つである。そしてまた、輸出に最適の葡萄酒、つまり海外の諸国民の味覚に最もよくかなった葡萄酒を産出する地方であるように思われる。このように有利な位置にあるので、大資本には大きい用途が提供され、そのために大資本が必然的にそこに引きよせられ
319 る。そしてこの資本の使用こそ、これら二つの都市の勤勉にとっての原因なのである。このほかのフランスの高等法院の所在都市では、都市自体の消費を満たすのに必要である資本以上は、ほとんどまったく使用されていないように思われる。すなわち、そこで使用できる最小額の資本以上のものは、ほとんど使用されていないようである。同じことが、パ

リ、マドリッド、ウィーンについてもいえるであろう。これらの三つの都市のうちでは、パリがとびぬけて勤勉であるが、パリ自体は、パリに確立されているすべての製造業の主要な市場であり、それ自体の消費は、そこで営まれているすべての商業の主要な対象なのである。ロンドンとリスボンとコペンハーゲンとは、おそらく、宮廷の恒久的所在地であると同時に、商業的都市とみなすことができる。いいかえると、それ自体の消費のためだけでなく、他の都市や外国の消費のために取引している都市とみなすことのできる、ただ三つの都市であろう。この三都市はすべて、たいへん有利な位置にあるので、そのおかげでおのずから遠隔の諸地方での消費にあてられる大部分の財貨の集散地として適した存在になっている。大きい収入が消費される都市で、この都市の消費を満たす以外の目的に資本を有利に使用しようとするのは、下層階級の人々が資本の使用からのみかれらの生活維持手段をあたえられているような都市の場合にくらべると、おそらくいっそう困難であろう。大部分の人々が収入の消費によって維持される場合には、その人たちの怠惰が、資本の使用によって維持されるべき人々の勤勉を腐敗させることがおそらくありうるだろうし、またかれらの怠惰は、そこで資本を使用することを他の場所でそうするより不利なものとするのである。合邦以前のエディンバラには、商業や製造業はほとんどなかった。だが、スコットランド議会がそこで開かれなくなり、そこがスコットランドのおもだった貴族や郷紳《ジェントリー》にとっての必要な居住地ではなくなってから、ここはいくらか商業都市、工業都市らしくなった。けれども、それはいまだにスコットランドの主要な裁判所、関税局、消費税局などの所在地である。だから、かなりの収入がいまもひきつづきそこで消費されている。商業と製造業の点では、このエディンバラは、グラスゴウよりはるかに劣っている。グラスゴウの住民のほうは、主として資本の使用によって維持されている。ある大きい村の住民が、製造業でかなりの進歩をとげていたのに、その近くに大領主が館をかまえたために、怠惰で貧乏になったということは、よく見かけることである。

したがって、資本と収入との比率は、どこでも、勤勉と怠惰との比率を左右するように
320
思われる。資本が優勢なところでは勤勉が広がり、収入が優勢なところでは怠惰がはびこる。それゆえ、資本が増減するたびに、勤勉の実際の量、すなわち生産的労働者の数は自然に増減する傾向があり、またしたがって、その国の土地と労働の年々の生産物の交換価値、その国の住民の真の富と収入は、自然に増減する傾向がある。

資本は、人々の収入から節約または貯蓄したものの追加によって増加し、追加されたものは生産的労働者によって消費される

資本は、節約〔第四篇第七章訳注〔2〕参照〕によって増加し、浪費と不始末によって減少する。人は、自分の収入のなかから貯蓄するすべてを自分の資本に追加し、そしてそれを生産的労働者の追加数を維持するのに用いるか、あるいはそれを利子と引換えに、すなわち相手の利潤の一部と引換えに他人に貸し付けて、その人が資本を活用することができるよう

にする。個人の資本は、その年々の収入または年々の利得のなかからその人が貯蓄するものによってもっぱら増加しうるが、それと同様に、社会を構成する個人全部の資本と同一物である社会の資本も、これと同じようなやり方でのみ増加しうるのである。

勤勉ではなくて節約が、資本増加の直接の原因である。なるほど勤勉は、節約によって蓄積される対象物を提供する。だが、勤勉によってどれだけ多くが獲得されようと、もし節約がそれを貯蓄し貯蔵することがなかったなら、資本はけっして大きくはならないだろう。

節約は、生産的労働者の維持にあてられる基金を増加させることによって、その労働が投下される対象の価値を増加させる労働者の数をふやすものである。したがって節約は、その国の土地と労働の年々の生産物の交換価値を増加させる傾向がある。それは、勤労の追加量を活動させ、その追加量が年々の生産物に追加的価値を与えるのである。

年々貯蓄されるものは、年々消費されるものと同じように規則的に消費され、またほぼ同じ期間内に消費される。だがそれがだれによって消費されるかによって違いが生じる。富裕な人の収入のうちかれが年々消費する部分は、たいていは、怠惰な客人や家事使用人によって消費されるのであって、この人たちは自分たちが消費するのと引換えにあとにはなにものも残さない。ところが、富裕な人が年々貯蓄する部分は、利潤を獲得するためにただちに資本として用いられるのであるから、右と同じようなやり方で、また右とほぼ同

321 じ期間内に消費されることになるが、しかし、右とは異なった一群の人々、すなわち、労働者、製造工、手工業者によって消費されるのであって、この人たちは自分たちの消費の価値を利潤とともに再生産するのである。この富裕な人の収入が貨幣で支払われると仮定しよう。もしかれがその全部を使い果したならば、この全部で購買したはずの衣食住は、前者の不生産的労働者のあいだに分配されたであろう。だがその一部が貯蓄されると、その部分はかれ自身か他のだれかの手で、利潤を獲得するために、ただちに資本として用いられることになるから、その部分で購買しうる衣食住は、必然的に後者の生産的労働者のためにとっておかれる。消費は同一であるが、消費者が違うのである。

節約家は、かれが年々貯蓄するものによって、その年またはその翌年分の生産的労働者の追加数を維持するばかりでなく、公営の労役場《ワーク・ハウス》の設立者のように、将来のどんなときにでも同数の労働者を維持するために、永久の基本のようなものを設立するのである。この基金の永久的な割当と使途は、たしかに、なにかの成文法や、信託権、永代寄付行為などによってかならずしも保障されているとはかぎらない。けれども、それはきわめて強力な本能によって、すなわち、その分け前にあずかるはずの各個人の平明で明白な利害関心によって、つねに保障されている。この基金のどんな部分も、あとになって生産的労働者以外のものの維持に用いられるはずはない。もしそのように用いられるなら、この基金の本来の使途をこのようにゆがめて悪用する人にとって、明白な損失となるのである。

浪費は、生産的労働を維持する基金を食いつぶすものだから、他の人々の節約によって償われないと、国家を貧困化させる結果となる

浪費家は基金を次のように悪用する。つまりかれは、自分の支出をその所得の範囲内に限定しないで、自分の資本を食いつぶしてしまう。宗教的動機から設立された財団の収入を瀆神《とくしん》的な目的に悪用する人と同じように、かれは、自分の先祖たちが節約して勤労の維持のためにいわば奉納したこのような基金から、怠惰な者の賃銀を支払うのである。かれは、生産的労働の使用にあてられた基金を減らすことによって、投下された対象に価値を追加するその労働の量を、かれが減らした基金分だけ必然的に減少させる。その結果、国全体の土地と労働の年々の生産物の価値、その国の住民の真の富と収入を減少させるのである。ある人々の浪費が他の人々の節約によって償われることがないならば、すべての浪費家の行動は、勤勉な者のパンで怠惰な者を養うことになるのだから、かれ自身を乞食《こじき》にするばかりか、かれの国をも貧困化させることになる。

たとえ浪費家が、すべて国産品だけに支出し、外国品にはぜんぜん支出しなかったとしても、その支出が社会の生産的基金に及ぼす効果は、やはり同じであろう。生産的労働者をとうぜん維持するはずの一定量の食物と衣服が、毎年、不生産的労働者の維持に使用されるであろう。それゆえ毎年、そうでない場合にその国の土地と労働の年々の生産物の価

322

値になったはずのものは、やはりいくぶんとも減少するであろう。

この支出は、外国の財貨の購買に向けられたものではなく、したがって金銀の輸出をべつだんひきおこさないので、いままでどおり同一量の貨幣が国内にとどまっているではないか、という人がいるかもしれない。しかし、もし不生産的労働者によってこのように消費された食物や衣服が、生産的労働者のあいだに分配されていたなら、その人たちは、自分たちの消費したものの全価値を利潤を加えて再生産したであろう。この場合にも、同一量の貨幣が国内にとどまっているであろうし、そのうえ、そこでは等しい価値の消費物の再生産が行なわれたであろう。だからこの場合には、一つの価値ではなくて、二つの価値が、つまり同一量の貨幣と再生産された消費財とが、ともに存在することになるだろう。

それればかりか、年々の生産物の価値が減少しつつあるような国には、貨幣は同一量のまま長くとどまることはありえない。貨幣の唯一の用途は、消費財を流通させることにある。食料品、材料、完成品は、この貨幣を媒介として売買され、その本来の消費者に分配される。したがって、ある国で年々使用される貨幣の量は、その国内に年々流通する消費財の価値によって決定されるにちがいない。これらの財貨は、その国自身の土地と労働の直接の生産物か、その生産物のある部分で購買された物のどちらかであるにちがいない。したがって、消費財の価値は、その生産物の価値が減少するにつれて減少するにちがいなく、またそうした財貨の価値の減少とともに、それらを流通させるのに用いられる貨幣の量も減少するにちがいない。しかし、生産物が年々減少する結果として年々国内流通の外にほうりだされる貨幣は、そのまま遊休させておくわけにはゆかない。その所有者にとっては、その貨幣を動かすことがかれの利益である。しかし、国内では用途がないのだから、あらゆる法律や禁止に関係なく、それは海外に送られて、国内で多少とも用いられるような消費財を購買するのに使用されるであろう。貨幣の年々の輸出は、このようにして、しばらくのあいだ継続し、その国の年々の消費に、その国自身の年々の生産物の価値以上のものを若干追加するであろう。その国が繁栄した時代に、その年々の生産物のなかから貯蓄されて金銀の購買に使用されていたものが、しばらくのあいだ、逆境にあるその国の消費をささえることに役立つであろう。この場合金銀の輸出は、その国の衰退の原因ではなくて結果であり、しばらくのあいだなら、その衰退のみじめさを緩和しさえすることになろう。

これと反対に、どこの国でも、年々の生産物の価値が増加するにつれて、貨幣の量は自然に増加するにちがいない。その社会の内部で年々流通する消費財の価値が大きくなるのだから、それらを流通させる貨幣の量も、大きくなる必要がある。したがって、増加した
323 生産物の一部は、残りの部分を流通させるのに必要な金銀の追加量を購買するために、どこであろうとそれが入手できるところへおのずから向うであろう。そうした金属の増加は、この場合には、公共社会の繁栄の結果であって、原因ではないだろう。金銀は、このようにしてどこででも、購買することができる。ペルーでもイングランドでも、金銀と引換え

に支払われる価格は、金銀を鉱山から市場にもたらすのに自分たちの労働や資本《ストック》を使用するすべての人たちの衣食住、すなわち、収入および生活維持費である。この価格を支払える国なら、その国の必要とするだけの金銀にいつまでも事欠くことはないだろう。またどんな国も、その国が必要としない金銀をいつまでも持ちつづけるはずもないだろう。

したがって、われわれが一国の真の富と収入をどのようなものであると想像するにせよ、すなわち、平明な道理がさし示すように、その国の土地と労働の年々の生産物の価値のことであろうと、あるいはまた一般世間の偏見が想定する、国内で流通する貴金属の数量のことであろうと、どちらで問題を考えてみても、すべて浪費家は公共社会の敵であり、節約家はすべてその恩人であるように思われる。

無分別な事業の計画は浪費と同じ結果をもたらすが、この種の企業は少数でありまた浪費の性向は通例、間歇的である

不始末というものは、しばしば結果において浪費と同じことになる。農業、鉱業、漁業、商業または製造業における無分別で不成功に終る事業企画はすべて、浪費と同じように、生産的労働の維持にあてられる基金を減少させることになる。あらゆるこの種の事業企画は、たとえ資本が生産的労働者だけで消費されても、その雇用方法が無分別であるために、かれらは自分たちの消費の全価値を再生産しないことになるから、そうでない場合には社会の生産的基金になったはずのものを、つねに多少とも減少させるにちがいないのである。

324

もっとも、大国の状態が、個人の浪費または不始末によってひどく影響されるということは、滅多に起るものではない。というのは、ある人々の濫費や無思慮は、つねに他の人々の節約や手堅さによって、十分に償われるものだからである。

濫費についていえば、金《かね》を使いたくなるという人の気持は、目前のものを享受したいという情念であって、それはときには激しくて抑制するのがたいへん困難なこともあるが、一般には瞬間的で偶発的なものにすぎない。けれども、貯蓄しようという人間の気持は、われわれの暮しをいっそうよくしようという願いであって、それは一般におだやかで冷静なものであるが、われわれが母親の胎内から生れ出て墓場にはいるまで、われわれからけっして離れることのない欲求なのである。およそどんな人でも、生れてから死ぬまでの全生涯をつうじて、どのような変更も改善も望まないくらい自分の境遇について満足しきっていられるようなことは、おそらくただの一瞬時もないであろう。財産をふやすことは、大部分の人が自分たちの暮しをいっそうよくしようと考えたり望んだりする手段である。これが、世間で最もよく受けいれられており、そして最もわかりやすい手段である。かれらの財産を増加させる最も可能性のある方法は、自分たちが獲得するものの大部分を、年々規則正しく、またはなにか特別の機会に、貯蓄し蓄積することである。そういうわけで、金《かね》を使おうとする本能は、ある場合にはほとんどすべての人を支配し、また人によってはほとんどすべての場合にこの本能に支配されているといえるが、大部分の人について、その全生涯をつうじての平均をとれば、節約という本能が優位を占めているばかりか、その度合は非常に大きいように思われる。

不始末についてみれば、思慮ぶかく成功した企業の数は、どこでも、無分別で不成功に終る企業の数よりもずっと多い。破産が頻発すると、われわれはよく苦情をいうけれど、こういう不運な目にあった不幸な人々は、商業その他すべての種類の事業に従事する人の総数のなかのごく小さい部分を占めているにすぎない。おそらくは、一〇〇〇人に一人を大きく超えることはなかろう。破産は、罪もない人間にふりかかる災厄としては、おそらく最大で、また最も屈辱的なものであろう。だから、大部分の人は、それを避けようとして十分に注意をはらう。たしかに、それを避けようとしない人もいるが、それは、絞首台を避けようとしない人がいるのと同じことである。

私的な浪費や不始末よりも公的なそれのほうがはるかに危険であるが、多くの場合これは個人の節約や慎慮によって相殺される

大国が、私的な浪費や不始末によって貧乏になるようなことはけっしてないが、公的な浪費や不始末によってそうなることはときどきある。公収入のすべて、またはほとんどすべては、たいていの国では、たとえば次のような不生産的な人間の維持に用いられる。すなわち、多数の人のむらがる壮麗な宮廷、宗教関係の大造営物、平時にはなにものも生産せず、戦時には戦争継続のあいだですら自分たちの維持費を償うにたりるなにものも獲得

325

しない大艦隊や大陸軍、などを構成する人々がそれである。そういう人々は、自分自身はなにも生産しないので、他の人々の労働の生産物によってすべて維持される。だから、かれらの数が不必要なまでにふえてくると、ある特定の年には、かれらはこの生産物中の非常に大きい部分を消費してしまうので、その残りでは、翌年にそれを再生産するはずの生産的労働者を維持するのにたりないようになる。そこで、翌年の生産物は、前年のそれより少なくなるだろうし、また、もしも同じような無秩序がつづくとすれば、三年目の生産物は二年目の分よりいっそう少なくなるだろう。人々がとっておいた余分の収入の一部だけで維持されるはずのそうした不生産的労働者は、人々の全収入中の非常に大きい部分を消費することになるかもしれない。そうなると、非常に多数の人々が、自分たちの資本を、すなわち生産的労働の維持にあてられる基金を食いつぶさざるをえなくなるだろうから、個人がどんなに節約をしようと、また手堅く振舞おうと、この激しい、強制的な食いつぶしによってひきおこされる生産物の損耗や減退を償うことは困難であろう。

けれども経験上明らかなことは、こうした節約や手堅さが、たいていの場合、個人の私的な浪費や不始末ばかりでなく、政府の手による公的な濫費をも十分に償うものだということである。自分の暮しの改善をめざしての、人間の一様で恒常不断の努力こそは、私人の富裕はもとより公的な国の富裕が根源的につくり出される原理である。この努力は、政府の濫費や行政上の最大の過誤があるにもかかわらず、改善をめざす事物自然の進歩を維持するにたりるほど強力な場合が多い。それは、動物の生命における未知の原理のように、病気があっても、医師の処方がまちがっていても、なお身体に健康と活力を回復させる場合が多いのと同じである。

年生産物が増加した年は資本が増加したと考えていい。たとえ公私の浪費や無秩序や不幸なできごとが介在しても、個人の節約や慎慮によって相殺される

ある国の土地と労働の年々の生産物がその価値を増加するのには、その国の生産的労働者の数をふやすか、これまで用いられていた生産的労働者の生産力をたかめるか、そのどちらかによる以外には方法がない。その国の生産的労働者の数は、明らかに資本の増加、すなわちかれらの維持にあてられる基金の増加によるのでなければ、けっして大きくは増加しえない。同数の労働者の生産力は、労働を容易にし、またそれを短縮する機械や用具を多少とも増加し改善するか、または仕事をよりいっそう適切に分割し配分するか、このどちらかによるのでなければ、増加しえないのである。どちらの場合も、追加的な資本がほとんどつねに必要とされる。追加的資本によってのみ、どんな事業の企業家も、自分の職人にいっそうすぐれた機械設備を提供することができ、あるいはまた、かれらのあいだで仕事をいっそう適切に配分することができるのである。所定の仕事がいくつかの部分からなるという場合、各人をいつも同一の仕事に従事させておくほうが、各人をそのときど

きにさまざまな仕事に従事させておく場合よりも、はるかに大きい資本を必要とする。だから、われわれが一国民の状態を二つの異なった時期で比較してみて、その土地と労働の年々の生産物は、前の時期よりも後の時期のほうが明らかに大きいということ、またその土地はいっそうよく耕作され、その製造業はいっそう多数となり、いっそう繁栄し、またその商業はいっそう拡大しているということを見出すならば、われわれは、この国民の資本が、こうした二つの時期の間に増加したにちがいないということ、さらにまたある人々の手堅い行動によってこの国民の資本に追加されたもののほうが、他の人々の私的な不始末か政府の公的な濫費かのどちらかのために、国民の資本からとりのぞかれたものにくらべていっそう大きかったにちがいないということを、確信してさしつかえないのである。いちおう平穏無事な時代には、ほとんどすべての国民について、以上のことがいえるであろう。最も手堅く節約を重んじる政府をもたなかった諸国民についてさえ、右のようなことが事実であることがわかるだろう。これについて正しい判断をくだすためには、たしかにわれわれは、その国の状態を、ややへだたった時期についてたがいに比較してみなければならない。進歩というものは、しばしば非常に漸進的なものであるから、近い時期をとって比較してみると、改善がめだたないことがあるばかりか、産業のある部門の衰退、または国のある地方での衰退――これは、たとえその国が一般に非常に繁栄していても、ときどき起るものであるが――から、この国全体の富と産業が衰退しつつあるのではないかという疑念がときとして起るものなのである。

たとえば、イングランドの土地と労働の年々の生産物は、現在のほうが一世紀と少し前の時期にあたるチャールズ二世〔在位一六六〇～八五〕の王政復古のころにくらべると、まちがいなくはるかに大きい。いまでこそこの事実を疑う人はほとんどいないと思うが、この時期には、公衆のあいだに権威のある本やパンフレットが五年に一度くらいは出版されて、国民の富が急速に衰退しつつあるとか、国の人口が減少し、農業がおろそかにされ、製造業がおとろえ、商業は荒廃しているとか、といったことを誇示しようとしたものであった。こうした出版物のすべてが、虚偽と金銭ずくの下劣な産物である党派的出版物であったわけではない。それらの多くは、たいへん公平でたいへん知的な人たちの手で書かれたものであり、この人たちは、自分たちが信じたことだけを書き、また、かれらがもっぱらそれを信じたからこそ書いたのである。

ところで、イングランドの土地と労働の年々の生産物は、王政復古当時のほうが、その約一〇〇年前、エリザベスの即位のときに想像されるよりも、まちがいなくはるかに大きかった。また、エリザベスの即位当時は、この国は、その約一世紀前の、ヨーク家とランカスター家の紛争の末期にくらべてはるかに改善が進んでいた、と信じてもよい十分な理由がある。その紛争末期でさえも、ノルマン・コンクエストのときにくらべると、おそらく国の状態はいっそうよかったであろうし、さらにその当時は、サクソン七王国〔ノーサンブリア、マーシャ、イーストアングリア、エセックス、ケント、サセックス、ウェセックスの七国をさす〕の混乱の時代よりも、状態はいっそうよかったであろう。こうした昔の時期でさえ、ジュリアス・シーザーの侵入のときよりも、国土はたしかにいっそう改善されていたのであって、シーザーの侵入当時のわが住民は、北アメリカの野蛮人とほぼ同じ状態にあったのである。

327

しかしながら、これらの時期のどの場合にも、公私の濫費は多かったし、不経済で無用の戦争は多かったし、また年々の生産物を生産的労働者の維持から不生産的労働者の維持へと濫用することも多かった。そればかりでなく、あるときには内乱という混乱のなかで、容易に想像できるように資本《ストック》の絶対的浪費と破壊が、富の自然の蓄積を確実におくらせただけでなく、その時期の終りにはこの国を、その時期の初めよりもいっそう貧しいものにしてしまったのである。そういうわけで、以上すべての時期のうち、王政復古以来今日にいたるまでの時期、すなわち最も幸福で最も幸運であった時期においてさえ、もし予見することができたなら、この国の貧困化どころか、全面的破滅をも予期しなければならなかったような無秩序と不幸がどんなに数多く起ったことであろうか。ロンドンの大火災〔一六六六年九月二日〕と疫病〔一六六五年のペスト大流行〕、二度にわたる対オランダ戦争〔第二次一六六五～六七年、第三次一六七二～七四年〕、革命〔一六八八年の名誉革命〕の無秩序、アイルランドでの戦争〔一六八九～九〇年〕、一六八八年、一七〇二年、一七四二年および一七五六年の四回にわたる不経済な対フランス戦争、それに加えて一七一五年と一七四五年の二回にわたる反乱〔ジャコバイトすなわちスチュアート王朝派の反乱〕がそれである。この四回にわたるフランスとの戦争のあいだに、国民は、戦争による年々のあらゆる臨時費のほかに一億四五〇〇万ポンド以上の債務を引き受けたので、経費総額は、どう計算しても二億ポンドをくだることはなかったろう。革命以来さまざまな機会に、この国の土地と労働の年々の生産物中のこんなにも大きい部分が、途方もない数の不生産的労働者を維持するのに用いられてきたのである。だが、もしこれらの戦争が、こんなにも大量の資本をこんな方向に浪費しなかったなら、その大部分は、自然に生産的労働者を維持するのに用いられたであろうし、またこの生産的労働は、その人たちの消費の全価値を利潤とともに回収したであろう。この国の土地と労働の年々の生産物の価値は、年々それによっていちじるしく増加し、また年々の増加は、次の年の価値をなおいっそう大きくしたであろう。年々いっそう多くの家屋が建築されたであろうし、いっそう多くの土地が改良されたであろう。また、以前に改良されていた土地はいっそう良く耕作されたであろうし、いっそう多くの製造業が確立されたであろう。また、以前に確立されていた製造業はいっそう拡大されたであろう。そして、今日にいたるまでに、この国の真の富と収入がどれほどふえたかは、おそらく想像するのも容易ではないのである。

しかしわが政府の濫費は、疑いもなく、富と改善に向うイングランドの自然的進歩をおくらせたにちがいないが、その進歩を停止させることはできなかった。この国の土地と労働の年々の生産物は、たしかに現在のほうが、王政復古当時や革命当時よりもはるかに大

328

きい。したがって、この土地を耕作し、この労働を維持するのに年々使用される資本も、同じようにはるかに大きいにちがいない。この資本は、政府のありとあらゆるきびしい税の取立てのさなかで、個人の私的な節約や、堅実な行動によって、つまり、自分たちの暮しをいっそうよくしようとする普遍的で継続的な、不断の努力によって、黙々として徐々に蓄積されてきたのである。過去のほとんどすべての時代に、富裕と改善に向うイングランドの進歩をささえてきたのは、まさにこの努力であって、自分にとっていちばん有利と考えるようにふるまうことを法律によって保護され、また自由によってみとめられているものがこれなのである。将来いつまでもそうあってほしいと期待されるのも、この努力なのである。それにしても、イングランドが節約を重んじる政府に恵まれたことがけっしてないのと同じように、節約がこの国の住民を特徴づける美徳であったこともいちどもないのである。だから、贅沢《ぜいたく》禁止法か、または外国産奢侈品《しゃしひん》の輸入禁止かのどちらかによって、民間私人の経済を監視し、またかれらの経費をおさえようなどと主張することは、国王や大臣といえども、非礼僭越《せんえつ》のかぎりである。国王や大臣こそ、つねに例外なく、社会における最大の濫費家なのである。かれらは、自分たちの支出を十分に注意するがよい。そうすれば、安心して私人の消費は私人にまかせることができる。かれら自身の浪費が国家を破滅させなければ、かれらの臣民の浪費が国家を破滅させることなど、けっしてないであろう。

耐久性のあるものに収入を投じるほうが、生産的労働の維持や蓄積のために有利であり、個人にも国にも富裕をもたらす

節約は、公共社会の資本を増加させ、浪費はそれを減少させるが、それと同じように、支出がちょうど収入に等しい人たちの行為は、資本を蓄積することも食いつぶすこともしないので、それを増加させもしなければ減少させもしない。けれども経費の使い方によっては、ある使い方は他のそれにくらべて、公共社会の富の成長にいっそう多く寄与するように思われる。

個人の収入は、次のどちらかに使われるものである。すなわち、ただちに消費されて、ある日の経費が他の日のそれを軽減もしなければ助けもしないようなものに使われるか、あるいはまた、いっそう耐久性のある、したがって蓄積が可能で、毎日の経費が、かれの好むままに翌日の経費を軽減したり助けたりしてその効果を高めるようなものに使われるか、このどちらかである。たとえば財産家は自分の収入を、豊富で贅沢な食卓に、多数の家事使用人の維持に、犬と馬の大群の維持に使うことができるし、あるいはまた、自分自身はつましい食事と少数の従者で満足して、その収入の大部分を、自分の家屋や田舎の別荘の装飾に、実用的または装飾的建物や家具に、書物、彫像、絵画の収集に投じることもできるし、あるいは、もっとつまらない物、宝石類、安っぽい飾りもの、さまざまな種類の器用にできた小間物類に投じることもできるし、あるいはまた、最もくだらないこと、

すなわち、数年前に死んだある大君主のお気にいりの大臣のように、〔6〕大きな衣装箪笥《たんす》をみ
ごとな衣服でいっぱいにするのに、投じることもできるのである。もし等しい財産をもつ
329 二人の人間が自分たちの収入を使う場合、一人は主として一方のやり方を、もう一人は別
なやり方を用いるとすると、自分の収入を主として耐久性のある商品に消費した場合には、
毎日の支出が次の日の支出の効果を助け高めるのに多少とも寄与するから、かれの生活は
だんだん立派なものになっていくだろう。これに反して、もう一人のほうは、この時期の
終りになっても、当初にくらべて少しも変りはしないであろう。前者はまた、この時期の
終りには、後者よりも富んだ人になっているだろう。かれは、なにかの種類の財貨の貯え
をもっているだろうし、その貯えは、もともと費やしただけの値打はないにしても、つね
にいくぶんかの値打はあるだろう。後者の経費については、なんの痕跡《こんせき》もなごりも残らな
いだろうし、一〇年か二〇年の濫費の結果は、まったくそれがなかったかのごとくに、完
全に無に帰しているであろう。

　経費の使い方いかんによって、個人の富裕に有利不利の差が生じるが、一国民の富裕にとっても、同じことがいえる。富裕の人の家屋、家具、衣服は、下層階級や中流階級の人々にとって、ほどなく役に立つものになる。というのは、かれらは、上流の人たちがそのようなものにあきてくると、それを購入することができるし、またこうした経費の使い方が財産家たちのあいだで普及するようになると、全国民の一般の暮し向きも次第に改善

されるからである。以前から富裕であった国々で下層階級の人々が、じつに立派で完全な家屋と家具をもっているのをしばしば見うけるが、もともとこの人たちの利用を目的に家屋が建てられ家具が作られたのではない。かつてのシーモア家〔英国の名家。サマセット公エドワード・シーモアは十六世紀の政治家でヘンリー八世の寵臣。妹ジェーンは八世の三番目の妃〕の館《やかた》は、いまではバース街道に面した一軒の宿屋になっている。大ブリテンのジェームズ一世〔在位一六〇三〜二五〕の結婚用ベッドは、主権者から主権者へ贈るのにふさわしい贈物として、かれの王妃がデンマークから持参したものであるが、これが数年まえには、ダンファームリンのある居酒屋の装飾品になっていた。長く停滞的であったり多少とも衰微したりした二、三の古い都市では、現在の居住者たちのために建てたと思われるような家はほとんど一軒も見かけないことがしばしばある。こういう家屋にはいってゆくと、古ぼけてはいるが多くのすばらしい家具を幾組も見かけることがよくあるだろう。これらの家具は、まだ十分使用には耐えるが、家屋と同じように、もとより現在の居住者330たちのために作られたものではなかったのである。高貴な宮殿、壮麗な別荘、書物、彫像、絵画、その他の珍奇なものの大コレクションは、その近隣地方にとってばかりか、その所属する国全体にとって、誇りにもなり名誉ともなる場合が多い。ヴェルサイユは、フランスにとって誇りと名誉であり、ストウとウィルトン[7]は、イングランドにとってそうである。イタリーは、それらを生産した富は衰えてしまったし、それらを設計した天才は、同じような仕事がないせいか、いなくなったように思われるのに、いまでも、その国が所有するこの種の記念物の数によって、ある種の尊敬をほしいままにしている。

ところでまた、耐久性のある財に経費を投じることは、畜積という点からいっても、節約という点からいっても、有利である。ある人がときにそういう支出の度を過ごすことがあっても、かれは、容易にそれを改めることができるので、世間から非難されることもない。しかし自分の使用人の数を大幅に減らすとか、自分の食卓を非常に贅沢なものからつましいものに改めるとか、供回りを従えた堂々たる馬車などを一度ととのえたあとで廃棄するとかというのは、隣人たちの目をごまかせない変化であるし、またそれらは、過去の無分別な行動を多少とも認めたことを意味すると世間は考える。だから、不幸にもひとたびこの種の金《かね》遣いにふかくはまりこんだ人たちの場合には、それをあとで改める勇気をもつことはほとんどなく、結局は破滅や破産を余儀なくされてしまう。ところが、建物、家具、書物、絵画に使い過ぎをした人の場合には、かれは自分のやり方を変えても、けっして無分別ということにはならない。こういう物には、いったん経費をかけると、それ以上の経費は不必要となる場合が多く、また、ある人が急にそれをやめても、それは自分の財産を使い過ぎたからではなく、自分の道楽に満ち足りてしまったからであるようにみえるのである。

そのうえ、耐久性のある財に投じられる経費は、最も浪費的な接待に用いられる経費よりも、いっそう多数の人に生活維持費を与えるのがふつうである。大宴会では、二、三〇

○封度《ポンド》の食料品が提供されることがときどきあるが、このうちのおそらく半分はごみために投げすてられてしまうので、莫大な浪費や濫費がつねに生ずる。ところが、もしこのようなもてなしの経費が、石工、大工、室内装飾人、機械職人などを就業させるために用いられていたならば、等しい価値の食料品が、宴会の場合よりももっと多数の人のあいだに分配されたことであろう。そしてかれらは、それらの食料品を何ペンスずつとか何ポンドずつとか買い、ただの一オンスも無駄にしたり投げすてたりはしなかったであろう。そのうえ、こういう経費は、一方のやり方では生産的労働者を維持し、他方のやり方では不生産的労働者を維持する。したがって、それは、この国の土地と労働の年々の生産物の交換価値を、前者では増加させ、後者では増加させないのである。

331 しかしながら、こういったからといって、耐久性のある財に金を使うほうが、接待などに使う場合よりも、いっそう自由な精神とか寛大な精神とかをつねに示すものだなどと私が言おうとしているのだというふうに理解してもらってはこまる。ある財産家が自分の収入をおもに接待用に使う場合には、かれは収入の大部分を、友人や仲間に分かつことになる。だがかれが、これを前述の耐久性のある財の購買に用いる場合には、かれはしばしば、自分自身のためにその全部を使うのであって、等価物と引換えでなければ、だれにもなにひとつ与えない。そこで、耐久性のある財に支出する経費の場合、とくにそれが衣類や家具に用いるこまごました装飾品、宝石類、小間物類、安っぽい飾り物などの軽薄な品物に向けられた場合には、ただ軽薄だというだけでなく、いやしい利己的な性向を示すことがしばしばある。私がもっぱら言いたいことは、次のことである。すなわち、同じ経費でもある種類の経費は他の種類の経費にくらべて、つねに価値の高い財を多少とも蓄積することになるから、私人の節約にとって、したがって公共社会の資本の増加にとっていっそう好都合であるからであり、また不生産的労働者よりもむしろ生産的労働者を維持するから、公共社会の富裕の成長にいっそう多く役立つということである。

（1）非常に博識で創意に富んだフランスの著述家たちは、この言葉を別の意味に用いている。第四篇の最後の章で、かれらの意味が不適当であることを明らかにするつもりである。

〔1〕「生産的」「不生産的」という考え方はスミス以前、たとえばペティなどの著作にもうかがわれるが、ここではケネーとのつながりに重点を置くことにする。重農主義者は、農業をもってすべて「生産的」なものと考え、非農業＝工業・商業は「不生産的」なものとみなした。スミスはこの言葉を踏襲しながら、これを農業という局限された視野から、産業一般についての区別にまで拡大し、人間の労働における二つの異なった種類として説明しようとした。この区別によると「不生産的労働」の中には、家事使用人（サーヴァント）のほかに、「社会の最も尊敬すべき階級に属する人々の労働」、

たとえば国王をはじめとする主権者、かれらに仕える文武百官、陸海軍人などが「不生産的労働者」としてふくまれることになる。また牧師、法律家、医師、文士、俳優、音楽家などもふくまれる。なぜなら、かれらはどれもみな公共社会のサーヴァントであって、他の人々の勤労の年々の生産物の一部分によって扶養されているからである。ところでスミスの議論において注目されるのは、これらの「不生産的労働者」の数が年々、経済社会全体としては「生産的労働者」の数と一定の比率をたもたなければならないとみている点である。「生産的労働者」も「不生産的労働者」も、いずれも一国の富である「生活の必需品および便益品」によって維持されるものであるが、このような国の富を増加させるためには、生産力を一定とすれば、それだけ多くの「生産的労働者」が働いていなければならない。社会が「不生産的労働者」をより多く扶養すればするだけ、「生産的労働者」を雇用する基金が減少することになる。したがって、「不生産的労働者」のなかには、「最も荘重で最も重要な職業のいくつか」もふくまれるけれど、たとえば巨大な陸海軍の維持や、宮廷や上層階級の浪費、宗教上の大建造物の建設、大戦争の継続などによって年々の生産物の「不生産的」な食いつぶしが行なわれてゆくようなことがあるなら、経済社会の再生産の規模は次第に縮小してゆくであろう、とスミスは強調するのである。けれどもまたスミスは一方で、「生活の必需品および便益品」を生みだす「生産的労働者」を雇用する資本の規模が大きくなるかどうかは、個人が浪費を抑えて「節約」をどれだけ行なうかにかかっている、と言う。

個人の浪費や国家的浪費によって次年度の資本の規模に食いつぶしが生じることのないためには、所得のうち「節約」される部分が多くなり、それが畜積され資本化されなければならない。スミスはこのように考えながら、現実には、こうした富の食いつぶしを個人の「節約」と「慎慮」が大きく償っていることが経験上明らかであると述べている。ここには、「見えざる手」と「節約」にたいするスミスの明るい展望、むしろ信仰が存在していたといってよい（第四篇第七章第三節訳注〔2〕参照）。なお、マルクスはその著『剰余価値学説史』のなかで、「生産的」「不生産的」をめぐるケネー、スミスの所説に詳細な検討を加え、労働価値説に立脚する剰余価値論の見地からこの区別に独特の解釈を加えている。

〔2〕menial servants　僕婢《ぼくひ》または僕婢階級ともよばれる。これらの家事使用人階級が近代のイギリス社会でいかに大きい比重を占めたかは、マルクス『資本論』（第一巻第四篇第十三章第六節）で引用されている一八六一年度イギリス国勢調査の数字からも明らかである。それによると、イングランドおよびウェイルズの全労働者人口（約四〇〇万人）のうち、四一パーセントが工業人口、次いで僕婢階級がなんと三一パーセント（一二〇万八六四八人）を占めていて、残りの二八パーセントが農業人口となっている。十九世紀中葉がこのようなありさまだったから、十八世紀の産業革命前夜のスミスの時代にさかのぼると、僕婢階級はおそらく最大の人口比重を占めていたことだろう。この間の消息を伝える正確な数字は不明であるが、J・ヘクトの『十八世紀イ

ングランドにおける家事使用人階級』（J. Jean Hecht, *The Domestic Servant Class in 18th Century England*, 1956）によると、第一回国勢調査が行なわれた一八〇六年には、サーヴァントの数は九一万人（男一一万、女八〇万）と推定されている。ロンドン地帯についていえば、サーヴァントの数は一七六七年には一三人に一人の割で五万人（ロンドン総人口は六五万人）、一七七五年には八人に一人の割で八万人（総人口は同じく六五万人）、それから二〇年後の一七九六年には、ロンドン市内だけで約二〇万人、などという推定数字が残されている。これらサーヴァントの主要な供給源となったのは小農民である。一方、十八世紀後半のイングランドにおいて、大貴族をふくむ最上層の地主階級のなかには、男女それぞれ三〇人ないし四〇人のサーヴァントを置いていた者もかなりあり、またジェントルマンの上層階級は平均二〇人のサーヴァントを使っていたという。

〔3〕tenant at will　小作契約当事者である地主または小作人の一方的意思で、通例は地主の一方的意思で、予告期間なしに自由に契約を打ち切ることのできる小作制のもとでの小作人を指す。

〔4〕quit rent　自由土地保有農、または保有権が領主裁判所に登録されている謄本保有農が、賦役を免れるために領主に支払った少額の地代。

〔5〕パリ、トゥールーズ、グルノーブル、ボルドー、ディジョン、ルーアン、エクス、レンヌ、ポー、メス、ブザンソン、ドェーの諸都市を指す。これらの諸都市のうちボ

ルドーとルーアンだけは富裕と勤勉の商業都市であったが、他は概して貧困と怠惰が支配し、いわゆる不生産的労働者が集まっていた諸都市だった、とスミスは見ていたようである。ラングドック州の首都トゥールーズは、高等法院をはじめ大司教府、大学などの所在地であった。スミスはここに長く滞在し、高等法院のメンバーその他を相手に退屈な毎日を過ごしたといわれる。かれはヒュームあてに近況をつづった手紙を書き送り「暇をつぶすために本を書きはじめた」（John Rae, *The Life of Adam Smith*, 1895, p. 179. 大内兵衛・節子訳『アダム・スミス伝』）と述べている。これが『国富論』の初稿だともいわれていたが、後にスコットによって、それは「公債にかんする著作計画への寄稿」であったことが明らかにされた。

〔6〕『国富論』ガルニエ版でガルニエがここで注記しているところによると、この大臣は間違いなくポーランド国王の侍従長でもあるブリュール伯らしい。この大臣は三六五着の贅沢な衣服をのこして死んだ、という。

〔7〕ストウは、ロンドンにある英国貴族バッキンガム公爵テンプル家の館。その有名な庭園はリチャード・テンプル卿のためにジェイムズ・ギブスによって十八世紀当世風に設計され、その壮麗さは当代の著名な文人たちの激賞するところとなった。現在はその一隅にストウ・パブリックスクールがある。

ウィルトンは、ウィルトシャーにあるウィルトン・ハウスのことで、エリザベス時代の貴族ペムブルック公爵の壮大な館である。清教徒革命の動乱の後、一六四九〜五二年に、当時の有名な建築家イニゴ・ジョーンズの手で修復された。

第四章　利子をとって貸し付けられる資本について

利子をとって貸し付けられる資本は、貸手の側からはつねに資本とみなされるが、借手の側はこれを資本として使う場合もあれば、そうでない場合もある

利子をとって貸し付けられる資本《ストック》は、貸手の側からはつねに資本とみなされる。貸手は、期限がくればそれは自分に回収されるべきであり、また期限までのあいだは借手がその使用にたいして年々一定の賃料を自分に支払うべきであることを期待する。借手はそれを資本として使用することもできるし、あるいはそれを直接の消費のための資財として使用することもできる。もし、借手がそれを資本として使用するならば、かれはそれを生産的労働者の維持に用いることになり、生産的労働者は利潤といっしょにその価値を再生産する。この場合には、かれは、なにか他の収入源を手放したり食いつぶしたりしなくても、資本を回収することも利子を支払うこともできる。もし、借手がそれを直接の消費のために使用するなら、それは浪費家の役割を演じることであって、勤勉な人々の維持にあてられて

いたものを怠惰な人々の維持に使い果すことになる。この場合には借手は、たとえば、土地財産とか地代とかといった、なにか他の収入源を手放したり食いつぶしたりするのでなければ、元本を回収することも利子を支払うこともできない。

　利子をとって貸し付けられる資本《ストック》は疑いもなく、ときにおうじてこれらの両方のやり方で用いられるのであるが、前者の場合のほうが後者の場合よりもずっと多い。無駄に使ってしまうために借りる人はまもなく破滅するであろうし、また、この人に貸した人は自分の愚かさを後悔するのがふつうである。したがって、そのような目的のために借りたり貸したりするのは、野卑な高利貸は別として、どんな場合にも当事者双方の利益に反することである。また人々は、そうした借手にもなれば貸手にもなる、という場合がたしかに起ることがあるけれども、すべての人は自分の利益について関心をもっているのだから、われわれが想像しがちなほど頻繁《ひんぱん》に起ってくることはありえない、と信じてよい。人なみの慎重さをそなえたある金持に向って、あなたは資財の大部分を次のような二種類の人々のうち、どちらの人に貸し出しているのか、すなわち、利益をめざして用いようとしている人に貸し出しているのか、それとも無駄に消費しようとしている人に貸し出しているのか、とたずねるとよい。そうすれば、その人は、こんな質問をしかけたあなたを笑うだろう。

333 借手といえば世間では節約を重んじる人だとみなされているわけではないが、そうした借手のあいだでさえ、節約で勤勉な人々の数のほうが、浪費的で怠惰な人の数を上回っているのである。

資本がふつう貸し付けられるのは、それがなにか有利なことに利用される見込みがある場合にかぎられるが、その例外となるのは、抵当借りをする農村の郷紳《ジェントルメン》たちである。しかしかれらでさえ、ただ消費するために借りることは滅多にない。かれらが借金をするのは、いわば、借りるまえにふつうはその金をすでに使っているからなのだといってよい。すなわちかれらは、商店主や小売商人から信用で買った大量の財貨を消費してしまっている場合がふつうなので、その債務を弁済するために、利子つきで借りなければならないのである。そこでこの借り入れた資本は、これらの商店主や商人の資本を回収させることになる。地方の大地主たちはその所有地の地代ではそれができないのである。だからこのような資本は、適切にいえば、消費するために借りられるのではなくて、以前に消費されていた資本を回収させるために、借り入れられるのである。

貸付は貨幣でなされるが、借手が必要とするのは財貨であり、一国の利子をとって貸し付けられる資金量は、財貨の流通を媒介する貨幣量よりもはるかに大きい

利子をとる貸付はほとんどすべて、紙券であれ金・銀貨であれ、貨幣のかたちで行なわれる。しかし、借手が実際に求め、また、貸手が実際に借手に供給するものは、貨幣ではなくて貨幣の値打、つまり貨幣で購買することのできる財貨なのである。もし、借手が貨

ことができるのは、この財貨だけであって貨幣ではない。もし借手が貨幣を、勤労を用いるための資本として使いたいという場合、勤勉な人々にその仕事の遂行に必要な道具、材料、生活資料をもたらすのも、こうした財貨のなかからだけである。貸付によって、貸手はいわば、その国の土地と労働の年々の生産物の一定部分にたいする自分の権利を借手に譲渡し、借手の思いどおりに使用させるのである。

したがって、ある国において利子をとって貸し付けられる資本《ストック》の量、すなわち普通の表現によると、利子をとって貸し付けられる貨幣の量は、その国でなされるさまざまな貸付の用具として役立っている貨幣――紙券であれ鋳貨であれ――の価値によって規制されるのではない。それは、年々の生産物のうち、土地または生産的労働者の手から出てくるやいなや、結局資本《キャピタル》の、それも所有者が自分で使用する労をとろうとしないような資本の回収にあてられている部分の価値によって規制されるのである。このような資本は、ふつうは貨幣で貸し出され、また貨幣で払い戻されるから、金融界とよばれるものを構成する。これは、農業界と区別されるだけでなく、商工業界とも区別される。というのは、農業界と商工業界では、所有者自身が自分の資本を使用するからである。けれども、金融界においてさえ、貨幣はいわば譲渡証書にほかならないのであって、その譲渡証書は、所有者たちが自分で使用する労をとろうとしない資本をある人の手から他の人の手へと運ぶのである。それらの資本は、この運搬具として役立つ貨幣の額よりもまるで比較にならないほど大きい。というのは、同一の貨幣片があいついで何回でも、購買にも貸付にも、役立つからである。たとえば、AがWに一〇〇〇ポンドを貸し付け、Wはただちにそれで Bから一〇〇〇ポンドに値する財貨を購買する。B自身は、その貨幣を必要としないので、同じ貨幣片をXに貸し付け、Xはただちにそれで Cから一〇〇〇ポンドに値する別の財貨を購買する。Cは同じやり方で、また同じ理由で、この貨幣をYに貸し付け、Yはまた、それでDから財貨を購買する。このようにして、鋳貨であれ紙券であれ、同一の貨幣片は、わずか数日のうちに、三つの異なった貸付と三つの異なった購買との用具として役立つのであって、これらの貸付と購買のおのおのの価値は、一〇〇〇ポンドという貨幣片の額に等しいのである。三人の貨幣所有者A、B、Cが、三人の借手W、X、Yに譲渡するものは、そうした購買を行なう力である。この力が貸付の値打ちであり効用である。三人の貨幣所有者によって貸し付けられた資本は、それで購買される財貨の価値に等しく、それによって購買が行なわれる貨幣の価値の三倍だけ大きい。だが、それらの貸付は、すべて完全に保証されるだろう。というのは、異なった債務者たちが購買した財貨は、満期になると、等価値の鋳貨または紙幣を、利潤を加えて取り戻すように用いられているからである。このようにして同一の貨幣片が、その価値の三倍、あるいは同じ理由で三〇倍ものさまざまな貸付の用具として役立ちうるのだから、これらの貨幣片は、返済の用具としても、同じように次々と役立つのである。

利子をとって貸し付けられる資本《キャピタル》は、このようにして、貸手が年々の生産物のかなりの量を借手に譲渡することだとみていい。その条件としては、借手が、貸付の継続期間中、これと引換えに年々の生産物の一小部分をいわゆる利子として年々貸手に返済し、そして貸付の終了にあたって、はじめにかれが借用したものに等しい大部分を、いわゆる返済部分として貸手に返済するということである。鋳貨であれ紙券であれ、貨幣は、この大小双方の部分にたいする譲渡証書として一般に役立つのであるが、貨幣それ自身は、それによって譲渡されるもの自体とはまったく異なるものである。

資本の一般的増加に伴って、利子をとって貸し付けられる資金の量は増加し、資本間の競争が利潤率を低下させるので、利子率も低下する

どのような国でも、年々の生産物のうち、土地または生産的労働者の手から出てくるや
いなや資本として再投資するためにあてられる部分が増加すると、それに比例して、いわ
335 ゆる金融界もとうぜん拡大する。所有者たちが、自分ではそれを使用する労をとらずにそ
こから直接収入を引き出そうと望んでいるこれら特殊な資本《キャピタル》の増加は、とうぜん資本《キャピタル》の一
般的増加に伴うものである。いいかえると、資財《ストック》が増加するにつれて、利子をとって貸し
付けられる資財《ストック》の量も次第に増加するのである。

利子をとって貸し付けられる資本《ストック》の量が増加するにつれて、利子、すなわち、その資本の使用にたいして支払われるべき価格は必然的に減少するのであって、これは、物の市場価格をふつうその量の増加にしたがって減少させる一般的な諸原因によるだけではなく、この特定の場合に特有な他の諸原因にもよるのである。どんな国でも、資本《キャピタル》が増加するにつれて、その資本の使用から得られる利潤は必然的に減少する。この国のなかで、ある新しい資本を用いるための有利な方法を見つけだすことは次第に困難となる。その結果、さまざまな資本のあいだに競争が生じ、ある資本の所有者は別の資本の所有者が手にしている事業をわが手におさめようと努力する。しかし、たいていの場合、かれがその他人をこの事業から押しのけようと望めば、いちだんと合理的な条件で取引するよりほかには手段がない。かれは、かれが取り扱っているものをいくらか安価に売らなければならないばかりか、売るものを手に入れるためにも、かれはそれをいっそう高く買わなければならないこともある。一方、生産的労働にたいする需要は、その労働の維持にあてられる基金《ファンド》の増加によって日に日に大きくなる。労働者たちは容易に仕事を見つけだす。逆に、資本の所有者たちは雇用労働者を獲得することが困難になる。資本の所有者たちの競争は、労働の賃銀を引き上げ、資本《ストック》の利潤を引き下げる。資本を用いて獲得することのできる利潤が、このようにしていわば両端から圧縮される場合には、資本のこうした使用にたいして支払われる価格、すなわち利子率は、必然的に利潤とともに低下せざるをえないのである。

336

スペイン領西インド諸島の発見による金銀の量の増大が利子率低下の原因だという通説は必ずしも正しくはない

ロック氏、ロー氏、モンテスキュー氏は、他の多くの著述家たちとともに、スペイン領西インド諸島の発見にもとづく金銀の量の増大が、ヨーロッパの多数の地方をつうじて利子率を低下させた真の原因であった、と想像していたように思われる。[1] かれらはこういっている、これらの金属は、金属自身の価値が減少したので、それらの使用上の価値も減少し、その結果、それにたいして支払われるはずの価格、つまり利子も低くなったのである、と。一見たいへんもっともらしくみえるこの見解は、ヒューム氏によってじつに詳細に批判されているので[2]、それについては、これ以上なにもいう必要はなかろう。けれども、次のようなごく短い平明な議論は、これらの学者たちを誤解に導いたと思われるまちがいを、いっそうはっきりと説明するのに役立つだろう。

スペイン領西インド諸島が発見されるまえは、ヨーロッパの大部分の地方にわたって、通常の利子率は一〇パーセントであったように思われる。ところが、その発見以来、利子はさまざまな国において、六、五、四、三パーセントと下ってきた。ここで、いずれの特定の国においても、銀の価値が正確に利子率と同一の比率で下ると仮定しよう。たとえば、そのような国で、利子が一〇パーセントから五パーセントに引き下げられたところでは、同一量の銀は、以前に購買することのできた財貨の量のちょうど半分しかいまでは購買することができない、と仮定しよう。このような仮定と事実が一致するところはどこにもないと考えられるが、われわれがこれから検討しようとする見解にとってはまことに好都合な仮定であり、しかもこの仮定のもとでさえ、銀の価値が低下しても、そのために利子率が低下するという傾向は絶対にないのである。もし、このような国々で、現在の一〇〇ポンドが西インド諸島の発見まえの五〇ポンドの価値しかないとするならば、現在の一〇ポンドは、当時の五ポンドの価値しかないにちがいない。資本の価値を低下させた原因がたとえどのようなものであろうと、これと同じ原因が必然的に利子の価値を、しかも正確に同一の比率で低下させたにちがいない。資本の価値と利子の価値との比率は、もし利子率にぜんぜん変動がなかったとすれば、同一のままであったにちがいない。これに反して、利子率が変動すれば、これらの二つの価値の比率は必然的に変動する。もし、現在の一〇〇ポンドが当時の五〇ポンドの価値しかないならば、現在の五ポンドは当時の二ポンド一〇シリングの価値しかないはずである。したがって、利子率を一〇パーセントから五パーセントに引き下げることによって、以前の資本の価値の半分に等しいと想定される一資本の使用にたいして、われわれは、以前の利子の価値のわずか四分の一に等しい利子を与えることになるのである。

銀によって流通させられる商品の量が同一のままであるのに、銀の量が増加すれば、この金属の価値が減少するよりほかにはどんな効果も生じない。あらゆる種類の財貨の名目

337

上の価値は大きくなるだろうが、その真の価値はまさしくいままでどおりであろう。財貨は、以前よりもいっそう多数の銀片と交換されるであろうが、それらが支配しうる労働の量、すなわち、それらが維持し使用しうる人々の数は、まさしくいままでどおりであろう。同一量の資本部分をある人の手から他の人の手へ運ぶのに従来より多数の銀片が必要となっても、その国の資本の大きさに変りはないだろう。不動産の受渡し手続きは、口数の多い弁護士の譲渡証書のように、まえよりもいっそうわずらわしいものになるだろうが、譲渡される物はまさしくいままでどおりであって、ただ同じ結果が生じうるにすぎない。生産的労働を維持する基金は同一なのだから、この労働にたいする需要も同一であろう。したがって、この労働の価格すなわち賃銀は、名目的には大きくなっても、実質的には同一であろう。この賃銀は、まえよりも多数の銀片で支払われるだろうが、いままでと同一量の財貨を購買するにすぎないだろう。資本《ストック》の利潤は、名目上も実質上も、従前と同一であろう。労働の賃銀は、労働者に支払われる銀の量で算定されるのが普通である。だから、銀の量が増加すると、じつは以前よりも大きくなっていないこともあるのだが、賃銀は増加したようにみえる。ところが、資本《ストック》の利潤は、支払に用いられる銀片の数では算定されなくて、これらの銀片の、投下された全資本にたいする割合によって算定される。たとえば、ある国では一週五シリングが労働の普通の賃銀だといわれ、一〇パーセントが資本の普通の利潤だといわれるのである。ところで、その国の全資本がいままでと同じならば、それが分割されている個々人のさまざまな資本間の競争も、以前と同様に同じであろう。これらの個人はすべて、いままでと同じ利益と不利益のもとで事業を行なうだろう。したがって、資本と利潤との普通の比率は同一であろうし、またその結果、貨幣の普通の利子も同一であろう。というのは、貨幣の使用にたいしてふつう与えられるものは、その使用からふつう得られるものによって必然的に規制されるからである。

反対に、商品を流通させる貨幣の量が同一のままであるのに、国内で年々流通する商品の量が増加すれば、それは、貨幣の〔名目上の〕価値を引き上げるという効果に加えて、他にも多くの重要な効果を生むであろう。その国の資本は、名目的には以前と同一かもしれないが、実質的には増加するであろう。その資本は、ひきつづき以前と同一量の貨幣であらわされるかもしれないが、以前よりも多量の労働を支配するであろう。それが維持し使用しうる生産的労働の量は増加するであろう。またしたがって、その労働にたいする需要も増加するだろう。その賃銀は、需要とともに自然に上昇するであろうが、外見上は下るようにみえるかもしれない。賃銀は、以前よりも少量の貨幣で支払われるかもしれないが、その少量の貨幣は、以前にそれよりも多量の貨幣が購買したよりも多量の財貨を購買することになるかもしれない。資本《ストック》の利潤は、実質上も外見上も、ともに減少するだろう。

338

その国の全資本が増加するのだから、それを構成しているさまざまな資本間の競争は、自然にそれにつれて増加するであろう。これら個々の資本の所有者たちは、各自の資本が用いた労働の生産物中のいっそう小さい割合で満足せざるをえなくなるだろう。たとえ貨幣の価値、すなわち、ある一定額の貨幣で購買しうる財貨の量は大いに増加するにしても、貨幣の利子は、資本の利潤とつねに歩調をたもちながら、このようにして大いに減少するであろう。

――法律によって利子を禁止するのは不当である。法定利子率は市場の最低率を多少とも上回る必要がある――

国によっては、貨幣の利子が法律によって禁止されてきたところがある。だが貨幣を使用すると、どこでも、いくらかのものが獲得できるのだから、貨幣の使用にたいして、どこでも、応分のものが支払われるべきである。こうした規制は、高利の害悪を防止するどころか、それを助長するものだということが、経験上わかってきた。というのは、債務者は、貨幣の使用にたいしてばかりでなく、債権者がこの使用にたいする報償を受ける場合におかす危険にたいしても、一定の支払をしなければならなかったからである。債務者は、高利にかんする刑罰にたいして、自分の債権者に、いうなれば保険をつけなければならないのである。

利子の徴収がゆるされている国々では、一般に法律は、高利の強要を防止するために、刑罰にふれないで徴収しうる最高限の率を定めている。この率は、最低の市場価格を、すなわち、最も確実な担保を提供できる人々が貨幣の使用にたいしてふつう支払う価格をつねにいくらか上回るものでなければならない。もし、この法定率が最低の市場率より低く定められるようなことがあれば、この固定化の効果は、利子を全面的に禁止する場合の効果とほとんど同じになるにちがいない。債権者は、自分の貨幣をその使用上の価値以下では貸し付けないであろうし、また債務者も、その使用上の全価値を債権者が受け取るためにおかす危険にたいして、債権者に一定の支払をしなければならない。もしも法定利子率が最低の市場価格のところにちょうど定められるならば、最良の担保を提供することのできないすべての人々は、その国の法律を尊重する正直な人々のもとで融通してもらえなくなって、いやおうなしに法外な高利貸にたよらざるをえなくなるのである。大ブリテンのように、貨幣が、政府には三パーセントで貸し出され、民間私人には確実な担保にもとづいて四ないし四・五パーセントで貸し付けられるような国では、五パーセントという現在の法定利子率は、おそらく最も適当なものであろう。

ここで注意しておきたいのは、法定利子率は、最低の市場利子率をいくらか上回るべきであるにしても、それを大きく上回るべきではない、ということである。たとえば、大ブリテンの法定利子率が、八ないし一〇パーセントというように高く定められたならば、貸し付けられるはずであった貨幣の大部分は、浪費家や投機的企業家に貸し付けられてしまうだろう。というのは、こうした高い利子をよろこんで支払うのはかれらだけだからである。真面目《まじめ》な人々は、貨幣の使用にたいして、その使用から獲得できそうなものの一部分

339 以上は支払わないだろうから、かれらはあえて競争までして借り入れようとはしないだろう。このようにして、この国の資本の大部分は、利益をめざしてそれを有利に使用する見込みが最も多い人たちの手の届かないところにおかれて、それを浪費し破壊する見込みが最も多い人たちの手中に投げ込まれるであろう。これと反対に、法定利子率が最低の市場利子率をほんの少しだけ上回って定められているところでは、真面目な人々のほうが浪費家や投機的企業家たちよりも、借手として例外なく歓迎される。貨幣を貸し付ける人は、浪費家や投機的企業家たちから徴収しようとするのとほぼ同じ大きさの利子を、真面目な人々から得られるのだから、かれの貨幣は、前者の人々の手にあるよりも、後者の人々の手にあるほうがはるかに安全なのである。こういうわけで、国の資本の大部分は、それを有利に使用する見込みが最も多い人の手に流れ込む。

どんな法律も、一般の利子率を、その法律の制定当時における最低の通常の市場利子率以下に引き下げることはできない。フランスの国王は、一七六六年の勅令で、利子率を五パーセントから四パーセントに引き下げようと企てたが、それにもかかわらずその法律の網は、さまざまなやり方でくぐられて、ひきつづきフランスでは貨幣は、五パーセントで貸し付けられていたのである。

土地の通常の市場価格はどこでも通常の市場利子率に依存している

注意しておきたいのは、土地の通常の市場価格はどこでも通常の市場利子率に依存していることである。資本をもっている人が、自分で使用する面倒をさけて、その資本から収入を引き出そうと望むなら、それで土地を購買すべきか、利子をとってそれを貸し付けるべきかを熟考する。土地のほうがすぐれて安全であり、それに加えて、たいていどこでもこの種の財産につきものの利点が他にいくらかあるために、かれは、自分の貨幣を貸し出して利子を得るよりも、土地からのより少ない収入で、ふつうは満足する気になるだろう。こういう利点は両収入のある程度の差を十分に償っている。だがそれは、ある程度の差だけを償うにとどまるものである。もし土地の地代が貨幣の利子を大きく下回るならば、だれも土地を買わないだろうから、土地の通常価格はまもなく引き下げられるだろう。これに反して、もしこういう利点がこの差を償ってあまりあるならば、すべての人が土地を購入しようとするだろうから、土地の通常価格は、まもなくふたたび引き上げられるであろう。利子が一〇パーセントであったときは、土地はふつう一〇年ないし一二年分の収入に相当する価値で売られた。利子が六パーセント、五パーセント、四パーセントに低下するにつれて土地の価格は上り、二〇年、二五年ないし三〇年分の収入に相当する価値で売られた。市場利子率はフランスのほうがイングランドよりも高く、土地の普通価格はフランスのほうが低い。イングランドでは、土地はふつう三〇年分の収入に相当する価値で売られているが、フランスでは二〇年分の収入に相当する価値で売られている。

〔1〕ジョン・ロック（John Locke, 1632-1704）はその著『利子を引き下げ貨幣の価値を高めることの結果について』（*Some Considerations of the Consequences of the lowering of Interest, and raising the Value of Money*, 1692）のなかで、またジョン・ローはその著『貨幣および交易論』（第二篇第二章訳注〔5〕）のなかで、ともに利子率は貨幣の量とともに騰落するものと説明しており、さらに、モンテスキューはその著『法の精神』（*De l'esprit des Lois*, 1748, liv. xxii, ch. vi）のなかで、利子率の歴史的な下落をとりわけアメリカにおける鉱山の発見に帰している、とキャナンは注記している。

〔2〕ヒュームの『政治経済論集』中の「利子」の項を指す。

第五章　資本のさまざまな用途について

資本が雇用する労働の量、または年々の生産物に付加される価値の大きさは、その資本の用途如何によってさまざまに異なる。資本の用途には四通りある

資本はすべて生産的労働の維持だけにあてられるにしても、等量の資本が活動させることのできる労働の量は、それらの用途の多様性におうじて非常に異なる。これと同じように、資本の用途が異なれば、この国の土地と労働の年々の生産物に付加される価値も非常に異なる。

資本には、四通りの異なった使用方法がある。すなわち第一に、社会が使用し消費するために年々必要とされる原生産物を調達するため、第二に、直接の使用と消費のためにこの原生産物を加工し製造するため、第三に、原生産物または製造品をありあまる地方から不足している地方へ輸送するため、最後に、原生産物または製造品の特定部分を、それを求める人たちのそのときどきの需要に適合するような小さい部分に分割するため、に用い

ることができる。第一の方法で用いられるのは、土地、鉱山または漁場の改良や開発を企てるすべての人たちの資本であり、第二の方法で用いられるのは、親方製造業者の資本であり、第三の方法で用いられるのは、すべての卸売商人の資本であり、そして第四の方法で用いられるのは、すべての小売業者の資本である。以上四つのうちのどれにも分類されないような方法で用いられる資本というものは、ちょっと考えられない。

資本を用いるこの四通りの方法のいずれもが、他の三つの方法の存在ないし拡大にとって、またその社会の一般的な便宜にとって、本質的に必要なものである。

もし資本が、原生産物をある程度豊かに供給するのに用いられないならば、どんな種類の製造業も商業も成り立つはずがない。

原生産物のうちには、使用と消費にそれが適するようになるまでにかなりの準備が必要なものがあるが、もしも資本がこういう部分を加工するのに用いられないならば、それに
341 たいする需要はぜんぜんありえないから、そういう原生産物はけっして生産されないであろう。あるいはまた、もしそれが野生のままで獲《え》られるならば、それは交換価値をもたず、社会の富になにものも付加しないであろう。

もし資本が、原生産物または製造品をありあまる地方から不足している地方へと輸送するのに用いられないならば、このどちらも、近隣の消費に必要とされる分しか生産されないであろう。商人の資本は、ある地方の余剰生産物を他の地方のそれと交換し、こうして

この両地方の産業を刺激し、両地方の暮しを豊かにする。

もし資本が、原生産物なり製造品なりの一定部分を、それを求める人たちのときどきの需要に適合するような小部分に分解し分割することに用いられないならば、すべての人は、自分の求める財貨をさしあたり必要とするよりも多量に買っておかねばならないだろう。たとえば、もし肉屋のような商売がなければ、すべての人がいちどきに、まる一頭の牝牛《めうし》やまる一頭の羊を買っておかねばならないだろう。こういうことは、一般に、富んだ人にも不便であろうし、貧しい人にとってはなおさらそうである。もし一人の貧しい職人が、一ヶ月分とか六ヶ月分とかの食料品をいちどきに買っておかねばならないとすると、かれは、自分の事業上の用具なり自分の店舗の設備なりに資本として用いれば収入をもたらすような資財の大部分を、なんの収入ももたらさないような直接の消費のための資財に振り向けなければならなくなるだろう。このような人にとっては、自分の生活資料を、その日その日、あるいは時間ごとに、必要におうじて買えるということほど便利なことはありえない。これによってかれは、自分のほとんど全資財を資本として用いることができる。かれはこうして、より大きい価値の製品を提供することができ、またこのようにしてかれがこの仕事からあげる利潤は、小売商人がその利潤を財貨にかけてそれだけ高くなった価格の追加分を、十分に償うことになる。商店主や小売商人に反対する幾人かの政治評論家たちの偏見は、まったく根拠のないものである。かれらに課税したり、かれらの数を制限したりするのは、どちらも必要ではない。けだし、かれらはたがいに傷つけあうほどに増加することはあっても、公共社会を害するほどに増加することはありえないからである。たとえば、ある特定の都市で販売することのできる食料雑貨の量は、その都市と近隣地方の需要によって制限されている。だから、食料雑貨という商業に用いられる資本は、この量を購買するにたる額を超えることができない。もし、この資本が、二人の別々の食料雑貨商人に分割されるならば、この二人はどちらも、自分たちの競争によって、資本が一人の手にだけある場合にくらべて、いっそう安く販売するようになるだろう。もし、それが二〇人の食料雑貨商に分割されるならば、かれらの競争はまさにそれだけ激しくなるであろうし、かれらがその価格を引き上げるために団結する機会はそれだけ少なくなるであろう。かれらの競争は、かれらのある者を破滅させるかもしれないが、これの面倒をみるのは関係当事者の仕事であって、当事者たちの分別に安心してまかせておけばよい。この競争は、消費者と生産者とのどちらをも傷つけることはまずありえない。それどころかこの競争によって、小売商人たちは、その商業全体が一人か二人によって独占されている場合にくらべて、いっそう安く売り、いっそう高く買うようになるにちがいない。かれらのうちのある者は、おそらく、気の弱い顧客をだまして、その人が必要としないものを買わせることもあるだろう。けれども、こういう害悪は、公共社会の注目をひくに値するほど重要なものではないし、またかれらの数を制限したところで、かならず防止されるものでもないだろう。だれでもたぶんそう考えるような例をあげると、一般民衆のあいだに飲酒を好む傾向が広く生じるのは、居酒屋の数が多いからではない。そうではなくて、じつは他の原因から生じる飲酒癖のために、必然的に居酒屋の数が多くなって繁昌《はんじょう》するのである。

資本の四つの用途のうち、小売業よりは卸売業、卸売業よりは製造業、製造業よりは農業という順で、より多くの生産的労働が維持される

以上四通りの方法のどれかに自分の資本を用いている人たちは、かれら自身、生産的労働者なのである。かれらの労働は、適切な方向に向けられるなら、それが加えられる対象や、販売可能な商品のなかに固定され具体化され、そして一般に、少なくともかれら自身の生活資料と消費物の価値をその価格に付加する。農業者、製造業者、卸売商人、小売商人の利潤は、すべて、農業者と製造業者が生産し、そして、小売商人と卸売商人が売買する財貨の価格から、引き出されるのである。しかしながら、等量の資本も、以上四つのどれに用いられるかによって、それが直接に活動させる生産的労働の量には非常な差異があるだろうし、また、それが所属する社会の土地と労働の年々の生産物の価値を増加させる割合にもいちじるしい差異が生じるだろう。

小売商人の資本は、かれが財貨を購買する卸売商人の資本を、その利潤とともに回収させ、そうすることによって、卸売商人がその事業を継続できるようにする。小売商人の資

本が直接に用いる唯一の生産的労働者は、この小売商人自身である。この資本の使用によって社会の土地と労働の年々の生産物に付加する価値はただその利潤のみである。

卸売商人が自分の取り扱う原生産物と製造品を購買する資本は、農業者や製造業者の資本を、その利潤とともに回収させ、そうすることによって、かれらがそれぞれの事業を継
343
続できるようにする。主としてこのようなサーヴィスによって、かれは、社会の生産的労働を維持し、社会の年々の生産物の価値を増加させるうえに間接に寄与するのである。かれの資本はまた、かれの財貨をある地方から別の地方へと輸送する水夫や運送人を雇用して、こうした財貨の価格を、自分の利潤の価値分と、水夫や運送人の賃銀の価値分だけ増加させるのである。これが、この資本によって直接に活動させられる生産的労働のすべてであり、またその資本によって年々の生産物に直接に付加される価値のすべてである。この両方の点で、卸売商人の資本のはたらきは、小売商人の資本のはたらきよりも大いにまさっている。

親方製造業者の資本の一部は、かれの事業上の用具に固定資本として用いられ、かれがこれらの用具を購入するその相手の手工業者の資本を、その利潤とともに回収させる。かれの流動資本の一部は、材料の購入に用いられ、かれがこれらの材料を購入するその相手の農業者や鉱業者の資本を、その利潤とともに回収させる。けれども、この流動資本の大部分はつねに、年々またはもっと短い期間内に、かれが雇用するさまざまの職人たちのあ

いだに分配される。この流動資本は、これらの材料の価値を、かれらの賃銀と、その事業に用いられた賃銀、材料、事務用の用具という資本《ストック》の総額にたいする雇主の利潤の分だけ増加させる。したがってそれは、どんな卸売商人の手にある等量の資本よりもずっと多量の生産的労働を直接に活動させ、その社会の土地と労働の年々の生産物にずっと大きい価値を付加するのである。

等量の資本で、農業者の資本ほど多量の生産的労働を活動させるものはない。ここでは、労働する使用人ばかりか労働する家畜も、生産的労働者である。そのうえ、農業では、自然も人間とならんで労働する。そして、自然の労働にはなんの経費もかからないけれど、その生産物は、最も経費のかかる職人の生産物と同じように、価値をもつものである。農業の最も重要な機能は、自然の豊度を増すことであり、現にそのようなはたらきがなされてもいるけれど、それよりもむしろ、その豊度を人間に最も利益のある植物の生産へとふりむけるように意図することだと思われる。野ばらと木いちごの生いしげった草原も、最良の状態に耕作された葡萄園《ぶどうえん》や穀物畑と同じくらい多量の野菜を生産することがしばしばありうる。栽培と耕作は、活動している自然の豊度を活気づけるよりも、むしろそれをほどよく調整する場合が多いのであって、栽培と耕作の労働がすべてなされたあとも、仕事の大部分はつねに自然の手でなされなければならない。したがって、農業に用いられる労働者と役畜は、製造業における職人のように、自分自身の消費に等しい価値、いいかえるとかれらを雇用する資本に等しい価値を、その資本の所有者たちの利潤とともに再生産するばかりでなく、いっそう多くの価値の再生産を可能にするのである。かれらは規則的に、
344
農業者の資本とその全利潤のほかに、それ以上に地主の地代の再生産をも可能にするのである。この地代は、このような自然の力の産物とみなすことができるのであって、この力の使用を、地主は農業者に貸し付けるのである。この地代は、そうした力の想像される大きさにしたがって、いいかえると、土地の想像される自然的豊度や改良された豊度にしたがって、大きくもなれば小さくもなる。それは、人間の所産とみなすことのできるすべてのものを控除または補償したあとに残る自然の所産なのである。この地代は、全生産物の四分の一より少ないことは滅多になく、しばしばその三分の一を超えることがある。製造業で用いられるこれと等量の生産的労働は、けっしてこれほど大きい再生産をひきおこすことはありえない。製造業では、自然はなにもしないで、人間が万事を行なう。そして再生産は、それをひきおこす諸要因の強さにつねに比例するにちがいない。したがって、農業に用いられる資本は、製造業に用いられるどんな等量の資本よりも、いっそう多量の生産的労働を活動させるばかりか、それが用いる生産的労働の量にたいする割合の点でも、その国の土地と労働の年々の生産物に、すなわちその国の住民の真の富と収入に、はるかに多くの価値を付加するのである。資本が用いられるすべての方法のうちで、農業に用いられるのは、社会にとってこのうえなく有利である。

資本は、国内に留まっているものもあれば、そうでないものもある。国内に留まる点からみて、農業、製造業および貿易業の順で資本を投下するのが国にとって有利である

農業と小売業に用いられる資本は、どんな社会でも、つねにその社会の内部にとどまっていなければならない。それらの用途は、農場とか小売商の店舗とかいった、ほぼ一定した場所にかぎられている。それらの資本は、また一般に、いくらかの例外はあっても、その社会に居住している成員に属しているにちがいない。

これに反して、卸売商人の資本には、別にどことかいった固定的な居場所もなければ、どこといった必然的な居場所もないように思われる。それは、安く買えるか、または高く売れるかのどちらかにおうじて、地方から地方へ転々と移動しうるのである。

製造業者の資本は、もちろん製造業が営まれる場所にとどまるにちがいないが、これがどこでなければならないと必ずきまっているわけではない。それはしばしば、原料の産地からも完成品の消費地からも大きく離れた地点にあることもある。たとえば、リヨンは、その製品の原料供給地からも消費地からも非常に離れたところにある。シシリー島の上流階級の人々は、自分たちの国が産出する原料を用いて他の国々で作られる絹織物を着ている。スペイン産の羊毛の一部は、大ブリテンで加工されて、その毛織物の一部分はスペインに逆輸出されている。

ある社会の余剰生産物を自分の資本で輸出している貿易商人が、その国の人であるか外国人であるかは、たいして重要なことではない。もしかれが外国人であれば、その国の人であった場合にくらべて、生産的労働者の数は、必然的に一人分だけ少なくなる。そして、345 その社会の年々の生産物の価値は、この一人分の利潤だけ少なくなる。かれが雇用する水夫や運送人も、かれがその国の人でも外国人でもかまわないのと同様に、やはりその国の人であろうと、かれらの国の人であろうと、どこか第三国の人であろうと、どうでもよい。外国人の資本も、その国の人の資本と同じように、国内で需要のあるものと交換して、この余剰生産物に価値を与える。それは、その余剰を生産する人の資本を、同じように有効に回収させて、この人が自分の事業を同じく有効に継続できるようにする。卸売商人の資本がかれの属する社会の生産的労働をささえて、この社会の年々の生産物の価値を増加するのは、主としてこうしたサーヴィスによるのである。

製造業者の資本が国内にとどまるというのは、もっと重大な意味をもっている。この資本は、必然的にいっそう多くの生産的労働者を活動させて、その社会の土地と労働の年々の生産物にいっそう大きい価値を付加する。しかしながら、製造業者の資本は、たとえそれが国内にとどまっていなくても、その国にとってたいへん有用であろう。バルト海沿岸から年々輸入される亜麻や大麻を加工する大ブリテンの製造業者の資本は、それらを生産する国々にとっては、たしかに大いに有用である。この原料は、これら諸国の余剰生産物の一部であるが、もしなにか国内で需要のあるものと年々交換されなければ、なんの価値もなくなってしまって、まもなくその生産は終熄するであろう。それを輸出する商人は、それを生産する人々の資本を回収し、そうすることによって、かれらが生産を継続するように刺激する。そして大ブリテンの製造業者は、これらの商人の資本を回収することになる。

国によっては、個人の場合と同じように、自国の土地のすべてを改良耕作したり、土地の原生産物のすべてを直接の使用と消費のために製造、加工したり、さらに原生産物または製造品の余剰部分をなにか国内で需要のあるものと交換できるような遠隔の市場に輸送したりするだけの十分な資本をもっていない場合がしばしばあるだろう。たとえば大ブリテンの多くの地方の住民は、かれらの土地のすべてを改良し耕作するのに十分な資本をもっていない。スコットランドの南部諸州の羊毛は、その大部分が、たいへんな悪路を通っての長途の陸上輸送のあげくに、ヨークシャーで加工される。これは、国内でそれを加工する資本が不足しているためである。大ブリテンには、その住民が、自分たちの勤労の生産物を、需要され消費される遠隔の市場へと輸送するのに十分な資本をもっていない数多くの小さい工業都市がある。かれらのあいだには幾人かの卸売商人がいるが、じつはこれらの商人は、より大きい商業都市のどこかに居住するもっと富裕な商人の代理人にすぎないのである。

346

ある国の資本が不十分で、以上三つの目的のすべてをみたすにたりないような場合には、この資本のうち農業に用いられる比重が大きくなるのに比例して、国内で活動させられる生産的労働の量は大きくなるだろうし、またその資本の投下が社会の土地と労働の年々の生産物に付加する価値も、同様に大きくなるだろう。農業の次には、製造業に用いられる資本が、最大の量の生産的労働を活動させて、年々の生産物に最大の価値を付加する。輸出という事業に用いられる資本は、この三つのどれよりもいちばん効果が小さい。

それら三つの目的を達成するのに十分な資本をもっていない国は、事実、その国が自然に定められていると思われる富裕の水準にまだ達していないのである。けれども、この三つのすべてを、はやまってしかも不十分な資本で達成しようと企てるのは、一個人の場合と同様に、一社会にとっても、十分な資本の獲得をめざす最短の道でないことはたしかである。国民全体の資本には、一個人の資本と同じように、その限度があるのであって、それはただ一定の目的を達成できるにすぎない。国民全体の資本は、ただの一個人の資本と同じように、かれらが自分たちの収入のなかから貯蓄し、それをそのまたえず貯蓄し資本に追加するという方法で増加される。したがってそれは、その国のすべての住民にたいして最大の収入をもたらすような方法で用いられる場合には、これによってかれらは最大の貯蓄をなしうるのであるから、資本は最も急速に増加する可能性があるわけである。そして、その国のすべての住民の収入は、かれらの土地と労働の年々の生産物の価値に必然的に比例するのである。

わがアメリカ植民地の富裕の主要な原因は、その資本のほとんど全部が農業に用いられてきたことにある

わがアメリカ植民地はその資本のほとんど全部を今日まで農業に用いてきたが、これこそ、この植民地が富裕と偉大にむかって急速に前進した主要な原因であった。そこには、農業の進歩に必然的にともなって民間の各家庭で婦人や子どもがやるような、比較的粗末な家内工業があるばかりで、それ以外には製造業らしいものがまったくない。アメリカの輸出貿易も沿岸貿易も、ともにその大部分は、大ブリテンに定住する貿易商人たちの資本によって営まれている。いくつかの州、とくにヴァージニアとメリーランドでは、財貨の小売を行なっている小店舗や大店舗でさえ、その多くは母国に居住する貿易商人に属している。これらは、ある社会の小売業が、その社会に居住する成員ではない人たちの資本によって営まれているという数少ない例の一つである。かりにアメリカ人たちが、団結によ
347
るか、またはなにか他の種の暴力によるかして、ヨーロッパの製造品の輸入を停止し、自国の人々のうちで同種の財貨を製造できる人々に独占権を与えて、かれらの資本のかなりの部分をこの事業に転用させるとしよう。するとかれらは、自分たちの年々の生産物の価値のよりいっそうの増大を促進するどころか、それを阻止することになり、また自分たちの国が真の富と偉大にむかって前進するのを促進するどころか、それを阻害することにな

るであろう。これは、かれらが同じようにしてその全輸出貿易を自分自身で独占しようと企てるなら、なおのことそうである。

実際、どんな大国でも、以上三つの目的のすべてにとって十分な資本を獲得できるほど、人類の繁栄が長くつづいたことは滅多になかったように思われる。もっとも、シナ、古代エジプト、古代インドの富と耕作についての驚くべき記録をわれわれが信用するなら話は別であるが。どの記録を見ても、これら三つの国は世界にまたとない富裕な国であるが、それでさえ、その農業と製造業における優越性によって主として知られているのである。この三国は、どれも外国貿易ではすぐれていなかったらしい。古代エジプト人は海にたいして迷信的な反感をいだいていたし、これとほぼ同じような迷信はインド人のあいだにも広がっている。またシナ人が外国貿易で卓越していたことはけっしてない。これら三つの国のどれも、その余剰生産物の大部分は、つねに外国人によって輸出されていたらしく、外国人はこれと交換に、そこで需要のある他のものを与えたのであって、それは、金銀である場合が多かった。

卸売業には、国内商業、直接外国貿易、仲継貿易の三つがある。このうち国内商業に用いられる資本が最も多くの生産的労働を雇用する

このようなわけで、どんな国でも、同一の資本が活動させる生産的労働の量と、それが

その国の土地と労働の年々の生産物に付加する価値とは、この同一の資本が農業、製造業、卸売業に用いられるさまざまの割合にしたがって、大きかったり小さかったりするだろう。そのうえ、この差異は、この資本の一部が用いられる卸売業の種類の相違によっても、非常に大きいのである。

すべての卸売業、すなわち卸売として再販売するために行なわれるすべての購買は、三つの異なった種類にまとめることができよう。国内商業、消費のための外国貿易、仲継《なかつぎ》貿易がそれである。国内商業は、その国の勤労の生産物を、同じ国のある地方で買って他の地方で売るものである。それは、内陸商業と沿岸貿易の両方をふくんでいる。消費物の外国貿易は、国内消費のために外国の財貨を買うものである。仲継貿易は、諸外国相手の商業を取り扱う、すなわち、ある国の余剰生産物を他の国に輸送するものである。

一国の勤労の生産物を、その国のある地方で買って他の地方で売るために用いられる資本は、一般に、その取引のたびごとに、その国の農業か製造業に用いられていた二つの別個の資本をともに回収し、そうすることによって、これらの資本がその用途を継続できるようにするのである。その資本が商人の居住地から一定価値の商品を送り出す場合には、それは、少なくとも等価値の別の商品をこれと引換えに持ち帰るのが普通である。この両商品が国内の勤労の生産物であれば、それは、ともに生産的労働の維持に用いられていた二つの別個の資本を、取引のたびごとに当然回収し、そうすることによって、これらの資本の維持が継続できるようにするのである。スコットランドの製造品をロンドンに送り、イングランドの穀物と製造品をエディンバラに持ち帰る資本は、そうした取引のたびごとに、ともに大ブリテンの農業か製造業に用いられた二つの大ブリテンの資本を必然的に回収するのである。

直接の外国貿易に用いられる資本は、国内資本と外国貿易とを回収させるにすぎず、その回転も遅い。迂回的外国貿易はさらに資本の回転が遅い

国内消費用の外国品の購買に用いられる資本も、この購買が国内の勤労の生産物によってなされる場合には、このような取引のたびごとに二つの別個の資本を回収するが、国内の勤労の維持に用いられるのは、このうちの一つにすぎない。大ブリテンの財貨をポルトガルに送り、ポルトガルの財貨を大ブリテンに持ち帰る資本は、こうした取引のたびごとに、大ブリテンの一資本だけを回収するにすぎない。もう一つはポルトガルの資本である。だから、消費物の外国貿易の資本回転が国内商業のそれと同じくらいに急速であっても、消費物の外国貿易に用いられる資本は、その国の勤労、すなわち生産的労働にたいして、国内商業の半分の刺激しか与えないであろう。

しかし、消費物の外国貿易の資本回転が国内商業のそれと同じくらいに急速であることは滅多にない。国内商業の資本は、ふつうは、一年以内に一回転し、ときには年に三回転

349

か四回転することがある。これにたいし、消費物の外国貿易の資本は、一年以内に回転することは滅多になく、ときには二、三年もかかることがある。したがって、国内商業に用いられる資本は、消費物の外国貿易に用いられる資本が一回転するうちに、ときには一二回も活動する。いいかえると、一二回送り出されてはもどってくるのである。だから、もし、資本が等量であるなら、一方は他方よりも、その国の勤労にたいして二四倍もの刺激と支持を与えるのである。

国内消費用の外国品は、国内の勤労の生産物ではなしに他のある外国品で購買される場合もある。けれども、この後者は、直接に国内の勤労の生産物で購買されたか、またはその生産物で購買されていた他のあるもので購買されたものにちがいない。というのは、戦争や征服の場合をのぞけば、外国の財貨は、国内で生産されていたあるものと直接に、または二回以上のちがった交換のあとで交換されるのでなければ、けっして獲得できないからである。したがって、このような迂回《うかい》的な消費用外国貿易に用いられる資本の効果は、同一種類の直接的な貿易に用いられる資本の効果とあらゆる点で同じである。ただ違うところは、前者では最終の資本回収が、二つまたは三つの別々の外国貿易の資本回収に依存せざるをえないことになるので、この最終の資本回収を受け取るのが後者よりもなおいっそう遅くなるおそれがあるということである。たとえばリガの亜麻や大麻がヴァージニアの煙草《タバコ》で購買される場合に、もし、後者が大ブリテンの製造品で購買されていたものであるなら、その商人が同一の資本を用いて同じ量の大ブリテンの製造品を再購買するには、二つの別々の外国貿易の資本回収をまたなければならない。ヴァージニアの煙草が、直接大ブリテンの製造品で購買されずジャマイカの砂糖とラム酒によって購買されたという場合に、後者が大ブリテンの製造品で購買されていたなら、この商人は、三つの資本回収をまたなければならない。もし、これらの二つまたは三つの別々の外国貿易が、たまたま二人または三人の別々の商人によって営まれ、このうち第二の商人は、第一の商人によって輸入された財貨を再輸出するために購買し、第三の商人は、第二の商人によって輸入された財貨を再輸出するために購買するとすれば、なるほどこの場合には、各商人が自分の資本を回収するのはたしかに早くなるだろう。だが、この貿易に用いられた全資本の最終的な回収は、これまでと同様に遅れるに違いない。このような迂回貿易に用いられる全資本が、一人の商人に属するか、それとも三人の商人に属するかは、個々の商人にとってはともかく、その国にとってはどうでもよいことである。一定の価値の大ブリテンの製造品を一定の量の亜麻や大麻と交換するためには、その製造品が亜麻や大麻とたがいに直接交換される場合に必要とされるよりも三倍の大きい資本がこの双方の場合に用いられねばならない。したがって、このような迂回的な消費物の外国貿易に用いられる全資本は、一般に、もっと直接的な同種の貿易に用いられる等量の資本にくらべて、その国の生産的労働にたいして、より小さい刺激と支持しか与えることができない。

国内消費用の外国商品の購買に、たとえどのような外国の商品が用いられようと、それ
350 は、この貿易の性質の点でも、この貿易が営まれている国の生産的労働にそれが与える刺激と支持の点でも、なんら本質的な差異をひきおこすものではない。たとえば、もしこの外国商品がブラジルの金やペルーの銀で購買されるのであれば、この金銀は、ヴァージニアの煙草と同じように、その国の勤労の生産物か、あるいは他のなにかで買われたものによって、購買されたにちがいない。したがって、その国の生産的労働にかんするかぎり、金銀を媒介として営まれる消費物の外国貿易は、ひとしく迂回的な他のどんな消費物の外国貿易にもつきもののすべての利点とすべての不都合とをもっており、生産的労働の維持に直接用いられる資本を回収する速さにおいても同様であろう。そうした外国貿易は、迂回的な他のどんな外国貿易にもまさる利点を一つもっているように思われる。というのは、これらの金属をある地方から他の地方へ輸送するのは、その嵩《かさ》が小さくて価値が大きいために、等しい価値のたいていの外国商品を輸送するよりも経費が少ないことである。それらの金属の運賃は、他にくらべてずっと少ないし、保険料も他にくらべて高くない〔以下この段落の終りまでの数行は初版にはない〕。そのうえ、輸送で生じがちの損傷がこれほど少ない財貨はない。したがって、金銀を介在させると、他のどんな外国商品を介在させるよりも、国内の勤労の比較的少量の生産物で等量の外国商品を購買できる場合が多い。こうしたやり方をすれば、その国の需要は、他のどんなやり方によるよりもいっそう完全に、いっそう少ない経費で充

足される。これらの金属がひっきりなしに輸出されることになると、この種の貿易が、それを営んでいる国をなんらかの意味で貧困化させるおそれがありはしないかという懸念については、後に〔第四篇を参照〕くわしく検討することにしよう。

仲継貿易に用いられる資本は二つの外国資本を更新し、もっぱら外国の生産的労働を維持する

ある国の資本のうち仲継貿易に用いられる部分は、この特定国の生産的労働の維持から完全にひきぬかれて、いくつかの外国の生産的労働を維持することになる。それは、取引のたびごとに二つの別々の資本を回収するにしても、そのどちらも、自分の国には属していない。たとえばホラント商人の資本が、ポーランドの穀物をポルトガルに運び、ポルトガルの果物と葡萄酒をポーランドに持ち帰るという場合、この資本は、取引のたびごとに二つの資本を回収するが、そのどちらもホラントの生産的労働の維持に用いられていたわけではなく、その一つはポーランドのそれを維持し、他はポルトガルのそれを維持するのに用いられていたのである。そして利潤だけが規則正しくホラントに還流する。この貿易がその国の土地と労働の年々の生産物にたいして必然的につくりだす追加分の全体は、こ
351 の利潤分だけである。ある特定国の仲継貿易が、自国の船舶と水夫によって営まれる場合には、たしかに、これに用いられる資本のうち運賃を支払う部分は、その国の一定数の生産的労働者たちに分配されて、これらの労働者を働かせることになる。仲継貿易でかなり

重要な役割を演じてきたほとんどすべての国民は、事実、このようなやり方でこの貿易を営んできたのである。この貿易が仲継貿易といわれる名称の由来は、たぶんここからきている。その国の人たちは、他の国々にとっての仲立人《なかだちにん》となっているわけである。けれども、この貿易がそのように営まれるということは、貿易の性質にとって本質的なこととは思われない。たとえば、ホラントのある商人は、ポーランドとポルトガルの商取引を行なうのに、かれの資本を用いて余剰生産物の一部を一方から他方へと、ホラントの船ではなしに大ブリテンの船で運んでもよい。かれは場合によっては実際にそうしているのだ、と推定してさしつかえない。しかしながら、大ブリテンのような国では、防衛と安全が水夫と船舶の数にかかっており、そうした国にとって仲継貿易がとりわけ有利なものだと考えられてきたのは、この理由によるのである。だが、消費物の外国貿易においても、あるいはまた沿岸航行船で営まれるなら国内商業においてさえも、同額の資本は、仲継貿易で用いられるのと同数の水夫と船舶を用いることができる。けだし、ある特定の資本が用いることのできる水夫と船舶の数は、貿易の性質に依存するのではなくて、一つは、財貨の価値にたいするその容積に依存し、また一つは、それが輸送されるべき諸港間の距離に依存するのであり、この二つの事情のうちでは主として前者に依存している。たとえば、ニューカースルからロンドンへの石炭貿易は、両港間の距離は大きくないけれども、イングランドの全仲継貿易よりも多数の船舶を用いている。したがって、ある国の資本のうち自然に仲継貿易に向う分以上のものを、特別の奨励策を用いて、強制的に仲継貿易に向わせようとしても、それはかならずしもその国の船舶を増加させることにならないのである。

国内商業は直接外国貿易よりも有利であり、後者は仲継貿易よりも有利なのだから、その国の資本が自然に流入する以上に強いて資本を後二者に誘引すべきではない

したがって、ある国の国内商業に用いられる資本は、一般に、消費物の外国貿易に用いられる等量の資本にくらべて、その国のより多量の生産的労働に刺激と支持を与え、その年々の生産物の価値をより多く増加させるであろう。またこの後者の貿易に用いられる資本は、仲継貿易に用いられる等量の資本よりも、このどちらの点についても、なおいっそう勝っているのである。あらゆる国の富と、富に依存するかぎりでの国力とは、年々の生産物の価値、すなわち、いっさいの租税が終局的に支払われるもととなるはずの基金《ファンド》に、つねに比例するにちがいない。しかし、あらゆる国の政治経済学《ポリティカル・エコノミー》の偉大な目標は、その国の富と力を増大させることにある。だから、その目標としては、国内商業よりも消費物の外国貿易を、またはこの二つのどれよりも仲継貿易を、優先させたり特別に奨励したりすべきではない。また、消費物の外国貿易と仲継貿易という二つの水路のどれにも、この国の資本のうち自然にそこへ流入する分以上のものを、強制したり誘引したりすべきではないのである。

けれども、こうしたさまざまな貿易部門は、そのどれも、制限や暴力なしに事物自然の成行きによってもたらされたものであるならば、これは有利なことであるばかりか、必要でもあり避けがたいことでもある。

産業のある特定部門の生産物が、その国の需要が必要とするところを超える場合は、余剰は国外に送り出されて、国内で需要のあるものと交換されなければならない。そうした輸出がなければ、その国の生産的労働の一部は消滅するにちがいないし、その年々の生産物の価値は減少するにちがいない。大ブリテンの土地と労働は、国内市場の需要にあまるほど多量の穀物、毛織物、金物を生産するのが普通である。だから、このうちの余剰部分は国外に送られて、国内で需要のあるものと交換されなければならない。そのような輸出を媒介としてはじめて、この余剰は、それを生産する労働と経費を償うのに十分な価値を獲得できるのである。沿海の地域一帯や、すべての航行可能な河川の沿岸が産業にとって有利な位置にあるというのは、これらの地方では、そのような余剰を輸出し、その地でもっと需要される他のものと交換することを容易にするという理由にもっぱらよるのである。

このようにして、国内の産業の余剰生産物で購買される外国品が、もし、国内市場の需要を超えるならば、その余剰部分はふたたび海外に送られて、国内でもっと需要のあるものと交換されなければならない。ヴァージニアとメリーランドから、約九万六〇〇〇樽《たる》の煙草が、大ブリテンの産業の余剰生産物の一部で年々購買されている。けれども、大ブリ

テンの需要は、たぶん一万四〇〇〇樽以上を必要としない。したがって、もし残りの八万
二〇〇〇樽が国外に送られて、国内でもっと需要のあるものと交換されることができなけ
れば、その輸入はただちに消滅するにちがいないし、そうなると、この八万二〇〇〇樽を
年々購買するのに用いられる財貨の調製に現在用いられている大ブリテンの住民たちの生
産的労働も消滅するにちがいない。大ブリテンの土地と労働の生産物の一部であるこれら
353 の財貨は、国内には市場がないし、海外にあった市場も奪われるので、その生産は終りを
つげるにちがいない。だから、その国の生産的労働と年々の生産物の価値とを維持するた
めには、消費物の最も迂回的な外国貿易も、場合によっては、最も直接的な外国貿易と同
じくらい必要なこともありうるのである。

余剰の資本は、農業に始まって他の諸用途がみたされたのちに仲継貿易に流れてゆくのが自然の理であるが、ヨーロッパの現状では、この自然の順序は攪乱されてきた

どんな国でも、その国の資本ストックが非常に増加して、その特定国の消費の充足と生産的労働の維持とに用いてもあまりあるほどになると、その余剰部分は、自然に仲継貿易に流れこんで、他の国々のために資本として同じ役目を果すのに用いられる。仲継貿易は、偉大な国民的富の自然の結果であり徴候である。だがそれは、その自然の原因であるとは思われない。仲継貿易を特別に奨励し援助しようとした政治家たちは、この結果と徴候を

原因ととりちがえたものと思われる。ホラントは、土地の面積と住民の数に比して、ヨーロッパきっての富裕国であり、それゆえ、ヨーロッパの仲継貿易において最大の比重を占めている。イングランドはおそらくヨーロッパ第二の富裕国であり、同じように仲継貿易で大きい比重を占めていると想像される。もっとも、イングランドの仲継貿易といわれているものも、そのじつは消費物の迂回的な外国貿易にすぎないという場合がたぶん多いだろう。東西両インドとアメリカの財貨をヨーロッパ各地の市場に運ぶ貿易というのは、大部分がそうである。これらの財貨は、一般に、大ブリテンの勤労の生産物で直接に購買されるか、またはその生産物で買われていた他のあるもので購買されるか、そのどちらかである。そしてそのような貿易で資本として最終的に回収されたものは、大ブリテンで使用されたり消費されたりするのが普通である。地中海のさまざまな港のあいだで大ブリテンの船で営まれる貿易と、インドのさまざまな港のあいだで大ブリテンの貿易商人によって営まれる同種の貿易とは、おそらく、大ブリテンの仲継貿易といっていいものの主要部門となっているのである。

国内商業の大きさと、それに用いられる資本の大きさとは、その国内で、たがいにそれぞれの生産物を交換する必要のあるすべての遠隔地方の余剰生産物の価値によって必然的に制限される。消費物の外国貿易の大きさは、その国全体の余剰生産物の価値と、それで購買されるものの価値とによって必然的に制限される。さらにまた仲継貿易の大きさは、世界中のさまざまな国の余剰生産物の価値によって必然的に制限される。だから、その可能な大きさは、前の二つのそれに比して無限といってよく、最大の資本を吸収できるのである。

ある資本の所有者がその資本を、農業に用いるか製造業に用いるか、それとも卸売業や小売業のある特定部門に用いるかを決定する唯一の動機となるものは、自分自身の私的利潤にたいする配慮である。その資本がこうしたさまざまな方法のどれに用いられるかにおうじて、資本が活動させうる生産的労働の量は異なり、また資本が社会の土地と労働の年々の生産物に付加する価値も異なるが、このことはその資本の所有者の配慮にはぜんぜんはいってはこない。だから、農業がすべての事業のなかで最も利益が多く、農業経営と土地改良とが大いなる財産への最短の道となっている国々では、個人の資本は、自然に全社会にとって最も有利な仕方で用いられるであろう。けれども農業の利潤は、ヨーロッパのどの地方でも、他の事業の利潤にまさっているとは思われない。たしかにこの数年間、投機的企業家たちは、ヨーロッパのいたるところで、土地の耕作と改良によってあげられる利潤について大げさな説明をして、大衆を喜ばせてきた。しかし、かれらの計算についてのたちいった議論をはじめるまでもなく、ごく簡単な考察で、その計算結果が誤っているにちがいないということを得心できるだろう。とびぬけて大きい財産が商業や製造業によって、わずか一代のうちに、しばしば小資本から、ときには無資本から獲得されるという例をわれわれは日常見ている。同じ時期に、そうしたわずかな資本からこのような財産が農業によって獲得されたという事例は、今世紀をつうじて、ヨーロッパではおそらく一度も起らなかったであろう。けれども、ヨーロッパのすべての大国では、多くのりっぱな土地が依然として未耕作のままになっていて、耕作された土地の大部分も可能なかぎりの改良を加えられた状態にあるとは、とうてい言えない。だから、農業はほとんどどこでも、これまで用いられている以上にはるかに多量の資本を吸収する余地があると思う。私人が自分の資本を、その近隣地帯の最も肥沃《ひよく》な土地の耕作と改良に用いるよりも、最も遠距離のアジア、アメリカの仲継貿易に用いるほうがいっそう有利だとしばしば思いこむほどに、都市で営まれる事業のほうが農村で営まれる事業にくらべて利益が多いということは、いったいヨーロッパの政策におけるどのような事情によるものであろうか、私はこの点を以下の二つの篇で詳細に説明するようにつとめたい。

編集付記

一、本書は中央公論社『国富論Ⅰ』（一九七六年十月刊）を文庫化したものである。

一、改版にあたり、中公クラシックス版『国富論Ⅰ』『国富論Ⅱ』（二〇一〇年一月刊）を底本とし、中公文庫版『国富論Ⅰ』（二十刷、二〇一七年四月刊）を参照した。

一、本文中、今日の人権意識に照らして不適切な語句や表現が見受けられるが、訳者が故人であること、執筆当時の時代背景と作品の文化的価値に鑑みて、そのままの表現とした。

中公文庫

国富論《こくふろん》 I

1978年4月10日　初版発行
2020年9月25日　改版発行

著　者　アダム・スミス

監　訳　大河内一男《おおこうちかずお》

発行者　松田陽三

発行所　中央公論新社
〒100-8152　東京都千代田区大手町1-7-1
電話　販売 03-5299-1730　編集 03-5299-1890
URL http://www.chuko.co.jp/

DTP　平面惑星
印　刷　三晃印刷
製　本　小泉製本

Published by CHUOKORON-SHINSHA, INC.
Printed in Japan　ISBN978-4-12-206942-8 C1133